# 古典学習個体史

――わたくしが学んだ古典――

伊東武雄

溪水社

# まえがき

伊東武雄氏が、このたび「古典学習個体史――わたくしが学んだ古典――」を刊行される運びになった。本書は五つの章から成る。

第一章　小・中・高校で学んだ古典

Ⅰ　小学校・国民学校で学んだ古典

Ⅱ　中学校（旧制）で学んだ古典

Ⅲ　高校で学んだ古典

第二章　二つの古典学習個体史　万葉集と徒然草

Ⅰ　万葉集　一～四、Ⅱ　徒然草　一～四

第三章　大学で学んだ古典

Ⅰ　広島大学教養部で学んだ古典

一　教養部国語国文の先生たち

二　岩佐正先生の万葉集

三　中川徳之助先生のお伽草子

四　手塚良道先生の論語

Ⅱ　広島大学文学部で学んだ古典

一　文学部での履修

二　金子金治郎先生の堤中納言物語・花伝書

三　岩佐　正先生の新古今和歌集

四　真下三郎先生の近世の文学――永代藏・油地獄・江戸文学史

五　岡本　明先生の芭蕉七部集演習――ひさご・猿蓑

六　清水文雄先生の王朝女流文学史

七　土井忠生先生の源氏物語演習――桐壺冒頭の読み

第四章　卒業論文　蜻蛉日記の基礎研究――心情語を中心に――一～四

第五章　王朝文学の会で学んだ古典

一　和泉式部日記、二　伊勢物語、三　源氏物語

伊東武雄氏は、長い年月、高校古典教育の実践研究に取り組まれ、既に左のようにまとめて刊行されている。

1「高校古典教育の探究」　昭和58年　溪水社刊

第一章　素材読みとその深化の方法

第二章　徒然草学習指導の実際

第三章　更級日記学習指導の実際

第四章　蜻蛉日記指導の実際

第五章　源氏物語指導の実際

第六章　古典学習指導の試み

第七章　文法指導の実際

第八章　古典語彙指導についての試案

第九章　国語学習指導の問題点――国語学習意識の実態から――

２「高校古典教育の考究」　92年12月　渓水社刊

第一章　文法読みから表現読みへ

第二章　古典学習指導のいくつかの方法――授業成立のための試み――一〜十

第三章　公開授業までの実践――徒然草二三六段のばあい――

第四章〜第九章

３「高校古典教育の論究」　03年10月　渓水社刊

第一章〜第九章

伊東武雄氏のこれら四部作（「古典学習個体史」、前掲１・２・３）は、古典教育の実践・研究の成果を精細にまとめられた偉大な業績と認められる。氏の実践に取り組まれる態度は誠実そのもので、深い感銘を受けずにはいられない。わが国の高校古典教育に不滅の実績を挙げられた伊東武雄氏に深い敬意を表さずにはいられません。

平成22年10月11日

広島大学名誉教授
鳴門教育大学名誉教授　野地潤家

古典学習個体史――わたくしが学んだ古典――

# 目次

# 第一章　小・中・高校で学んだ古典

# Ⅰ　小学校・国民学校で学んだ古典　――文部省　サクラ読本、アサヒ読本の古典

## 一

昭和一五（一九三〇）年四月小学校に入学した。世は皇紀二千六百年の祝いで、興奮に満ちていた。次の歌がうたわれていた。

紀元二千六百年　（増田　好生　作詞／森　義八郎　作曲）

一、金鶏《きんし》輝く　日本の
栄ある光　身にうけて
いまこそ祝え　この朝《あした》
紀元は　二千六百年
あゝ一億の　胸はなる

二、歓喜あふるゝ　この土を
しっかと我等　踏みしめて
はるかに仰ぐ　大御言《みこと》
紀元は　二千六百年
あゝ肇国《ちょうこく》の　雲青し

三、荒《すさ》ぶ世界に　唯一つ
揺がぬ御代に　生い立ちし
感謝は清き　火と燃えて
紀元は　二千六百年
あゝ報国の　血は勇む

母に伴われて広島市立牛田小学校へ。校庭には桜花が、美しく咲いていた。担任は松葉梅子先生。入学式後、早稲田神社へ参拝。記念撮影をし、教室に帰ると紅白のまんじゅうが机上に置かれていた。〝小林校長先生からのお祝いです〟ということであった。入学歓迎行事として、上級生が〝海幸・山幸〟を上演してくれた。幻想的できれ

いな劇だと思った。心のこもったもてなしであった。

幼稚園で購入していたキンダーブックには、天孫降臨の絵などがきらびやかに描かれていた。もちろん神武天皇東征の話も語られていた。神話教育から、わたくしの古典学習は始まった。

## 二

最初に手にした国語の教科書は、『小學國語讀本』巻一、〝サイタ　サイタ　サクラガ　サイタ〟で始まる国定第四期国語教科書、いわゆるサクラ読本であった。井上赳の手によるセンテンスメソッドで始まる、色刷り教科書に新鮮な感動を覚えた。学習した教材は、次頁のものである。

シタキリスズメ・モモタロウ・サルトカニ・コブトリ・花サカヂヂイと、古典に取材した昔話を学習している。
サクラ読本を使用したのは、小学校一年の時だけであった。昭和一六（一九四一）年には「國民學校令」公布によって、小学校は国民学校に改められた。国語の教科書も、国定第五期国語教科書「國民科國語教科書」通称アサヒ読本を使用することになる。わたくしたちが、サクラ読本で学ぶ最後の学童となった。
二年から使用した第五期国定教科書アサヒ読本『よ

みかた三』は、サクラ読本に比べて、グラビアの色彩もうんと悪く、内容も貧弱であるように、わたくしには思われた。兄が使用していたサクラ読本も読んでいたので、両者を比較して特にそう思ったのである。下掲の・印を施した古典からの取材教材は第四期サクラ読本のものと変っていない。全体としては、もちろん戦時色の濃いものになっている。

## 三

国民学校三年以降の国語教材は、6頁のように一覧できる。古典教材に関しては、国定第四期のサクラ読本のものと殆ど変っていない。時局は昭和一六（一九四一）年の太平洋戦争（当時は「大東亞戦争」）への突入。時勢は激しく変っていく。

昭和一六年一二月八日、朝目ざめると、軍艦マーチとともに、〝わが帝国陸海軍は、本朝未明、西太平洋において米英軍と戦闘状態に入れり〟と、ラジオが告げていた。そして、真珠湾攻撃の成果も、ひきつづき、報道された。以

### ① 『小學國語讀本』尋常科　一年用
――サクラ読本――　文部省編

| 巻一 |
|---|
| サクラ（韻） |
| シロコイ（韻） |
| ヘイタイススメ（韻） |
| オヒサマ |
| ヒノマルノハタ（韻） |
| テフテフ（韻） |
| ウンドウクワイ（韻） |
| ココマデオイデ（韻） |
| ハト（韻） |
| ソラガハレタ（韻） |
| ヒバリ（韻） |
| カラス（韻） |
| ツキ（韻） |
| イツテマヰリマス |
| ガツカウノモン |
| ヨミカタ |
| ヅグワ |
| タダイマ |
| ヒカウキ（韻） |
| オツカヒ |
| デンワアソビ |
| カヘル（韻） |
| デンデンムシ（韻） |
| アメアガリ |
| メダカサン（韻） |
| シヤボンダマ（韻） |
| ホタルガリ（（韻）） |
| ・シタキリスズメ（（韻）） |
| ハコニハ |
| ユフダチ |
| ヒゴヒ |
| アサガホ |
| ホシ（（韻）） |
| ウサギトカメ |
| シシトネズミ |
| ・モモタラウ |

| 課＼巻 | 巻二 |
|---|---|
| 一 | 山ノ上（韻） |
| 二 | オ月サマ |
| 三 | アシタハヱンソク |
| 四 | カマキリヂイサン（韻） |
| 五 | ・サルトカニ |
| 六 | カラスヨイソゲ（韻） |
| 七 | ケンチヤン |
| 八 | ワタシノニンギヤウ（韻） |
| 九 | ニンギヤウノビヤウキ |
| 一〇 | ネヅミノヨメイリ |
| 一一 | オ正月（韻） |
| 一二 | ・コブトリ |
| 一三 | カゲヱ |
| 一四 | ユキ |
| 一五 | 雪ヨフレフレ（韻） |
| 一六 | ・花サカヂヂイ |
| 一七 | ウグヒス |
| 一八 | ツクシ（韻） |
| 一九 | キシヤ |
| 二〇 | 新出漢字 |
| 二一 | |
| 二二 | |
| 二三 | |
| 二四 | |
| 二五 | |
| 二六 | |
| 二七 | カタカナ五十音圖、濁音、 |
| 二八 | 半濁音、拗音表 |
| | 新出漢字 |

国定第四期国語教科書　昭和八年度より使用

■教材一覧は、東京法令出版『国語教育史資料　第二巻　教科書史』（井上敏夫）昭五六、四、一発行による。以下同じ。

降戦局は激化し、私は昭和二〇（一九四五）年四月、母のふるさと島根県大田市（当時は安濃郡大田町）へ縁故疎開をし、八月一五日の終戦を迎えた。

国語教材で、軍国主義・超国家主義・神道主義など、戦後の時勢に不都合なものは、墨でぬりつぶす作業が行なわれた。当時、使用していた六年生用の初等科国語七・八の教科書は、半部近くをぬりつぶす結果となった。次頁◎印及び☆印の教材である。昭和二〇年の墨ぬり国語教科書の出現であった。

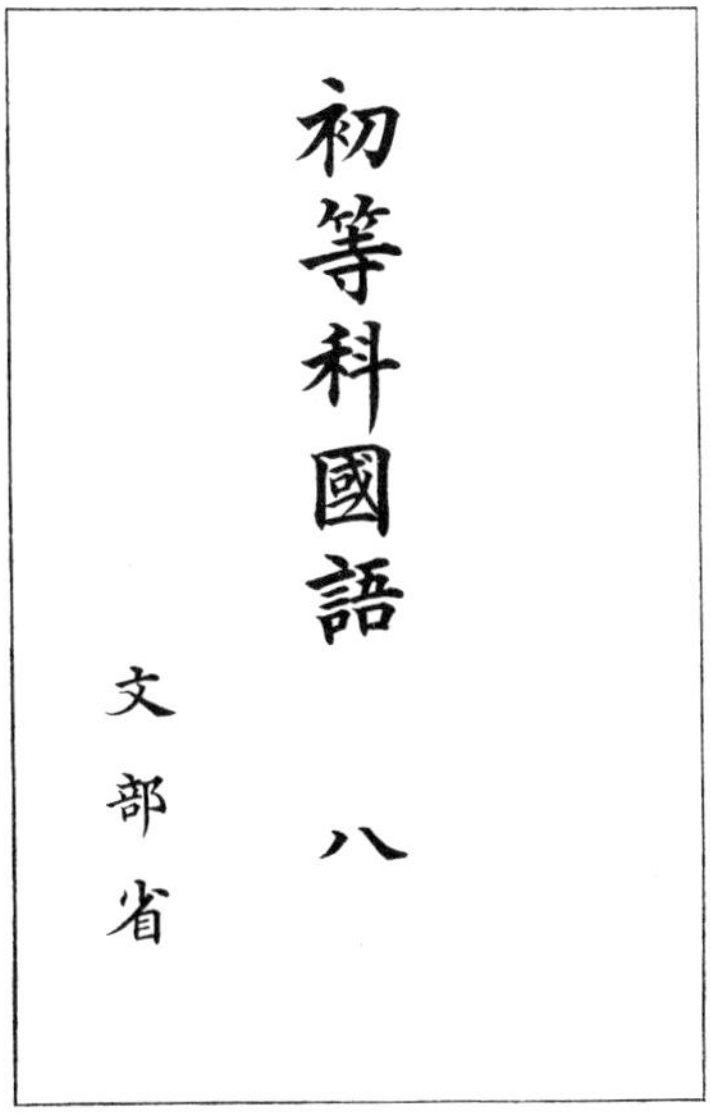


2 『國民科國語教科書』文部省 編
——アサヒ読本——　国定第五期国語教科書

| よみかた 三 | よみかた 四 |
|---|---|
| 春（韻） | ☆富士山（韻） |
| ◎らくかさん | 早鳥 |
| ・◎國引き | ◎海軍のにいさん |
| ◎二重橋（韻） | 乗合自動車 |
| 鯉のぼり | ☆菊の花（韻） |
| ・◎牛わか丸 | かけっこ |
| さゝ舟 | ・かぐやひめ |
| 蛙 | たぬきの腹つづみ（韻） |
| ◎軍かん | ◎金の牛 |
| ◎お話（韻） | 滿州の冬 |
| むしば | ☆鏡 |
| ねずみの　ちゑ | ◎神だな |
| 川 | ☆新年（韻） |
| ・一寸ぼふし | いうびん |
| つゆ | ◎にいさんの入營 |
| 金魚 | 雪の日（韻） |
| 花火（韻） | ・白兎 |
| ☆お祭 | たこあげ |
| きりぎりす | ☆豆まき |
| 海 | ◎金しくんしやう |
| 子馬（韻） | ◎病院の兵たいさん |
| うさぎとたぬき | ◎支那の子ども |
| 自動車 | おひなさま（韻） |
| 長い道（韻） | 北風と南風 |
| 日曜日の朝 | ・羽衣（韻） |
| ・うらしま太郎 | |
| 新出漢字 | 新出漢字 |

◎印……戦後全文削除　☆印……部分削除　（韻）……韻文
次頁三年以降のものも同じ。

| 課＼學年 | 初等科國語一 | 初等科國語二 | 初等科國語三 | 初等科國語四 | 初等科國語五 | 初等科國語六 | 初等科國語七 | 初等科國語八 |
|---|---|---|---|---|---|---|---|---|
| 一 | ◎天の岩屋 | ◎神の剣 | 朝の海べ | ◎船は帆船よ | ◎大八洲（文）（韻） | ◎明治神宮（文） | 黒龍江の解氷（韻） | ☆玉のひびき（文） |
| 二 | ◎参宮だより | 稲刈 | 潮干狩 | 燕はどこへ行く | 弟橘媛《おとうとたちばなひめ》（文） | ◎水兵の母 | ◎永久王 | ☆山の生活二題 |
| 三 | 光は空から | ☆祭に招く | ◎日本武尊 | ☆バナナ | ◎木曾の御料林 | ◎姿なき入城（文）（韻） | ◎御旗の影（文） | ◎ダバオへ |
| 四 | ◎支那の春 | ◎村祭 | ◎君が代少年 | ◎大連から | ◎戰地の父から | 稲むらの火 | 敬語の使ひ方 | 孔子と顔回 |
| 五 | おたまじゃくし | ☆田道間守 | ☆靖国神社 | ◎観艦式 | ◎スレンバンの少女 | ◎朝鮮のゐなか | 見わたせば（文） | 奈良の四季（文）（韻） |
| 六 | ◎八岐のをろち | みかん | ☆光明皇后 | ◎くりから谷 | ◎晴れたる山（文） | 月の世界 | 源氏物語 | ☆萬葉集（文） |
| 七 | かひこ | ◎潜水艦 | 苗代のころ | ◎ひよどり越 | ことばと文字 | 柿の色 | 姉 | 修行者と羅刹 |
| 八 | おさかな | ◎南洋 | ◎地鎭祭 | ◎萬壽姫 | ☆海の幸 | ☆初冬二題（韻） | ◎日本海海戰（文） | ◎國法と大慈悲 |
| 九 | ふなつり | 映臺 | 笛の名人 | 林の中 | ◎軍艦生活の朝 | ◎十二月八日 | ◎鎭西八郎爲朝（文） | ◎母の力 |
| 一〇 | 川をくだる | 聖徳太子 | 機械 | ◎グライダー「日本號」 | ☆武士のおもかげ（文） | ◎不沈艦の最期 | 晴れ間（文）（韻） | ◎鎌倉（文）（韻） |
| 一一 | ☆少彦名神 | 養老 | ☆出航 | ◎大演習 | かんこ鳥（文）（韻） | ☆世界一の織機 | 雲のさまざま | 末廣がり（文） |
| 一二 | 田植 | ぼくの望遠鏡 | 千早城 | ◎小さな傳令使 | 炭焼小屋 | ◎水師營 | 山の朝 | ◎菊水の流れ（文） |
| 一三 | ◎にいさんの愛馬 | 火事 | 錦の御旗 | 川土手 | ☆ぼくの子馬 | 元日や（文） | 燕嶽に登る | ◎マライを進む |
| 一四 | 電車 | ◎軍旗 | 國旗掲揚臺 | ◎扇の的 | 星の話 | ◎源氏と平家（文） | ◎北千島の漁場 | ☆靜寛院宮 |
| 一五 | ☆子ども八百屋 | ◎ゐもん袋 | ☆夏 | ◎弓流し | 遠泳 | 漢字の音と訓 | ☆われは海の子（文）（韻） | ◎シンガポール陥落の夜 |
| 一六 | 夏の午後 | ◎雪合戰 | ◎兵營だより | 山のスキー場 | 海底を行く（韻） | 塗り物の話 | 月光の曲 | ◎もののふの情 |
| 一七 | ☆日記 | 菅原道眞 | 油蟬の一生 | ◎廣瀬中佐 | 秋のおとづれ | ばらの芽（文） | ☆いけ花 | 太陽 |
| 一八 | ◎カッターの競争 | 梅 | とびこみ臺 | ◎大阪 | ◎飛行機の整備 | ◎敵前上陸 | ◎ゆかしい心（文） | 梅が香（文） |
| 一九 | 夏やすみ | 小さな溫床 | 母馬子馬 | ◎大砲のできるまで | ◎動員（文） | ◎病院船 | 朝顔に（文） | 雪國の春 |
| 二〇 | ◎ににぎのみこと | 雪舟 | 東郷元帥 | 振子時計 | ◎三日月の影 | ◎ひとさしの舞 | 古事記 | ☆國語の力 |
| 二一 | 月と雲 | ◎三勇士 | くものす | 水族館 | 新出漢字 | 新出漢字 | ☆御民われ | ◎太平洋 |
| 二二 | ◎軍犬利根 | 春の雨 | 夕日 | ☆母の日 | 附録一「あじあ」に乗りて | 附録一土とともに | 新出漢字 | 新出漢字 |
| 二三 | 秋 | ☆大れふ | 秋の空 | ◎防空藍視哨 | 二大地を開く | 二愛路少年隊 | 附録一ジヤワ風景 | 附録一熱帯の海 |
| 二四 | ☆つりばりの行くへ | ◎東京 | ◎濱田彌兵衛 | ◎早春の滿州 | 三草原のオボ | 三胡同風景 | 二ビスマルク諸島 | 二洋上哨戒飛行 |
| 二五 | 新出漢字 | 新出漢字 | 新出漢字 | 新出漢字 | | | 三セレベスのゐなか | 三レキシントン撃沈記 |
| | | | | | | | 四サラワクの印象 | 四珊瑚海の勝利 |

戦後は、戦前にもまして食糧難におちいり、苦しい生活を余儀なくされた。

## 四

小学校、国民学校の古典教材で、印象に残るものとして、次のものを挙げることができる。

| | | |
|---|---|---|
| ①笛の名人 | （国語三・巻七） | 十訓抄 |
| ②弟橘姫 | （国語五・巻七） | 古事記 |
| ③松下禪尼 | （国語五・巻九） | 徒然草 |
| ④国引き | （よみかた三・巻三） | 出雲風土記 |
| ⑤孔子と顔回 | （国語八・巻一二） | 論語 |
| ⑥つりばりのゆくへ | （国語一） | 古事記 |
| 　少彦名神 | （国語一・巻五） | |
| ⑦末廣がり | （国語八・巻十二） | 狂言 |
| ⑧扇の的 | | |
| 　弓流し | （国語四・巻八） | 平家物語 |
| ⑨源氏物語 | （国語七・巻十一） | 源氏物語 |
| ⑩三日月の影 | （国語五・巻九） | |

（注）サクラ読本の教材の分析については、『岩波講座　国語教育』（全一二巻）「小学校国語読本綜合研究」が役立つ。

①笛の名人　第七回　昭一二・四・一〇

②弟橘姫　第六回　昭一二・三・一〇

③松下禪尼　第七回　昭一二・四・一〇

④国引き　第八回　昭一二・五・一〇

⑩三日月の影　第九回　昭一二・六・一〇

■とりあげられている教材の分析は巻九までである。

〝笛の名人〟は、十訓抄第十〝才能芸事を庶幾すべき事〟から取材したものである。（次頁）海賊に襲われた楽人用光《もちみつ》一行が、用光の吹く笛の力によって、海賊を退散させる話である。（下掲）「笛の名人用光は」という書き出しが気に入って、くりかえし読んでおぼえるくらいになった。

〝笛の名人〟の原文は次のものである

和邇部《わにべ》の用光《もちみつ》といふ楽人《がくにん》ありけり。土佐の御舟遊《みふねあそび》にくだりて、上りけるに、安芸国《あきのくに》なにがしの泊《とまり》にて、海賊おし寄せたりけり。弓矢の行方《ゆくへ》知らねば、防ぎ戦ふに力なくて、今は疑なく殺されなむずと思ひて、篳篥《ひちりき》を取り出だして、屋形《やかた》の上にゐて、「あの党《たう》や、今は沙汰に及ばず。とく何物をも取り給へ。ただし、年ごろ思ひしめたる篳篥の小調子《こでうし》といふ曲吹きて、聞かせ申さむ。さる事こそありしかと、後の物語にもし給へ。」といひければ、宗《むね》徒《と》の者、大きなる声にて、「主達《ぬしたち》しばし待て。かくいふ事なり。もの聞かむ。」といひければ、舟をおさへて、おのおの静まりたるに、用光、今は限りと覚えければ、涙を流して、めでたき音《ね》に吹き出だして、思ふやうに吹き澄ましたりけり。折からにや、その調浪《しらべなみ》の上に響きわたりて、かの潯陽江《じんやうかう》のほとりに、琵琶を聞きし昔語《むかしがたり》に異ならず。海賊静まりていふ事なし。よくよく聞きて、曲終るほどに、先《さき》の声にていはく、「君が舟に心をかけて、寄せたりつれども、この曲の声に涙落ちて、かたさりぬ。」とて、漕ぎ去りにけり。（第十の二七）

（峯村文人『十訓抄』学燈文庫　昭五五・八・三一　十三版による）

竹山道雄『ビルマの竪琴』の感動的な名場面、敵対する日英の両部隊が、〝はにうの宿〟〝庭の千草〟などを合唱するところを想起させる。音楽の力、芸術の偉大さを痛感させる。

九　笛の名人

笛の名人用光《もちみつ》は、ある年の夏、土佐《とさ》の國から京都へのぼらうとして、船に乗つた。

船が、ある港にとまつた夜のことであつた。どこからかあやしい船が現れて、用光の船に近づいたと思ふと、恐しい海賊が、どやどやと乗り移つて來て、用光をとり圍んでしまつた。

用光は、逃げようにも逃げられず、戰はうにも武器がなかつた。とても助らぬと覺悟をきめた。ただ、自分は樂人であるから、一生の思ひ出に、心殘りなく笛を吹いてから死にたいと思つた。それで、海賊どもに向かつて、

「かうなつては、おまへたちには、とてもかなはない。私も覺悟をした。私は樂人である。今ここで、命を取られるのだから、この世の別れに、一曲だけ吹かせてもらいたい。さうして、こんなこともあつたと、世の中に傳へてもらひたい。」

といつて、笛を取り出した。海賊どもは、顔を見合はせて、

「おもしろい。まあ、ひとつ聞かうではないか。」

といつた。

これが、名人といはれた自分の最後の曲だと思つて、用光は、靜かに吹き始めた。曲の進むにつれて、用光は、自分の笛の音によつたやうに、ただ一心に吹いた。

雲もない空には、月が美しくかがやいてゐた。笛の音は、高く低く、波を越えてひびいた。海賊どもは、じつと耳を傾けて聞いた。目には涙さへ浮かべてゐた。

やがて曲は終つた。

「だめだ。あの笛を聞いたら、わるいことなんかできなくなつた。」

海賊どもは、そのまま、船をこいで歸つて行つた。

講談社『日本教科書大系　近代編　第8巻国語（五）』五〇〇頁

二　弟橘媛《おとたちばなひめ》

日本武尊《やまとたけるのみこと》、相模國《さがみのくに》より御船にて上總《かづさ》へ渡りたまふ。

にはかに風起り波たちさわぎて、御船進まず。従者みな、船底におそれ伏したり。

尊に従ひたまへる后、弟橘媛、「これ海神のたたりなるべし。かくては御命も危からん。」と思ひたまひて、尊に申したまふやう、

「われ、皇子《みこ》に代りて海に入り、海神の心をなだめん。皇子は勅命を果して、めでたくかへりごと申させたまへ。」と申したまひて、すがだたみ八重、皮だたみ八重、きぬだたみ八重を波の上に敷きて、その上におりたまへり。

はたして荒波おのづから静まりて、御船は進むことを得たり。

七日ののち、后の御櫛《かんくし》ただよひて海べに寄りぬ。尊、これをさめて、后のみはかを作らせたまふ。

東國の賊を平げて、尊、西へ歸りたまふ時、相模の足柄《あしがら》山を越えたまふ。はるかに海を望みたまひて、

「あづまはや。」

とのたまひぬ。これよりのち、このわたりを廣く「あづま」といふとぞ。

講談社　前記　五五二頁

“弟橘媛”は、古事記中巻・日本書紀巻七「景行天皇」の条から、取材された文章である。（上掲）「美しい物語風に書かれた佳作」（島津久基）と評された。愛する日本武尊の危機を、身を犠牲にして救う弟橘姫の生き方を子どもながらに美しいと思った。その純情とりりしさに心うたれた。

当時、“國来い國来い、えんやらや　神様綱引き　お國引き”という文部省唱歌をうたって育っていた。“國引き”は、その歌とともに、雄壮な神話に心ひかれた。後年この国引きの綱の柱となったのが、伯耆大山とともに、ふるさと島根県大田市に聳える三瓶山（佐比売山、一一二六ｍ）であり、綱が残ったものが薗《その》の長浜の美しい海岸線であることを知った。（出雲風土記意宇郡）

“松下禪尼（“障子張り”）”は、徒然草一八四段を原據としたものである。（次頁）わが子、時の執権北条時頼に、自から障子の破れをつくろうことによって、身をもって質素倹約のたいせつさを示そうとする禪尼の、母としての心配りに感動した。（第二章Ⅱ・一　に詳述）

“孔子と顔回”は、論語を原據としたものである。「天は予をほろぼした。天は予をほろぼした」と、後継者顔回を失っ

十　武士のおもかげ

障子張り

相模守《さがみのかみ》時頼《ときより》の母を、松下禪尼《ぜんに》といへり。時頼を招くことありけるに、すすけたる障子の破れを、禪尼、てづから小刀にて切りまはしつつ張りゐたり。城介《じゃうのすけ》義景《よしかげ》、これを見て、

「その障子をこなたへたまはりて、なにがしに張らせ候はん。さやうのことに、なれたるものにて候。」

と申しければ、禪尼、

「その男、尼《あま》が細工にはよもまさり候はじ。」

とて、なほ一間づつ張りゐたり。義景、

「すべてを張りかへんは、はるかにたやすく候。まだらになりて見苦しかるべし。」

と重ねていへば、

「尼も、のちには新しく張りかへんとは思へど、すべて物は破れたるところをつくろへば、しばらくは用をなすものぞと、若き人に見ならはせんとて、かくするなり。」

といひけり。

講談社　前記　五六五頁

て、孔子は悲痛な叫びを発する。その孔子の深い嘆きが印象的であった。顔回は学を好み、過ちは二度とはしない男であったということが心に残った。

〝三日月の影〟は、劇的場面を中心とした山中鹿介の小伝である。主家尼子家再興のために、「願はくは、われに七難八苦を與へたまへ」と三日月に祈る山中鹿介の武人らしい姿に心うたれた。尼子富田城のあった島根県広瀬町は、サクラ読本編纂者井上赳の郷里である。井上赳の山中鹿介への愛惜の情は深い。

井上赳については、藤富康子著の次の三冊にくわしい。

・サクラ読本追想　国土社　一九八五・七・二〇

・サイタサイタサクラガサイタ　朝文社　一九九〇・六・二〇

・サクラ読本の父井上赳　勉誠社　二〇〇四・七・一〇

井上赳への深い敬慕の念で、貫かれている。

源氏物語は、六年用前期の教材として、初等科国語七（サクラ読本では巻十一第四）にとり挙げられていた。

わらわやみを患った一八歳の光源氏が、春の北山に療養に出かけ、尼君の僧庵で紫の上を見い出す、垣間見の場面であ

る。紫式部の略伝と源氏物語の偉大さが的確に紹介された後に、〝若紫〟（五帖）のこの場面が訳出されている。

　時々、女の子たちが出たりはいったりして遊んでゐる中に、十ばかりであろうか、白い着物の上に山吹色の着物を重ねて、かけ出して来た女の子は、何といふかわいらしい子であろう。切りそろへた髪が、ともすると扇のやうに廣がって、肩の邊にゆらゆら掛るのが、目立って美しく見える。どうしたのか、その子が尼さんのそばへ来て、立ったましくしく泣きだした。

犬きが雀を逃がしたと言って泣きじゃくる少女の愛らしさ、肩に髪がはらはらとこぼれかかる情景が鮮明に心に残っている。

井上赳の手によるこの訳は、「子供向けに要領よく、当時の穏かな標準語でしかも原文の気品を見事に伝えている名訳」（岩佐美代子『宮廷文学のひそかな楽しみ』文春新書四五頁）とされている。

「のどかな春の日は暮れさうでなかなか暮れない」ではじまるこの一節については「源氏物語のような淫美《いんび》な小説を小学校の教科書に載せるとは怪しからん」と、国粋的な国文学者から攻撃され、一時は帝国議会に問題としてとりあげかねない騒ぎになったという。軍国主義の風潮の高まる中で、小学生に読ませるために、井上赳は、あえて「源氏物語」の一節を紹介し、

　わが国随一の小説を具体的に示し、「もののあわれ」を基調とするわが国の文学の特色を、教科書上で子供たちに、おぼろげながらでも見せようと試みたのです

と言っている。（公職追放令に対する「反証」・井上赳著　古田東朔編『国定教科書編集二十五年』昭二九　武蔵野書院八五頁「国定読本の編集」）

小学校、国民学校で多くの軍国教材や皇国史観に基く教材に接した。国策によるそれらの教材には、いきどおりと嫌悪の情さえもよおす。それに対して、古典教材は、やすらぎと感動をもって、わたくしの心に生き続けている。

# Ⅱ　中学校（旧制）で学んだ古典　――文部省「中等國語」の古典

[4]『中等國文』文部省　巻一

| 課＼巻 | 一 | |
|---|---|---|
| 一 | ●富士の高嶺 | （萬葉集に據る） |
| 二 | 産土神と氏神 | （芳賀矢一） |
| 三 | 松江の暁 | （小泉八雲） |
| 四 | ▲菖蒲の節供 | （島崎春樹） |
| 五 | 姫路城 | （「小學國語讀本」巻十二） |
| 六 | 戰國の武士 | （常山紀談） |
| 七 | ▲柿の花 | （正岡子規） |
| 八 | ▲涼み臺 | （寺田寅彦） |
| 九 | 武士氣質 | （藩翰譜） |
| 一〇 | ●親心 | （雲萍雜志） |
| 一一 | 朝のこゝろ | （橘　曙覽） |
| 一二 | 泉の德 | （柳田國男） |

昭和一八年

昭和二一（一九四六）年四月、島根県立大田中学校へ入学した。八歳年上の長兄に伴われての登校であった。国は破れたが、桜花は美しく咲いていた。

物資が著しく窮乏していた。教科書はと言えば、新聞紙に印刷されたようなものを書店で購入し、自分で製本して使用した。紙質も悪くザラ紙で、もちろん表紙もさし絵もないベタ刷りのものであった。

上記[4]のような教科書から不都合な部分を削除した「暫定教科書」で、昭和二一年の一年間のみの使用であった。折りたたみ読本である。冒頭には万葉集巻三・〝山部宿彌赤人富士の山を望む歌一首あわせて短歌〟が置かれていた。「天地の分れし時ゆ」の長歌三一七と「田子の浦ゆ」の反歌三一八である。

続いて、柳沢淇園の手になるものとされる思想随筆『雲萍雜志』の文章があった。古典ではないが、徳富蘆花の文語文の『自然と人生』も収められていた。

昭和二二（一九四七）年四月から六・三・三・四制の学校制度が実

施されることになり、四月に新制中学校が発足した。わたくしは、旧制中学の最後の生徒として、新一年生は入学しないまま、旧制の二年生として進級した。まがりなりにも製本された『中等国語』二（四冊）を手にすることができた。

次頁の内容のものである。きびしい食糧難の時期で、学習らしいことは殆んどしていない。登校するのが精一ぱいであった。自習時間も多かった。特に二年生では授業どころではなく、三年でも第一分冊と第四分冊のいくつかの教材を学ぶのにとどまった。二年は佐伯盛吉先生、三年は近藤義兼先生に学んだ。二年ではわずかに平家物語〝忠度の都落ち〟（一門の花）と梁塵秘抄〝舞へ〳〵かたつぶり〟が心に残っているだけである。

（4）

二・三年用の(4)は、中国文学関係のものであった、文章もたしかで、内容も充実しており、すばらしい教科書だと思った。後年、小川環樹博士の手によるものであることを知り、さすがだと思った。

日本の古典として、万葉集（「万葉秀歌」、古今集（「ひさかたの」）、新古今集（「天の香久山」）の代表歌と、枕草子・徒然草（「随筆二題」）、平家物語（「一門の花」）芭蕉の俳句（「芭蕉の名句」）。謡曲（「羽衣」、歌謡（「舞へ〳〵かたつぶり」）。説話（「鬼にこぶ取らるること）が収められていることになる。

| | |
|---|---|
| 二 | (1)<br>一　早春<br>二　やさしいことばで<br>三　短歌と俳句<br>四　文章について<br>五　わがはいはねこである<br>●六　一門の花<br>●七　舞へ〳〵かたつむり<br>八　カパチェッポ<br>附録　國語學習の手引<br>昭二二・三・七発行<br>(2)<br>一　クラーク先生<br>二　國際婦人会議に出席して<br>三　学級日記<br>四　少年の日の思い出<br>●五　万葉秀歌<br>六　意味の変遷<br>七　砂丘<br>附録　國語学習の手引<br>昭二二・四・八発行<br>(3)<br>一　自分は太陽の子である<br>二　音と文字<br>三　希望<br>●四　鬼にこぶ取らるること<br>五　夜中の音樂<br>六　地蔵の話<br>●七　ひさかたの<br>八　木の根<br>九　ひとりの力<br>附録　國語学習の手引<br>昭二二・一二・二三発行 |
| 三 | (1)<br>一　天の香具山●<br>二　新聞の話<br>三　キューリー夫人<br>四　花より雨に<br>五　山のあなた<br>六　小人國<br>七　身振り語と言語<br>八　制作の方法<br>●九　長歌<br>●十　羽衣<br>附録　國語学習の手引<br>昭二二・三・一八発行<br>(2)<br>一　樹木賛仰<br>二　生活断片<br>三　文化と教養<br>●四　芭蕉の名句<br>五　乙女峠の富士<br>六　銀の燭台<br>附録　國語学習の手引<br>昭二二・九・八発行<br>(3)<br>一　雪の朝<br>二　自然の美と美術の美<br>三　噴火山<br>四　読書について<br>●五　随筆二題<br>六　社会を自己の中に<br>七　師弟一如<br>八　学校日記<br>附録　國語学習の手引<br>昭二二・一二・一二発行 |

(4)『中等國語』昭和二二年　　一年　三冊
　　文部省編　　　二・三年　四冊ずつ
　　中等学校教科書

第二学年　二　(4)



昭二二・七・四発行

第三学年　三　(4)



昭二二・七・四発行

発行日ごとに、(1)は一学期、(2)・(4)は二学期、(3)は三学期に購入した。

中学三年の四月、左足骨髄炎を患い手術、一学期は登校できなかった。休学しようにも下級生がいない。二学期から松葉杖で登校した。第一分冊は、殆んど学習できず、第二分冊と第三分冊と第一分冊の長歌を学習した。第四分冊漢文編はとり扱われなかった。残念であった。

冒頭の〝天の香久山〟は新古今集の作品一一首、巻頭の後鳥羽院御製〝ほのぼの春こそ空に来にけし〟のゆったりと歌いぶりに心ひかれた。早春のこの時期に学ぶのにふさわしい歌だと感動した。

とり挙げられていた一一首の『国歌大観』の歌番号・初句・作者を記す。

二　ほのぼのと　後鳥羽天皇　三五なごの海の　藤原実定　二六　夕月夜　藤原秀能　二六七庭のおもは　源　頼政
二〇一むかし思ふ　藤原俊成　三六二心なき　西行法師　四七二きり〴〵す　西行法師　三八九にほのうみや　藤原家隆
一五八吉野川　藤原家隆　九五三旅人の　藤原定家　六七一こまとめて　藤原定家

いずれも新古今集を代表する名歌である。（注一）
すべてを学び得ないうちに、病床に臥す身になった。

〝九長歌〟は、万葉長歌と良寛長歌である。万葉長歌は、高橋蟲麻呂の〝水江浦島子を詠める一首並びに短歌〟で、万葉番号一七四〇の長歌と一七四一の反歌が収められていた。良寛長歌は〝月の兎〟と〝鉢の子〟であった。三学期、最後の教材として学習した。

〝十羽衣〟（謡曲）も学習していない。

第二分冊、四芭蕉の名句は、穎原退蔵の文章、第三分冊の五随筆二題は、枕草子〝春は曙〟と徒然草九二段〝ある人弓射ること習ふに〟と一〇九段〝高名の木のぼりといひしをのこ〟が収められていた。古文入門として、適切な教材であった。楽しく学習できた。

中学校で印象に残る古典教材としては、次のものを挙げることができる。

| | |
|---|---|
| ①富士の高嶺（万葉集） | 一 |
| ②故郷の花（忠度都落ち）（平家物語） | 二―(1) |
| ③春は曙（枕草子） | 三―(3) |
| ④ある人弓射ること習ふに　高名の木のぼり（徒然草） | 三―(3) |
| ⑤舞へ舞へかたつむり（梁塵秘抄） | 二―(1) |
| ⑥李白と杜甫 | 二―(4) |
| ⑦南船北馬 | 二―(4) |
| ⑧水江浦島子（万葉集） | 三―(1) |

〝富士の高嶺〟は、中学入学最初の教材であるだけに印象深い。長歌の富士の荘厳感は十分に理解できなかったけれど、反歌の、田子の浦を通って思いがけずに姿をあらわした富士のすばらしさへの作者の感動は伝わってきた。

〝故郷の花〟で、平家物語の冒頭も学んだ。無常感を深く味うというよりも、哀調にただようリズムの美しさに心ひかれた。競って暗唱した。ばけつをたたいて、「祇園精舎の鐘の声、諸行無常のひびきあり」と吟ずる友人もいた。

「薩摩守忠度は、いづくよりやかへられたりけん　侍五騎　童一人　わが身共に七騎とって返し　五条三位俊成卿の宿所におはしてみ給へば、門戸をとぢて開かず」の一文で始まる〝忠度都落ち〟（巻第七）もまた、リズムのある美しい文章だと心ひかれた。忠度と俊成の心情は十分に理解したとは言えないが、「前途程遠し、思ひを鴈山《がんざん》の夕の雲に馳す」と和漢朗詠集の一節を「たからかに口ずさん」で去る忠度の姿を武人らしい、凛凛しいと思った。

忠度が俊成に託した歌は、さざなみや志賀の都はあれにしを昔ながらの山桜かな

荒廃した旧都に美しく咲きにおう山桜に心をよせ、和歌を愛する武人・忠度をすばらしいと思った。枕詞（さざなみや）・掛詞（ながら・長良）という和歌の修飾法を知った。

後日、〝忠度最期〟（巻第九）を読んだ。その潔い最期に愛惜の情を深くした。ゑびろに結びつけられた文にあっ

た歌は

　行きくれて木の下かげをやどとせば花やこよひのあるじならまし（「旅宿花」）

平家物語にも、次のように記されている。

「あないとおし、武芸にも歌道にも達者にておはしつる人を、あ（ッ）たら大将軍を」とて、涙をながし袖をぬちさぬはなかりけり。」（岩波古典文学大系33）

三年三学期に、はじめて枕草子の文章に接した。〝春は曙〟の、清少納言の鋭い感受性が躍動している文体に息をのんだ。その清新さをすばらしいと思った。級では「をかし」・「いとをかし」が流行語となった。

徒然草の弓の師のことば、「初心の人、二つの矢を持つことなかれ」（第九二段）と、高名の木のぼりの「あやまちは、安き所になりて、必ず仕る事に候」（百九段）ということばにもなるほどと思わせられた。一道に通じた人は、すごいと思った。（⇒第二章Ⅱ、二　中学校で学んだ徒然草　80頁―84頁）

四〇八　舞へ舞へ　かたつぶり
舞はぬものならは
馬の子や牛の子に蹴《くゑ》させてん
踏み破らせてん
まことに美しく舞ひたらば
華《はな》の園《その》まで遊ばせん　梁塵秘抄巻二

二五　ほとけは常にいませども
うつつならぬぞあはれなる
人のおとせぬあかつきに
ほのかに夢にみえたまふ　同巻二

『秘抄』中の秀歌とされている。子どもたちに口ずさまれたのであろうか。なんとかわいらしい歌謡かと思った。

「しっとりとした情感にあふれた、法文歌中随一の秀作」（新潮日本古典集成）とされている。中世の人の仏への願い・あこがれ・信仰心がしみじみと歌われているなあと思った。

〝李白と杜甫〟では、二人の詩人の生涯が達意の文章で記述され、その作風が比較されていて、みごとだと思った。

次のようにまとめられようか。

李白

・天才詩人　脱俗の詩仙
・南国的・楽天的
・俗塵を脱し自然に放吟
・天馬空を行くがごとく拘束されるところがない
・多種多様な作風
　詩はきわめて多彩
　月下独酌・白髪三千文の愁・辺域の苦
・酒と詩を友として、大いに天才を発揮した。
・短篇に天授の才を発した　五七言絶句は唐代第一人
・自由に表現して作為を事とせず疾風急雨のおもむき

杜甫

・情の人・多涙の詩聖
・北方風で実際的
・時事に熱中　君を思い国をいたむ
・語　人を驚かさずんば死すともやまざるの苦心と精力を傾ける
・家国を忘れず社会の内情を歌った沈痛な詩風
　戦争の悲惨・生活の苦痛――悲壮を極めている
・貧窮と病苦がいっそう悲観的の詩人たらしめた。
・長篇に得意
・経験と学問とから出て、錬磨の功を積み脈絡の通った作が多い。

古今にならびない詩人として唐を詩の黄金時代たらしめた。深い交友があった。

〝南船北馬〟は、二⑷漢文編の冒頭に置かれた四頁足らずの文章であるが、中国文学の生まれた風土が、みごとに記述されている。興味深い教材であった。内容を対比すると、次のようになろう。

| | 江南——船 | 華北——馬 |
| --- | --- | --- |
| ・川 | 揚子江（長江）<br>四川盆地→中央の大平原<br>静かに流れる | 黄河<br>山岳地帯→北方の大平原→海<br>一気にくだる |
| ・気候 | 温暖・五風十雨 | 寒・暑の差がはなはだしい　大陸的気候 |
| ・交通手段 | 船によって往来 | ろばや馬を利用 |
| ・天然資源 | 鉄 | 石炭 |
| ・環境 | やさしい女性的自然美→自然と融合しようとする | 壮大な男性的大自然→自然に順応、ひたすら自己の生活に努力 |
| ・住民の性格 | 理想的・情熱的・詩的 | 現実的・理知的・散文的 |
| ・結果 ← | のどかな船の櫓の音→浪漫的な文芸 | 勇ましい馬のいななき→質実剛健の思想 |

← 東洋文化の源流を創造

七　桃花源の記・九　秋風五丈原・十　孔子と子路を学習しなかったことは、第三学年で、(4)漢文編を学習できなかったこととともに、かえすがえすも残念であった。

〝水江浦島子〟は、万葉巻第九所収（一七四〇）伝説歌人高橋蟲麻呂の読みやすい長歌であった。

春の日の　かすめる時に　住吉《すみのえ》の　岸に出でゐて　つり船の　とをらふ見れば　いにしへの　事ぞおもほゆる　水<br>
江の　浦島子が　かつをつり　たひつりほこり　七日まで　家にも來ずて　海界《うなさか》を　過ぎてこぎゆくに　わたつみ<br>
の　神のをとめに　たまさかに　いこぎむかひ　あひとぶらひ　こと成りしかば　かき結び　常世《とこよ》にいたり　わた

つみの　神の宮　内の重《へ》の　たへなる殿に　たずさはり　ふたり入りゐて　老いもせず　死にもせずして　永き世に　ありけるものを　世のなかのおろかびとの　わぎもこに　のりて語らく　しましくは　家に帰りて　父母に事ものらひ　あすのごと　われは来なむと　いひければ　妹《いも》がいへらく　常世べに　また帰り來て　今のごと　あはむとならば　このくしげ　開くなゆめと　そこらくに　かためし言を　住吉に　帰り來たりて　家見れど　家も見かねて　里見れど　里も見かねて　あやしと　そこにおもはく　家ゆ出でて　三とせのほどに　(後略)

一般の浦島伝説を思い浮かべながら、リズムのゆったりとした表現を楽しんだ。浦島子が、難波の人であることと、亀が登場しないことが、既得の浦島伝説とは違っていた。浦島伝説について、もっとくわしく知りたいと思った。(注二)

きびしい食糧難の時代に接した古典教材ではあったが、中学校時代に接したこれらの古典は、なつかしさを伴って今も鮮明に思い出される。

---

注一　この十一首の指導については、野地潤家先生の次のものに精密無比の記録がある。
『国語教育個体史研究——国語教育個体史主体篇一その2——』(昭二九・六・二〇　白鳥社)四八一—一〇〇九頁→『野地潤家著作選集第3巻国語教育個体史実践編Ⅱ』(明治図書　一九九八・三)三五八—三八一頁「一七　天の香具山・新古今和歌集」として所収。

二　この長歌の指導についても、野地潤家先生の精細無比なご報告がある。(『国語教育個体史研究——国語教育個体史主体篇一その3——』一二〇〇—一二五〇頁　白鳥社　昭二九・九・二〇→野地潤家著作選集④国語教育個体史実践編Ⅲ明治図書　三七一—七八頁「三〇　長歌——万葉長歌と良寛良歌」)(第二章Ⅰ40頁参照。)

## Ⅲ　高校で学んだ古典　――文部省「高等國語」の古典

昭和二四（一九四九）年、共学制・地域制・統合制による新制高校が発足した。所謂、高校三原則の実施である。わたくしは旧制中学校最後の生徒として、併設中学卒業ということになり、男女共学の島根県立大田高等校に入学した。

国語教科書は、下記のものを使用した。

①高等国語一―三（上・下）六冊　文部省
②漢文一―三　三冊　文部省
③教養国文徒然草　岩井良雄校注　西東社
④教養国文中古文学　岩井良雄校注　西東社
⑤新日本文学史　塚本勝義著　西東社
⑥中等文法　文語　文部省

『高等国語』で、とりあげられていた古典教材は次の作品である。

1　枕草子抄（二上）正月十日[1]・四月晦日[2]・五月[3]

## 5『高等國語』昭和二二年　文部省編　教育図書　一―三（上・下）

| 巻＼課 | 一 | 二 | 三 | 四 | 五 | 六 | 七 | 八 |
|---|---|---|---|---|---|---|---|---|
| 一上 | 藤村詩抄 | 笛吹川をさかのぼる | 太郎冠者 | 記録映画の幻想性 | 東海道五十三次 | | | |
| 一下 | 案内者 | ガラス障子 | うつりゆく心 | ロダンの遺言 | 言語の本質 | 光栄の作曲家 | うさぎ | 春が來た<br>付録　國語学習の手引 |
| 二上 | エッセイ | ・枕草子抄 | 談　話 | 望郷五月歌 | ベニスの商人 | ・万葉集抄 | 赤がえる | 自己と独創<br>付録　國語学習の手引 |
| 二下 | 文章を学ぶ者のために | 新しいことば | 神　曲 | あるがまゝに | 自由を護った人 | ・源氏物語 | 小はぎがもと<br>「もののあはれ」について | |
| 三上 | ・奥の細道抄 | 寒山拾得 | シェークスピアの女性観 | 天上の序曲 | ガラス戸の中 | ・年來稽古《けいこ》 | 國民的文学と世界的文学 | |
| 三下 | 自然と人生 | 姉と弟 | 詩についてぼくらの立場から | ・つきあひは格別 | 富士山頂 | 舞台装置と演出 | 八雲たつ | 杜時計<br>付録　國語学習の手引 |

ばかり・(4)九月ばかり・(5)月のいとあかきに・(6)虫はすずむし・(7)降るものは雪・(8)雪のいと高く降りたるを・(9)にくきもの・(10)うつくしきもの

2　万葉集抄（二上）四七首。教材は、第二章Ⅰ　三　高校で学んだ万葉集41―43頁に記載。

3　源氏物語（二下）「小はぎがもと」（きりつぼ）　和辻哲郎「もののあはれ」について（改訂日本精神史研究、五〇―六一頁）

「野分だちて、にはかにはださむき夕暮のほど」から「人の御さまなりける」まで、次の内容の部分である。

①勒負の命婦、母北の方を訪問
②命婦帰参
③若宮参内

4　奥の細道抄　（三上）門出・白河・松島・平泉・立石寺・最上川・象潟

5　年来稽古（世阿弥　風姿花伝）（三上）
七歳　十二・三より、十七・八より、二十四・五、三十四・五、四十四・五、五十有余

6　芭蕉「風雅の誠」（三下）　〃自然と人生〃に他作品とともに所収
柴門の辞――　〃予が風雅は夏炉冬扇のごとし。衆にさかひて用ふるところなし。〃

7　つきあいは格別（井原西鶴）（三下）
大晦日は合はぬ算用（世間胸算用）買ひ置きは世の心やすい時（日本永代蔵巻六）

8　八雲たつ（古事記・播磨風土記・日本書紀）（三下）
高校最後の古典教材であったが、学習できなかった。

次の五教材が印象と残っている。

| | |
|---|---|
| ①万葉集　四七首 | （二・上） |
| ②花伝書「年来稽古」 | （三・上） |
| ③源氏物語　桐壺「小はぎがもと」 | （二・下） |
| ④奥の細道（門出・松島・平泉　立石寺　象潟） | （三・上） |
| ⑤枕草子（五月ばかり・にくきもの　九月ばかり・雪いと高く降りたるを） | （二・上） |

万葉集四七首の学習については、第二章Ⅰ40—43頁参照。

　この授業は、一首ずつの分担報告、演習形式であった。わたくしは、人麻呂の次の歌を担当した。

一三三　ささの葉はみ山もさやにさやげどもわれは妹おもふ別れ来ぬれば

　長歌〝石見の海、角の浦回《うらみ》を浦なしと〟（柿本朝臣人麻呂、石見国《いわみのくに》より妻に別れて上り来る時の歌一三一）の反歌二首のうちの後の一首である。

　〝「み」は接頭語　さやさやとさやぐささの葉に心乱されることなく、別れてきた妻のことを一心に思いつづけている人麻呂の、愛する妻への思いが歌われています〟というように発表した。後髪を引かれる思いで、上京しなければならない作者人麻呂の切なさを感じたのである。

　折口信夫博士は、その著『戀の座』（和木書店、昭二四・一二・一五）で「此は疑ひなく夜の歌である。夜、寝つかれないでおきてゐると、夜山に生え充ちた篠の葉は、心澄むばかりで夜の響きをたて、ざわついてゐる。だが、おれは別れて来たので、この夜、彼女を思ひ偲んでゐると言うのだ」（同書・一〇八頁・傍点引用者）とされているが、わたくしは、一途に妻を思う上京時の、昼の人麻呂の姿を想像した。土屋文明『萬葉集私注』（筑摩書房・昭五一・三・五）では「この歌によっても、人麻呂の道が海沿ひではないと察せられる。その道を恐らくは馬上で二三の従者と共に行をつづける作者が想像出来る」（新訂版一二五頁）とされている。

　担当発表に際して使用した、澤潟久孝『萬葉集新釋上巻』（星野書店昭一七・一一・一〇）には「山路の笹原のさやぎに妹を思ふ哀感がいかにもよく出てゐて、この人の作中の傑作と見るべきものである。上三句の「さ」と「や」との音のくりかえしも注意すべきである。」と記されていた。

　四七首もの万葉歌を学びえて、幸せであった。この学習によって、万葉集に魅力をおぼえ、愛着を深めることができた。

花伝書〝年来稽古〟は、独学の先生として定評のあった柳井雅行先生に学んだ。世阿弥は、すぐれた心理学者であり、教育者であることを強調された。この〝風姿花傳第一年来稽古條々〟は、身心の発達に応じて、七期に分けられた的確な心得が、みごとに述べられている。成程と思わせられた。みごとな授業であった。

次のようにまとめられようか。

1　七歳（幼年期）稽古のはじめは七歳。自然に心のままにさせよ。ひどくいさめると、やる気を失って、そのまま能の上達がとまる。

2　十二、三歳より（年少期）能の自覚も生じてくるから、能の種類いろいろを教えよ。童形であるので、何をしても幽玄であるが、誠の花でなく、一時的な面白さ、時分の花である。稽古は、子供のし易い得意なところを花として見せよ。わざに最も気をつけよ。型をきちと守って、技芸を大事にして稽古させよ。

3　十七、八より（少年期）変声期、声も変り、体も腰高になり、声が盛りで花やかであった時分との変り目でやるべき手段が全く変ってしまうので意気喪失する。人に指さして笑われようと心中に願力を起して〝一期の堺ここなり〟と一生涯にかけて能を捨てぬ以外にはない。

4　二十四、五（青年期）一生の芸能の定まる時期。稽古に最も励むべき大事な時。声と身なりが定まり、良い芸能の生まれる時。人目に立ち、競演に勝つこともあるが、真の花ではない。慢心してはいけない。自惚れてはいけない、一時の珍らしい花と思い悟って精進を重ね、その道の達人に教えこうてますます稽古を重ねよ。

5　三十四、五（壮年期）絶頂期、名人として世に認められる時期。この時期に名人としての天下の許しがなければ、真の花を究めていない為手である。四十より能は下《さが》る。今まで習得した芸の数々を完全に自分のものにし、今後のやり方などをもさとる時分である。

6　四十四、五（晩年期）能のやり方を変える時。良い脇の為手を得て、花を持たせ、つきあい役のように控え目に控え目にと芸をするのがよい。芸の技倆は下っていなくても、年をとってくると、身の美しさ（「身の花」）見物人の目にうつる美しさ（「余所目の花」）も失せてくる。細かな物真似、手のこんだ身をくだくような激しい能はすべきではない。

7　五十有余（老年期）無用なことしないという事の外にはない。真を得た名人なら、花という妙趣だけは残る。五十二で亡くなった父観阿弥は、花を咲かせる能は初心の為手にゆずり、自分は安い所を控え目に控え目に演じたが、その美事さは一段とすぐれて見えた。老骨に花が残った證據である。

以上、次の二著によってまとめた。

○能勢朝次『世阿弥十六部集評釋上』　岩波書店昭一五・八・二〇

○川瀬一馬『校注花傳書』　わんや書店昭廿四・六・五

テストは、次の三点を問う純記述式のものであった。

一初心　二天下の許され　三わきの仕手のたしなみ

すべて授業中で語られたことであった。

次のように答えている

三ノ三(3)伊東武雄

一、初心……二十四、五は変声期から脱して身も声もとゝのう得意の時代である。しかし、それは一時の花を得た未熟者（初心）であるにも拘ず、その一時の花の珍らしさのために、名人と云われるような人との競演などに勝つ事ことがある。しかし、それに慢心してはならないと云っている。即ち、初心の慢心し勝なところから、能に於ては決して慢心することなく、自分の能に対する位地をよく〱考えて一段と芸の稽古に努力せねばならない。それ以外に誠の花を得る道はないと、青年期、特に得意の時代の能に対するあり方をこの話によって明示している。

二、天下の許され……これを得るの三十四、五才である。この頃までに能に於いて一家をたてて置かないと四十以後から能は下ってしまうことを説き、三十四、五才で天下の名望を得ないならば誠の花に徹すること出来ない事を云っている。即ち壮年期の能のあり方を述べたものである。

三、わきの仕手のたしなみ

五十才を越えたなら、易い能を控え目に少くな〱にし、その肉体的な欠点をおぎなわなくてはならない。そこでわきの仕手を立派に選ぶ必要性がおきて来る。立派なわきの仕手を選んだら、その者に花をもたせて自分は難のみえぬところを少しせよと説いて、老後の能は肉体的な一時の花を失なっても誠の花を発揮せよと云っている。

源氏物語〝小はぎがもと〟を学習するに当って、白楽天の「長恨歌」を学んだ。担当の妹尾勇先生は、大東文化学院のご出身であったので、源氏物語より長恨歌の学習に熱をあげられた。〝漢皇重色思傾国〟で始まるこの作品のリズムのよさにひかれ、みんなで読みきそった。全文を朗々と暗唱する者まで出た。源氏物語と比較検討するまでには至らなかったが、長恨歌を興味深く読んだ。三学期最後の教材であったため、源氏物語の本文をほんのわずかしか学べず、残念であった。しかし、この一節は、しみじみとあわれ深い、味いのある文章であると思った。冒頭の「野分だちて　にはかにはださむき夕暮れのほど……」の一文は、いつまでも心に残った。

青木正『新訂源氏物語新釋』（有精堂昭二四・三・一）を注解に利用した。

〝奥の細道抄〟は、第三学年最初の教材であった。

図書室にあった浅尾芳之助『増訂奥の細道の解釈』（有精堂）で予習をした。語釈を中心に、重要だと思われることをノートしていった。芭蕉庵の跡の地図まで記した、精細な学習参考書であった。楽しい作業であった。

授業は、表面的な通釈だけで終った。奥の細道のすばらしさを理解することなく、さっと読みとおしてしまった。芭蕉の心情を深く考え、共鳴することにも欠けていた。奥の細道の本文に触れ、簡潔ないい文章だなという程度で終った。俳句を深く読み味わうということもなかった。

次の三句が心に残った。

○さみだれをあつめて早し最上川（最上川）

○閑かさや岩にしみ入るせみの声（立石寺）

○夏草やつはものどもが夢の跡（平泉）

〝枕草子抄〟は、10の章段（前記21—22頁）を読んでいる。清少納言の感受性の鋭さと、きびきびした表現に快さを感じた。青木正『枕草子新釈』（有精堂昭二一・一二・一〇）を利用した。

次の章段が印象に残っている。

①五月ばかり、山里にありく、いみじくをかし。

②雪いと高く降りたるを、例ならず御格子《みかうし》まゐらせて

③九月ばかり、夜一夜降りあかしたる雨の、けさはやみて

④虫は、すゞむし。まつむし。はたおり。きり〴〵す。

⑤にくきもの、急ぐことあるに長言する客人《まらうど》。

古文だけの授業もあった。国語乙として、週二時間。テキストは前記21頁　西東社、『教養国文徒然草』と『教養国文中古文学』である。一年〝徒然草〟は奈良女高師出の才媛錦織節先生に学んだ。二年、〝中古文学〟は出雲

大社の神官中和夫先生に学んだ。

前者については、〝わたくしの学んだ古典　徒然草〟として第二章Ⅱに収めている。

後者については、次の教材が心に残っている。

①大鏡　菅公左遷――九州太宰府へ配流される道真公の悲運。
②伊勢物語　都鳥――深まりいく、都へ残した妻（こころづま）への思慕。
③更級日記　東路の道の果て――物語に対する、少女の強いあこがれ。

大鏡の注釈書としては、次のものがよいと中先生はおっしゃった。

佐藤　球『大鏡詳解』明治書院昭二・二・七

伊勢物語、更級日記については、次のものを使用した。

岩波書店『国語』巻九　指導書〝七都鳥〟。ゆきとどいた解釈が行われており、すばらしいと目を見張った。

今泉忠義
片山邦夫『更級日記新釋』有精堂　昭二三・一〇・一〇によった。

当時は、他の適切な注釈書にあたることができなかった。

素読に近い古文学習であったが、じかに原文に接しえて、古文そのものがもつリズムを味うことができた。敬語や助動詞についての力がとぼしく、不十分な読みこみではあったが、古文を読む楽しさを実感した。もっと古文に接したいと思った。作品分析、作品鑑賞がなく、社会的背景の解明もなかったのは残念であった。

# 参考文献


1 井上敏夫 国語教育史資料 第二巻 教科書史 第一編 国語教科書の変遷 第三章 昭和戦前期 東京法令出版 昭五六・四・一

2 野地潤家 国語教育史資料 第六巻 年表 東京法令出版 昭五六・四・一

3 海後宗臣 沖 新 編 日本教科書大系 近代編第7巻国語㈣ 講談社 昭三九・四・一〇

4 日本教科書大系 近代編第8巻国語㈤ 講談社 昭三九・六・二五

3、4に第二期から第五期までの国定国語教科書の全文が収められている。

5 岩波講座 國語教育 第一回―第十二回 岩波書店 昭一一・一〇・五～昭一二・九・一〇

「小學國語讀本綜合研究」に、第四期国定国語教科書の教材について考察がなされている。

6 藤富康子 サクラ読本追想 国土社 前記 一九八五・七・二〇

7 藤富康子 サイタサイタサクラガサイタ 朝文社 前記 一九九〇・六・二〇

8 藤富康子 サクラ読本の父 井上赳 勉誠社 前記 二〇〇四・七・一〇

9 鈴木道太 ああ国定教科書 怒りと懐しさをこめて レモン新書 文化出版局 昭四五・九・二一

10 井上 赳 小学讀本編纂史 岩波講座 國語教育第五回 昭一二・二・一〇

11 井上 赳 国語教育の回顧と展望二 ――読本編修三十年―― 国語教育講座第五巻 国語教育問題史 刀江書院 昭二六・七・一〇

石森延男　国語教育の回顧と展望三

12　高木市之助　尋常小学国語読本　中公新書　中央公論社　昭五一・二・二五

13　粉川　宏　国定教科書　新潮選書　新潮社　昭六〇・一〇・二〇

六期にわたる国定教科書がとりあげられ、再検討されている。

14　山住正己　教科書　岩波新書758　岩波書店　一九七〇・七・二五

15　中内敏夫　軍国美談と教科書　岩波新書35　岩波書店　一九八八・八・二二

16　中村紀久二　教科書の社会史――明治維新から敗戦まで――　岩波新書233　岩波書店　一九九二・六・一九

17　入江曜子　日本が「神の国」だった時代――国民学校の教科書を読む――　岩波新書764　岩波書店　二〇〇一・一二・二〇

18　藤田昌士　学校教育と愛国心　戦前戦後の「愛国心」教育の軌跡　学習の友社　二〇〇八・一一・一〇

〝道徳教育〟をテーマに精進を続けている高校時代の畏友の力作。

19　岩佐美代子　宮廷文学のひそかな楽しみ　文春新書202　文芸春秋　前記　平一三・一〇・二〇

サクラ読本の「源氏物語」への回想がある

20　東京高師附中　新制中学研究叢書第3巻　国語科　日本教育振興会　昭廿四・三・五

21　飛田　隆　戦後国語教育史(上)　実践国語教育大系　別巻2　教育出版センター　昭五八・一〇・一〇（再版）

22　吉田裕久　戦後高等学校国語教科書の変遷　広島大学教育学部国語研究室　平九・三・三一

「平成七（一九九五）年度新版高等学校　国語Ⅱ教科書教材目録」に所収

23　野地潤家　国語教材の探究　国語教育研究叢書　第9巻　共文社　昭六〇・一二・一

『国語教材論』の一考察――サクラ読本論を中心に――が収められている

24　野地潤家　国語教育の創造　国土新書　国土社　一九八二・七・三〇

■小学校国定国語教科書は、次のとおりである。

第一期本　『尋常小學讀本』（明治37―明治42・6年間）　「イエスシ読本」　黒表紙

㋑ス・㋓ダ・㋜ズメ・イ㋛〈絵入り〉ではじまる。全国共通の客観的な口語文を目ざした。

第二期本　『尋常小學讀本』（明治43―大正6・8年間）　「ハタタコ読本」

ハタ・タコ・コマ・ハト〈絵入り〉ではじまる。自然な口語を生かそうとした。

第三期本　『尋常小學國語讀本』（大正7―昭和7・15年間）　「ハナハト読本」　黒表紙・白表紙

ハナ・ハト・マメ・マス〈絵入り〉ではじまる。文学性を導入、巻一は「モモタラウ」でおわる。

第四期本　『小學國語讀本』（昭和8―昭和15・7年間）　「サクラ読本」　色ずり薄茶色

サイタ　サイタ　サクラガ　サイタ〈山桜の絵、色ずり〉ではじまる。古典重視、文学教材が増加。

第五期本　『国民科國語教科書』（昭和15―昭和20・5年間）　「アサヒ読本」

アカイ　アカイ　アサヒ　アサヒ〈朝日と子どもたちの絵〉ではじまる。戦時教材の多用。

戦後は、「墨塗り読本」・「折りたたみ読本」（パンフレット教科書）・「いいこ読本」（昭24まで）が続く。

■出版年月日の表記は年号と西暦表記があるが、原著の表記に従った。

書名・著者名も新・旧字体があるが、原著の表記に従った。以下同じ。

# 第二章　二つの古典学習個体史　万葉集と徒然草

# Ⅰ　万葉集

## 一　国民学校で学んだ万葉集　――「御民われ」・「万葉集」

今日よりは顧みなくて大君の
しこのみ楯と出で立つわれは
あ、み民われらのおごころは
み国の守り　くろがねの
千古の雪と　輝やけり

大東亜戦争（太平洋戦争をこう言っていた）の戦局がきびしくなった一九四四（昭和一九）年のころ万葉歌四三七四（巻二〇）を基調にしたこの歌をうたっていた。当時、わたくしは国民学校五年生（注一）であった。この和歌が防人の歌であること、世に広くもてはやされている〝御民われ生けるしるしあり天地の榮ゆる時にあへらく思へば〟（九九六・巻六）の歌の作者が、海犬養宿禰岡麻呂であることも知っていた。

わたくしが学んだ『第五期國定國語教科書（アサヒ読本）、初等科國語八』の「六　萬葉集」の書き出しは次のようになっている（注二）。

今を去る千二百年の昔、東国から徴集されて、九州方面の守備に向かった兵士の一人が、

今日よりはかへりみなくて大君のしこの御楯と出で立つわれは

といふ歌をよんでゐる。「今日以降は、一身一家をかへりみることなく、いやしい身ながら、大君の御楯となって出発するのである。」といふ意味で、まことによく國民の本分、軍人としてのりっぱな覺悟を表した歌である。かういふ兵士や家族たちの歌が、萬葉集に多く見えてゐる。

この文章は、『第四期國定國語教科書』（サクラ読本）『小學國語讀本巻十二』、「第十五萬葉集」と同文である。

『第五期國定國語教科書、初等科國語七』には、「二十一　御民われ」と題して、次の文章がある。

御民われ生けるしるしあり天地の榮ゆる時にあへらく思へば

　天地の榮えるこの大御代に生まれ合わせたのを思ふと、一臣民である自分も、しみじみと生きがひを感じると読んでゐます。その大きな、力強い調子に、古代のわが國民の素朴な喜びがみなぎってゐます。昭和の聖代に生をうけた私たちは、この歌を口ずさんで、更に新しい喜びを感じるのであります。

この文章も、『第四期國定國語教科書、小學國語讀本巻十』「第二十七　御民われ」の文体「である」調を丁寧体になおしたものである。

海ゆかば
水漬《づ》く屍
山ゆかば
草むすかばね
大君の
辺にこそ死なめ
かえりみはせじ（注三）

「大伴家持作歌　信時潔作曲」とされる、この「海ゆかば」を聞いて、私は戦時中を成長した。歌詞は、巻十八、四〇九四の長歌「陸奥国に金《くがね》を出だす詔書を賀《ほ》ぐ歌」にある、大伴氏の言伝え（大伴氏が昔から言い伝えて来た「言《こと》立《だて》」―ことばに出して言明すること、所信を披瀝すること）（注三）である。

花もつぼみの若桜
五尺の生命《いのち》ひっさげて
国の大事に殉ずるは
我ら学徒の面目ぞ
ああ紅の血は燃ゆる〈二、三連は省略〉（注四）

巷には、この「ああ紅の血は燃ゆる―学徒動員の歌―」（野村俊夫作詞、明本京静作曲）が歌われていた。
わたくしも、幼い皇国の一少年であった。

注一　一九四一（昭一六）年三月一日の「國民学校令」公布により二年生から『第五期國定國語教科書』（アサヒ読本）を使用した。
二　講談社『日本教科書大系　近代編第8巻　国語(五)』（昭三九・六・二五）による。以下「二」の「万葉集」の引用文はこれによった。
三　小学館『日本古典文学全集5　萬葉集四』（昭五〇・一〇・三一）による。
四　毎日新聞社『別冊　一億人の昭和史　昭和流行歌史』（一九七七・一・一）による。

『第五期國定國語教科書、初等科國語八』の「萬葉集」の記述は、次のように続いている。
御代御代の天皇の御製を始め奉り、そのころのほとんどあらゆる身分の人々の作、約四千五百首を二十巻に収めたのが、萬葉集である。かく上下を問はず、國民一般が、事に觸れ物に感じて歌をよむといふのは、わが國民性の特色といふべきである。

武門の家である大伴《おほとも》氏・佐伯《さへき》氏が、上代からいひ傳へて来たのを、大伴家持《おほとものやかもち》が長歌の中によみ入れた次のことばは、今日國民の間に廣く歌はれてゐる。

と、あって「海行かば」の歌が記され、次の文章が続く。

「海を進むなら、水にひたるかばねともなれ、山を進むなら、草の生えるかばねともなれ、大君のお側で死なう、この身はどうなってもかまはない。」といった意味で、まことにををしい精神を傳へ、忠勇の心がみなぎってゐる。萬葉集には、かうした國民的感激に満ちあふれたものが多い。

柿本人麻呂の歌は

・東の野にかぎろひの立つ見えてかえみすれば月かたぶきぬ（巻第一・八）

がとり挙げられ、次のように記されている。

文武天皇がまだ皇子でいらつしやつたころ、大和《やまと》の安騎《あき》野で狩をなさつた。人麻呂も御供に加つた。野中の一夜は明けて、東には今あけぼのの光が美しく輝き、ふり返つて西を見れば、残月が傾いてゐる。東西の美しさを一首の中によみ入れた、まことに調子の高い歌である。人麻呂は、特に歌の道にすぐれてゐたので、後世歌聖とたたへられた。

山部赤人の歌は、

・和歌の浦に潮みち来れば潟《かた》をなみあしべをさしてたづ鳴きわたる（巻第六・九一九）

がとり挙げられ、意味を記し、次の解説・鑑賞がある。

紀伊《きい》の國へ行幸の御供をした時、赤人が作つた歌である。（中略）、ひたひたと寄せる潮の靜かな音、鳴きながら飛んで行く鶴の羽ばたきまでが、聞かれるやうな感じのする歌である。

山上憶良の歌は、「憶良は遣唐使《けんたうし》に従つて支那へ渡つたこともある」と記して、次の歌がとり挙げられ、歌意が記されている。

・をのこやも空しかるべき萬代に語りつぐべき名は立てずして（巻第六・九七八）

小野老の次の歌もとり挙げられ、解説が記されている。

・あをによし奈良の都は咲く花のにほふがごとく今さかりなり（巻第三・三二八）

東大寺の大佛ができ、インドから高僧が渡海して来たころのはなやかな奈良の都を、ありありと見るやうな気がする。

長歌は、次の「舒明天皇の御製」がとり挙げられ、歌意を記して、「美しい光景を目の前に見るやうにお歌ひになつてゐる。」と記されている。

・大和には群山《むらやま》あれど、
とりよろふ天《あめ》の香具《かぐ》山、
登り立ち國見をすれば、
国原はけぶり立ち立つ、
海原はかまめ立ち立つ。
うまし国ぞ、
あきつ島大和の国は。（巻第一・二）

むすびは次のように記されている。

萬葉集の歌は、まことに雄大であり明朗である。それは、わが古代の人々が、雄大明朗の気性を持ち、極めて純な感情に生きてゐたからである。「萬葉」とは「萬世」の意で、萬世までも傳へようとした古人の心を、われわれは讀むことができるのである。

国家主義的な色彩はあるにせよ、わかり易く、要を得た、文章であった。この教科書は、『初等科國語七』とともに、六年生で使用した。一九四五（昭二〇）年八月ポツダム宣言受諾の結果、連合軍占領政策によって、国家主義的・軍国主義的教材は削除されるようになった。同年九月、文部省の通達によって、従来の教科書はそのまま使用することができなくなり、国家主義的・軍国主義的な部分は、墨でぬりつぶした（注五）。終戦後は所謂墨ぬり読本を使用したのである。当然、この教材も、前記「御民われ」とともに、部分削除のうき目にあった（注六）。

注五　前掲『日本教科書大系　近代編第8巻（注二）』所収教科書解題
六　東京法令出版『国語教育史資料第二巻　教科書史』（井上敏夫）昭五六・四・一参照

## 二　中学校で学んだ万葉集――〝富士の高嶺〟・〝水江浦島子〟

一九四六（昭二一）年四月、中学校入学。翌四七（昭二二）年から、六・三・三・四制の教育が実施され、新制中学校が発足したため、旧制中学の最後の生徒となった。終戦後の混迷期で、物資が極度に欠乏していた。新聞紙に印刷した、インクのにおいのする、わずか一六ページの暫定の国語教科書を使用した。表紙・目次・挿絵もなく、自分で切って製本した教科書であった。戦前の教科書、文部省編『中等国文』（昭和一八年）の不都合な部分（軍国主義・超国家主義・神道主義）を削除し、排列を変えた、急造のものであったのだろう。この年の一年のみで姿を消す。その教科書の最初の教材が、山部赤人の「富士の高嶺」（山部宿禰赤人、富士の山を望む歌一首并せて短歌、巻第三、三一七・三一八）であった。若い勝部先生が、一時間でさっさと語釈をされ、通釈を加えて終えられた。しかし、「反歌」というものを知った。

一九四七（昭二二）年、二年に進級してようやく製本された国語教科書を手にすることができた。文部省編『中等国語二』（四分冊）である（注七）。第二分冊に「万葉秀歌」が収められているが、その学習は全く記憶していない。『中等国語三』では、「長歌」（第一分冊九）という教材名で、万葉集　巻九　一七四〇の〝水江浦島子を詠める一首並びに短歌〟を良寛長歌二首とともに学んだ。ゆったりとした、のどやかなリズムのあるよい歌だ（注八）と思った。早稲田大学の文学部を出られた近藤義兼先生のご授業であった。

（第一章　19・20頁参照）

---

注七　昭和二〇年代の国語教科書については、次のものに要領よくまとめられている。
吉田裕久　「戦後高等学校国語教科書の変遷」　広島大学教育学部国語研究室　『平成七（一九九五）年度新編高等学校「国語Ⅱ」教科書教材目録』（平四・三・三一）一八九頁～一九三頁。

八　野地潤家先生　『国語教育個体史研究―Ⅱ国語教育個体史主体篇―その3―』前記、20頁。
浦島研究には、次のものが役立つ。第三章Ⅰ　116頁、注一・二参照。
○重松明久　『浦島子伝』古典文庫五五　現代思潮社　一九八一・一・二四

## 三　高校で学んだ万葉集――「万葉集抄」（四七首）

高等学校では、文部省編『高等国語』各学年上・下二冊ずつ六冊を使用。「万葉集抄」（二上・37―43頁）として万葉の歌四七首を学習した。その内容は次のようになっている。ことば書き―万葉番号・初句・二句を記す

1 岡本天皇《をかもとのすめちみこと》の御製の歌一首
一五一一　夕されば…小倉の山に鳴くしかはこよひは鳴かず　（巻八）

2 額田王《ぬかだのおほきみ》の歌
七　秋の野のみ草刈り葺《ふ》き　（巻一）

3 同
八　熟田津《にきたづ》に船乗りせむと　（巻一）

4 軽皇子《かるのみこ》の安騎野《あきの》に宿りませる時、柿本朝臣人麻呂《かきのもとのあさみひとまろ》の作れる歌
四八　東《ひむがし》の野にかぎろひの　（巻一）

5 柿本朝臣人麻呂の西騎旅《きりょ》の歌
二五〇　玉藻刈る敏馬を　（巻三）

6 同
二五三　稲日野《いなびの》も行き過ぎがてに　（巻三）

7 同
二五五　天ざかるひなの長道《ながぢ》ゆ　（巻三）

8 柿本朝臣人麻呂、石見国《いはみのくに》より妻に別れて上り来る時の歌一首並びに短歌
三一　石見の海角《つの》の浦回《うらみ》を　（巻二）

9 反歌
一三二　石見のや高角《だかつの》山の　（巻二）

10 一三三　さゝの葉はみ山もさやに　（巻二）

11 大津皇子《おおつのみこ》、石川郎女《いらつめ》に贈れる御歌一首
一〇七　あしひきの山のしづくに　（巻二）

12 石川郎女和《これ》へ奉れる歌一首
七〇八　あを持つと君かぬれけむ　（巻二）

13 有間皇子《ありまのみこ》、みづからいたみて松が枝を結べる歌二首
一四一　磐代《いはしろ》の浜松が枝を　（巻二）

14 一四二　家にあれば笥《け》にもる飯《いひ》を　（巻二）

15 志貴皇子《しきのみこ》のよろこびの御歌一首
一四一八　いはばしる垂水《たるみ》の上の　（巻八）

16 慶雲三年丙午《ひのえうま》、難波《なには》の宮に幸《いでま》せる時、志貴皇子の作りませる御歌
六四　あしべゆくかもの羽がひに　（巻一）

17 山部宿禰赤人《やまべのすくねあかひと》、富士の山を望める歌一首並びに短歌
三一七　天地のわかれし時ゆ　（巻三）

18 反歌
三一八　田児《たご》の浦ゆうち出でて見れば　（巻三）

19 神亀《じんき》元年甲子《きのえね》冬十月五日、紀伊國《きのくに》に幸せる時、山部宿禰赤人の作れる短歌
九一九　わかの浦に潮満ちくれば　（巻六）

20 山部宿禰赤人の作れる短歌

九二四　み吉野の象山の際《ま》の　（巻六）

21 九二五　ぬば玉の夜のふけぬれば　（巻六）

22 山部宿禰赤人の歌

一四二四　春の野にすみれつみにと　（巻八）

23 大伴坂上郎女の月の歌

九八一　猟高《かりたか》の高円山《たかまとやま》を　（巻六）

24 九八二　ぬばたまの夜霧の立ちて　（巻六）

25 山上憶良臣《やまのうへのおくらのおみ》、宴《うたげ》を罷る歌一首

三三七　憶良らは今は罷らむ　（巻三）

26 惑情《まどへるこゝろ》をかへさしむる歌一首

八〇〇　父母を見れば尊し　（巻五）

27 反歌

八〇一　ひさかたの天道《あまぢ》は遠し　（巻五）

28 子等を思ふ歌一首

八〇二　うり食《は》めば子ども思ほゆ　（巻五）

29 反歌

八〇三　銀《しろがね》も金《くがね》も玉も　（巻五）

山上臣憶良、秋の野の花を詠める歌二首

30 一五三七　秋の野に咲きたる花を　（巻八）

31 一五三八　はぎが花をばなくずばな　（巻八）

32 天平勝宝二年三月一日の暮《ゆふべ》（大伴家持《やかもち》）春の苑《その》の桃李《たうり》の花を眺矚《てうしょく》して作れる歌二首

四一三九　春の苑くれなゐにほふ　（巻十九）

33 四一四〇　わが園のすもゝの花か　（巻十九）

（大伴家持）興によりて作れる歌二首

34 四二九〇　春の野にかすみたなびき　（巻十九）

35 四二九一　わがやどのいさゝ群竹　（巻十九）

36 大伴家持の秋の歌

一五六七　雲がくり鳴くなるかりの　（巻八）

37 一五六八　雨ごもりこゝろいぶせみ　（巻八）

38 一五六九　雨晴れて清く照りたる　（巻八）

天平十年戊寅《つちのえとら》、元興《ぐわんこう》寺の僧のみづからなげく歌一首

39 一〇一八　白珠《しらたま》は人に知らえず　（巻六）

40 旋頭歌《せどうか》

一二八一　きみがため手力《たぢから》つかれ　（巻七）

41 一二九五　春日なる三笠の山に　（巻七）

42 東歌《あづまうた》

三三八六　鳰鳥《にほどり》の葛飾早稲《かつしかわせ》を　（巻十四）

43 三三九九　信濃道《しなのぢ》は今の墾道《はりみち》　（巻十四）

44 三四五九　いねつけば皹《かじ》るあが手を　（巻十四）

天平勝宝七歳乙未《きのとひつじ》二月、相替りて筑紫に遣はさえし諸国の防人《さきもり》等の歌

45　四三二二　わが妻はいたく恋ひらし　（巻二十）
右の一首は、主張丁《ふみとのよほろ》鹿玉《あらたま》郡《のこほり》若倭部《わかやまとべの》身麻呂《むまろ》

46　四三二七　わが妻も絵にかきとらむ　（巻二十）
右の一首は、長下《ながのしも》郡《のこほり》物部《もののべの》古麻呂《こまろ》

47　四三四六　父母がかしらかきなで　（巻二十）
右の一首は、丈部《はせつかべの》稲麻呂《いなまろ》

教科書本文は、詞書に、万葉番号と和歌が並べられている。頭注・脚注はない。通し番号（1―47）と収録されている巻数は、便宜上わたくしがつけたものである。

大東文化学院を出られた若い妹尾勇先生に学んだ。自宅にあった次の二著を中心にして、自分なりの理解に努めた。

○澤瀉久孝　『萬葉集新釋』上・下　星野書店　昭一七・一二・一〇

○橘　千蔭著　森本健吉校注　『新註萬葉集略解』（改造文庫）　昭一五・九・二〇～

万葉集については、学校の図書室で、平凡社『世界百科大事典』で調べた。久松潜一博士の執筆のものであったが、万葉集について、実に要領よく的確にまとめられていて、すばらしいと思った（注九）。万葉集四七首を自分なりにだいたいの歌意を理解して読んだだけであったが、新鮮な心でじかに万葉の歌に接することができた。大変有益であった。万葉の時代と歌人についてはもっと知りたいと思った。特に、万葉集を編んだ後の家持の生涯について知りたかった（注一〇）。

---

注九　『改訂新版　世界大百科辞典』一九六四年発行版での「万葉集」執筆は、五味智英担当となっている。

一〇　大伴家持についての論考は多い。手にした好書（単行本）として次のものを挙げたい。

1　山本健吉　大伴家持　日本詩人選5　筑摩書房　昭四六・七
2　北山茂夫　大伴家持　平凡社　昭四六・九
3　橋本達雄　大伴家持　王朝の歌人2　集英社　一九八四・一二
4　北山茂夫　萬葉集とその世紀下　新潮社　昭六〇・一一
5　中西　進　大伴家持　六巻　角川書店　平六・八〜三・二

単行本ではないが、次のものは初心者にわかりやすく明快である。

6　梅原　猛　大伴家持（小学館『人物日本の歴史2　天平の明暗』・昭五九・九に所収）

## ■ レポート　万葉集にあらわれた無常観

三年の日本史の学習で、明楽文教先生から、〝万葉集の無常観について〟というレポートを求められた。前記二著から、無常の感じられる歌をさがした。次のような歌を何首かさがしあてて、考察を加えた。

①　五八　高市黒人　いづくにか舟泊《ふなは》てすらむ安礼の崎漕ぎたみ行きし棚なし小《を》舟（巻一）

旅の歌であるが、舟棚のない小舟はどこらに泊っているのであろうというところに無常のかげりを感じた。

②　二六四　柿本人麻呂　もののふのやそうぢ河の網代木にいさよふ浪のゆくへ知らずも（巻三）

無常感をふくめたものとする説（代匠記其他）と「たゞ実景だけを詠んだものとする説（古義・新考）とあるが、とかく無常を観ずる心は彼の作に多分に見出される處であり、殊にこの作は彼の心を動かした近江の荒都を見ての歸りの作であるのだから、やはり無常の気持を心にもつて詠まれ詠まれたものと見てよからうと思ふ。（澤瀉久孝『万葉集新釋上』一七四頁（注十二））

「近江の荒れたる都を過ぎし時に柿本朝臣人麻呂の作れる歌」二九（巻一）とその反歌三〇・三一にも言及した。二九の長歌は「玉だすき畝火の山の橿原のひじりの御世ゆ」ではじまり、「春草の茂く生ひたる霞立つ春日の霧《き》れるももしきの大宮処見れば悲しも」でおわる。荒廃した大津京の宮殿あとに茫然と立つ作者の悲痛な哀感がうたわれている。反歌は長歌の補いである。

三〇　さゝなみの滋賀の辛崎幸くあれど大宮人の舟待ちかねつ
三一　楽浪《ささなみ》の滋賀の大わだ淀むとも昔の人にまたも逢はめやも

世の無常を感じさせる歌であった。

③　三五一　沙彌満誓《さみまんぜい》　世の中を何に譬へむ朝びらき漕ぎいにし船のあとなき如し

仏教的な無常観を読みとれるような歌である。

大伴旅人が任地筑紫の地で妻大伴女郎を失った時の、次の歌もとり挙げた

④　七九三　世間《よのなか》は空《むな》しきものと知る時しいよよますます悲しかりけり（巻五）

神亀五年（七二八）四月初旬、旅人は六十四歳であった。天平二年（七三〇）大納言となって奈良の都へ帰る時の歌五首（四四六―四五〇　巻三）、帰宅して作った歌三首（四五一―四五三　巻三）も人生無常の気持がこめられていると考えた。

四四六　我妹子《わぎもこ》が見し鞆の浦のむろの木は常世《とこよ》にあれど見し人ぞなき
四四七　鞆の浦の磯のむろの木見むごとに相見し妹は忘らえめやも
四四八　磯の上に根《ね》延ふむろの木見し人をいづらと問はば語り告げむか
四五一　人もなき空しき家は草枕旅にまさりて苦しかりけり
四五二　妹としてふたり作りし我が山斎《しま》は木高く茂くなりにけるかも

四五三　我妹子が植ゑし梅の木見るごとに心むせつつ涙しながる

明楽先生から〝よく万葉集をよみとおした。論文として、りっぱに体を成している〟という旨のおほめのことばをいただいた（注十二）。

---

注十一　同書では、人麻呂家集の次の歌（一二六九巻七）が引用され、次の注記がある。

巻向の山邊とよみてゆく水の水沫《みなは》の如し世の人われは

「榮えたものの衰へをなげき、人の命のはかなさを悲しむ心を詠んだ歌は、特に人麻呂の歌に多い」（一七四頁）

直前の一二六六の歌は人麻呂歌集の歌として次のものである。

・子らが手を巻向山は常にあれど過ぎにし人に行きまかめやも

巻向にいた亡妻を無常感をこめて偲んだものである。直後の一二七〇の歌は「古歌集に出づ」として、

・こもりくの初瀬の山に照る月は満ち欠けしけり人の常なし

「物に寄せて思ひを発す」（景物に寄せて、人世万般に関する感慨を述べる）として人生の無常を歌っている。

十二　万葉集の無常感に言及したものとして、次のようなものが挙げられよう。

1　本田義憲　日本人の無常観　NHKブックス66　日本放送協会　昭四三・一・二〇

2　小林智昭　無常感の文学　アテネ新書102　弘文堂　昭三四・一〇・三〇

3　西田正好　無常の文学　塙新書48　塙書房　一九七五・九・三〇

―日本的無常美感の系譜―

## ■澤潟久孝　萬葉集講話

高校三年、一九五一（昭二六）年秋、受験勉強をかねて澤潟久孝博士の万葉集入門書を読んだ。

1　万葉集講話　昭一七・一・一五　〈改版昭二一・七・一五　新日本圖書株式會社→講談社学術文庫762　昭六一・一一・一〇　解説　伊藤博《はく》〉

2　万葉集講話　菜摘の巻　昭二三・一二・二六　出來島書店

筆者は、〝はしがき〟で「國民の教養書としての萬葉集の講話」とことわっている。内容は次のようになっている。

萬葉集講話
・田兒の浦ゆうち出でて見れば
・春過ぎて夏来るらし
・いはばしる垂水の上の
・ひさかたの天の香具山
・秋萩の枝もとををに
・みたたしの島の荒磯を
・妹として二人つくりし
・苦しくも降りくる雨か
・熟田津に船乗りせむと
・わたつみの豊旗雲に

萬葉集講話　菜摘の巻
・籠もよみ籠持ち
・たまきはる宇智の大野に
・わが背子を大和へやると
・山城の石田の社に
・電神のすこしとよみて
・つぎねふ山城道を
・なかなかに人とあらずは
・しぐれの雨間なくし零れば
・うらさぶる心さまねし
・春霞流るるなべに

・もののふのやそ宇治川の
・よし野なる菜摘の川の
・わがやどのいささ群竹
・夕されば小倉の山に

索引



万葉歌を味い深く読むことができ、万葉愛唱歌をいくつかもつことができた。

## 四　大学で学んだ万葉集講読

### ㈠岩佐　正先生の万葉集

大学では、教養部一年のときに、岩佐正《まさし》先生の「万葉集」を受講した。一九五二（昭二七）年、皆実分校の木造校舎であった。テキストは『大学一般教育万葉集の文学』（三省堂、昭二六・四・一〇）。扉は下記のようになっている。

本文は『新訓万葉集』（佐々木信綱）をもととし、若干改められたところもある。

内容は次のようになっている。

一　日本詩歌の曙（記紀歌謡）

二　万葉の四季　春・夏・秋・冬

> 万葉集の文学
>
> 久松潜一
> 麻生磯次
> 池田亀鑑
> 萩原浅男
> 吉原敏雄
> 竹下数馬
>
> 三省堂

執筆担当　竹下数馬　二二〇頁

三　万葉人の生活　　相聞　挽歌・羇旅・雑歌
四　有力歌人群　　柿本人麿・山辺赤人・山上憶良・大伴旅人・大伴家持
五　女流歌人群　　磐姫皇后・額田王・大伯皇女・大伴坂上郎女・笠郎女・狭野茅上娘子
六　東歌・防人歌
七　伝説の歌
八　古今集・新古今集・玉葉集
九　万葉集の流れ　　実朝・真淵・宗武・良寛・元義・曙覧・子規
一〇　万葉集の世界性　　西欧に於ける万葉集（久松潜一）・欧訳万葉集（英訳・独訳）
むすび
万葉集各巻一覧・万葉集書目要覧・欧文万葉訳述研究目録・万葉集略年表・番号索引・初句索引・万葉集地図・文学
年表

右の二、三、四から適当に歌を選んで講義していかれた。

一九五三（昭二八）年九月二十四日早暁、教育学部淳風寮が全焼、テキスト・ノート類をすべて消失した。どのような歌を学んだか、その手がかりがない。次のことが記憶に残っている。

1　岩佐先生校訂『新葉和歌集』（岩波文庫　黄139―一、一九四〇・一一・二九↓一九九二・九・二八第3刷）は、岩波文庫として東大の同期生としては最初のものであったこと。次が、喜多義勇校訂『蜻蛉日記』（黄帯版216　昭一七・一一・二）であること。
2　犬養孝博士が、万葉集の歌がうたわれた現地で、多くの人に講義をしておられるということ。
3　池田亀鑑博士が岩佐先生に〝君は教授だけど、ぼくはまだ助教授だよ〟と言われたこと。

4　同級の吉田精一教授（当時、近代文学の研究は、学問の対象ではなかった。）のこと。

5　真下三郎先生のこと、山田孝雄博士のことなど。

※　右のようなテキストは何種類もっていてもよいということ。

岩佐正先生には、その後大学三年のとき文学部で新古今集の授業を受けた。

（第三章　Ⅱ四139―153頁参照）

## ■　レポート　万葉集にあらわれた星――七夕歌を中心に――

教養部二年で自然科学系の単位をとるために、村上忠敬先生の〝天文学概論〟を受講した。試験の代りに、天文学に関する自由レポートを課された。わたくしは万葉集によまれた星について調べることにした。夏休みは、連日、母校（大田高校）の図書館に入りびたった。岩波文庫『新訓万葉集　改訂再版上・下』（佐佐木信綱編　黄版1・上―昭二八・四・二〇第三〇刷のもの、下　昭二五・一一・二〇第二四刷のもの）から、星に関係のある歌をさがした。意味を理解するために、図書室の次の本を利用した。

1　佐伯梅友　萬葉集評解　一冊　有精堂

2　鴻巣盛廣　萬葉集全釋　六冊　廣文堂　昭一〇・一二・一〇

3　土屋文明　萬葉集私注　二〇冊　筑摩書房　昭二四・九・二五～

新訂版（十巻）は、昭五一・三・五～昭五二・一〇・二〇、筑摩書房。

1は学習参考書であるけれども、すばらしいと思った。

〝万葉集にあらわれた星―七夕歌を中心に―〟と題して夏休みあけに、村上忠敬先生に提出した。文学にも深い関心をもっておられた先生は〝ほう万葉集の星を調べましたか。次は古今集の星について調べたらよいですね〟とおっしゃった。

内容は次のようになっている。三三枚のレポートである。



万葉集にあらわれた七夕歌　一三三首（長歌5、短歌一二八）

| 巻数 | 長歌 | 短歌 | 計 | 作者 |
|---|---|---|---|---|
| 巻八 | 1 | 14 | 15 | 山上憶良 12<br>湯原王 2<br>市原王 1 |
| 巻九 | 1 | 2 | 3 | 問人宿彌 1<br>〔藤原房前〕 2 |
| 巻十 | 2 | 96 | 98 | 人麻呂歌集 38<br>作者不明 60 |
| 巻十五 | | 4 | 4 | 柿本人麻呂 1<br>遣新羅使人 3 |
| 巻十七 | | 1 | 1 | 大伴家持 1 |
| 巻十八 | 1 | 2 | 3 | 大伴家持 3 |
| 巻十九 | | 1 | 1 | 大伴家持 1 |
| 巻二十 | | 8 | 8 | 大伴家持 8 |

小島憲之「万葉集七夕歌の世界」（平凡社『萬葉集大成9』昭二八・六・三〇　三一七頁）の数と一致（注十三）。

それぞれの歌を年代順に、万葉一、二、三、四期に区分排列して、考察した。内容から、次のように分類した。

| | | 〔数〕 |
|---|---|---|
| 1　主観的に七夕の身になって詠んだもの | (1)織女の立場から | 四六 |
| | (2)彦星の立場から | 四三 |
| | (3)二星の身になって | 四 |
| 2　客観的に第三者の立場から詠んだもの | | 二六 |
| 3　七夕に寄せて自分の気持を述べたもの | | 四 |
| 4　叙景歌（三六一一　柿本人麻呂のようなもの） | | 三 |

1の(1)　織女のうた

二〇四九　天の川　かわとにをりて　年月を　恋ひ来し君に　こよひあへるかも
　天漢川門座而年月　恋来君　今夜會可母

一五二九　天の河　浮津のなみと　騒ぐなり　吾が待つ君し　舟出すらしも
　天河　浮津之波音　佐和久奈里　吾待君思　舟出為良之母

牽牛と相会う喜び、待ちこがれる気持、別れの悲しみ、相会う時間の物足らなさがうたわれている。

1の(2)　彦星のうた

一五二四　あまのがはいと河波は　立ねども　さもらひかたし　近きこの瀬を
　天漢伊刀河浪者　多多禰杼母　伺候難之　近此瀬乎

二〇五九　あまのがは浪は立つとも　吾が舟は　いざこぎ出でむ　夜の深けぬまに
　天河浪良立友　吾舟者　牽撈出　夜不深間爾

妻を恋う歌、天の河を渡ることのできる喜び、浪よ立つなと願う歌、ともに過す時間の短かさへの嘆きなどをうたう。

1の(3)　二星のうた

一五二六　玉かぎるほのかに見えて　別れなば　もとなや恋む　逢う時までは
玉蜻蜓髣髴所見而　別去者　毛等奈也恋牟　相時麻而波

二〇〇七　ひさかたの天の印と　水無河　隔てて置きし　神代し恨めし
久方天印等　水無河　隔而置之　神世之恨

年に一度しか逢われぬ恨めしさ、天の川をへだてて立たされている悲しさを歌っている。

2の第三者の立場からの客観的同情歌

一五四五　たなばたの　袖つぐよひのあかときはかわせの鶴は鳴かずともよし
織女之　袖続三更之　五更者　河瀬之鶴者　不鳴友吉　　湯原王

二〇五三　ひこぼしとたなばたつめとこよひあふ　天の河門《と》に　波立つなゆめ
牽牛与織女今夜相　天漢門爾　波立勿謹

3の七夕に寄せて自分の気持を述べたもの

一五四四　ひこぼしの　念ひますらむ　情ゆも　見る吾苦し　夜の更けゆけば
牽牛之　念座良武　従情　見吾辛苦　夜之更降去者

三六五八　夕月夜　影立ち寄り合ひ　天の河　こぐ船　人を　見るが羨《とも》しさ
由布豆久欲　可気多知与里安比　安麻能我波　許具布奈妣等乎　見流我等母之佐

遣新羅使

4　叙景歌

三六一一　大船に　真楫《まかち》繁貫《しじぬ》き　海原を　漕ぎ出て　渡る　月人壮人《つきひとをとこ》

於保夫祢尓　麻可治之自奴伎　宇奈波良乎　許藝弖天和多流　月人乎登祜　柿本人麿

若干の万葉七夕歌を引用した。第四期の七夕歌は観念的理智的遊戯的な傾向をとり、古今集の到来を思わせる。

二〇六三　このゆうべ零《ふ》り来る雨は　彦星の　はやこぐ船の　櫂の散沫《ちり》かも

此夕零来雨者　男星之　早滂船之賀伊散鴨

万葉の七夕歌は、階級的にも地域的にも広がりをもつ。古今集・新古今集にいくに従い、貴族の遊戯となり、歌合の場に歌われるようになつていく。古今集「秋の歌上」の七夕歌十一首と、新古今集「秋の歌上」の十五首はその傾向をよく示している。

万葉七夕歌は、あくまでも文学的なものに止まり、東西の文学、例えば、ギリシヤ神話や、ホメーロスの詩篇（BC9）『詩経』や、ダンテ『神曲』のように、天文学の材料にはならない。万葉七夕歌は、祖先の農耕の星でもなかった。

---

注十三　万葉集七夕歌の論考は多い。この他に、手許に次のような論考がある。

1　澤潟久孝　「七夕の歌」　（『萬葉佳品抄』全国書房　昭一八・三）

2　高木市之助　「相聞一題その二七夕歌」　（高木市之助全集第四巻　講談社　昭五一・一一・二〇）

3　村山　出　「山上憶良の七夕歌」　（『万葉集を学ぶ　第五集』有斐閣　昭五三・六）

4　倉林正次　「人麻呂歌集七夕歌」　（同右）

5　蔵中　進　「万葉集の七夕歌と中国文学」　（同右）
6　魚住考義　「万葉集・天の川考」　（『万葉集天の川伝説』第九章・花伝社・一九九二・八・七）
7　下田　忠　「憶良の帥家作七夕歌」（国語教育研究二十六号上　昭五五・一一・四　広島大学教育学部光葉会
野地潤家先生還暦記念特集）

研究のためには、次のものが役立つ。

8　学燈社『別冊国文学№3　万葉集必携』稲岡耕二編　一九七九春季号・万葉研究史　七夕歌（神野志隆光）
9　学燈社『国文学万葉集を読むための研究辞典』　六〇年一一月号・七夕歌（岩下武彦）

## ㈡岡本　明先生の万葉集講義　巻二

三年前期、文学部で岡本明先生の「万葉集」を受講した。講義は万葉集巻二。岡本先生は、ぎっしりと書きこみをされた　山田孝雄『萬葉集講義巻第二』（寶文館　昭七・七・一　七二六頁、附録七頁、索引七一頁、用語索引七二頁、漢字索引九三頁）を持参され、それを講義ノートがわりにされて、すわったまま講義をされた。

歌人　四明、岡本明先生は、何度か、自作の次の歌を紹介された。

　をさな妻　さびしさびしと身をよせて　泣きにたりしは　はるかなる宿　―この妻は今はいない。

第一時間目は、万葉集の解説であった。すぐれた日本の古典として、芭蕉の文学とともに、万葉集があることを強調された。手もとに残っているノートには、次のように記している。

●古事記を日本文学の最初のものとするならば、万葉集はこれに次ぐ古典である。

○作者　多数の作家の集大成。（数代にわたる）歌の集大成。その他散文・漢詞もあるが大部分は和歌である。和歌とは漢詩に対して日本の歌を言う。

○歌体　和歌は
短歌　五七五七七
長歌　五七　五七　……五七七
※五七は何度くりかえされてもよい。
最大は人麻呂の一四九句。
片歌　五七七
旋頭歌　五七七　五七七
佛足石歌体　五七五七七七

○歌数　四千五百首　短歌と長歌が大部分

○記載の方法　漢字　万葉仮名

○時代　数時代に及ぶ
最初の歌　不明
最後の歌　淳仁天皇　天平宝字三　大伴家持（因幡国守）
あらたしき年のはじめの初春のけふふる雪のいやしけ吉事

明らかな作者の最古のもの　仁徳天皇后　盤姫皇后
（竹内宿弥孫）

万葉の年代
仁徳天皇即位　三一三
舒明即位　六二九
130
淳仁
天平宝字三年正月　七五九
大伴家持
446

平安遷都
桓武　七九四

古今集撰進
醍醐　延喜五　九〇五
146
国風暗黒時代

八代集
300
新古今集
土御門元久二　一二〇五
446

古今
後撰
拾遺
三代集
後拾遺
金葉
詞花
千載
二十一代集

新勅撰集
十三代集
新続古今集　一四三八
233　新古今

万葉集の成立
撰者―不明　大伴家持が有利にはたらいた。
成立年代　奈良末期
　平安朝　平城天皇
　二〇巻　四千五百首
奈良初頭には現在の形があったとみられる。

万葉の歌
雑歌《ざふか》
　巻一　雑歌のみ
　巻二　相聞と挽歌が後方に少し。
　　年代別に整理されている。
勅撰集ではなかったか？

相聞《そうもん》（恋歌のみならず友人との往復存問を含む）
挽歌（人の死を悲しんだ歌）

万葉集の参考書
徳川以降
○万葉代匠記（契沖）｛初稿本・精撰本
○万葉集考（賀茂眞淵）
○万葉集略解（加藤千蔭）
○万葉集攷證《こうしょう》（岸本由豆流）
○万葉集古義（鹿持雅澄）
明治以降
○万葉集講義（山田孝《ヨシ》雄《オ》）
○万葉集全釈（鴻《こうの》巣《す》盛広）
○万葉集新釈（澤瀉久孝）
○万葉集新解（武田祐吉）

初心者のために、わかりやすく心をこめて指導してくださった。説明と板書による授業であったが、万葉集についての基本的なことは質問されながら、要領よくまとめていかれた。例えば、〝長歌では、五七を何度くりかえすのか〟と聞かれ、答に窮した。

万葉集の参考書については、出版社や出版年月日にはふれられなかったが、澤瀉博士については、〝万葉集だけ、を研究している偉い学者である〟と紹介された。
次回から、万葉集巻二の講義に入っていった。次のようにノートしている。

巻二について
巻一と共に完全な一巻をなす。
相聞…サウモン
アイキコエウタ（眞淵）
シタシミウタ（古義）
恋ばかりでなくお互の意志を交換する。
主として男女間に交換された恋歌。中には親子兄弟
の間に取りかわされた往来歌もある。
「口授不レ悉往来数相聞」（文選・曹子建与二呉季重一書）
呂向ノ注「聞問也」―互に問ひかはす
盤姫皇后《いはのひめの》の思《しぬびたまひて》二天皇一を御作歌《よみませるみうた》四首
○盤姫―葛城《カツラギ》襲《リ》津《ツ》彦《ヒコ》の女、仁徳天皇の妃（正皇后）
竹内宿弥の孫、竹内宿弥―葛城襲津彦―盤姫
八五　君がゆきけながくなりぬ山たづね迎えかゆかむ
待ちにか待たむ
八六　かくばかり恋ひつつあらずは高山のいわねし枕《ま》
きて死なましものを
八七　在りつつも君をは待たむうち靡く吾が黒髪に霜
の置くまでに
八八　秋の田の穂の上に霧らふ朝霞いづれの方に我が
恋ひやまむ
四句一聯《れん》、その情切、その作巧妙。四句が気持の上で
一つの流れをなしている。四首連続して一つの想を巧み
になしている。支那の詩から来たものであろう。
四首で一つの筋をあらわす。「この四首を切りはなし、
唯一首をとりて論ずるが如きはこの御歌の眞の味を知れ
るものにあらざるなり（注十四）」
(1)八五―起首…君を待つことの久しき―迎へに行くべき
か、かくて待つべきか―胸中悶々の情
(2)八六―(1)の承…かくばかり恋ひて煩悶せむよりは一層
死してこの苦境を脱せむか―情の最高潮
(3)八七―承転…短慮はせずいつまでも待ち奉らむ―表面
の煩悶は沈静したまうて、内面は恋々の情一層深刻。
(4)八八―帰結…第一首の二途その一つを択ばむかと言っ
たのに対してその悶々の情を殆ど処置すべき方法の
ないのを嘆息

○「盤之媛命は史に伝ふる如く嫉妬の為に天皇と絶たれし悍き婦人にはあらで、寧ろ天皇より敬遠せられて悶々のうちに崩ぜられしにあらざるかを疑はしむ。（記紀にこの皇后の御歌数首あれど一首だに似たるはなし）」
○「この歌眞に皇后の御歌にあらずとせば、皇后の御胸中を同情して人のつくれるにしてもよし、又全く別の歌を誤り載せたりとしてもよし」

続いて、次のように一首一首に評釈が施され、講義がすすめられていった。

きみがゆき　けながくなりぬ　やまたづね　むかへかゆかむ　まちにかまたむ
八五　君之行　気長成奴　山多都禰　迎加將行待爾可將待
〔釈〕○きみがゆき　仁徳天皇の行幸
「君」―万葉時代、女が男を呼ぶとき。
「ゆき」―行くの居体言（体言化）
○けながく　月日久しくの意。
「け」は来《き》経《へ》の約。月日の経るをいう（宣長説）
「け」（相当の月日がたつこと）｛暦日―か、け　太陽―ひ
○やまたずね　山路を尋ねて
○むかへかゆかむ　迎へに往こうか　「むかへ」の下の「に」の助詞が、下の「まちにか」の「に」に譲って省略。―むかへゆかむか「か」は疑問の助詞
○待ちにか待たむ　ただ此処にゐて待ちに待たうか
〔評〕盤姫命の御在生中　天皇の余所に久しく御幸された事は、史には見えない。のみならず、この歌は記に衣通王の歌として出ている。
九〇　君がゆきけ長くなりぬ山たづの迎へを往かむ待つには待たじ（古事記　允恭記）
●この歌は、二句、四句・五句で切れる
五＝七。（参考）君＝いせ…女が男を呼ぶとき
五＝七。　子＝いも…男が女を呼ぶとき
七。

左注　万葉集は多くの歌集からとってきたことがわかる。
類聚《ルイシュウ》歌林《カリン》―憶良の撰として古来名高いもの、平安朝の末まで存したことは、袋草子の記載などによって想像されるが、今は佚亡して伝わらない。

岡本明先生の万葉集巻二の講義は、人麻呂の石見相聞歌　一三三、柿本朝臣人麿従二石見国一別レ妻上来時歌の長歌（一三一）に対する反歌の二首目。

ささのはは　みやまも　さやにさやげども《みだれども》　われはいもふ　わかれきぬれば

小竹之葉者、三山毛清爾亂友、吾妹思、別来禮婆

で終った。一四〇の人麻呂の妻依羅娘子の歌で石見相聞歌が終わり、一四一有馬皇子自傷結二松枝一歌二首で始まる挽歌に移るから、巻二の相聞歌一五五首（八五―一四〇）の殆んどを学習したことになる。次のような相聞歌である（注十五）。

①磐姫皇后歌（2八五―九〇）
②天智天皇と鏡王女の贈答歌（2九一―九二）
③鏡王女と藤原鎌足の歌（2九三―九五）
④久米禅師と石川郎女の贈答歌（2九六―一〇〇）
⑤大伴安麿と巨勢郎女の贈答歌（2一〇一―一〇二）
⑥天武天皇と藤原夫人の贈答歌（2一〇三―一〇四）
⑦大伯皇女、大津皇子を思う歌（2一〇五―一〇六）

一〇五　わがせこを　やまとへやると　さよふけて　あかときづゆに　わがたちぬれし

吾勢枯乎、倭邊遣、佐夜深而鶏鳴露爾、吾立所霑之

一〇六　ふたりゆけど　ゆきすぎがたき　あきやまを　いかにかきみが　ゆとりこゆらむ

二人行杼、去過離寸、秋山乎、如何君之獨越武

⑧大津皇子と石川郎女との歌（2一〇七―一〇九）

一〇七　あしひさの　やまのしづくに　いもまつと　われたちぬれし　やまのしづくに

足日木乃　山乃四付二妹待跡　吾立所沾　山之四

附二

一〇八　あをまつと　きみのぬれけむ　あしひきの　やまのしづくに　ならましものを

吾乎待跡　君之沾計武　足日木能　山之四附二成益物乎

⑨草壁皇子の石川郎女への歌（2一一〇）

⑩弓削皇子と額田王の贈答歌（2一一一―一一三）

⑪但馬皇女の穂積皇子を思う歌（2一一四―一一五）

一一四　あきのたの　ほむきのよれる　かたよりに　きみによりなな　こちたかりとも

秋田之穂向乃所縁　異所縁　君尓因奈名　事痛有登母

一一五　おくれゐて　こひつつあらずは　おひつかむ　みちのくまみに　しめゆへ　わがせ

遺居而戀管不有者　追乃武　道之阿廻尓　標結吾勢

一一六　ひとごとを　しげみこちたみ　おのがよに　いまだわたらぬ　あさかわわたる

人事乎　繁美許知痛美　己世尓　未渡　朝川渡

⑫舎人皇子と巨勢郎女の贈答歌（2一一七―一一八）

⑬弓削皇子の紀皇女を偲ぶ歌（2一一九―一二二）

⑭三方沙弥と園臣生羽女の唱和歌（2・一二三―一二五）

一二三　たけばぬれ　たかねばながき　いもががみ　このごろみぬに　かきいれつらむか

多気婆奴礼　多香根者長寸　妹之髪　比来不見尓掻入津良武香

一二四　ひとみなは　いまはながしと　たけといへど　きみがみしかみ　みだれたりとも

人皆者　今波長跡　多計登雖言　君之見師髪　乱有等母

⑮石川女郎と大伴田主宿奈麻呂との贈答歌（2・一二六―一二九）

⑯長皇子の皇弟（弓削皇子）への歌（2一三〇）

⑰柿本人麻呂の石見相聞歌（2一三一―一四〇）

歴史的事件をはらむ歌も多いが、岡本先生はそのことにほとんど立ち入られなかった。もちろん、人物関係は、系図を板書され、藤原京・大和三山・吉野離宮などは好んで地図を書いて説明された。

前記⑭一二三・一二四「三方沙彌娶リ二園臣生羽《ソノオミイクハ》之女《メ》ヲ一未レ経二幾時ヲ一臥レ病ニ作ルレ歌」については、次のようにノートしている。

一二二三　束ねれば短くて　ぬるぬると垂れて結び難く、束ねなければ長過ぎる我が妻の髪は、もう掻き上げて結ぶ頃になったが、私が病気をして、近頃見ないうちに、もう掻き上げて結っただろうか。どうです、見たいものだな

○多《タ》気《ケ》婆《バ》奴《ヌ》礼《レ》―多気（四段タクの已然形）髪を掻き上げること。

一八〇九　小《ヲ》放《ハナリ》爾《ニ》髪多久麻《マ》庭《デ》爾《ニ》

二五〇四　青草《ワカクサ》髪爾《ニ》多久濫《ラム》妹《イモ》乎《ヲ》師《シ》曽《ソ》於《オ》母《モ》布《フ》

○掻入《カキイレ》津《ツ》良《ラ》武《ム》香《カ》―掻入は掻き上げ束ねること。「入」は「上」の誤でカ、ゲであろう。（宣長）この句は自ら掻き上げたものを言う。

「此の頃病臥して、行きて見ぬ間に誰ぞの男がかゝげ結ひつらむかとおぼえてとひやれるなり」（古義）―誤、そんな嫉妬の気分のある歌ではない。

○たけばぬれ、たかねば長き妹が髪―大人になろうとしている女の髪を形容。実に巧妙な詞である。その年輩では暫く見ないうちに、著しく様子がかわるもので、自分が病床にあるうちに、若い妻の髪はどんなになったであろう。今までの子供の姿か、それとも大人らしく掻き上げたかとなつかしく思ったのである。

一二二四　私の髪は　この頃大層伸びましたので、皆の人が、今はもう長過ぎるから束ねなさいと言いますけれども、あなたが御覧になった髪ですから　たとえ乱れていましょうとも　あなたにご相談せずに自分でみだりに束ねるようなことは致しませぬ。

○人皆《ヒトミナ》者《ハ》―人者皆（元暦校本）人皆《ひとみな》者《は》芽《は》不《ぎ》乎《を》秋云《あきとふ》（二二〇）―人皆という熟字のように使用―流布本でよい。

○多《タ》計《ケ》登《ト》雖云《イヘド》―たけよと云へど、即ち束ねよといへども

この頃の女は十四・五歳までは髪を垂れていた。即ちうなゐ又は童《ウナヰ》放《ハナリ》。十四、五歳に至るころ髪揚げといって髪を束ねる。

何というやさしい少女心である。純真な心の底から、おのづから湧き出た詞がそのまま歌になっている。技巧もない。修飾もない。乱有等母と言い尽さぬようであるが、妾は何とも思わず、ただ君が御手によって掻き上げんという心持である。傑作。〝比べこし振分髪も肩過ぎぬ君ならずして誰かあぐべき〟（伊勢物語二三段）というのもこれに似た心である。

文学者　四明、岡本先生の面目躍如とした豪放な講義が思い出される。

『萬葉集講義』と、次の書物によって、岡本先生の講義ノートを改めて検討していきたい。

○澤潟久孝　萬葉集注釋　巻第二　中央公論社　昭三三・四・一五

○土屋文明　萬葉集私注一新訂版（巻第一 巻第二）　筑摩書房　昭五一・三・五

○伊藤　博 稲田耕二編　万葉集を学ぶ　第二集（万葉集巻第二）　有斐閣選書831　昭五二・一二・一五

注十四　『萬葉集講義巻第二』二四頁—二五頁　この四首については次のようにも記されている。

一讀再讀その胸中の苦悩を描くこと深刻にして、萬葉集中かくの如き至情の流露するもの決して多からず。われこれを以て集中有數の絶唱として愛吟措かざるものなり（二四頁）

『萬葉集講義』は、巻第三まで。巻第一は昭和三年二月二〇日、訂正増補再版は昭和七年八月五日、三八一頁、付録一〇頁、萬葉問題集巻第一国語索引三六頁、漢字索引四九頁。

巻第三は昭和一二年一一月一三日、一〇四五頁。附録、萬葉問題集巻第三、八頁、国語索引八五頁、漢字索引九九頁。

十五　『万葉集を学ぶ　第二集』（前記）には、次のような論考がある

1 稲岡耕二　磐姫皇后の歌2 橋本四郎　巻二の贈答歌4 尾崎富義　巻二相聞歌とその配列5 犬養　孝　但馬皇女8 神野志隆光　石見相聞歌

## ■大学時代の万葉集の受容

広島大学に入学したころ、皆実分校（現広大付属高校）の講堂で高木市之助博士の講演を聴いた。瀬戸内海と万葉集についてのお話であった。大伴旅人の鞆の浦を舞台にした歌（四四六―四四八　巻三）を中心にすえて語られた。当時、そのお名前は存じていなかったが、情熱をこめて語られる白髪のお姿に魅せられた。博士六三歳の時の講演であった（注十六）。

大学時代に、万葉集関係の書物は、次のものを読んだ。

1　土屋文明　『万葉名歌』　現代教養文庫（社会思想社）
2　斉藤茂吉　『萬葉秀歌』上・下　岩波新書5・6　昭一三・一一　昭二七・五
3　五味保義　『萬葉集作家の系列』　弘文堂教養文庫　昭一七・九
4　五味智英　『古代和歌』日本文学教養講座1　至文堂　昭二六・一

1は大学一年（昭二七）初夏広大薫風寮で通読、平明穏当な万葉入門書であった。

2は大学一年（昭二七）秋試験休みに通読。万葉集名歌評釈の古典とされているが、茂吉の癖があり、私にとっては必ずしも読みやすいものではなかった。

3は大学二年（昭二八）秋試験休みに郷里で通読。作品について、アララギ歌人としての著者の深い読みとりも随所に見られ、万葉作家に対するみごとな考察がなされた名著だと思った。内容は次のようになっている。

4は大学三年（昭二九）夏休み郷里で通読、全体の三分の二が万葉集に紙面があてられている。万葉集を四期に分けて、作家と作品について行きとどいた考察が加えられている。とりあげられた歌には、それぞれ口譯、語釋があり、一首一首が心に響くように、鑑賞を中心とした力のこもった解説がなされている。すぐれた作品鑑賞であると思った。

学生時代に、講座としては、河出書房版『日本文学講座』八巻が出版されていた。第一巻『古代の文学（前期）』（昭二六・六・三〇）には、万葉集関係のものとして、次の論考が収められている。



日本文学協会編集『日本文学講座』全七巻（東京大學出版會）も出版されている。第二巻『日本の詩歌』（一九五四・一二・一〇）には、難波喜造「萬葉集」が収められている。防人歌に焦点をあてた切れ味鋭い万葉論である。

歴史社会学派の著書も何冊か手にした。

5　西郷信綱　『日本古代文学史』　岩波全書一四九　一九五一・一〇・一五
→改稿版一九六三・四・一〇→加筆決定版・（同時代ライブラリー二七七）一九九六・八・一二
〝『万葉集』を含め、古代文学全体を文学史的に概観しようとする場合に必読の書〟（注十七）

6　川崎庸之　『天武天皇』　岩波新書九八　昭二七・五・二六
〝初期万葉と呼ばれる歌および歌人たちの置かれた歴史的背景を知る上で欠かせない書〟（注十八）

7　川崎庸之　『記紀萬葉の世界』　御茶の水書房　昭二七・一一・三〇
→『川崎庸之歴史著作選集第一巻』　東京大学出版会　一九八二・一〇・二九

8　高木市之助　『吉野の鮎　記紀萬葉雑攷』　岩波書店　昭一六・九・二六　第四刷　昭四九・三・一八
→『高木市之助全集　第一巻』　講談社　昭五一・九・二〇

9　高木市之助　『貧窮問答歌の論』　岩波書店　昭四九・三・一五

10　西郷信綱　『貴族文学としての万葉集』　丹波書林　昭二一・八・二五
〝わずか八三ページの小冊子だが、戦後『万葉集』研究の方向を示唆し、以降盛んとなる歴史的社会的な研究に指導的な役割を果たした書〟（注十九）

11　北山茂夫　『萬葉の世紀』正続　東京大学出版会　正—昭二八　続—昭五〇
〝7とともに昭和二十年から三十年前半に至る戦後の新しい研究方法（歴史社会学研究と呼ばれる）に基づく歴史家からの古代文学への発言であり、戦後『万葉集』研究の先駆的業績の一つである〟（注十七）。

12　北山茂夫　『萬葉の時代』　岩波新書一八九　昭二九・一二・二〇
以後、次のような著書が発行されている。手許にあるもののみをあげておく。
①大化の改新　岩波新書四〇六　一九六一・一一・三〇

②柿本人麻呂　岩波新書二六九　七三・九・二〇
③天武朝　中公新書五〇六　昭五三・六・二五
④万葉群像　岩波新書（黄版）140　一九八〇・一二・二二
⑤大伴家持　平凡社　昭四六・九・二五（注十一　2）
⑥柿本人麻呂論　岩波書店　一九八三・五・一八
⑦万葉集とその世紀　三冊　新潮社　上昭五九・一一・三〇
中昭五九・一二・二〇
下昭六〇・一・三〇（注十一　4）

⑦は北山万葉学の集大成であるとともに、遺著でもある。

13　田邊幸雄　『初期萬葉の世界』　塙書房　昭三八・五・一五

昭和二七～三〇に発表された一四の論考に未発表の論考二編を加えたもの。

〝初期万葉と呼ばれる第一期の万葉歌について、歴史的視点を導入しながら、記紀歌謡との重なりの中に文学性を見ようとする〟（注十七・十八）。

---

注十六　『高木市之助全集　第十巻』（講談社　昭五二・三・三一）の年譜（中西達治編）によると、「一九五四年（昭二九）七月文学博士の学位を授けらる」とある。文学博士になられたのは講演の二年後の六五歳ということになる。「高木市之助全集」全一〇巻は昭和五一・五・二〇～五二・三・三一。

十七　中西進編『鑑賞日本古典文学第3巻　万葉集』（角川書店　昭五一・一〇・三〇）参考文献（三浦祐之）の解説による。

十八　『国文学　解釈と鑑賞　万葉集研究図書館』（昭四二・九月号　至文堂）に、次の紹介がある。

## ■万葉旅行

昭和三〇年三月、三年から四年になる春休みに行われる恒例の〃万葉旅行〃に参加した。文学部国文科の人たちとの合同行事であった。団長は岡本明先生、文学部からは藤原与一先生、教育学部から山根安太郎先生に引率していただいた。三泊四日、大要は次のようであった。

第一日　三／二八　近鉄大阪駅集合‡大和八木下車―藤原宮跡・香具山をみる（昼食）～〈大和路〉～飛鳥寺～橘寺
川原寺～～飛鳥川浄見原宮跡～石舞台～〈明日香路〉～橘寺駅‡〈近鉄吉野線〉‡吉野駅―（ロープウェイ）―
吉野吉水神社―喜蔵院（泊）

第二日　三／二九　蔵王堂～如意輪寺・後醍醐陵↓象山～宮滝（昼食）～（チャーター便トラック）～国鉄吉野口━
奈良　猿沢の池　魚佐旅館（泊）　※私鉄ストのため橿原神宮を省略

第三日　三／三〇　東大寺～二月堂・三月堂～若草山～宿舎―法隆寺・中宮寺～薬師寺・唐招提寺‡平等院―（昼
食　宇治川のほとり）‡石山寺・幻住庵―義仲寺・三井寺―京都　文理大宿泊所（泊）

※平等院は改修のため鳳凰堂の姿はなかった。鳳凰は宝物館で。扇の芝見学。

第四日　三／三一　京都御所―嵯峨嵐山（渡月橋・小督墓～落柿舎・去来墓～祇王寺～滝口寺―桂駅・桂離宮

※手ちがいがあり、桂離宮を最優先したため、苔寺（西芳寺）・勧学院離宮をカット。

学生時代に、はじめて接しえた万葉大和の風土であった。

確認のために、本文及び注に記した文献以外に、次のような書物の恩恵にあずかった。

1　国民教育研究所編　『近代日本教育小史』　草土文化　一九七三・一〇・二五

2　中西　進　『万葉集全訳注原文付』四巻　講談社文庫　昭五三・一～五八・一〇

3　小島憲之<br>木下正俊<br>佐竹昭広　『日本古典文学全集　萬葉集』四巻　②・3・4・5　小学館　昭四六・一～昭五〇・一〇

4　中西　進編　『万葉集辞典　万葉集全訳注原文付別巻』　講談社文庫　昭六〇・一二

5　伊藤　三谷<br>中西　渡瀬編<br>橋本　『萬葉集事典』　久松潜一監修　萬葉集講座別巻　有精堂　昭五〇・一〇

6　稲岡耕二編　『別冊国文学　万葉集事典』　學燈社　平五・八

7　稲岡耕二編　『別冊国文学No.3　万葉集必携』　學燈社　昭五四・五

8　『文芸読本　万葉集』　河出書房新社　昭五四・一〇

9　『国文学　解釈と鑑賞―特集　万葉集の読み方味わい方』至文堂　昭六一・二

10　稲岡耕二　『万葉集』鑑賞日本の古典2　尚学図書　昭五五・四

（一九九九・八・二三・記）

# Ⅱ　徒然草

## 一　国民学校で学んだ徒然草
### ——障子張り

徒然草百八十四段を原據とした『障子張り』の話が、国民学校の国語教材として強く心に残っている。わたくしが接した国民学校五年前期用「初等科國語五」の文章（10頁所載）は〝武士のおもかげ〟という表題の中に、「雁のみだれ」（八幡太郎義家の話）・「馬ぞろへ」（山内一豊と妻の話）などともに収められていた。第四期小学國語讀本のものを書き改めたものである。第四期のものは、第二期尋常小學讀本所載の文を書き改めたものである。（次頁所載）

徒然草百八十四段の原文を下記に示す。

相模守時頼の母は、松下禪尼とぞ申しける。守をいれ申さる丶事ありけるに、す丶けたる明障子《あかりしやうじ》のやぶればかりを、禪尼手づから小刀して、きりまはしつ丶はられければ、せうとの城介義景、其の日のけいめいして候ひけるが、「給はりて、なにがし男にはらせ候はむ。さやうの事に心得たる者に候」と申されければ、「その男、尼が細工にもまさり侍らじ」とて、なほ一間づ丶はられけるを、義景「皆をはりかへ候はんは、はるかにたやすく候べし。まだらに候も見ぐるしくや」と、重ねて申されければ、「尼も、後はさわ〱とはりかへむと思へども、けふばかりは、わざとかくて有るべきなり。物は破れたる所ばかりを修理《しゆり》して用ゐる事ぞと、若き人に見ならはせて、心つけむためなり」と、申されける。いとありがたかりけり。

世を治むる道、倹約を本とす。女性《にょしやう》なれども、聖人の心に通へり。天下を保つほどの人を子にてもたれける、誠にたゞ人にはあらざりけるとぞ。

〈岩波文庫　徒然草　西尾實校訂　昭二一・八・五　二十刷による〉

障子張りの話

一、松下禪尼の倹約の逸話《エピソード》
兄城介との問答
①倹約のたいせつさ
強い自信
②若き人執権時頼への戒め
為政者への忠言
深い考え

二、兼好の意見
倹約が世を治める道の本
禪尼への賞賛
世人の評

※東国で聞いた話であろう
「けり」が使われている。

第四期　国定国語教科書　　小學國語讀本　巻九

招　待　　得

第五　松下禪尼《ぜんに》

北條時頼《ほうでうときより》の母、松下禪尼、或日時頼を招待せんとて、障子《しやうじ》の破れを手づからつくろひゐたり。禪尼の兄、義景《よしかげ》これを見て、

「かゝる事は召使に命じ給へ。自ら手を下し給ふに及ばざるべし。」

と言ひしに、

「自らなし得ることは、人手をかるまでもなしと思へば。」

とて、なほ前の如く、おぼつかなき手つきにて一小間づつ張りゐたり。

義景重ねて、

「さらばこと〴〵く張りかへ給へ。切張はまだらになりて見苦しからん。」

と言ふ。禪尼、

「我も後には張りかへんと思へど、すべて物は破れたる時つくろへば、しばらくはなほ用をなすものぞと若き人に知らせんとて、かくするなり。」

と答へぬ。

講談社「日本教科書大系　近代編　第8巻　国語（五）」昭三八・六・二五

尋常小學讀本　巻八　　第二期　国定国語教科書

招　待　　得　　張　　給　　若　　正　儉　養

第六　松下禪尼《ゼンニ》

北條時頼《ホウデウトキヨリ》ノ母松下禪尼、アル日時頼ヲ招待セントテ、スヽケタル障子ノ破レヲツクロヒヰタリ。禪尼ノ兄義景《ヨシカゲ》コレヲ見テ、

「召使ノ中ニカヽル事ヲヨク心得タル者アリ。ソレニ命ジタマヘ。」

トイヒシニ、

「我モコレ程ノ事ハ心得タリ。人手ヲカルニモ及バズ。」

トテ、オボツカナキ手ツキニテ、破レタル所ヲ一間ヅツ張レリ。義景重ネテ、

「サラバコト〴〵ク張リカヘ給ヘ。切張ハマダラニナリテ見苦シ。」

トイヘバ、

「我モ後ニハコトゴトク張リカヘントハ思ヘドモ、總ベテ物ハ破レタル所ノミツクロヒテ用フルトキハ、シバラクハ用ヲナスベキコトヲ、若キ者ニ知ラセントテカクスルナリ。」

ト答ヘタリトゾ。

時頼ガ心正シク、ツネニ節儉ヲ守リテ、ヨク天下ヲサメタルモ、カヽル母ニ養ハレタルニヨルナルベシ。

128

講談社「日本教科書大系　近代編　第7巻　国語（四）』昭三九・四・一〇

『岩波講座　岩波講座國語教育第七回』（昭一二・四・一〇）所収の「小學國語讀本綜合研究　巻九（第一冊）」には、この教材の解説と考察がある。（五〇―五七ぺ）

北条時頼は謡曲鉢の木で有名な最明寺時頼で、泰時の孫、時宗の父に當る。北條氏第五代の執權である。源氏の宿將三浦泰村を誅したり、將軍の廢立を行つたりして、北條氏の勢力を更に強化した。病によつて薙髪し、嘗て創建した最明寺に閑居した。遊僧となつて、諸國を遍歴し、民情を觀察した事は有名な話である。二十一歳で執權職につき、弘長三年に三十七歳で卒去した。

松下禪尼は安達氏。秋田城介景盛の女で、北條時氏の室、經時・時頼の母である。秋田城介といふのは、出羽國秋田城に在つて蝦夷を鎮撫することを職とするものである。此の官は久しく廢せられてゐたが、鎌倉時代となつて、再興されこの景盛がそれに任ぜられた。

禪尼の兄、義景は父に次いで城介となり、鎌倉に於ても相當勢力があつたらしく、四條天皇崩御の際には、泰時の命によつて京都に上り、後嵯峨天皇を立て奉つた事などもある。後、病によつて出家、建長五年四十四歳で卒去した。

事實上天下の權を握つてゐた執權の母が、如何に儉素な生活をしてゐたか如何なる方針で子どもを教育したか。質實剛健を以て鳴る鎌倉武士は、如何なる母によつて如何に育てられたかを味讀させる事が本課の目的である。

〈要説　大岡保三〉

此の文の生命は義景と禪尼の問答にあり、殊に禪尼の答にある。地の文は此の中心生命を浮き出させる爲の背景である。

本課の中心は松下禪尼の言葉にある。其の言葉は二回の答で現され、二つの教訓を含んでゐる。一つは「自分で出來ることは自分でせよ」であり、一つは「實用を第一として、贅澤をするな」である。この教訓は北條氏の政治の中心をなすものであり、時頼が善政を以て世の人望を博したのは此の教訓を守つたからであり、高時が滅びたのは此の教訓を忘れたからである。

〈解釋　玉井幸助〉

**指導の問題**

（一）抽象的に「儉約」とするか（世を治むる道儉約をもとゝす――徒然草）、具體的に北条時頼の母とするか（天下をたもつ程の人を子にてもたれける、誠にたゞ人にはあらざりけるとぞ――徒然草）。

こゝに文のよみ方がある。そして所謂修身の時間では、前者の如きよみ方をする。だが文そのものは、それ以上に、即ち、それを包含して後者のごとき豊かに深きものなのである。そして、そのよみ方をするのが讀方の時間であり、更に、さうしたよみ方の眼を各科の文章に及ぼす所に讀方の時間に得た力がある。

(二) 次に、これは方法的なものであるが、「讀み」と「註解」と「解釋」とのつながりを指導の問題として本課を考へて見たい。

(1)それはまづ冒頭の「北條時賴の母」といふ語である。「北條時賴」とはどんな人であつたかを説くのは一つの註解である。だがそれがわかる事において、義景の「かゝる事は召使に命じ給へ。自ら手を下し給ふに及ばざるべし。」の「召使に命じ給へ。」がまづわかり、次に、「及ばざるべし。」が了解せられることであらう。更に、「讀み」を重ねることにおいて、「かゝる事」が、單に、「かうした事」といふ云ひかへではなく、進んで、「障子の破れを手づからつくろふ」を示すだけのものではなく、一つの語氣を帶びたるものとしてよまれて來るであらう。「そんなつまらない事」と云ふ風な價値的なものとなつて來よう。更に「讀み」を重ねては、「かゝる事は」の「は」が「餘の事ならばいざ知らず」と云ふ風に響いて來るであらう。(以下略)

〈指導　篠原利逸〉

参考文献　第一八四段に関するものとして、手もとにある次の文献にあたった。

●1　内海　弘藏　「徒然草評釋」　東京明治書院　明四四・九・一〇　昭二七・五・二五　改訂百廿二版
　松下禪尼の儉約の心がけを感じて書いたもの　↓※一

2　吉川　秀雄　「新譯徒然草精解」　精文堂　大一四・六・三〇　昭七・四・一五　卌四版
　質素倹約の風を奨励した北条氏への興味　↓※二

●3　沼波　瓊音　「徒然草講話」　東京修文館　大一四・一・一　増刷昭一七・一一・一〇

●4　塚本　哲三　「新訂通解徒然草」　有朋堂　昭三・九・二八　昭三五・四・三〇　八十八版
　質素倹約を旨とする心縣を賞揚　↓※四

5　佐野保太郎　「兼好と徒然草」　日本出版社　昭一八・一二・一五
　自分の息子を天下の執權たらしめる教育・細かな所にまで注意を怠らなかった禅尼の心掛。

●6　冨倉徳次郎　「徒然草・方丈記」　角川書店　日本古典鑑賞講座　第十三巻　昭三五・六・一五

質素倹約の本質的な美しさ→単なる政治を語る人でなく、人間を語る兼好の文学が生れている。

●7　橘　誠　〃徒然草の鑑賞〃　有精堂　徒然草講座　第三巻　徒然草とその鑑賞Ⅱ　昭四九・一〇・二〇

倹素生活への礼賛・当時の幕府の要路者の奢侈に対する諷刺・為政者の驕奢に対する批判。

●8　冨倉徳次郎
貴志正造　「方丈記・徒然草」　角川書店　鑑賞日本古典文学　第18巻　昭五〇・四・三〇　→※三

9　三木　紀人《すみと》　「方丈記・徒然草」　尚学図書　鑑賞日本の古典10　昭和五五・二・一　→※五

執政者の母

10　桑原　博史　「徒然草の鑑賞と批評」　明治書院　昭五二・九・二五

徒然草にはめずらしく実存女性を取り上げて賞讃

11　佐野保太郎　「徒然草新講」　福村書店　一九五三・二・二〇　昭一三　東京藤井書店

●12　松尾　聰《さとし》　「新纂徒然草全釈」下　清水書院　昭二八・三・二五　→「語釈・文法・参考　徒然草全釈」

奢侈にふける幕府要路者への諷刺の意もあるか？

●13　田辺　爵《つかさ》　「徒然草諸注集成」　右文書院　昭三七・五・五

●14　三谷栄一
峯村文人編　「徒然草解釈大成」　岩崎書店　昭四一・六・二〇

●15　安良岡康作　「徒然草全注釈」下　角川書店　昭四三・五・二〇　日本古典評釈全注釈叢書

禅尼の言行への心底からの同感・讃嘆

●16　三木　紀人　「徒然草㈣　全訳注」　講談社　昭五七・六・一〇　学術文庫　→※五

17　佐成謙太郎　「對譯徒然草」　明治書院　昭二六・五・五　二七・二・二五　七版

　母親の感化の大きさ

18　齋藤　清衛　「徒然草の新しい解釋」　至文堂　昭二七・一・二五

　被教育者に対して指導者の採るべき態度の一端を暗示。徒然草の文が基でこの逸話が近世を通じて名高くなった。

19　山岸　徳平
　　三谷　栄一　「徒然草評解——文法詳述——」　有精堂　昭二九・六・三〇　四五・九・一　五版

　当時の支配階級の人々の生活を諷刺

20　野本　秀雄　「徒然草セミナ」　学生社　昭三六・一〇・二〇

　母の執権への無言の教訓ぶり

21　佐々木八郎　「徒然草」　数研出版　昭三九・二・一　第一一刷　四四・二・一　→※七

22　冨倉徳次郎　「解釈と文法　徒然草」　旺文社　一九八二・九・二〇　一九九〇重版

　兼好として快心の話

23　永積　安明　「徒然草を読む」　岩波書店　一九八二・三・二三　岩波新書185

　彼女（松下禅尼）の行為を絶讃

　※「南北朝内乱期の執筆を積極的に提唱」（岩波日本古典文学辞典第四巻　佐竹昭広・一九八四・七・二〇）

●印を施したものは、三谷栄一編「徒然草辞典」（有精堂　徒然草講座別冊　昭五二・七・一〇）注釈書・研究書解題でとりあげられている。

徒然草百八十四段「相模守時頼の母は」については、次のような考察がある。（――線は引用者）

一　内海弘藏　徒然草評釋（参考文献1）

**大意**　これは松下禪尼の儉約の心がけを感じて、書いたものであるが、作者のこの紹介によつて有名になつて、長く世に說き傳へられた美談である。後に出てくる第二百十五段（※平宣時の話―味噌で酒をたしなむ時頼の話。※は引用者注。以下同じ）と合せて、北條氏がいかに儉素を重んじたかといふことの、思ひ忍べるいゝ資料である。『聖人の心に通へり』といふのは、論語の里仁篇に、「子曰以レ約失レ之者鮮矣」とありなどするのにつけて、いうたのであらう。

二　吉川秀雄　新譯徒然草精解（参考文献2）

**【大意】**鎌倉時代は、質素儉約の風が上下を通じて行はれた。それは、時勢の然らしめる所とはいへ、上に立つ北條氏がこの風を奨励した事が大に與って力がある。この逸話はその間の消息の一端を語る。著者の儉約を貴ぶこともまた普通にこえてをる。さればこの逸話に特に深い興味を見出したのである。

三　冨倉徳次郎　貴志正造　角川書店　鑑賞日本古典文学　第18巻（参考文献8）　六　日常生活の教訓　ホ倹約について、第二段（※いにしへのひじりの御《み》代の）　第二百十五段（※平宣時朝臣）とともにとりあげている。

第百八十四段の松下禪尼の障子の継ぎ張りの話は有名である。為政者たるものにとって、質素倹約が大切だということは、兼好が為政者について説くとき、第一にいうところである。しかし話としては、松下禪尼がその子時頼にそれを実行の上にうつしてみせた点を重視したい。ところで、「物は破れたる所ばかりを修理して用ゐる事ぞ」と言ったのは、貞永式目《じょうえいしきもく》に「小破の時は、しばらく修理を加ふ」とあることと一致している。貞永式目は執権北条泰時が制定した鎌倉幕府法である。それは簡明かつ実用的である点で珍しいが、そこに武家政治の特色がある。この逸話のおもしろさは、尼がその法規の一条をあげて、わが子に説いたところにある。兼好の時代は執権高時時代で、倹約の美学はとうの昔に地をはらい、世は奢侈へとひた走っていたので、その点からもこうした話は、兼好としては快心の話であったに違いない。これらの話によって兼好の語るところは、単に為政者への忠言とか、質素倹約ということだけでなく、それが人間の虚飾のない素朴な心の結び付きを生み出しているという、質素倹約の本質的な美しさにあることを見落としてはならない。

※第二段「いにしへの聖の御代の「おほやけの奉り物はおろそかなるをもてよしとす」

――為政者は質素であれ。兼好の批判。

時頼執権時代の倹約談三つ

第一八四段
第二一五段　平宣時《のぶとき》朝臣の昔話（※酒のさかなを味噌ですます時頼）
第二一六段　最明寺入道・鶴岡の社参に。（※簡素な気味のよいもてなし）

## 四

塚本哲三　新訂　通解徒然草　有朋堂（参考文献4）

【文旨】松下禪尼が節儉の道を時頼に教へるといふ、その殊勝な心懸に感心して、眞面目に褒めてゐるのである。兼好の此の紹介によつてこの話はひどく有名になつて、今も人口に膾炙してゐる。一體この話には「わざと」の巧みがあつて、見方によつては兼好の趣味と合致せぬやうにも思へる。然し國を治める者の質素儉約を旨とする心懸は、兼好の最も大切とする所で、他にもそれを力説した段がある。その意味に於て、趣味の好悪よりも寧ろ教訓的な見地から

北条時頼像（建長寺）

これを賞揚してゐるものと見てよからう。

五　三木紀人《すみと》　尚学図書鑑賞日本の古典10（参考文献9）

**執政者の母**　有名な教訓談で、戦前の教育を受けた人ならば知らぬ者のない話であろう。が、そのような話の例に洩れず、これに批判を加えるのも容易なことである。尼の行為のわざとらしさ・押しつけがましさ、いかに質素を重んずる兼好にせよ、この種の「美行」に常に諷刺的であった彼に似ぬ一方的傾向は腑《ふ》に落ちないことなどが気になる。それかあらぬか、戦前の反動も手伝って、これを本書の代表的部分として扱うことは少なくなったが、近年の消費社会への反省の機運の中で見直されつつある。

　結末に示されているような教訓性もさることながら、そのようなものをひとまず度外視してみても、この尼の素朴さには捨てがたい何かがありそうである。彼女は、早く未亡人になった不運（彼女の夫の時氏は二十七歳で夭折した）にもかかわらず、わが子が二十歳で幕府の執政になるという名誉を体験した。この出来事がいつのことかはわからないが、禪尼の言行に見られる心のはずみと使命感からすると、息子はすでに私人をはるかに超えた存在となっていた頃の話とするのが当然であろう。その息子が自邸に来訪するのを迎える母親の喜びが、障子張りという行為に結びついたのであろうか。「その男、尼が細工によもまさり侍らじ」あたりに感じる軽みが注意される。

六　三木紀人　徒然草(4)　全訳注　講談社文庫（参考文献16）

　あまりにも有名な教訓談である。倹約の徳が必要なことは、第二段・十八段（※「人は己をつゞまやかにし」—清貧への共感）などにも説かれており、兼好が痛感していたことの一つであるが、それを体現した人がここに描かれている。時頼自身のことを語る第二百十五段ともども、東国の上流人の質素さをなつかしく伝える話といえよう。兼好の時代は、都はもとより東国にも奢侈の風がはなはだしくなっていた。これは、はるかなる世界の出来事であり、また、兼好ごのみの古きよき時代の物語でもある。

主人公松下禅尼の行為は、感動的ではあるが、いささか押しつけがましく、わざとらしい感もなくはない。しかし、それを救ってあまりあるのは、「その男、尼が細工にもよもまさり侍らじ」あたりのユーモアである（これをいやみな自慢ととるのは兼好の趣旨にそむくものであろう）。わが子を執政者として持ち、その子の訪れを待つ母の喜びが、ほのかな色気さえ含んで現われている部分であろう。障子を張る行為は、もちろん手本を示すためであるが、もともとは、喜び多い日を迎えて何かしないではいられない心のはずみによるものかもしれない。兼好の理解は、松下禅尼の徳ばかりでなく、その心にいきづくこうした母性にもとどいていたように思われる。

## 七

佐々木八郎　徒然草　数研出版（参考文献21）

**【評説】**鎌倉武士の倹約簡素な生活態度に共感した話である。兼好は都の貴族の伝統的な「みやび」（＝風雅な情趣）に共感をもっていたが、武士の本拠である東国にしばらく生活してみて、貴族の都会的な風雅とは全く違った、簡素なもの、そぼくなものに

### ◇松下禅尼の川柳◇

松下禅尼の障子張りの話は『徒然草』にだけ伝えられている話だが、これがすっかり有名になったので川柳に盛んによまれている。

○風よりもしみる障子の御教訓

障子の破れ穴から吹き入る風は身にしみるものだが、この松下禅尼の教訓は、よほど男性たちにはこたえたものにちがいない。

○切張りは大事をしやうじより教へ

「しやうじ」に小事と障子をかけた。「大事は小事から」というが、この「しやうじ」の教訓は、まさに天下を治める上の「大事」を教えている。

○和漢の意見切張りと機《はた》をきり

日本の賢母松下禅尼は障子の切り張りで、子たちに倹約の尊ぶべきことを教え、中国の賢人孟子の母は、学業半ばでのめのめと帰ってきたわが子孟子に、織っていた機《はた》を断ちきって、中途でやめることはそれまでの苦労を無にするものだと教えた。

○切張りに禅尼天下ののりを説き

「のり」に天下を治める規《のり》（法則）と、障子の切り張りに必要な糊《のり》とをかけたのが、この川柳のはたらきである。

もまた別の生活美を発見したのである。そしてこの倹約簡素な生活態度こそが政治の基本であることを実地に強く認識したわけである。

■徒然草解釋大成[14]（岩崎書店　参考文献14）では、五人（沼波・内海・斉藤・冨倉・能勢）の鑑賞がとりあげられている。（同書一〇四一頁）

## 二　中学校で学んだ徒然草——高名の木のぼり（一〇九段）・或人弓射る事を（九二段）

中学三年（旧制・併設中学）三学期・昭和二十四年二月に〝高名の木のぼり〟（百九段）と、〝或人弓射る事を習ふ〟（九二段）を学んだ。はじめて接した徒然草の本文であった。

教科書は、文部省編「中等国語三」（中等学校教科書株式会社）、四分冊中の三、〝五　随筆二題〟として枕草子〝春はあけぼの〟ともに収められていた。

先生は、近藤義兼先生（早稲田大学国文科卒）、住職でもあられた。藤村作『國文學史總説（注一）』を持参され次の内容のことを黒板に大書された。

徒然草

一　作者　吉田（卜部）兼好
　慶雲・頓阿・浄辨とともに和歌の四天王と言われた

二　成立　京都吉田の草庵の壁に張られていた反古や、写経の裏に書きつけられていたものを、今川了俊と兼好の侍者命松丸という童がとりそろえて草子二冊にした（注二）。

三　内容　二四三段

第一段「つれづれなるま、に」から、最後の八歳のときの父との佛問答まで、説くところ多く万面にわたつている。

哲人兼好の面目が躍動している。

注一　『國文學史總説』（大正一五年二月初版　昭和三・四・改訂版・昭和五・一〇・訂正版　三六〇頁　中興館。戦後増補版　角川文庫128　昭二六・五・六　昭二八・一一・一〇　四版）

文学史の入門書として好適。文学史上の主な作品を中心に、その解題と、作家にも触れ、文例とともに、研究書注釈書も挙げて、具体的な実際面が多く示されているので、初版以来、汎く用いられた。

二　『崑《こん》玉集』（「おそらくは江戸時代中期、兼好法師の『徒然草』が読書界の歓迎を得たころ、好事の徒によつて作られた偽書」――冨倉徳次郎「卜部兼好」（吉川弘文館　昭三九・一一・五））。次の文章に基く。

兼好法師つれ〴〵はその世にはしるものなかりしを、わらはの命松丸今川了俊のもとにつかへてありしに、兼好もしや哥などのこるか作る物やあると問はれしに、書捨てられしもしほ草あるは哥のそゞろこと葉もげにやおほくは庵の壁をはられて候、ここにもおはしませどもみづから重宝にもかたみにもとたくはへ申候、とかたりければ、それたづねさせよとて、吉田の感神院へは命松丸をつかはし、伊賀の草庵へは従者伊与太郎光貞といふもの哥の心ざしありとてつかはされしが、たづねとりて、哥の集は伊賀の草庵にて、やう〳〵五十枚ばかりあつめ、つれづれ草はよし田にて多くは壁にはられ、あるは経巻などをうつしものせしうら書にてありしを取て来りぬ。それを了俊命松丸などととりそろへ、命松丸がもとにありしをもまた二条の侍従の方によみかはされしなどとりあつめ、哥の集一冊とし、また草子二冊とせしなり。つれづれなるまゝにと書出せし語意からのおもしろくあはれふかきになぞらへて、つれ〴〵草といふ題号はつけられたり。それより源氏・枕草子などのごとく伝へうつせるをよしとしてたれもたれもすてぬ草子のおもしろきものになりぬ。

この記事は、その真実性を疑われつつも、明治に入っても全面的否定を得られなかったものであるが、それが全くの虚構であることは、兼好伝の究明によって確言してよいのである。

(同書一〇五—一〇六頁)

### 第九十二段

或人、弓射る事を習ふに、諸矢をたばさみて的に向ふ。師の云はく、「初心の人、二つの矢を持つ事なかれ。後の矢を頼みて、始めの矢に等閑《なほざり》の心あり。毎度たゞ得失なく、この一矢に定むべしと思へ」といふ。わづかに二つの矢、師の前にて一つをおろかにせんと思はんや。懈怠《けだい》の心、みづから知らずといへども、師これを知る。このいましめ、萬事にわたるべし。

道を學する人、夕には朝あらん事を思ひ、朝には夕あらん事を思ひて、かさねてねんごろに修《しゆ》せんことを期《ご》す。況んや一刹那のうちにおいて、懈怠の心ある事を知らんや。何ぞ、たゞ今の一念において、直ちにする事の甚だ難き。

### 第百九段

高名《かうみやう》の木のぼりといひしをのこ、人を掟てて、高き木にのぼせて梢を切らせしに、いと危く見えしほどはいふ事もなくて、降るゝ時に、軒長《のきたけ》ばかりに成りて、「あやまちすな。心して降りよ」と言葉かけ侍りしを、「かばかりになりては、飛び降るとも降りなん。如何にかく言ふぞ」と申し侍りしかば、「その事に候。目くるめき、枝危きほどは、己が恐れ侍れば申さず。あやまちは、やすき所に成りて、必ず仕る事に候」といふ。

あやしき下臈なれども、聖人の戒《いまし》めにかなへり。鞠も、難き所を蹴出してのち、やすく思へば、必ず落つと侍るやらん。

〈西尾実　徒然草　岩波文庫　前記〉

徒然草の処生訓二編を学習したことになるが、「初心の人、二つの矢を持つ事なかれ」、「あやまちは、あすき所になりて、必ず仕る事に候」ということばに共鳴し、なる程と思わせられた。人生の智恵を得て、徒然草への関心を深めた。後年もこのことばをくり返すことが多く、兼好は人生の達人という思いを深くした。

歌人　上田三四二　『徒然草を読む』（講談社学術文庫　一九八六・一・一〇）の一節を紹介する。

「万に、その道を知れる者は、やんごとなきものなり」――ここで兼好の嗟嘆《さたん》は、技術そのものの上に向けられている。そういう技術が工夫され、またそれを伝えるものがなければ、人間の生活はどんなにか停滞したものになるだろう。技術の重大さ、そしてそれを保持するものの価値を、大工や牛飼いや木樵《きこり》のような下《しも》ざまの職人の領域をもあまさず、兼好ほど率直に認識した者も稀《まれ》であろう。

しかし、『徒然草』における兼好の技術と芸能の道の賛美は、技術と芸能そのものよりも、よりいっそう、そういう技術の習熟によって一芸に達した人に備わった心ざまのよろしきに向けられる。第百九段の「高名の木登り」の話も、「あやまちは、安き所に成りて、必ず仕《つかまつ》る事に候」というこの男の体験より出た言葉が、「あやしき下臈《げらふ》」の言葉ながら、「聖人の戒《いまし》めにかな」ったものとして兼好を感動せしめたのである。

次の弓と馬にかかわる名人の話も同様だ。（第九二段　原文）

これは、弓道の技術を語ったものではない。技術というよりは心構えの問題であり、その心構えも、単に弓道という狭い一分野を超えた、人間の生き方の根本にかかわるものであると判断するところに、兼好の感動がある。ここで弓道はいわば餌《えさ》である。発端であり、話の順序である。兼好のほんとうに言いたかったことは、「道を学する人」以下の第二段落にある。「道を学する人」——この道は「まことの道」、仏道を意味し、学道の人とは、生死《しょうじ》にかかわる難問を前に怠りなく励む者を言う。学道の人は懈怠《けたい》なく勉めるが、彼には朝があり夕べがあり、その繰り返しがある。そうであるから、そういう持続と反復の余裕を心に持つ者にとって、弓の師の言うごとく一瞬のうちにおいても油断の生じるものであることを自覚するだろうか。なんとしても、この前後なき現在の瞬間の意識においてただちに事を行わねばならないが、そのことが実際においていかに困難であることか。ここに、『徒然草』本来のモチーフである「たゞ今の一念」が提示され、それはただちに、第百八段、「されば、道人は、遠く日月《にちぐわつ》を惜しむべからず。たゞ今の一念、空しく過ぐる事を惜しむべし」の切言に接続する。

微々たる弓道の一局所を語って、兼好の指差すところは、「道を学する人」の道である。兼好が技術と芸能にかかわる「万《よろづ》の道」に関心をよせるのは、技能それ自身のめでたさに加え、それが生死にかかわる「まことの道」のたよりともなるためであることはすでに言った。第九十二段はまさしくそういう兼好の意のあるところを、弓道の師範の言葉を借りて語っている。（同書一六六—一六八頁）——線引用者。

## 三　高校で学んだ徒然草　——錦織　節先生の高一国語乙　徒然草

高校一年、文科一組、週二時間、国語乙として、徒然草の授業があった。テキストは、東京教育大　岩井良雄編「教養国文徒然草」（西東社）八八頁。改訂新版は翌二五年三月に出版。テキストが不足し、級全員に渡らなかったので、わたくしは家にあった岩波文庫（西尾　実校訂　徒然草　岩波書店　昭二一・八・五　二〇版、初版　昭三・一二・二五）を使用した。

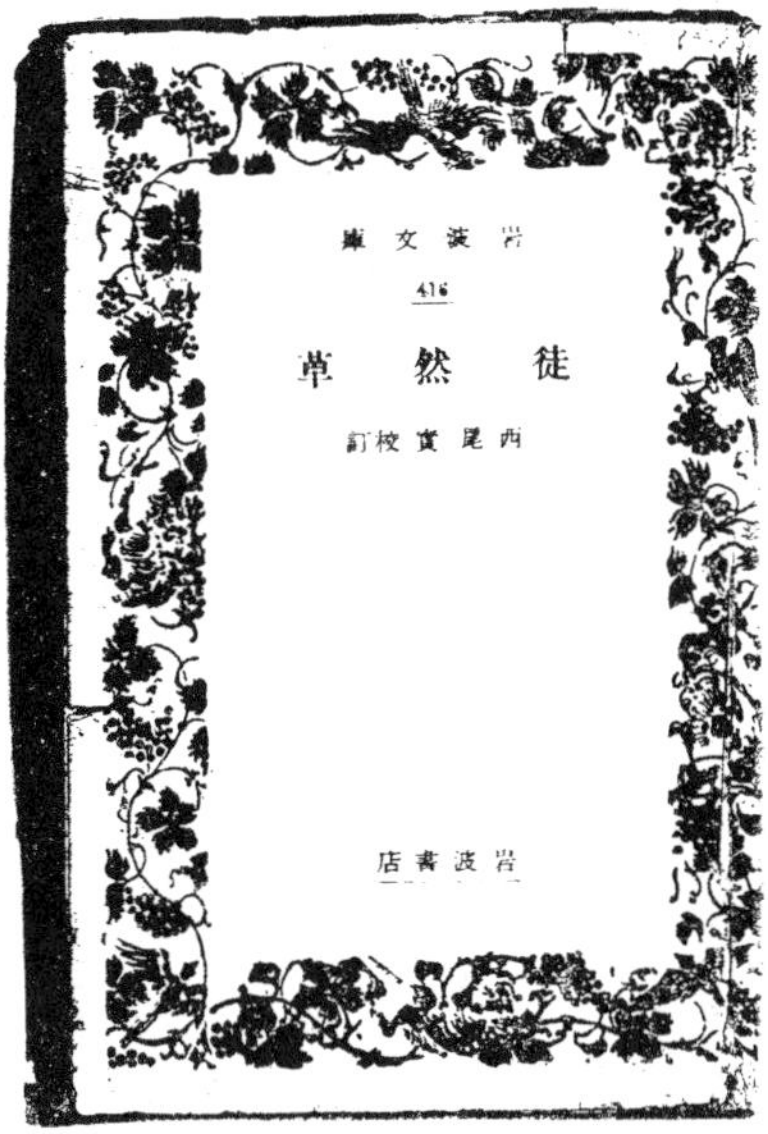


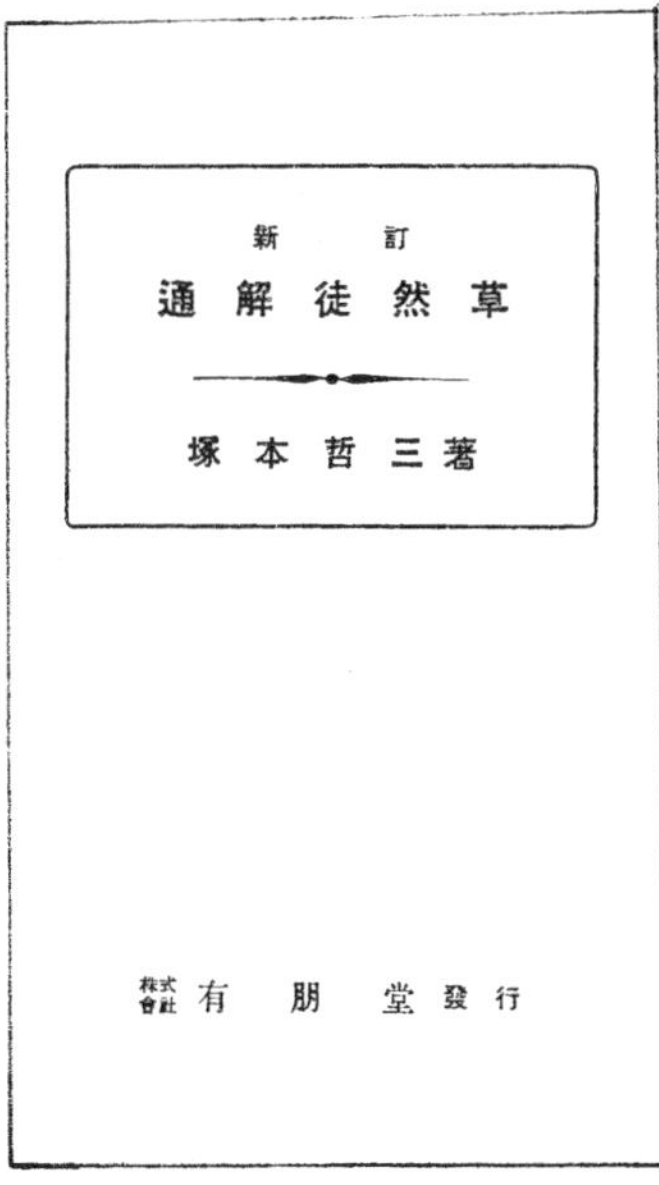


流布本烏丸光広本を底本とし、嵯峨本・正徹自筆本で校合してあるものであった。

参考書としては、次のものを予習用に使用した。語句の意味をノートし、訳せるようにして授業に臨んだ。

塚本哲三　新訂通解徒然草　有朋堂　昭二五・四・三〇　八八版　初版　昭三・九・二八

授業担当は、錦織節先生、奈良女高師出の才媛、知性的で美しい先生であった。四・五歳の時から漢文を学ばせられたという。博学多才な方であった。

授業はきびしく、ピシリピシリと指名され、解釈は助動詞・助詞などの細部にも及び、内容については、必ず独自の批判・感想を加えられた。時にはユーモアもあり情熱的でもあった。

テスト返却のときには、所々に傍線が引いてあり、その部分について質問されたりした。ノート提出もあった。

適正でないところは、返却時に質問され、助言された。

次のような宿題もあった。

(ア) 〃徒然草について〃 序段の学習に入る前にレポート提出。

(イ) 西行の歌の収集 第一〇段「後徳大寺大臣の寝殿に鳶ゐさせじとて縄をはられたりけるを、西行が見て……」に関連して

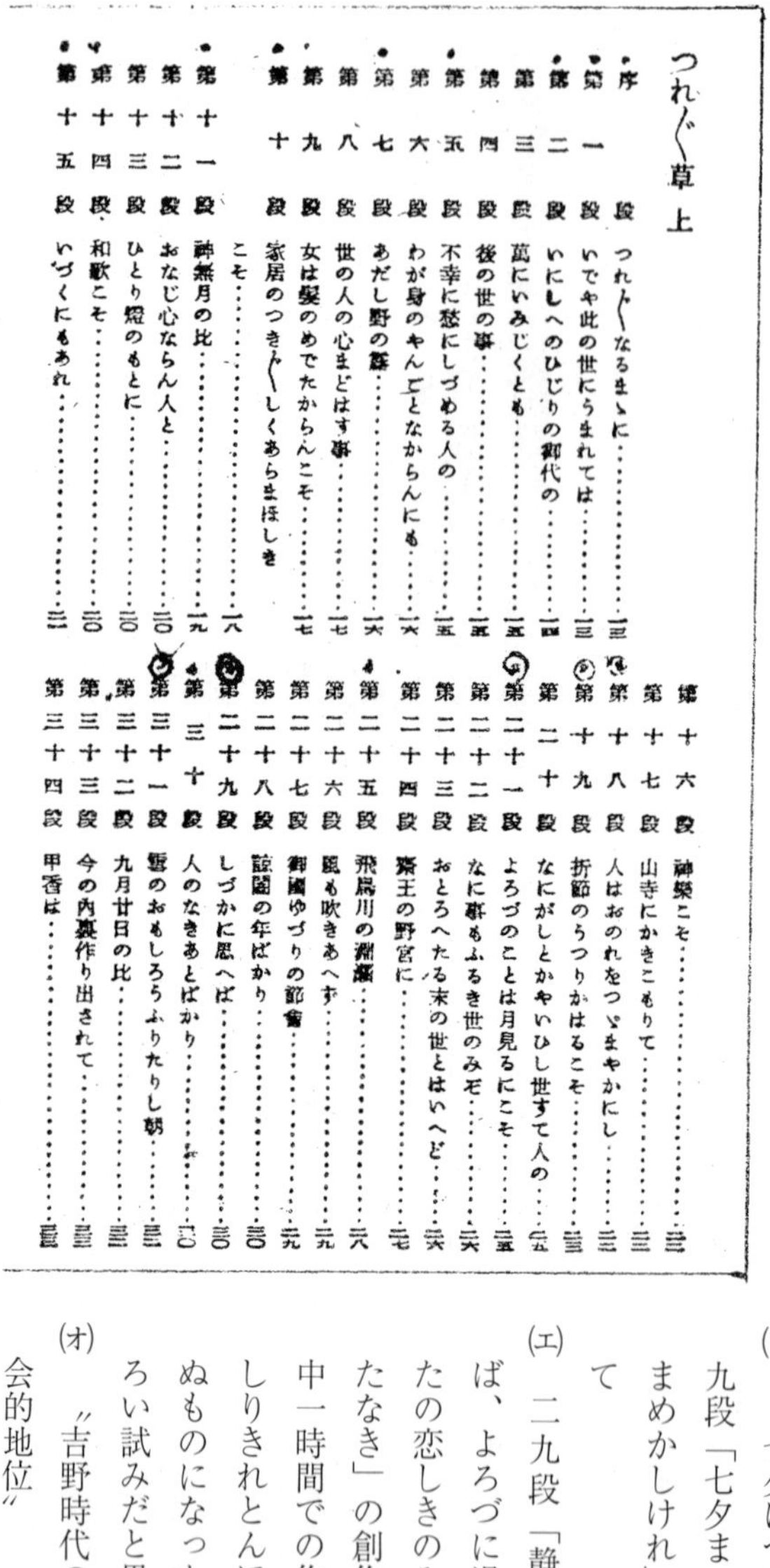

つれづれ草 上



(ウ) 〃七夕について〃 一九段「七夕まつるこそなまめかしけれ」に関連して

(エ) 二九段「静かに思へば、よろづに過ぎにしかたの恋しきのみぞせんかたなき」の創作化 授業中一時間での作業。――しりきれとんぼのつまらぬものになった。おもしろい試みだと思った。

(オ) 〃吉野時代の僧侶の社会的地位〃

(ア)は、書店にあった池田勉『徒然草』(成城国文学会文芸読本Ⅱ13　昭二四・五・三〇)を購入し、高須芳次郎『古代中世日本文学十二講』(新潮文庫264　昭二二・一一・二五初版・昭一七・一〇・二〇六刷)、藤村作『国文學史總説』(前出)を参照して、提出した。〃よく調べているが、骨組が十分でなく、重複していて統一性に欠くのが惜しい。あなたの徒然草についての思いもない。〃と評して返却してくださった。

(ウ)は、図書室にあった、次の辞典を中心に、

・富山房「国民百科辞典」　・平凡社「百科大辞典」・「広文庫」により

松村武雄『神話と伝説』野尻抱影『日本の星』を参考にしている。

(オ)は、川上多助『最新日本史概説上』(岩波書店)を中心に、題名にできるだけ関係のあるようにしてまとめた。

授業で学習した段は、テキストの半分どころ、七三段「世にかたりつたふる事」まで、長短とりまぜて二五段を学習したことになる。・印を施した段である。

第四一段〝五月五日賀茂のくらべ馬を〟は、学習の予定であったが、急に〝今日ははずしましょう〟と言われてカットされた。昭和二七年入試に、はからずもそこが出題された。皮肉なものである。

安良岡康作「徒然草全注釈下」〝徒然草概説〟では、序段から第三二段〝九月廿日の比〟までを第一部とし、元応元年（一三一九）から執筆され、第三三段から最終段二四三段までを第二部として、元徳二年（一三三〇）から翌元弘元年（一三三一）に執筆し、その後第一部と第二部が一つにまとめられ、いくつかの段が補入され、語句の補訂などがあって成立したのではないかと推定されている。永積安明「徒然草を読む」では、第三〇段「人のなきあとばかり」あたりまでも第一部とし、出家後まもない若き日の兼好の筆になるのであろうとされている。

学習した二五段中、一六段は、第一部に属することになる。残りの九段が、第二部に入ることになるが、第四七段〝或人清水へまゐりけるに〟、第五一段〝亀山殿の御池に〟、第五二段〝仁和寺にある法師〟第五三段〝是も仁和寺の法師〟などには、卑近な例話、逸話をとりあげて、対象を透視し、人生のあり方が示されているのにもかゝわず、印象が薄くあまり心に残っていない。これに対して、第一部の第七段〝あだし野の露〟、第二五段〝飛鳥川の淵瀬〟、第一九段〝折節のうつりかはるこそ〟、第二九段〝しづかに思へば〟、第三〇段〝人のなきあとばかり〟、第三一段〝雪のおもしろうふりたりし朝〟など無常観に立つ段の方が印象深く心に残っている。詠嘆的な無常感に支えられている段である。第一八段〝人はおのれをつづまやかにし〟と第二一段〝よろづのことは月見るにこそ〟では、清貧の生き方に心を強く動かされた。

当時のわたくしは、古文の学習というのは古語を理解して現代語におきかえれば、それでよいのだと思っていた。本文の校訂などということは知るよしもなかった。第十段の授業の時であった。わたくしが持っている岩波文庫本では、「家居のつきづきしく、あらまほしきこそ」と、読点があるのに、みんなが使っているテキスト・岩井本には、それがなかった。机間巡視してこられた錦織先生に、どちらが正しいのかと質問した。「どっちが正しいという質問のしかたはよくない。後で職員室においでなさい」と言われたが、その勇気がなかった。もし出かけていたらどのような指導がいたゞけたのであろうか。いまだに残念に思っている（注一）。この段では、「徳大寺にもいかなるゆゑか侍りけん」と記す兼好から、ものごとを表面的な現象からだけでとらえるのではなく、それに起因するものを追及しなくてはならないことを教えられた。

第一一段〝神無月の比〟は、第十段を受けて兼好の理想とする住居が提示されている。現実には作者の感興がぶちこわされる。先生は、〝兼好は幻滅の悲哀を感じたのですね〟とおっしゃった。幻滅の悲哀ということばを知った。

第七段〝あだし野の露きゆる時なく〟の授業、「ながくとも、四十《よそじ》にたらぬほどにて死なんこそめやすかるべけれ」の所で、「わたくしも死なねばなりませんね」とつぶやかれたのを思い出す。

ある日、自習時間に来られて、「余談です」と前おきして三つの辞世の句を紹介してくださった。

○浮世の月　見過しにけり末二年　西鶴
○旅に病んで夢は枯野をかけめぐる　芭蕉
○白梅の明くる夜ばかりとなりにけり　蕪村

人生の書、徒然草という古典を、高校時代にすぐれた指導者に恵まれて原文で読むことができた。充実した学習であった。このまゝ、もつと継続して学びたいと思った。

錦織節先生には、年賀状を出した。きれいな字で返事を下さり、〝いつも笑顔で授業を受けてくれてありがとう〟と記されていた（注二）。

---

注一　次の1・6を除く2〜5は、読点を施している。

| | | | | （底本） | | |
|---|---|---|---|---|---|---|
| 1 | 川瀬一馬 | 講談社 | 新注國文學叢書 | 正徹本 | 昭二五・三・一〇 | レ |
| 2 | 橘　純一 | 朝日新聞社 | 日本古典全書 | 烏丸本 | 昭二六・二・二八 | ○ |
| 3 | 西尾　實 | 岩波書店 | 日本古典文学大系30 | 烏丸本 | 昭三二・六・五 | ○ |
| 4 | 永積安明 | 小学館 | 日本古典文学全集27 | 烏丸本 | 昭四六・八・一〇 | ○ |
| 5 | 木藤戈藏 | 新潮日本古典集成 | | 烏丸本 | 昭五二・三・一〇 | ○ |
| 6 | 久保田淳 | 岩波書店 | 新日本古典文学大系39 | 正徹本 | 一九八九・一・一二 | レ |

二　野地潤家先生　言語教育、昭二九年夏期レポート、〝わが高校期国語学習の実態省察〟の草稿メモによって執筆した。

---

## 四　大学で学んだ徒然草　――土井忠生先生の古典文法　徒然草

大学三年、一九五四（昭二九）年後期、文学部で、土井忠生先生〝古典文法（徒然草演習）〟を受講することができた。

一一月九日の授業では　次のことを話された。

学問は、人間をつくるものである。人間をつくるものでなければ研究・学問とはならない。

古典は、浅いふれ方もできれば深いふれ方もできる。これが古典の価値である。いかにわかっていないことを知るかが大学の研究であり、いかにわからせるかをすることが教育である。

演習の目標として、次のことを示された。

徒然草を古典語の演習としてとりあげる。徒然草の内容把握まではいかない。内容的なことについては、西尾実氏の著書などで勉強してほしい。古典をよむ方法論の研究をするのである。研究的な方へ上ってゆくのである。その第一歩としたい。

ことばを正しく理解するためには、分析的な方法によって客観的にとらえることである。直観的ではいけない。そのために第一に必要なのが文法の知識である。言語を正しくとらえる方法としては、分析的な方法によって、使われたまゝのものを合理的にとらえることである。

先生は、次の二さつの書物を挙げられた。

池田亀鑑　古典の讀み方　学生教養新書　至文堂　昭二七・一・三一
→岩波文庫「古典学入門」、解説　秋山虔一九四一・五・一六
時枝誠記　古典解釋のための日本文法　日本文学教養講座XIV・第十四巻　至文堂　昭二五・一二・一五
西尾　実先生の著書とは、次のようなものを念頭に置かれたのであろう
日本評論社、日本古典読本7　徒然草　昭一四・一一・廿五、
はしがき・本文編（頭注付）・研究編（解釈の問題・批評の問題・兼好の生涯・参考文献要目）・口絵（兼好自筆縣紙二葉・金沢文庫蔵）よりなる。
本文は烏丸本を底本として正徹本を参照。

全段を一　感想形態（一）観照的感想型（二）論證的感想型　二　叙事形態（一）記録型（二）考證型（三）描写型（四）描出型に分類。

各形態の代表的な段二四段を選んで、主題・構想・叙述の方法で解釈してある。批評では、兼好の人間理解の体系を論じている。

学生社　作品研究つれづれ草　昭三〇・六・教育出版株式会社

↓西尾実国語教育全集第九巻——古典の研究と教育——　昭五一・五・一四・解説　安良岡康作

前著を発展的に改稿したもの。はじめに、目次・本文と注解・作品研究（一解釈的考察・二批判的考察・三作品研究から作家研究へ）索引（文段・固有名詞・作品研究索引）からなる。

演習の方法として、次の二項目を示された。

①　平安朝文法としてみる。

②　それと違ったものをとりあげる

文法研究には、二つのいき方があることを述べられて、四名の文法書を紹介され、徒然草の文法にどのようにせまるべきかを論じられた。

①　論理的な文法——全体の理論を明らかにしようとするもの

②　個々の事実を明らかにしようとする文法

松尾捨次郎　国語法論攷　（昭一一　一九三六）大部なもの

国文法概論　（昭八・四・二三）　概論である

国語論叢　（昭一八）　論文集

助動詞の研究（昭一八）　学位論文

山田　孝雄　論理的な行き方がつよい。意味があてはまらないものがある。
三矢　重松　高等日本文法（明四一　一九〇八※）　意味を考える上で参考になる

(附) 作家と助辞　※印の書物は「国語学辞典」東京堂（昭三〇・八・二〇）に解説がある。

冨士谷成章　あゆひ抄 脚結抄（安永二　一七九三　脱稿　安永七　刊※）　五巻六冊

三代集をもととして助詞・助動詞の意味を的確にとらえて説明。松尾氏も強い影響を受け、わたくし（土井先生）、自身もそうである。松尾氏に「校注　あゆひ抄」（国語学大系　手尓乎波二）がある。どういうふうな過去のあらわし方であるか、接続、活用が「あゆひ抄」にははっきりと的確にとらえられている。説明の言葉には難はあるが。

平安朝文法は、山田孝雄『平安朝文法史』（大二　一九一三刊、昭二七・改版、宝文館　※）にまとめられている。平安朝のいろいろな書物にある文法を帰納的に記述し、時とともに変るもの（㋑万葉集時代のもので当代に滅亡したもの　㋺変ったもの　㋩新たに起ったもの　㋥新たに勢力を得たもの）がとりあげられている。論理的な行き方が強い。論理が先であると、個々がとりもらされる。奈良朝のものはこれが少ないが、平安朝は微妙な表現がある。

兼好は徒然草を知識と平安朝文法で書こうとしているが、生きた時代としては鎌倉時代、この二つ（平安朝文法と鎌倉時代のことば）が、徒然草にはある。山田孝雄「平家物語の語法」（『平家物語につきての研究』前編一冊　明四四・一九一一・後編二冊　大三　一九一四、昭二九後編を再刊）は、鎌倉時代語を研究するのに役立つ。延慶《ケイ》本にあらわれた語を網羅している。山田文法の網ですくったものではないが、その排列は山田文法によっている。「り」を「有り」の一部分にするなど創見にも富む。

兼好個人は、その社会の約束をふまえているが、兼好自身はどう使っているかが問題になる。どういうふうに使われているかがとらえられるようにするためには、次のものを活用するとよい。

山田博士　つれ〴〵草索引（昭一八　一九四三　宝文館・鈴木知太郎作成）

時枝博士　総索引　（改訂版・昭四八・六・一五　至文堂）

徒然草には、兼好の平安朝文化への深い憧憬があるとともに、生きている現実への批判があることも語られた。徒然草の文法に本格的にとりくむにはどうあるべきかを示された授業であった。

---

**注記**（　）内の注記は、手もとにある書物によって補った。三谷栄一編「徒然草事典」（徒然草講座別冊）に負うところが多い。

続いて十一月十六日の授業では、次の十冊の辞典についての紹介があった。土井先生ならでの実にあざやかでみごとな紹介であった。

1　金田一京助　明解古語辞典　三省堂（昭二八・四・一五初版）

たしかに明解である。従来のものより一歩すすめられている。ことばでもれているものがある。当然なくてはならぬことばがないでもない。協同事業の手ぬかりでもあろう。

ことばを考えるとき、その時代を考えなくてはならぬ。それが考慮されている。

意味のわけ方が必ずしも平面的なわけ方でない。原語の本義と転義（編集者の考えによる）といった方法によらず、立体的にわけられている所もある。

それぞれの時代の新進がやっているので、今までの研究にもとづいて一語一語解釈している。古代のものであれば、特殊仮名遣などが、従来より研究が細かくなった結果、ずっと深い説明になったところがある。しかし相当凸凹がある。従来の程度をぬけきらぬものもある。

こまかいくわしい説明になると、ことばの一面はとらえられているが、またとり残された一面もある。行きすぎたものもないではない。

2　松井簡治　大日本国語辞典（冨山房　初版　大四―八　縮刷版　昭二七）

上田万年《かずとし》博士と共編になっているが、殆ど松井博士一人の手による。松井博士の専門は平安朝語であるのでその方面では特に書き改められた部分が多い。しかし用例などには書きまちがいや誤殖がある。

3　大槻文彦　大言海　（冨山房　昭七　一九三二―　昭一二　一九三七）

大槻博士は、手をつけ始めた頃なくなられた。この辞書の特色は語源である。語源研究家の第一者である新村出博士に完成を依頼されたが、語源研究の方法が違うので、新村博士は語源には手をつけられず、引用を原典にあたって確かなものにされた。そのため特色はむしろ引例の確かさにある。

大槻博士の語源研究は、江戸風のやり方そのままであぶないものがある。類例による推量があり、音韻変化が無視され、原典の解釈が主観的である。勝手な結びつけや、解釈がある。その点松井博士の方が安全である。しかし参考としては大いに役立つ。

4　言泉　落合直文原著　（明一〇）

芳賀矢一博士がしあげ（改訂）、落合直文氏が着手。落合直文氏の直接よまれた例文があり、古文の読めた人の辞書である。改訂したものには、大日本国語辞典のやきなおしが多い。便利なのは固有名詞がついている。

5　平凡社　大辞典

以前の辞書のやき直しが多い。いい加減のものがある。中には（特に平安朝時代のものに）よいのがある。時代的には広くなっている。なんでもござれ式、種々雑多、玉石混淆である。

6　冨山房　国民百科大辞典

中にことば関係のものがある。今までのものにとらわれず、わかり易く説明。深くなく一般的なものである。

7　物集《もづみ》高見　日本大辞林

自分で古語がはっきりわかった人の説明。広くない。

さかのぼって江戸に入ると

8　石川雅望　雅言集覧（「い」―「か」文政九　一八二六　「よ」―「な」嘉永二　一八四九・）

宣長の弟子。真淵のような天才的な直観によるものでなく、宣長の実証的方法を受けついでいる。平安朝語を中心にし、当時の木版のどこにあり　どの頁にのっているかくわしく書いてある。例が非常に多く解釈は少ない。大日本国語辞典によく引用されている。どうしてもこれがなくてはならぬというものである。適例というより数が多いところに特色がある。このまちがいがずっとあとのものまでまごびきでまちがっているものがある。それ程影響力が大。われわれが古語をやるとき雅言集覧までさかのぼることが大切である。

鎌倉期では

9　橘忠兼　色葉字類抄

院政時代に成立（天養―治承）徒然草より百五十年位前。雅言だけでなく漢語も出ている。ある程度の意義分類がしてある。時代語として知るのに大切。

10　足代《あじろ》弘訓《ひろのり》　詞のしき浪（詞の重波　天保一二　一八四一）

江戸時代には、口語にいいかえているが、適訳に参考になるものがある。それを集めたもの。〈雅語を俗語に訳して五十音順に排列したもの〉

徒然草演習として、学んだのは、第一段の次の一節であった。

> 人は、かたち・ありさまのすぐれたらんこそ、あらまほしかるべけれ。物うちいひたる、聞きにくからず、愛敬ありて、ことばおほからぬこそ、あかず向はまほしけれ。めでたしと見る人の、こゝろ劣りせらるゝ本性みえんこそ口をしかるべけれ。

人はかちありさまのすぐれたらむこそあらまほしかるべけれ

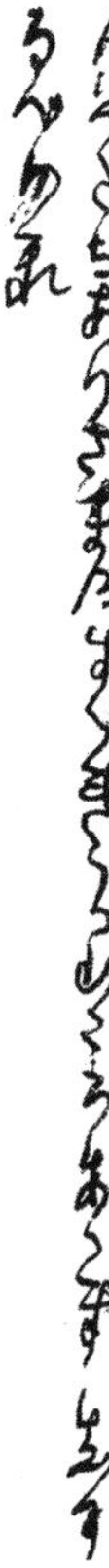

人 は かたち ありさま の すぐれ たら む こそ あら まほしかる べけれ

〈みてゆくところのねらいとして〉

○人――「人」の使い方・意味。

○は――「は」という助詞が使われているが、どういうふうな使い方をしているか。

○かたち――意味。

○ありさま――「あり」と「さま」ではどう違うか。「かたち」「ありさま」はどういう関係でつづいているか。

○すぐれ――どんなほめ方か。

○たらむ――「たり」の意味・「む」（推量）はどういう意味か。「たらむ」でどうか。

---

○こそ――「こそ」の意味・「ぞ」とのちがい。

○あら――「あり」をどう考えるか。

○まほし――「まほし」はどのようなことばか。

○べし――どういう推量か。「む」と「べし」はどうちがうか。

文章法的な考察も試みる。

授業の要点は次のようになる。

〈一一・三〇〉

「人は」

・ひと㈠人間というもの「うときも――は折にこそよけれ」

（新古今）

いでやこの世にうまれては

人間一般　人間にも種類が種々ある ｛御門／一の人——ただ人・舎人／法師｝

この場合は人間全体についている。——人間の欲望・本能としてとりあげようとしている。従って人間全体すべてひっくるめたもの

・は　限定←提示（ひっさげて来てとり出して示す）

体言「は」（人）｛
対照になるものが意識されている場合
1　とり出して限定する——対比させる
人はそうだが、動物は……でない。
比較させるものがある
②　とり出すだけで否定しない。
それ以外の意識することが生まれくる場合もある。
｝

人に関しては、一体、人についても
問題としてとり出す

1か2かは下のことばをしっかり考えないと決定できない。

※主格を示すためのものと考えられやすいことに注意。

〈一二・七〉

---

「かたちありさま」

かたち〔形・容・貌〕①姿・形体　②先天的な顔かたち・容貌　③美貌　④ありさま、ようす

ありさま〔有様〕　あるようす　状態・風采

｛ありー存在する様子　抽象的な方向を示す
「かたち」とは違う——一般的
さまー具体的な様子　——特殊｝

後天的な衣裳その他のものをさす　身なり

かたちを中心として、その他《ほか》のものもふくまれる。

容貌を中心としてその他のもの形を通して、
人格などもその中に含まれる—表情によって
人格を知る。

かたち　ありさま

さま　かたち（様貌／様姿）　平安朝ではこれが多い。

ともに日本語の複合語を作る一般原理〈音節の多いものを後にやる方が落ち着く〉に支配されている。

◎　ことばが複合すると対立したものではなくなり、一つが主となり統一されたものとなる。この場合は「かたち」が中心となり「ありさま」なり、「さま」がついて、接尾辞的あるいは接頭辞的となる。「かたちありさま」はこの

ような関係で結びつく。

■複合語のとき、対立的に並んでいるか、主従で並んでいるかは解釈上大切なことである。一つ一つを分析し、統合してどうなるかを知ることが大切である。

「すぐれたらむこそ」

・すぐる――勝っている。〈他のものと比較して〉まさっている。

・たり　「つ」と「あり」の複合して出来たことばである。

完了―時間には無関係・過去でも未来でも現在でもよい
　ある動作がされた　……した……あった
過去―時間的に　かつて……あった、した

完了の助動詞

たり…「つ＋あり」→「て＋あり」→たり　―状態的
つ……「たり」に似ている―やりおおせたという意識
　―意志的
ぬ……「つ」に似かよったもの―ほっておいてもなる
　―自然的
り……「ぬ」のおだやかな言い方、「つ」の主観性に対し客観性。ここまでやってきたんだという状態。

すぐれたり――容易でない水準段階に達している。
　十人なみ以上にぬき出ている

---

〈一二・一四〉

・む―推量の助動詞
「すぐれたらむ」―「すぐれている」という推量とは
　仮想
　現実にあらわれていない推量

十人なみ以上に出ているのはそうざらに現実にあるものでない。しかし頭の中に想像で仮定できる。

→「たらむ」

人間が一人一人考えたとき、現実の状態ではない。理想的なものがある。

現実であるか。そうでないかという分け方は、現在以上に多い。現在では推量の助動詞を入れていないのに昔は入れている。

・こそ　多くの事物の中から一つの事物をとり立てていう。

助詞、助動詞は具体的な独立的意味内容をもっていない。具体的なものについて、それをどう実現させるかという事に関係する。他のことばについて、具体的になっている。――一つの方向を示すのである。

こそ―代名詞「こ」＋「そ」――個人的感情が強い
主観的、――一時的非論理的――弱いとも言える
―他を拒否〝ほかではなくこれこそ〟――
自分だけが考えていること。
ぞ　―代名詞「そ」――誰が考えてもそうだ
客観的――論理的　――強いとも言える――だれが見ても変らない――〝そうだけれども、特にこのことは〟

他もそう考えていることだけをとり出す（一般にそうだけれども、一般に認められるけれども）

二つの区別は平安朝でも言えるし、徒然草でもそう言える。

◎兼好が彼自身の気持としてこうしか思われない。他人はどう考えていようとたいして問題でないという気持ちを「こそ」にこめている。個人的な表現である。

この「こそ」は「すぐれたらむ」だけにかかるのではなく、この一文全体にかゝっている――結びがある。

「あらまほしかるべけれ」
あらまほし↑あらまくほし→まほし

・「ま」――む
「く」――名詞を作るための語尾・申さく・いはくの「く」

・あり
あり
居り
侍り
無し
意味的には形容詞「なし」と対立するものとして考える。
意味的には形容詞に引っぱられている。

終止形がuでおわるのが動詞
iでおわるのが形容詞
「あり」はこのあいのこ
形容詞（形容動詞）は品詞中で一番おくれている。
だから「あり」「なり」をかりて活用している。
――く、あり→かり　カリ活用

・べし　推量の助動詞。「む」と大変ちがう。
べし―終止形につく。「u」を要求する→かるuべし
ありの場合は連体形につく
む　―未然形につく

終止形は実現するもの。実現することに近いもの
殆ど実現するもの。
それだけで具体的。
未然形は実現するかどうかわからぬ。
だからこの二者は根抵から違う。

べし―推定する根據がある。
実現する見込みがはっきりしている
かならずそうなる、きつとそうなるだろう（推量）
→そうあらねばならぬ（禁止）が出てきた
そうせよ（命令）
む　―実現するか　しないかはっきりわからぬ

―ことを理想とするのは間違いないと兼好は確信して述べている。

人はかたちありさまのすぐれたらむ
―容貌風采がぬき出ている

人は‖①限定する――武田博士
人間というものはこういうものだ。人間以外のものはともかく
②題名をたてる――これに近い。
・人間とはいったいどういうものかというと
人間に関して言えば――こうだ（べし）

この他に新しく知ったことも多かった

■べし

活用　形容詞　カリ活型
―く・―く・―し・―しき・―けれ→基本型体
―から・―かり・　―かる・○　→補助型体

接続　終止形につく・終止形につくということはu音でおわる母音につくということになる。従ってラ変型活用語には連体形につくことになる。

| 終止形 | |
| --- | --- |
| u音 | 動詞 |
| i音 | 形容詞 |

連体形「まほしかる」についている。
形はi音でおわる。
意味的には引っぱられている。
・「べし」も形容詞とのあいのこである。

■動詞は一般に連用形が一番よく使われる。次に連体形・未然形・終止形は割に少ない。命令形だけで命令するのはよほどぶしつけである。

■中世はことばの変動期である。しかし、これ以前もこの後もひっくるめて古語と言っている。

〈一・一一〉

文法的解釈（文章法的考察）は次のようになされた。

主　　　　　　述
人はかたちありさまのすぐれたらむこそあらまほしかるべけれ
主　連用修飾語　対象語→　述

象は → 鼻が長い

人はかたちありさまのすぐれたらむこそあらまほしかるべけれ
主語　述語（こと）
連体修飾語 ⊕ こそ
主語　述語

人はかたちありさまのすぐれたらむこそあらまほしかるべけれ
総主語　主語　述語　述語

日本語の表現はこのように大きなものを出して次第に限定してやり方である。

総主
象は　体　大なり　※総主論　草野清民

従って「は」は題目をあらわす（……に関していえば　……についていえば）

〈二・一〉

「物うちいひたる」の文については、次のように解釈され、文章法的考察をされた。要点のみを記す

・物うちいひたる——「物」には意味は余りない。
　話の内容ではない。

・ききにくからず
ききにくし＋ず　きく・にくし・ずが平列に並んだのではない
聞く
　話し方が聞いていて不愉快でない。

◎愛敬《アイギョウ》　呉音（仏教方面）仏教語の意識をもって使われたのではない。仏教語の術語ではない。

何故　呉音が使われたのか

①平安朝以来よく使われている。平安朝上流社会の日常語であった。女流作家のものに多い。これをうけついだ。

②内容的に外国からとり入れられたものではない。固有の日本語でいいあらわしてもよさそうなのに、外来語の発音を使っているが、奈良朝の初めは呉音よみであり、漢音は平安朝の初めに入ったものだから、平安朝では、それ以前に入った呉音が普通に用いられた。漢音は一部の人に用いられたのにすぎない。

　愛敬は仏典に出ていることばであるが、これを日本的に発展させたもの。「愛敬のある」「愛敬がこぼるる」

地蔵は慈悲を示すものとして、日本ではじめて定位づけられた。救いのほとけである地蔵のもつているなさけ、慈悲の姿が愛敬となつた。

「愛敬相」とは顔に慈悲心をあらわしているありさま。

「愛想」は作りごとのような方に限定されてきた。

地蔵さんは日本的なものに近かったので比較的早く一般に広まった。

・こと葉　こと＋は（葉―木の葉がしげる）

口《くち》（事―言われること
言―口の働きとして言う）

この場合は語数・口かず

・あかず　むかは　まほしけれ

連用修飾語 { (1)むかふ
(2)まほしけれ
(3)むかはまほしけれ }

どの範囲に対して「あかず」なのか。

意味を強める。

独立にその意味をあらわすのが「むかふ」・意味の中心は「むか」

どのような動作状態であるか。

どういうあらわし方であるか

中心になるものをつつむのが「まほし」

「まほし」は希望・感情・気持を示し全体にかかる

---

■ききにくからず‖――中止法

あかず‖――修飾法（副詞法）

ともに連用形であるが使い方は違う

この見わけ方が古文の解釈で大変むずかしい。とくに迷うのは形容詞の連用形　そこで意味が切れるのか、かかっているのかがむずかしい。解釈上の要点である。

〈二・八㈬〉

文章法的考察

物①｜うちいひたる｜ききにくからず②｜愛敬｜あり㋢｜こと葉

（目的語 客語）　述語

主語　述語A　主　述　述語B　主　述語C

修飾語

多からぬ（ん）こそ③｜あかず｜むかはまほしけれ

修飾語　述語

主部　述部

①「物うちいひたる」

テ、ニ、オ、ハをもつ格助詞が入っていない。

「物」は何かあるものについて言う。題目をうち出すものであるが、軽く言い出したもの。何かを言うために、上に軽くおかれたものであり、次のことばにきれるわけではない。提出語とでも言うべきか。

これを修飾語とするのは、もとまでその成り立ちをさかのぼったもの、実際にはこう分類されない。

②述部A、B、Cは

AB ⓣC　C
A B の排列ではない。「て」が大切なものとなる。

③「こそ」を入れて、二とおりの考え方がなり立つ。

連用修飾部——条件（理由）となっている。
主部

「こそ」は上、下二つのものを連結するもの、「こそ」を入れて主部とする。このわけ方は一応便宜的なものとなる。これが日本人の表現を充分にとらえたものであるか、どうか。こうした分類のしかたは西洋文法の方法をもってきたものであって、日本語の表現に則したものではない。ここに日本語文法の旧い、そして未解決な大きな問題がある。

困難であるから解決上の面白さがあるのである。

■日本語の主語とインド・ヨーロッパ語（英語・独語）の主語とは非常に異っている。日本語は、はじめおおざっぱに言ってだんだん細かく決めていくのに対し、英語は始めはっきりとした主語を出し、その後補うものとなる。だから日本語では述部が中心となる。日本語の主語は論理的に言うと、はっきりとしているのではなく、ぼやっとしている。

〈以上講義ノートによる〉

土井忠生先生は、主に文法的な観点から、徒然草の一語一語を厳密に検討し、解釈をしていかれた。なに人にもできない、ことばへのせまり方があった。豊かな学殖が遺憾なく示されていた。ふつうの注釈書には見られない独自な解釈もあった。わたくしの学力は低く、十分に理解できないことが残念であった。

土井先生から、個人的にお教えを受けることはなかった。昭和三一年二月、文学部の人たちと一緒に謝恩会を催した。席上で、授業は十分ではなかったが、ねらいは高いところにあったということを語られた。先生は遠くから仰ぎ見る存在であったが、先生の重厚で深遠な学問の一端をかいま見ることができた。

土井先生編「徒然草学習指導の研究」（三省堂、昭三七・五・二〇）には、論考二編〝徒然草を指導される人のために——徒然草の表現理解のために〝〝徒然草の学習指導のために——古語の解きかた〝（同書二六六—二七一・三六八—三七五）を寄稿しておられる。前者には、演習で学んだ、〝んこそ——べけれ〝もとり挙げて考察しておられる。

次のもので確認した。

1　国語学会編　　国語学辞典　　東京堂　　昭三〇・八・二〇
2　佐藤喜代治編　国語学研究辞典　明治書院　昭五二・一一・五
3　岩波書店　　日本古典文学大辞典　六巻　一九八三・一〇～一九八五・二

## ■今後のとりくみ

次のことにとりくみたい。

㈠　本稿を〝わたくしの古典受容史〝として再検討する。
土井忠生編　「徒然草学習指導の研究」（三省堂　昭三七・五・二〇）を活用する。特に
七　徒然草の回想　（久松潜一博士他十二名）
九　徒然草教育問題史　（野地潤家先生）→野地潤家著作選集第5巻　三二五—三七二頁

㈡　授業でとり扱った徒然草教材を整理し、〝わたくしの徒然草教育史〝とする。
わたくしがとり扱った教材は、次の四七段である。

（徒然草）

序段　つれづれなるままに
第一段　いでやこの世に生れては
二　いにしへのひじりの
七　あだし野の露
一〇　家居のつきづきしく
一一　神無月のころ
一二　同じ心ならむ人と
一四　和歌こそ（なほをかしきものなれ）
一五　いづくにもあれ（旅）
一八　人はおのれをつゞまやかにし
一九　折節のうつりかはるこそ
二一　よろづのことは
三〇　人のなきあとばかり
三一　雪のいとおもしろう
三二　九月廿日のころ
三六　久しくおとづれぬころ
四一　五月五日賀茂のくらべ馬を
四四　あやしの竹の編戸のうちより
四七　ある人清水へ参りけるに
五二　亀山殿の御池に
五三　これも仁和寺の法師
五五　家のつくりやうは
五六　久しく隔たりて逢ひたる人の

いつ・どこで扱ったかを確認する

---

七一　名を聞くより
七三　世に語り伝ふる事
八四　法顕三蔵の
八七　下部に酒飲ますることは
八九　奥山に猫またといふもの
九二　ある人弓射ることを
九三　牛を売る者あり
一〇八　寸陰惜しむ人なし
一〇九　高名の木のぼりといひし
一一〇　雙六の上手といひし人に
一一七　友とするにわろき者
一三七　花はさかりに
一三九　家にありたき木は
一四一　悲田院の尭蓮上人は
一四二　心なしと見ゆる者も
一五〇　能をつかむとする人
一五七　筆を執れば
一六七　一道にたずさはる人
一七〇　さしたる事なくて
一八五　城陸奥守泰盛は
一八六　吉田と申す馬乗りの
二三六　丹波に出雲といふ所
二四三　八つになりし年

① どのような解釈があるかを知る。次の三著を中心とする。74頁参照。

・田辺　爵　　徒然草諸注集成　　右文書院　　参考文献13
・三谷栄一
　峯村文人　　徒然草解釈大成　　岩崎書店　　参考文献14
・安良岡康作　徒然草全注釈上下　角川書店　　参考文献15

② 藤原与一先生の読解の三段階法（素材読み、文法読み、表現読み）を適用する。

③ 土井忠生先生から学んだことを生かす

④ 中川徳之助先生のご著書も活用する。『兼好の人と思想』古川書房　一九七五・一一・一五　→付記

㈢ 自分なりに徒然草を読み通す。新しい研究成果にも関心をもつ。

新潮日本古典集成本（木藤才蔵校注）で読む。傍注、頭注があって便利である。

まずは山極圭司『徒然草を解く』（吉川弘文館　平四・一一・一〇）を読む。次のものも読む。

・久保田淳『古典講読シリーズ徒然草』（岩波セミナーブックス105・一九九二・一〇・六）
・五味文彦『「徒然草」の歴史学』（朝日選書577・一九九七・五・二五）

二七会の報告では、参考として、次のものを用意した。B四プリント三枚。

参考一　三木紀人　徒然草全訳注㈣（講談社　学術文庫　前記75頁）解題
　伝本（一、烏丸光広本　二、正徹本　三、常縁本　四、幽斎本）と成立
参考二　久保田淳　岩波書店新日本古典文学大系39　解説　徒然草、その作者と時代
参考三　三木紀人　「方丈記　徒然草」　尚学図書鑑賞日本の古典10　前記74頁　解説
徒然草〈研究入門書〉〈テキスト・注釈書〉〈成立〉

（一九九九・一二・二一火　記）

〔付記〕中川徳之助先生の『兼好の人と思想』（四三九頁　前記）の内容は、次のようになっている。

はじめに　古典を読むということ　…序段…
第一章　兼好という人間を探る
第一節　徒然草の諸段をどう読むか…一一一・一一五段
第二節　兼好家集と徒然草　…一一二段
第三節　兼好の読書　…九八段
第四節　兼好の想像世界
…四三・四四・一〇四・一〇五　七一段
第二章　兼好の求めた生き方
第一節　はじめに—虚言論に見る
…一九四・七三・四七　一四四・八八・二三六段…
第二節　願望論について　…一・二四二・三八・五段
第三節　心と環境
…二三五・一五七・五八　八五・六〇段
第四節　暫楽の境地　…一〇八・七五・一四三段
第五節　無限心　…二一一段
第三章　兼好の思想Ⅰ　無常観
第一節　はじめに—兼好における無常観の浸透
…四〇・四二・一九五・一九六・三〇・二五・二六段…
第二節　無常感と無常観
…一三　…二五五・一六六・一三七・七四段…
第三節　物質的欲望の捨棄
…二一七・一二三・一八・二〇・一四〇段…
第四節　生きるよろこび　…一八九・九三段…
第五節　修道の心構え
…四九・五九・二四一・一七四・一八八・九二段

第四章　兼好の思想Ⅱ　意識のとらわれを斥ける
第一節　はじめに　…九七・一三四・三九段…
第二節　迷信・怪異を斥ける
…九一・八八・八九・二〇六・二〇七・五〇段…
第三節　慢心（優越感）を斥ける
…一三五・一三六・一六七・一三〇段…
第四節　完全に執することを斥ける
…一三七・二一二・八二・八三段…
第五節　興に執することを斥ける…五三・五四・二三一段…
第六節　珍奇に執することを斥ける
…一三九・一二〇・一一六・一五四段…
第七節　おわりに—求心的思考ということ
…一八二・一七一・一三一・一九三段…
第五章　兼好の思想Ⅲ
第一節　女性論
…二四二・一九〇・一〇七・三・八・九段…
第二節　友人論　…一一七・一二・一三段…
第三節　慈悲論
…一二八・一二一・一二九・一四二・一四一・八四段
第四節　「ことば」論　…一二五・二三三・二三四・三七・五六・七八・七七・一六四段
第五節　道論　…二二九・一四五・一四六・一八五・一八六・一五〇・一八七・一六七・五七・七九・一九三・一六八段
おわりに　兼好の現実的思考
…一・一二二・八一・五五・二二四・一一七段

# 第三章　大学で学んだ古典

# Ⅰ　広島大学教養部で学んだ古典

## 一　教養部国語国文の先生たち

高等学校の教壇に立ちたいと願って、広島大学教育学部に入学した。学生番号は、二七二三〇〇三（二七年入学・二→教育学部・三→高等学校教育科国語専攻・〇〇三→アイウエオ順個人番号）。教養部二年間は、旧制広島高等学校の跡地にあった広島大学皆実分校で過した。石母田正『歴史と民族の發見　歴史学の課題と方法』（一九五二・三・五・東京大学出版会）・『續歴史と民族の發見・人間・抵抗・學風』（一九五三・二・二八・東京大学出版会）がよく読まれていた。

入学時、皆実分校には、国語の教官として次の方がおられた。

| | | | （講義内容） |
|---|---|---|---|
| 岩佐　正《まさし》 | 古代文学・中世文学 | 和歌 | 万葉集 |
| 大藪虎亮《こりょう》 | 近世文学 | 芭蕉・西鶴・近松 | 西鶴 |
| 真川　淳 | 近代文学 | | |
| 森田　武 | 国語学（古典） | | 源氏物語 |

岩佐先生は、岩波文庫『新葉和歌集』（一九四〇・一一・二九）を出しておられ、後に岩波古典文學大系87『神皇

正統記』（「増鏡」と合冊。昭和四〇・二・五）を担当された。岩波文庫『神皇正統記』（一九二五・一一・一七・二九四頁）も先生の手による。

大藪先生は、近世文学研究の先駆者的存在で、芭蕉・西鶴・近松の注釈がある。『定本　奥の細道新講』（武蔵野書院・昭二六・九・一〇）『芭蕉紀行全集新解』（明治書院）『芭蕉名句鑑賞』（明治書院・昭二八・一二・一〇）『近松傑作選新解』（明治書院）など。

真川先生は、本居宣長を高く評価され、宣長研究をライフワークとしたいと言っておられたが、惜しくも若くしてなくなられた。

森田先生は、土井忠生先生に師事されて、『日葡辞書』の研究に終生を捧げられた。お仕事に「日葡辞書の解読と利用」（『文学』昭二七・一二）「日葡辞書解読上の諸問題」（『国語学』昭五〇・三）『邦訳日葡辞書』（岩波書店　昭五五・土井忠生・長南実共訳）『邦訳日葡辞書索引』（同　平元）など。

二七年度は、岩佐先生の「万葉集」と真川先生の近代文学を受講した。二年になって、大藪先生の講読受講を予定していたが、停年で退職された。名授業に接することができずに残念であった。森田先生の手堅いご授業にも、時間割の関係で、受講できず、生涯の悔いとなっている。

## 二　岩佐　正先生の万葉集

岩佐先生の万葉集講読テキストは、三省堂『万葉集の文学』（昭二八・四・五　再版　二二〇頁）。編者として、久松潜一・麻生磯次・池田亀鑑・荻原浅男・吉原敏雄・竹下数馬の名が列記され、執筆担当は竹下数馬、本文は、佐々木信綱　新訓万葉集（岩波文庫）をもととしたと記されている。（次頁・第二章Ⅱ　48—50頁参照）

万葉の有力歌人群（人麿・赤人・憶良・旅人・家持）の歌を中心に、女流歌人群（磐姫皇后・額田王・大伯皇女・大伴坂上郎女・笠女郎・狭野茅上娘子）の歌を学んだかと思うが、昭和二八年九月二四日未明の淳風寮（教育学部寮）焼失の火事で、手許に記録がなく、定かではない。

授業のあいまに話してくださった岩佐正先生の話は興味深かった。例えば、池田亀鑑博士と源氏物語のこと。岩佐先生の『新葉和歌集』のこと。同級の喜多義勇『蜻蛉日記』（岩波文庫・昭一七・一一・二）のこと。犬養孝博士の現地での万葉歌の講話のこと。山田孝雄博士のこと。文学部の真下三郎先生のことなど。

岩佐正先生には、その後、大学三年のとき、文学部で新古今集の授業を受けた。

## 三　中川徳之助先生のお伽草子

昭和二八年四月大藪虎亮先生の後任として、文学部から中川徳之助先生がおいでになった。チューターをお願いするとともに、早速、〝お伽草子〟の授業を受けた。

テキストは、斎藤清衛編『要注御伽草子名作選』（武蔵野書院・昭二八・六・一五・一三四ぺ）。〝浦島太郎〟以下、

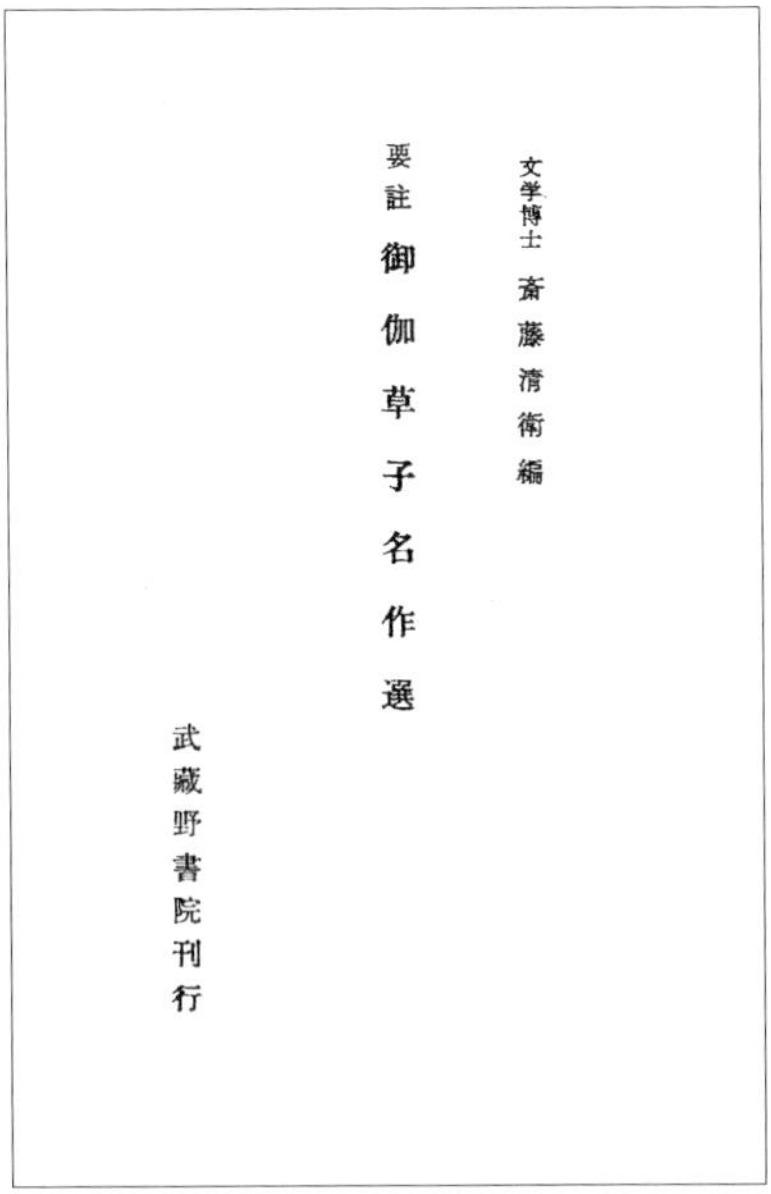
文学博士 斎藤清衛編

要註 御伽草子名作選

武蔵野書院刊行

一〇編が収められていた。浦島太郎・御曹子島わたり・一寸法師・物くさ太郎・福富草子・鶴の草子の六編を読んだ。瓜姫物語・小敦盛・紫式部のまき・あきみちの四編は、学習しえなかった。

　授業は演習形式であった。最初の担当がわたくしであった。本部の図書館（大学正門を入って左、教育学部に面していた）の百科辞典で「浦島説話」と「浦島太郎」について、ルーズリーフ二枚にまとめて報告した。本文の読みは、丹後の国に住む浦島太郎が、釣り上げた亀をもとの海にかえした翌日、海上にさすらう美女に出会い、その願いで本国に送りとどける場面を通釈した。

　前者の大要は、次のとおりである。（注一）

〈浦島説話〉

○『万葉集』巻九　一七四〇高橋虫麻呂の長歌。摂津住吉の浦島子。亀は出て来ない。海上で、海神《わたつみ》の娘《おとめ》に出会って、常世《とこよ》の神の宮に住む。

○『日本書紀』雄略紀二二年七月の条。丹波国余社郡《よざのこおり》管川《つつかわ》の瑞江浦島子が主人公。舟で釣った大亀が女《おとめ》となり婦《め》として海に入り蓬莱山《ほうらいさん》に行く。

○『丹後国風土記』逸文。丹後国与謝郡日置里《ひおきのさと》の筒川嶼子《しまこ》が五色の亀を釣ったが、一夜明けると美女の姿となっており、神女であることを告げられる。神女亀比売に誘われて、仙都《とこよ》に至り、歓楽を極めて三年間逗留する。玉手箱モーティフの神婚説話、龍宮伝説の形をなし、記紀の海幸山幸神話（彦火々出見神話）の後身であることを示す。中国の神仙思想・蓬莱思想の影響や同じ系統の南方系説話との類似も指摘されている。

浦島伝説は、中古になって漢文で記された『浦島の子伝』、『続《ぞく》浦《ほ》島《とう》子《し》伝記《でんき》』などの作品となり、中世に入って、謡曲「浦島」・御伽草子『浦島太郎』にも取材された。近世に入って、近松の浄瑠璃『浦島年代記』をはじめ、黒本・黄表紙・読本などにも扱われた。明治の作品としては、露伴の『新浦島』、鷗外の『玉篋《たまくしげ》両《ふたつ》浦嶼《うらしま》』、逍遥の『新曲浦島』などがある。（岩波書店『日本古典文学大辞典』第一巻　一九八三・一〇・二〇による。）

〈浦島太郎〉御伽草子二十三巻（渋川版）の一つ。

丹後の浦島伝説を題材とした本地物。神婚説話で仙郷淹《えん》留説話。古伝説と異なるのは、次のところである。

①主人公が丹後に住む浦島の息子、浦島太郎である。（浦島子が太郎となったのは、この書から）

②釣り上げた亀（子供から買取ったのではない）を一旦放生した翌日漂流船の中の一美女（その亀の化した）に会って龍宮に伴われる。

③浦島が鶴となり、蓬莱で亀と再会する。

④亀とともに夫婦の浦島明神となる。

本作に出た動物報恩色が発展して、亀を買って助ける近松作『浦島年代記』となり、子どものいじめる亀を助け乙姫に歓待される純動物報恩童話（巌谷小波「浦島太郎」・『日本昔噺』第一八編、明二九）にたどりつく。浦島伝説の神婚・神仙説に、亀の報恩談と浦島明神の本地談とが加わって、大きな中世的展開を遂げている。（新潮社『日本文学大辞典』昭三〇・一・二〇・明治書院『日本古典文学大事典』平一〇・六・一〇と前記岩波『日本古典大辞典』による。）

中川先生は、蓬莱伝説と報恩思想が見逃せない旨をつけ加えられた。

本文の読みについては、通釈をしただけであったので、「あまりにも簡単すぎる」と注意された。担当した、お伽草子「浦島太郎」の書き出しは次のようになっている。

昔、丹後の国に浦島といふもの侍りしに、其子に浦島太郎と申して、年のよはひ二十四五の男ありけり。明けくれ海の鱗《うろくづ》を取りて、父母《ちちはは》を養ひけるが、ある日のつれ〲に釣をせむとて出でにけり。浦々島々入江々々至らぬ所もなく釣をし、貝をひろひ、みるめを刈りなどしける所に、繪島が磯といふ所にて龜を一つ釣り上げたる。浦島太郎此龜にいふやう「汝生《しやう》あるものの中にも、鶴は千年、龜は萬年とて、いのち久しきものなり。忽ちこゝにて命を斷たん事いたはしければ助くるなり。常には此恩を思ひいだすべし」とて、此龜をもとの海へかへしける。

かくて浦島太郎、其日は暮れて歸りぬ。又、つぐの日、浦のかたへ出でて釣をせむと思ひ見ければ、はるかの海上に小船一艘浮べり。怪み休ろひ見れば、美しき女房只ひとり波にゆられて、次第に太郎が立ちたる所へ着きにけり。

（以下略）

中川先生は、その後、教養部で〝徒然草〟をとりあげられた。その成果は、『兼好の人と思想』（古川書房・一九七五・一一・一五、四三九頁）にまとめられている。斎藤清衛先生は、その「序」で、「兼好の人間性をしっかりと凝視した研究として、一頭地を抜くもの」であり、「『徒然草』及び作者兼好の研究の上に、一つの記念塔を建てた」と評しておられる。

中川先生は、若い日に斯波六郎先生の門をたたかれて、漢籍の読解にも長じておられた。前記岩佐正先生の『神皇正統記』の訳注を受けもたれ、その出版に献身的に尽された。ライフワークとして、五山文学の研究に着手され、内地留学をなさるなど精進を続けられて、文学博士の学位を取得された。

個人的には、前記淳風寮焼失のさいには、わざわざお見舞いをいただいた。その後も牛田町のご自宅に何度もお訪ねして国文学研究の眼を拡げていただいた。次のお二人の先生の著書まで頂戴している。

・齊藤清衛『批評文学』河出書房　日本文學大系二〇　昭二八・四・二五
清水文雄『女流日記』子文書房　文藝文化叢書六　昭一五・七・五

注一　お伽草子、及び浦島太郎については、新潮・岩波・明治の古典文学大辞典以外に、次のものを参照した。
・日本古典文学大系38、御伽草子　市古貞次校注　岩波書店　昭三三・七・五
・日本古典文学全集36　御伽草子集　大島建彦校注　小学館　昭四九・九・三〇
・重松明久『浦島子伝』古典文庫五五　現代思潮社　一九八一・一・二四
・島津久基『国文学の新考察』至文堂　昭一六・九・二〇　御伽草子論考、御伽草子・假名草子を所収。
・国文学解釈と鑑賞　特集御伽草子——転換期の文学世界　50巻11号　至文堂　昭六〇・一〇・一
・国文学解釈と鑑賞　特集御伽草子を読み解く　61巻5号　至文堂　平八・五・一
二　お伽草子の研究については、次のものにまとめられている。
石川透『御伽草子その世界』勉誠出版　二〇〇四・六・一〇　第七章　御伽草子研究の動向と展望　一七四—一九〇頁

## 四　手塚良道先生の論語

昭和二八年、大学二年の後期、皆実分校で、文学部の手塚良道先生から、論語の集中講義を受けた。漢文担当の松本先生の長期休講によるものであった。

テキストは、簡野道明著『補注論語集注』修正版（明治書院・昭二八・四、二〇・五二版・二四四ペ）。宋朱熹集注、

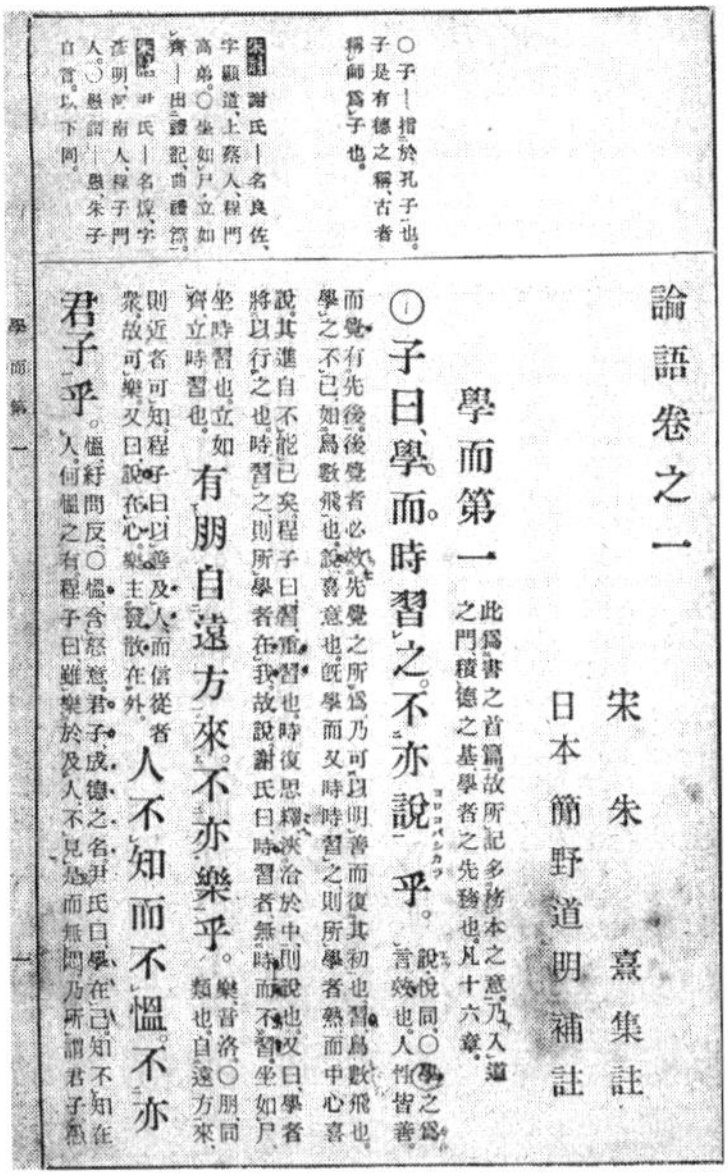
○子—指於孔子也。子是有德之稱、古者稱師爲子也。

朱註 謝氏—名良佐、字顯道、上蔡人、程門高弟。○坐如尸立如齊—出禮記曲禮篇。

朱註 尹氏—名焞、字彥明、河南人、程子門人。○愚謂—愚、朱子自言。以下同。

論語卷之一

宋　朱熹　集註

日本　簡野道明　補註

學而第一　此爲書之首篇。故所記多務本之意。乃入道之門、積德之基、學者之先務也。凡十六章。

①子曰、學而時習之。不亦說《ヨロコバシカラ》乎。　說、悅同。○學之爲言效也。人性皆善、而覺有先後。後覺者必效先覺之所爲、乃可以明善而復其初也。習、鳥數飛也。學之不已、如鳥數飛也。說、喜意也。既學而又時時習之、則所學者熟、而中心喜說、其進自不能已矣。程子曰、習、重習也。時復思繹、浹洽於中、則說也。又曰、學者將以行之也。時習之、則所學者在我、故說。謝氏曰、時習者、無時而不習。坐如尸、坐時習也。立如齊、立時習也。

有朋自遠方來。不亦樂乎。　樂、音洛。○朋、同類也。自遠方來、則近者可知。程子曰、以善及人、而信從者衆、故可樂。又曰、說在心、樂主發散在外。

人不知而不慍。不亦君子乎。　慍、紆問反。○慍、含怒意。君子、成德之名。尹氏曰、學在己、知不知在人、何慍之有。程子曰、雖樂於及人、不見是而無悶、乃所謂君子。

學而第一

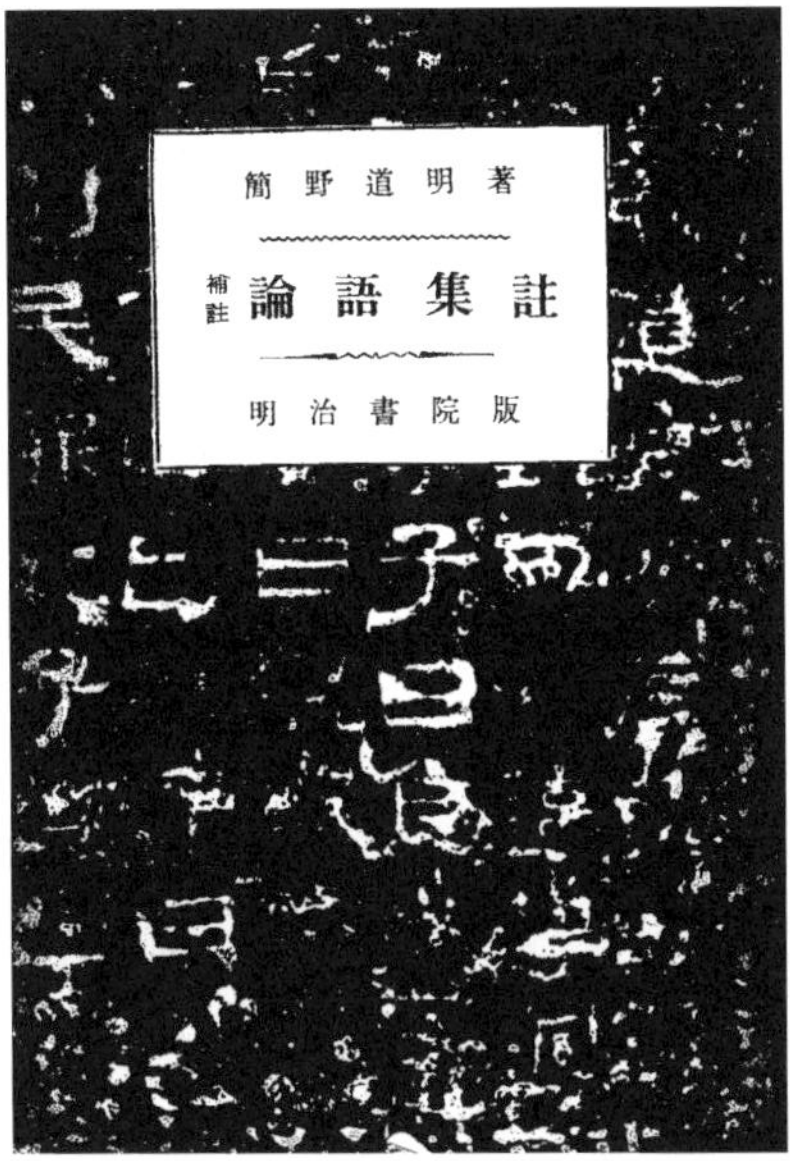


日本簡野道明補註と記されている。

論語序説と巻之一（学而第一　十六章／一六　為政第二　二十三章／二四）巻之二（八佾第三　十一章／二六・里仁第四　十八章／二六）巻之三（公冶長第五　二章／二七）の、七〇章を学んだ。送り仮名のない返り点だけの本文と注を読みとくのが精一杯で、孔子の深遠な思想にまで思いをはせることはできなかった。

「仁」の研究で知られる手塚先生の講義は、重厚ではあったが、明快とは言えず、かなり難解であった。朱子の注も理解しにくいところも多く、皆実分校の図書館にあった関係文献にあたって復習した。

テストは九〇点をこえ、大変よくできているというおほめのことばをいただいた。

大学時代、古典への強いあこがれをいだきながらも、生活費の捻出のために、アルバイトに追われ、心ゆくまで古典にとりくむ余裕がなかった。

# Ⅱ　広島大学文学部で学んだ古典

## 一　文学部での履修

二年になって、文学部でも受講できるようになった。

文学部では、二八年から講座制が実施されて、文学科、国語学国文学三講座の陣容は、次の通りであった。

| | | | |
|---|---|---|---|
| 第一講座 | 国語学 | 土井忠生 | 藤原与一 |
| 第二講座 | 古代中世文学 | （斎藤清衛） | 金子金治郎 |
| 第三講座 | 近世近代文学 | 岡本　明 | 真下三郎 |

斎藤清衛先生は、この年の三月、すでに東京都立大学に移っておられ、お名前をおききするだけで、お顔を拝する機会に恵まれなかった。（注一）第二講座の教授は、欠員で、東雲分校から清水文雄先生、教養部から岩佐正先生が出講された。

教育学部には、山根安太郎先生と野地潤家先生がおられた。

土井忠生先生は、吉利支丹語学の世界的な泰斗。新村出門下の逸材。〝新村先生の研究会でキリシタン語に関心をもったが、英国留学時にキリシタン語関係の資料を日本へ送っているうちに、その方面の研究者にされてしまった。だが、専攻は、あくまでも、源氏物語をはじめとする国語学であり、言語学との二足のわらじをはいてしまった〃と授業で語っておられた。『吉利支丹語学の研究』は、昭和一七（一九四二）年靖文社発行。新版は昭和四五年（三省堂）。訳書『ロドリゲス日本大文典』（三省堂昭三〇）複製本『日葡辞書』（岩波書店、昭三五）・『切支丹文献考』（三省堂昭三八）前記『邦訳日葡辞書』（岩波書店昭五五）。名著『近古の国語』（明治書院昭四）もある。（注二）次のような紹介がある。

「キリシタン語学において世界的学者であり、ポルトガルより勲章を受ける」（福島邦道『国学語要論』笠間書院　昭四八・六・三〇、二七頁）

「土井忠生教授の『吉利支丹文學の研究』は獨壇場の観がある」（金田一京助『國語學入門』吉川弘文館　昭二四・六・三〇・四二頁）

藤原与一先生は、方言学者として、すでに『日本語方言文法の研究』（岩波書店　昭二四・一二・一五　六〇〇頁）を上梓しておられ、昭二五年四月には学位も取得しておられた。大学時代は、廿日市隅の浜のご自宅での方言研究会に出席させていただいた。以後、生涯の師としてご指導をいただいた。先生は『毎日の国語教育』（福村書店・一九五五・四・一五・一六九ぺ）をご出版になり、読みの教育に読解の三段階法――素材読み・文法読み・表現読みを提唱された。わたくしは、この方法を主に古典読解に適用させていたゞき、高校古典教育に関する次の三著を溪水社より出版することができた。

・高校古典教育の探究　昭五八・三・一　（九章　二八一頁）
・高校古典教育の考究　一九九二・一二・一〇　（九章　三六二頁）
・高校古典教育の論究　二〇〇三・一〇・二〇　（九章　三八八頁）

藤原与一先生とその国語教育論については、野地潤家先生の次のご考察がある。

・藤原与一先生の国語教育学創建（『国文学攷』59・昭四七・四→『国語教育学史』共文社　昭四九・九）

・藤原与一先生に何を学ぶか　評伝／アルバム／主要著書解題「月刊国語教育・一九九四・七」通巻155　東京法令出版〈特集・先人に学ぶ――大村はま・増淵恒吉・藤原与一・平井昌夫〉

・『国語教育辞典』明治図書一九八八・七二八頁。

金子金治郎先生の専攻は、連歌の研究であった。古文書資料を大変丁重に扱われるという定評があった。連歌研究を集大成され、後に、学士院恩賜賞をうけられた。（昭四三・五）

著書は

・菟玖波集の研究　風間書房　昭四〇・新撰菟玖波集の研究　風間書房　昭四四・連歌総論　桜楓社　昭六二など

広島大学図書館には、金子金治郎文庫がある。

岡本明先生は、昭和二九年一月に日本学術会議会員になられ、昭和三〇年からは、広島大学文学部長として活躍された。昭和一〇年歌誌『言霊《ことだま》』を創刊され、歌人岡本四明として著名であった。歌とのかかわりは、第一歌集『紺青』のはしがきに記されている。先生は芭蕉の文学と万葉集を高く評価しておられた。

・紺青　第二書房　昭三一・一一・一〇　昭一三〜一七年の歌　四四四首

・黄雲　白玉書房　昭三二・一一・一二　昭八〜昭一二の歌　六八六首

・去来抄評釋　三省堂　昭二四・二・二〇　再版昭四〇・一二・一　去来抄評釋刊行会

真下三郎先生は、女性語の研究者として知られていた。文部省から広島高師に着任され、戦後の学制改革で、東京へ帰ることができなくなり、「広島に島流しにされ、まさに涙ぐましもですよ」と言って自己紹介された。東大入学当初は、橋本進吉先生につかれたということであったが、軽妙で、洒脱な授業を展開された。

・婦人語の研究　東亜出版昭二三　再版昭四四東京堂　・遊里語の研究　東京堂　昭四一

・女性語辞典　東京堂　昭四二　三版一九八九

テキスト風の小著、『国語表現法』（昭三〇・七・一五　修文社　土井忠生先生と共著）が手許にある。

昭和二八年度、文学部前期の授業は、一二年生のために、次の入門講座が用意されていた。

藤原与一先生　国語法　清冽な授業に感動した。

金子金治郎先生　国文学　よくまとまった講義であった。

真下三郎先生　国語史　土井先生著のテキスト『国語史要説』で学んだ。

後期の授業は、東雲分校から、清水文雄先生が出向され、国文学演習『源氏物語――宇治十帖』をご担当になった。源氏物語の新しい研究成果も紹介されながら、王朝文学への豊かな学殖を傾けられた、魅力的ですばらしい演習であった。感動とともに学び得たことを〝古典を読む楽しさ――恩頼記にかえて（三）〟と題して、前記『高校古典教育の考究』で報告している。（同書三五二―三五七頁）

テキストは、佐成謙太郎『校註宇治十帖』（明治書院　昭二八・六・一〇六版・一九〇頁。流布本　首書源氏物語を底本とし、湖月抄その他の諸本で校合したもの）。四五帖橋姫を読んだ。

当時、清水文雄先生が、斎藤清衛先生のお力ぞえで、蓮田善明、栗山理一、池田勉先生との研究誌「国文学試論」を執筆出版されたこと、三先生方と研究・文芸雑誌

「文藝文化（注三）」全七〇冊（昭一三・七〜一九・八）を編集発行されたこと、三島由紀夫の師であり、和泉式部研究の第一人者であることさえも知らなかった。その後、先生主宰の王朝文学の会に参加させていただき、終生温かいご指導をいただいた。（注四）↓第五章参照。

注一　斎藤清衛先生については、前記『批評文學』に昭二八年（六〇歳）までの年譜と主な著書（古典の註釋に関するものを除く）が記載されている。

二　国語学会編『国語学辞典』（東京堂　昭四九・七四版）には、『吉利支丹語学の研究』『ロドリゲス日本文典』『日葡辞書』について森田武先生の解説がある。『近古の国語』は、浜田敦担当。東京堂『国語史辞典』（林巨樹・池上秋彦編　昭五四・九）も役立つ。

三　文藝文化については、講談社『日本近代文学大辞典第五巻』（昭五二・一一・一八）三八九頁に簡潔な紹介がある。

四　清水文雄先生の略年譜、著書論文目録は、「続河三号——清水文雄先生追悼特集——」（「河」の会　平一〇・一一・二〇、一五二—一七三頁）に記載されている。先生が生前お書きになっていたものに、四男清水明雄氏が補筆されたものである。先生自身がお書きになったものは「国語教育研究」（広島大学教育学部国語科光葉会）の次のものである。

・第八号〈山根安太郎先生・井上桂園先生・清水文雄先生還暦記念特集〉編集人、金子金治郎・松永信一・野地潤家　昭三八・一二・二五

・第十四号〈清水文雄先生退官記念〉　昭四三・一二・一五
最終講義〝「もののあはれをしる」ということ、中国新聞に掲載された〝王朝文学研究の道——学問と私——〟も収録されている。（↓『和泉式部研究』・笠間叢書209昭六二・九・二八に再録。）

野地潤家先生の〝清水文雄先生のご業績〟も収められている。

昭和二九年四月、教養部の課程を終えて、千田町の教育学部に移った。教育学部高等学校教育科国語の課程は次のようになっていた。

| | | |
|---|---|---|
| 一般教育 | （体育、第一、第二外国語を含む） | 五二単位 |
| 専門教育 | 教職科目 | 二〇 〃 |
| | 教科科目 | |
| | 国語国文学 | 三四 〃 |
| | 中国語、中国文学 | 四 〃 |
| | 英・独・仏文学 | 四 〃 |
| | 文学概論 | 二 〃 |
| | 言語学 | 二 〃 |
| | 卒業論文 | 八 〃 |
| | 選択 | 二 〃 |
| 計 | | 一二八単位 |

昭和二八年四月　広島大学教育学部学科課程（昭和二六年度入学以降）による。

※教職科目　敬称略　以下同じ

| | |
|---|---|
| 28年前 | •教育原理（皇） |
| 後 | •教育課程（佐藤）•教育心理（三好） |
| 29年前 | •教育方法（杉谷）•青年心理（古浦） |
| | 言語教育（野地） |
| 後 | •国語教育史・•国語教育法（山根） |
| | 国語教育演習、児童語研究（野地） |
| | 教育社会学（新堀） |
| 30年前 | 国語教育演習（山根） |
| 後 | 日本東洋教育史（佐藤） |

•印は第一教職（必修）

教科科目は、卒業論文を除いて、すべて文学部で履修した。

中国文学は、斯波六郎教授と小尾郊一助教授が担当しておられた。

国語国文学と中国文学は、次のように履習した。

敬称略

| 5セメスター（昭29年前期） | 6セメスター（昭29年後期） | 7セメスター（昭30年前期） |
| --- | --- | --- |
| 文字史（土井）<br>新古今集演習（岩佐）<br>万葉集（岡本）<br>和歌史（岡本） | 古典文法　徒然草（土井）<br>平安朝語研究（土井）<br>中世外人の日本語研究（土井）<br>新古今集演習（岩佐）<br>和歌史（岡本）<br>芭蕉七部集　ひさご（岡本）<br>戦国策講読（斯波）<br>中国文学概論（斯波） | 源氏物語演習（土井）<br>王朝女流文学史（清水）<br>芭蕉七部集　猿蓑（岡本）<br>中国文学史（斯波） |
| 国語法研究（藤原）<br>堤中納言物語演習（金子）<br>上方語研究　日本永代蔵（真下）<br>古詩（文選）講読（小尾） | 国語音声学（藤原）<br>近代国語の諸相（藤原）<br>堤中納言物語演習（金子）<br>国文学概論（金子）<br>上方語研究　日本永代蔵（真下）<br>近体詩講読（唐詩）（小尾） | 書きことば演習（藤原）<br>花伝書演習（金子）<br>江戸語研究「江戸文学選」（真下）<br>江戸文学史（真下）<br>近体詩講読（唐詩）（小尾） |

## 8（昭30後）　国語音声学（藤原）

古典は、万葉集・源氏物語・堤中納言物語・新古今集・徒然草・花伝書・西鶴・芭蕉・近松を学んだことになる。

岡本明先生の〝万葉集（巻二）〟と、土井忠生先生の〝古典文法徒然草〟については、二七会で報告し、『河』（王朝文学の会、安宗伸郎さん編集）に掲載した。ともに第二章に収録した。

中国文学の演習は、中国文学専攻の人たちが受持ち、それを国語国文の学生が聴講する形式であった。

斯波六郎先生の「戦国策」の注解はすばらしいものであった。漢語への豊かな学殖を一語一句に注がれて、厳密適切な読みを施され、なぜその語が使われているのか、ことばのニュアンスまで説明された。本文プリント四枚、蛇足、長鋏帰来乎、借虎威狐などを学んだ。漢文とはこのように読むものなのかと驚嘆した。

先生には名著『中国文学における孤独感』（岩波書店・昭三三・二・二五→岩波文庫）もあるが、集められた漢籍資料（一、三八七点・九、七二〇冊）は、広島大学付属図書館に寄贈され、『廣島大学斯波文庫漢籍目録』（平一一・一〇・二。一六二頁索引四八頁）が発刊されている。

先生は、六朝文学研究の開拓者であり、文選学の泰斗であった。

## 二　金子金治郎先生の堤中納言物語・花伝書

大学三年（昭二九）になって、まず学んだ古典は、金子金治郎先生の演習〝堤中納言物語〟であった。テキストは久松潜一「校註堤中納言物語」（明治書院・昭二九・四・一五　七版一四四頁。初版は昭三・九）。底本は、榊原家旧蔵の写本（東京図書館藏）。村上忠順の註釈が収められ、編者の適切な注が上欄に記されている。附録として、次ののが収められている。近代における最初の注釈書とされている。

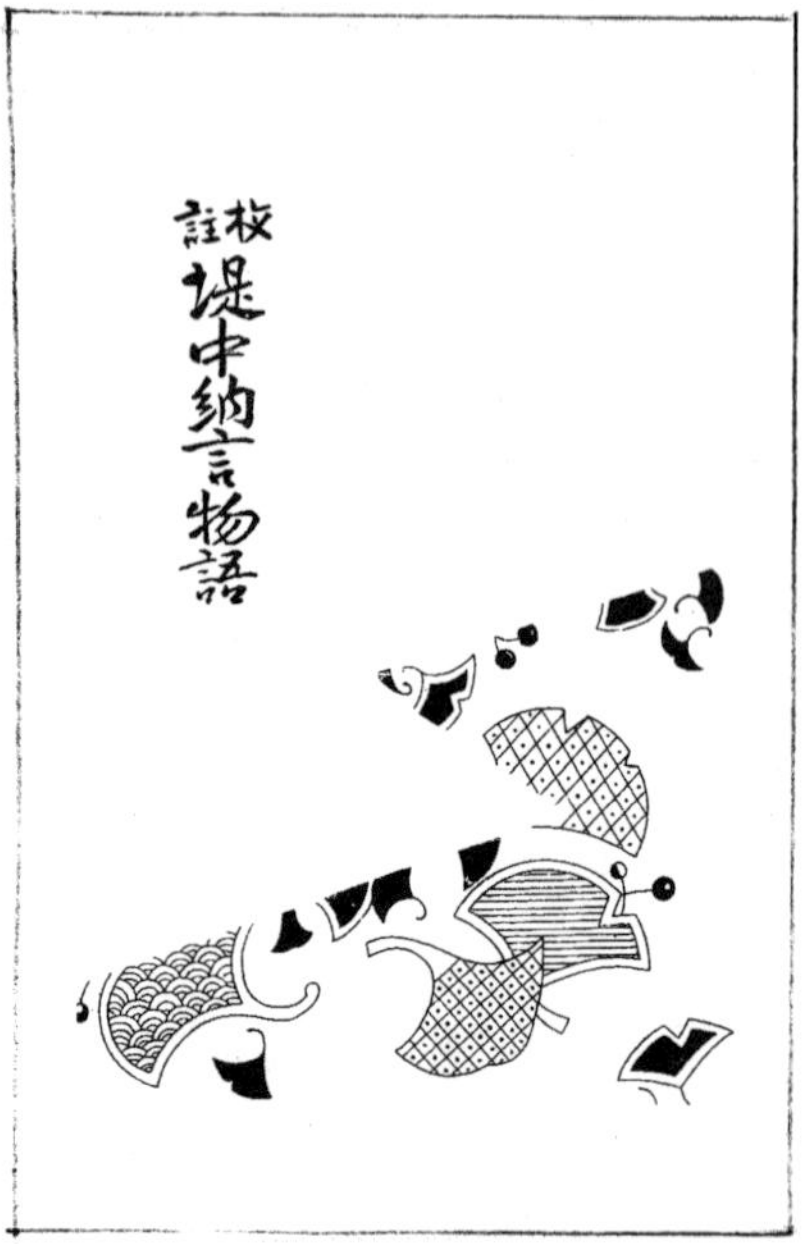


久松潜一　堤中納言物語序説
錦小路頼彦　題号及び成立考
藤田徳太郎　堤中納言諸本追加

演習は、文学部の人たちが担当した。高等師範を卒業されて、文学部に再入学された人が多く、第一回は、米倉利昭さん（後に佐賀大学教授）が担当され、「堤中納言物語」の成立の基盤にある文学サロンの存在を力説された。鮮やかなきりこみによる仮説であった。

わたくしは、佐伯梅友藤森朋夫共著『堤中納言物語新解』（明治書院・昭二九・二・二〇再版→新釋昭三一・四）を手許におき、テキストに書きこみをしたり、演習発表をカードにとったりして、学習をすすめた。清水泰『堤中納言物語詳解』（要書房　昭二九・六、「評釈」昭四・九　文献書院の増訂版）を利用している人も多かった。次のものも出版されていた。

・佐伯梅友校注 鈴木一雄解説　新注国文学叢書二七 堤中納言物語　講談社　昭二四・二

頭注・解説ともに出色のものとして一時期を画した。→学生版　昭三一・五

・松村誠一校注　日本古典全書 堤中納言物語　朝日新聞社　昭二六・一一

諸本を三群六類に分類。

・松尾聡　校註 堤中納言物語　武蔵野書院　昭二七・五

テキスト版であるが、頭注が詳しく創見も多い。

広島大学（広島師範学校）蔵浅野侯爵家旧蔵本を底本とした、古典文庫「堤中納言物語」（松尾聡翻刻）は、昭二三年三月に出版されていた。影印本は昭三四・一一製版　塚原欽雄　武蔵野書院より出版された。

堤中納言物語の講読は、三年の前、後期（昭和二九年四月―三〇年二月）に及んだ。その間に、次の二著も出版された。

・土岐武治　堤中納言物語新釈　学而堂　昭二九・六

・山岸徳平　堤中納言物語評解　有精堂　昭二九・一一

→学生版　昭三〇・四・一〇　約半分に要約したもの。本文・口語訳　評は変らない。

→増補改訂版『堤中納言物語全註解』有精堂　昭三七）

金子先生は、この本が出版されると、紹介とともに、購入もすすめられた。

昭和二九年の前、後期を通じて、堤中納言物語の一〇編中、一〝花櫻折る少将〟・二〝このついで〟・三〝蟲愛づる姫君〟・四〝ほど〳〵の懸想〟の四編を学習し、五〝逢坂越えぬ權中納言〟に入りかかったところで、一年が

終った。昭和三〇年二月九日であった。　もっと読みつづけたいと思い、残りの六〝かひあはせ〟・七〝思はぬ方にとまりする少将〟・八〝はなだの女御〟・九〝はいずみ〟・一〇〝よしなしごと〟は、自分なりに通読した。

　堤中納言物語で、一番印象的であったのは、伊勢物語二三段「筒井筒」に酷似している第九話〝はいずみ〟であった。夫に別れ話をきり出されて身をひこうとする女のあわれさ、いじらしさと、男の来訪に喜んで、化粧をしたつもりで、掃墨をぬってしまったおんなのおかしみ、滑稽さが対照的に、巧みに描かれている。前半は、もとの妻とのしっとりと哀愁をおびた話であり、後半は一転して、喜劇的であるが、「をかし」（ユーモア）の中に「あはれ」（ペーソス）をも感じさせる。「心理分析・性格鮮度・緊迫度などにおいても、本編は他の類似の作品よりあざやかで、平安末期の一傑作たるを失わない」とも評されている。（前記　山岸徳平『評解』学生版）

　〝花櫻折る少将〟は、敬語の使い方に不統一があったりして、必ずしも明快な文章とは言えなかった。主人公がやっと姫君を盗み出したと思ったが、それは姫の側で警護していた祖母の尼君であったという結末のどんでんかえしがおもしろかった。主人公の少将が、理想的な貴公子として描かれているだけに、ユーモアとペーソスが感じられた。　前半には平安朝的な優美な雰囲気があふれ、終結は、機智と滑稽と同情が交錯している。前記『評解』では、「明るく、はなやかな一編で、緊密な構成をもつすぐれた作品」と評価されている。

　〝このついで〟は、春雨のしとしとと降る昼間、中宮の御前で語られる三人の女房の歌物語めいた体験談である。純情・厭世・出家をテーマとする三話を、題名「籠《こ》（火取り、香炉の縁語）のついで」で統括している。それぞれがしっとりとした、情趣的、王朝的な雰囲気をただよわせる小話である。最後を主上の御出ましで終るところも、写実性をもたせ巧みである。

　〝ほどほどの懸想〟も、三つの話からなる王朝的な短編で、年令・身分に応じた恋の世界が展開されている。

小舎人童　――女童（純真な恋）　　　行動的・情熱的・現実的

年若い男家人——女房（遊戯的な恋）　洗練された知性が加わっている
頭中将　——姫君（恋の無常を感じている）　反省的　人生観照がある

・男女主従の三つの階層の恋愛が描かれている。

・頭の中将は、明るさ・華やかさを欠き、厭世的で人生に無常を感じている源氏物語の薫大将型の人物である。貴族社会の没落を思わせる。

金子先生は、担当者の発表をじっと聞き入っておられることが多かったが、この作品については次のまとめをされた。

①三者三階級の懸想を対比するところに主題があったと思われる。特に下層の恋（今めかしさ）と上層の愛（ふるさ）のあり方が対比されている。

②作者の目は、中間階層の女房に置かれ、低い階層と上流の階層を見ている。低い階層は、猥雑ではあるが、若さがあり、現世的、行動的で健康なものがあり、作者にはほほえましくうつっている。源氏物語にはこのようにビィビットには描かれていない。上流階級をみると、頭中将は薫大将型の人物であり、仏教的人生観が観念的に先行し、貴族社会に不安を感じさせ、武士の抬頭という新しい時代を予感させる。中間階層は知的な洗練さがある。

③女房の返歌は、風葉集、恋十七に「ほど〳〵のけさうの式部卿宮侍従」とあるが、この作品をモデルに結びつけることは危険である。

〝蟲愛づる姫君〟は、これらの情趣的な作品に対して、反王朝的な世界を描いている。眉も抜かず、お歯黒もつけず、年ごろの女性としての身だしなみをしないで、朝夕毛虫などを好んで飼う高貴な大納言の姫君を登場させる。姫君は、王朝貴族の優美の美学を無視し、世俗の慣行という圧力に反抗して、理性的で、自分の哲学をもち自我を貫く。この上なく大切に養育していた大納言もさじをなげ出し、はじめは興味をもった貴公子右馬の助は、蛇に似たものを送っていたずらを試みたり、女装して垣間見たりするが、評判通りの姫君にあきれはてて、姫君の姿を見たという歌を贈って立ち去る。

常識の世界に住む蝶愛づる姫君と対比させて、異常な世界で行動するこの姫君の特異性を克明に描写して、反王朝的なグロテスクな新しさをかもし出している。新しい美の生活化という積極さまではないが、デカタンの傾向さえあり、新しい美の世界の抬頭を予感させる。もちろん中世作家の見方でもない。

この作品に対して、「堤中納言物語十編中にあって、最も秀でたものである」という高い評価もある。（佐伯　藤森『新解』など）姫君を感情に左右させず、理性に発する、合理的・理知的な人物とし、真理探究の態度をもって生きているとする。一方で、「特異な性格者を、世間一般の好奇心の代表者ともいうべき右馬の佐にからませて物語化したに過ぎない」（山岸徳平　角川文庫　昭三八・一二）という批判や「世紀末的な露悪思想と猟奇趣味とを反映する、頽廃精神の産物」（塚原鉄雄　新潮日本古典集成　昭五八・一）とする意見もある。

演習は、前記の注釈書などに基づいて、担当者によって諸説が紹介がされ、読解中心にすすめられた。時には広島本によって本文の校異を論じられることもあったが、本文が十分に検討されることは殆んどなく、内容面に及ぶことも少なかった。質問や討議もなく、発表は理解しにくいところも多かった。

以後、堤中納言物語の研究は急速にすすみ、次のような校注本や注釈書が出版されている。

・寺本直彦　日本古典文学大系13　岩波書店　昭三二・八
・稲賀敬二　日本古典文学全集10　小学館　昭四七・八
・塚原鉄雄　新潮日本古典集成56　新潮社　昭五八・一
・大槻　修　新日本古典文学大系26　岩波書店
・玉井幸助　堤中納言物語精講　学燈社　昭三一・五
・松尾　聰　堤中納言物語全釈　笠間書院　昭四六・一〇

鑑賞を付したものとして、角川書店より次の二著がある。

・山岸徳平編 三谷栄一　日本古典鑑賞講座第10巻　昭三四・七

　花櫻折る中将・このついで・蟲愛づる姫君・はい墨の四編に注、口譯を加え、くわしい鑑賞をしている。

・三谷栄一　鑑賞日本古典文学　第12巻　昭五一・一二

　花桜折る中将・このついで・虫愛づる姫君・逢坂越えぬ権中納言の四編に、注、口訳を加えて、鑑賞している。

文庫本には、次のものがある。

・アテネ文庫　清水泰　昭三〇・五　　・講談社学術文庫　三角洋一全訳注　昭五六・一〇

・角川文庫　山岸徳平訳注　付現代語訳　昭三八・一二

『日本文学鑑賞辞典　古典編』（吉田精一編　東京堂　昭三五・一二）では、一〇編を「おかし型」と「あわれ型」の観点からみごとに論じている。（執筆担当　石川徹）

　おかし型の話　（一）・（三）・（六）・（八）・（一〇）　首尾（一）と（一〇）はおかし型で照応させている。

　あわれ型の話　（二）・（五）・（七）

　おかし＋《プラス》あわれ・あわれ＋おかし型の作品　（四）・（九）

一〇編を流布本の順で通して読むと、巧みな俳諧連歌を繙くような変化と推移の妙に富んだ面白味がある。

個々の作品には、次のような言及がある。

・（二）「このついで」――劇中劇に三つの話の内容がしだいに女の運命として深刻な場面に進む、漸層的発展のムードがいい。主上の渡御に話し手も紛れて隠れたとした結末の心にくさといい文句のつけようのない出来栄。

・（六）「貝あはせ」――可憐な子どもの描写と、大人の世界への作者の皮肉な目が背後に感ぜられる叙述も、また気が利いている。

・（一）「花桜折る少将」の序・破・急の呼吸を心得たむだのない行文の的確さ。

・（四）「ほどほどの懸想」の三様の恋の書き分けの成功。
・（五）「逢坂越えぬ権中納言」の世紀末的憂愁の表現の完璧さ。
・（九）「はいずみ」のペエソスと哄笑的結末への急転の運びとその劇的構成　前記二編に負けず、みごとである。

学生時代、それほどとは思わなかった、堤中納言物語も改めて接すると、興味をそそる作品である。

金子金治郎先生には、第七セメスター（四年　昭和三〇年度前期）で、花伝書（風姿花伝　第一・第二）を学んだ。テキストは、プリント集「校註　花傳書」風姿花伝第一 風姿花伝第二（一八頁）。能勢朝次『校註花伝書』（新日本文庫　昭二〇？）が品切れのため、プリント化されたもの。金子先生は、川瀬一馬『校註花傳書』（わんや書店　昭廿四・六）も推選された。その増補三版（昭廿九・一〇　一二〇頁）を、三〇年・六月一五日に文学部で購入している。（上記）　底本は、次のものによっている。

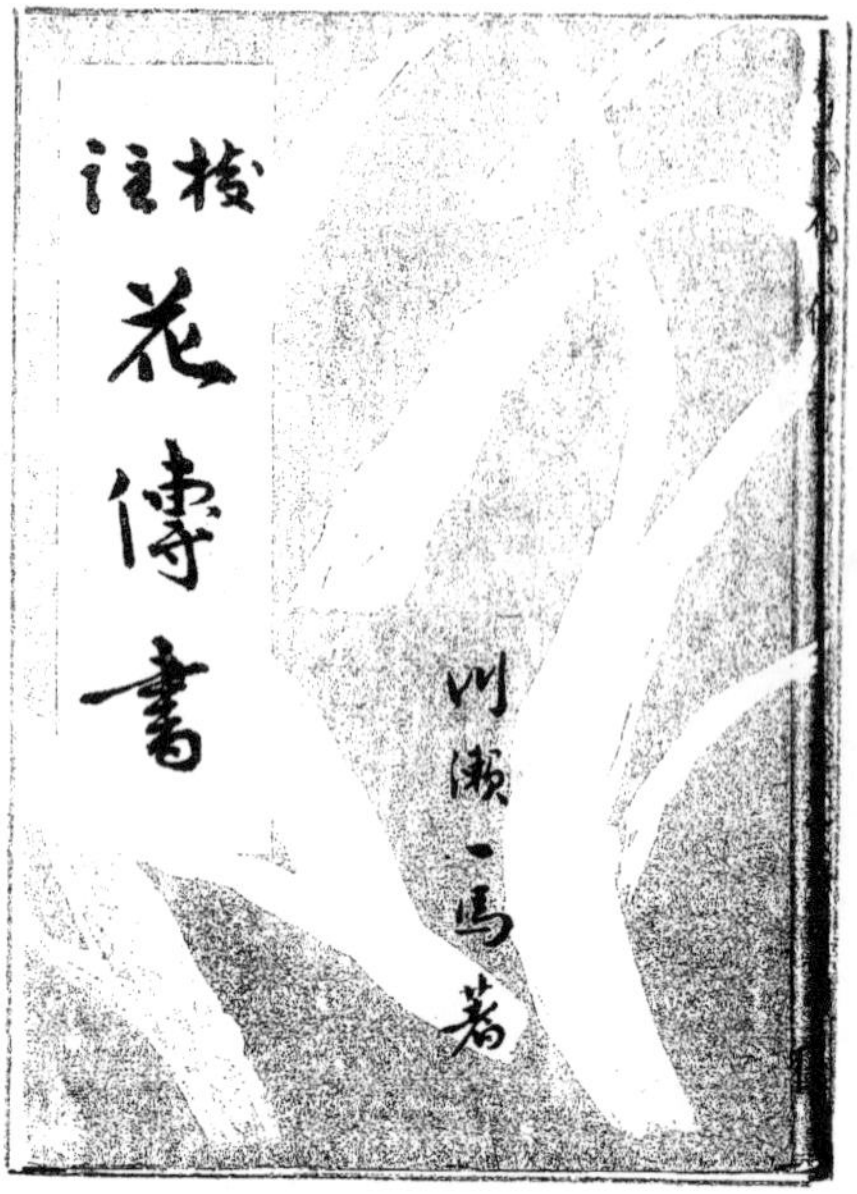


第五奥儀篇までは世阿弥自筆本（金春家旧伝）〈※世阿弥自筆とするのには異論がある。〉
第六花修は観世家蔵、世阿弥自筆本
第七別紙口伝は松迺《くり》舎文庫本（吉田東伍校訂十六部集本）
比較には、主として宗節自筆本（観世家藏、今は花修のみ欠）

内容は次記の通りである。

題簽《セン》　諸橋轍次　装幀　後藤年彦

本文　※解題三二頁がある。

序　（総序）
第一　年来稽古條々　七段階（年令別修道論）
第二　物學《ものまなび》條々　九類型（投役論・物真似論）
第三　問答條々　九か条（演出基礎論他　芸位論・能芸美論）
第四　神儀云　六か条（猿楽縁起説）㊋
第五　奥儀云　（芸域論）
第六　花修云　四か条（脚本論・演技論・演者論）
第七　別紙口傳　（「花」詳論）八か条　（幽玄）

本編
別編
基礎編
補足編
第一別冊
第二別冊

風姿花伝は、能楽の創始者観阿弥清次の遺訓を、その子の能の大成者、世阿弥元清が取りまとめた能芸論である。

序・第一、第二の内容は次のようになる。

序　能役者の基本的心構え　伝統継承、一道専念、歌道尊重
風姿花伝第一　年来稽條々　生涯の稽古のあり方　年令ごとの芸道修行の心得をとく。
七歳（稽古のはじめ）　心のままにさせ、善悪は教えるな。無理じいをするな。
十二、三より（能の自覚期　「時分の花」）　才分を開発せよ。大切に能の種類を広げよ。

十七、八より（身体の変調期　自己との対決期）宵暁に声の練習をし、心中に願力を起して能を捨てるな。不退転の決意であたれ。

二十四、五（芸能是非の出発点「珍しき花」）慢心をするな。稽古をいやましにせよ。

三十四、五（芸の絶頂期）さらに自戒、自制し稽古の条々を会得して将来に備えよ。

四十四、五（能の転換期）よい脇の為手をもち、難のある能を演ずるな。

五十有余（芸の謹慎期）老いの花・安き所を少な少なに演じよ。

風姿花伝第二　物學《ものまなび》條々　能芸の骨格をなす物まねのあり方　基本的な心得をとく。

（總説）申楽の物真似（演出）は、写実的に細かに似すべきであるが、濃いものまね淡いものまねがある。下賤の振舞いについては考えねばならない。申楽の根本芸であるから各種類をできるだけ稽古せよ。

女　若い為手に似つかわしい身ごしろえ（扮装）を根本第一とする。十分に研究工夫せよ。

老人　この道の奥儀。花あって年寄りと見える工夫を学べ。できるだけ、落ち着いてゆったりとまうのがよい。芸の力が人の目にわかる。

直面《ひためん》　仮面をつけずに演ずる曲。その物に学べ、表情より姿、所作を似せよ。

物狂《ものぐるい》　最も面白さの多い芸。この芸の熟達者は、ものまねのすべてを演じ得よう。反復して研究、思索せよ。

法師　演じることが稀なので、それほどの稽古はいらない。ものによって、気品のあるところや仏道に深く思いこんでいる姿、有様に学べ。

修羅　物まねの一種、面白さが稀であるから、あまり演じない方がよい。

神　鬼系統の演技だが、鬼にない舞風の所作がふさわしい。衣裳をかざり、着付けをととのえて、気品高く演じるべきだ。

鬼　大和申楽の特技で、重大な物まね。強く恐しい鬼を面白く演じるのは大変なことである。奥義をきわめた達人にのみできることである。

唐事《からごと》（唐人の物まね）稽古の基準の型がない。何よりも大切なのは、扮装。一風精、唐人風にする以外に方法はない。

（結語）この条々をよく究めた人は、これ以外の細かな点も自得できよう。

風姿花伝、序、第一の演習は、教育学部の同僚が担当し、次のように行われている。学生番号の逆順であった。

（発表者の敬称略、以下同じ）

三〇・四・一三　金子先生による解説　能楽の性格
　一　形成過程　二　素材　三　構想　四　叙述
　五　理想美　六　態度

三〇・四・二〇　安宗伸郎　世阿弥について
　詳細な世阿彌年譜、世阿彌二十三部集解説、系図
　参考文献（詳細なプリント）

三〇・四・二七　三上孝司　①花伝書解説・②花　（プリント）
　①新潮社「日本文学大辞典」（佐成謙太郎）より
　②岩波講座　能勢朝次「花伝書」より

三〇・四・二七　宮本徹　風姿花伝序　申楽について　第四神儀篇にくわしい。神楽――（示をとる）→申楽（楽を申す）

三〇・五・一一　　　七歳　プリント参考資料　①幽玄（花鏡より）
　永岡徹
三〇・五・一八　　　十二、三より　②花（花伝別紙口伝一より）

三〇・五・二五　菅野良三　十七、八より
　自筆本　宗節本・吉田家本などの本文の紹介、能勢訳、川瀬訳なども検討。

三〇・六・一　緒方博子　二十四、五（前半）頭注　能勢訳の検討、訂正、考異（元次本、禅竹本）、注解（輪説）の検討、大日本國語辞典、大言海、大辞典、大百科辞典（臨説、輪説、輪舌、林雪・りん）

三〇・六・八　阿部　健　二十四、五（後半）「りんぜつ」源若菜下「りん《輪》の手」

三〇・六・九　升森醇　三十四、五　「名望」「天下の許され」「上手」「花」などについて、奥義、物覚、問答の資料で補う（プリント）

三〇・六・一五　永田ノリ子　四十四、五（前半）　『花伝書研究』（野上豊一郎　昭二四　小山書店）による内容のまとめ

三〇・六・二二　山本睦彦　四十四、五（後半）花と幽玄について。

三〇・六・二九　薬師寺昌康　五十有余　花伝書の執筆、三十七八才。

三〇・七・六　金子先生のまとめ　職業意識に徹している。だれもがひきこまれる体験に則した論である。

校異は、吉田本（吉田東伍『世阿彌十六部集』明治四二　能楽社）・宗節本（観世第七代大夫宗節書写）。禅竹本（金春家相伝・生駒　宝山寺蔵）などによって行なっている。

発表は、ユーニークな真摯なものであった。次の文献の存在も知った。

1　吉田東伍　『能楽古典世阿彌十六部集』（前記　明四一　能楽社）
世阿弥伝書の初の覆刻、底本は堀氏旧蔵。安田善之助松迺舎文庫を底本。関東大震災による底本焼失のため、資料的価値も高い。

2　吉田東伍　『能楽古典禅竹集』（大四　能楽社）
禅竹、禅鳳の伝書の初の覆刻。

3　能勢朝次　『世阿彌十六部集評釈』二冊（上、昭一五・八・二〇。下、昭一九・八・二五。岩波書店）
戦前の注釈研究を集大成した名著。底本は吉田本。

4　川瀬一馬　『頭注世阿彌二十三部集』（昭二〇　能楽社）
主要語句、人名、曲名の索引がある。

5　野上豊一郎『花伝書研究』（前記　昭二四　小山書店）
吉田本、宗節署名本、金春本の三本を校合。

花伝第一年来稽古條々は、高校三年のとき、七期に分けられた的確な心得を、人生の書としても感銘深く読んだ。

この演習では、世阿弥能楽書の読み方の第一歩を学んだ。十分な受けとめをしていないことが悔まれる。

（注記）花伝書演習のまとめにあたって、次の文献で確認した。

1　新潮社　縮約日本文學大辞典　昭三〇・一・二〇
2　岩波書店　日本古典文学大辞典五（表　章）　一九八四・一〇・一九
※明快適切。
3　明治書院　日本古典文学大事典（石井倫子）　平一〇・六・一〇
4　東京堂　日本文学鑑賞辞典　古典編（横道万里雄）　昭三五・一二・五
5　岩波書店　日本古典文学大系65　歌論集・能楽論集（西尾実）　昭三六・九・五
6　小学館　日本古典文学全集51　連歌論集・能楽論集・俳論集（表　章）　昭四八・七・三一
7　新潮社　新潮日本古典集成　世阿弥芸術論集（田中裕）　昭五一・九・一〇
8　角川書店　日本古典鑑賞講座15　謡曲・狂言・花傳書（伊藤正義）　昭三三・一二・二〇
9　角川書店　鑑賞日本古典文学24　中世評論集　歌論・連歌論・能楽書（伊藤正義）　昭五一・六・三〇
10　岩波書店　世阿弥十六部集評釈上（能勢朝次）　昭三二・三・二九　第四刷

## 三　岩佐　正先生の新古今集

岩佐正先生の新古今集も、三年前後期（昭二九・四―三〇・三）に及ぶ演習であった。次の二著を購入して、演習に備えた。

佐佐木信綱校訂　新古今和歌集　岩波文庫　昭四・七

昭二六・一一・三〇　第十九刷のもの。底本は明暦元年二十一代集。文明四年書写の甘露寺親長本で校合したもの。（↓

『新訂版』昭三四）

久松潜一　新古今集の新しい解解　至文堂　国文注釈新書　昭二九・四

　四季の歌を中心に秀歌と思われるものを抄出し、解釈が施されている。

前期は講義中心の授業であった。研究の視点を多く示された。新古今集を読む基礎知識、読み方を学んだ。

一　新古今集研究の問題点

㈠和歌史上の研究　例えば

・万葉・古今・新古今の展開のあとづけ

・新古今集が江戸時代に深い影響を及した理由・明治とともに姿を消した理由。

㈡内容の研究　例えば

・女流歌人（万葉女流歌人との比較）

・恋歌（万葉恋歌との比較）

・本歌取り（何首ありそれは何によっているか）

・写本の書誌学的研究

---

㈢序文の検討　※古今集の序文との比較が必要。

　成立の経過・歌に対する考え方とその根據・文学理論の解明。

㈣本文校訂――テキストの検討を。

池田亀鑑・川瀬一馬・山岸徳平・西下経一のばあい。

・今後の研究には、協同研究が必要である。理科系に比べ文科系は立ち遅れている。

・自分はどんな立場で、どのような研究をするのか明確にせよ。比較文学の立場も必要。

二　新古今一五首鑑賞　西行の歌一二首　式子内親王の歌三首

三　新古今集仮名序（藤原良経執筆）を読む　5／20

和歌の起源と効果。勅撰集撰進の意義。編集の大綱（撰者、方法、内容、題名）構成、目的、経過、自負――古今集を意識し、謙虚な態度で書いている。元久二年（一二〇五）、三、二六

四　新古今集真名序（藤原親経執筆）を読む。　6／3

　内容は、仮名序にほぼ同じ。表現することばを飾る事に苦心している。後鳥羽上皇の立場で執筆（仮名序も）。

以後の勅撰集は、新古今集をそのまま見倣っている。

・新古今集の巻頭歌と巻軸歌（各巻の最後の歌）を検討するとよい。

・春の巻一、巻二より代表的な歌二〇首を選び出すのもよい。

五　新古今集の歌人――古今集の歌人との比較→現代歌人中心主義。

六　新古今集の成立――撰者・経過（勅命・和歌所開設・撰者の決定・選歌・後鳥羽院親撰・切継）・伝本　6／10

切継（切出・切入）・部立（五部立）・動乱の時代

・定家の研究――家隆と比較する。

・動乱をどのように生きたか、どのような人物か（時代主義・オポチニズム）

・新勅撰和歌集（定家撰・二〇巻）をどう考えるか。なぜ、この時代に生まれたか。どんな社会であったか。社会的時代的価値はどうか。・明月記を調べる。

七　新古今集　春の歌（巻一　八八首、巻二　七六首）を読む。

(1)各歌にわたって、三句切れ、体言止め、本歌取りの歌を確認した。

(2)巻頭歌は次のように読んだ。

◆春立つこころをよみ侍りける　摂政太政大臣

みよし野は山もかすみて白雪のふりにし里に春は来にけり

○春立つ――立春。新年と一しょに来る。年内に来ることもあった。

年の内に春は来にけりひととせを去年《こぞ》とやいはむ今年とやいはむ　古今集巻頭歌　在原元方

○こころ――意味、心持、気持、立春ということ、立春の趣。

古今集の題詞には「こころ」がない。

○実事を読まず、観念的、意識的に読む。現実性が薄い。

○摂政太政大臣、藤原良経。勅撰集では、作者を記すとき、現存の大臣であるときは、名前を書かずに、官名を書く。故人になると邸宅などをつける。良経も、後には京極摂政前太政大臣。父兼実は後法性寺入道前関白太政大臣。　名門の出で、一族には有名な歌人が多い。

生きておられる天皇にも名をつけない

忠通
- 基実　（　）は新古今集入選数
- 基房
- 兼実（13）
  - 良経③（80）
- 秀行
- 慈円②（91）「愚管抄」
  - 西行①（94）につぐ

①②③新古今入選歌人の順位

※作者を調べてみると、その時代がわかり、官名により作者の年令もわかる。

○みよし野は

・み――万葉集では、美称。特別の意味はないが、柔かい上品な感じを与える。語感が大変ちがってくる。歌である場合は重大である。「ごはん」と「めし」では語感が大変ちがう。

・よし野――奈良県吉野郡吉野町一帯を広くいう「山」「里」も含む。

大和時代に離宮があり、応神――聖武の諸天皇の行幸があった。

・は――「や」「の」でも通じる。「は」――二一

「や」――一三。（名歌辞典）

○山も――「も」は並列・ふりにし里に（も）山の霞と里の「白雲」とを対照させている。（対照法）

○ふりにし里も　かけことば　白雪のふり《降》《古》にし里

昔離宮があり栄えていたが、この頃は寂しく荒れ果てて古くなってしまた里（ふるさと）

○春は来にけり　（春霞にかすむ吉野の山・遠い昔の古京のあったわびしい吉野の里）

・けり――感嘆

○よみ侍りける　連体形止め、「歌」を省略、和歌上の約束、

※立春九首の最初を飾り、春の歌の巻軸歌、古里の暮春

の歌（二一——一七四）と呼応している。
新古今集のもつ古代性、古代尊重の情を明確に示している。

(3)次の歌から、新古今集の特色と読み方を学んだ。

3　山ふかみ春とも知らぬ松の戸に　たえだえかかる雪のたま水　式子内親王（しきん　しきし　しょくし　窪田空穂　しきん）

・百首歌——正治二（一二〇〇）年秋、後鳥羽院主催の百首歌。院にさしあげた歌。『正治二年初度百首』（初度の応製百首歌　二三人の歌人が詠進。）

※歴史的背景を知る。

（※は岩佐先生の助言。以下同じ。）

・「松」の青と「雪」の白との対照　色彩の調和に新古今集の特色がみられる。絵画的・色彩的。

※新古今調を知る。

5　今日といへば唐土までも行く春を都にのみと思ひけるかな　皇太后宮大夫俊成

・入道前関白太政大臣（良経の父・兼実——俊成に師事）が右大臣のときの「右大臣家百首」（治承二・一一七八・七月）に詠進。

・今日といへば——今日は立春の日。「いへば」は「今日」を強めている。

・行く春——春は東から西へ進むとされた。（五行説）

{行く春——距離的な感じ————動的・時間的
たつ春——立春という日を重点——静的

・本歌取り　本歌は、千載集、秋下　大弐三位
遥かなるもろこしまでもゆくものは秋の寝覚めの心なりけり——

「秋」を「春」に変えた。※どのようにして本歌をとっているかを知る。

6　春といへば霞みにけりな昨日まで波間に見えし淡路島山　俊恵法師

・「題しらず」——読人しらずとともに古今集以来の書き方。
平安時代以後題詠が一般的な風潮となった。
「林葉集」（俊恵の歌集）春に「左大将実定家にて同じ（立春の）心を」とある。※原出典にあたる。

・淡路島山——万葉集には「山」をつけた言い方はな

い。古今集以後の表現。

　※万葉、古今、新古今の題詞の比較。

7　岩間とぢし氷も今朝は解けそめて苔のしたみづ道もとむなり　西行法師

・今朝は——立朝の今朝、「は」は区別の「は」。

・解けそめて——御裳濯川《みもすながわ》歌合では「打ち解けて」。
　※異本に注意、比較検討する。
　※古今集の春の歌と比較する。

(4)百首歌について——詳細な説明であった。

1　種類

｛題をきめての百首（題詠百首）
　時をきめての百首（一夜百首、一日百首、到着百首）

一人百首

・（源）重之百首　四季八〇首　恋・雑二〇首　百首和歌の祖。

・相模百首　四季六〇首　恋・雑四〇首　箱根権現に奉納　女性百首歌の嚆矢。

・（曽根）好忠百首　四季四〇首　他六〇首　沈淪述懐百首

・藤川百首　藤原定家の四文字題百首
　巻頭歌「関路早春」以下、すべて四文字題
　（関は美濃の国の歌枕　「関の藤

6／17

川」・「難題百首）

数人百首・堀河院御時百首（堀川百首）

康和年中（一一〇二—一一〇三）最初の応製百首・堀河天皇に奏覧。

題者　大江匡房　勧進者　藤原公実

作者　一六人　春二〇　夏一五　秋二〇　冬一五　恋一〇　雑二〇　計一〇〇→一六〇〇首→百題百首（組題百首）

　個人的な百首和歌に、多人数類聚百首という新形態を導入。勅撰集に準ずる晴の撰集とした。

　この百首によって生まれた様々な技法が、新古今時代に結実した。百首の題詠的性格が確立。

一人一首の百首→百人一首

2　新古今集の百首歌　※研究の価値がある。

後鳥羽院時代に類聚百首、詠題百首は最盛、この歌道がさかんになった。万葉集には百首歌は見られない。

後鳥羽院、初度百首・第二度百首・第三度百首

(5)新古今集の詞書

・種類・作者とその時代を知る。　　　※研究の価値がある。

・万葉・古今・新古今の題詞を比較する。

・春上の詞書　古今　六八首、新古今　九八首

百首歌　一五、題しらず　一三、五十首歌　五、千五百番歌合　八、漢詞的な題　九、……の心を　一一、贈答歌　一、

(6)本歌取りについて

一七　谷河のうち出づる波も聲たてつうぐいすさそへ春の山かぜ　　藤原家隆朝臣

古今集　春上からの本歌どり

・一二　谷風にとくる氷のひまごとに打ち出づる波や春の初花

・一三　花の香を風のたよりにたぐへてぞ鶯誘ふしるべには遣《や》る

※本歌取りをどうして知るか。→国歌大観を引く。古今・伊勢・源氏に注意する。

一八　鶯の鳴けどもいまだ降る雪に杉の葉しろきあふさかの山　　太上天皇

6／24

・梅が枝にきゐる鶯春かけてなけどもいまだ雪は降りつつ　　古今集春上　読人しらず

○本歌取り――それ以前にうたわれた言葉を使って新しい歌をつくる。うたの素材の大部分をとり入れたものもある。その古歌の世界を背景にして、表現・情調の重層化・複雑化をはかる意識的な表現技巧である。

○本歌取り論として次のものが紹介された。（引用文略）「近代秀歌」・「毎月抄」（定家）・「後鳥羽院御抄」「八雲御抄」（順徳帝）・「井蛙《せいあ》抄」（頓阿）・「被進梶井宮抄」

○新古今集に見える本歌取り　二七〇首

古今集から一五四首、万葉集から一三首、後撰集から一

首、拾遺集から二四首、後拾遺集から一二首、伊勢物語から一六首、源氏物語から一四首、古今六帖から一首、古今集の「五月待つ」から一〇首、「月やあらぬ」から七首、「さむしろに」から六首、

## 八　新古今集夏の歌を学ぶ　巻三　一七五―二八四　一〇九首　7／1

(1)作者の時代別考察

古今集　三四首　三％

貫之中心時代一二人　よみ人知らず一三人

新古今集　一〇九首　六％

万葉時代　三人　古今時代　七人　新古今時代　五三人　よみ人知らず　四首

①現代歌人中心主義　②古人への尊敬（巻頭歌――持統天皇・巻軸歌――貫之）　③皇室の尊重　④女流歌人の進出（昔の歌人が多い）

(2)題詞　※古今集と比較するとよい。

・題知らず　二九首・題詠歌　三六首（漢詩的なもの11）

・歌合せの歌　二九首（千五百番歌合6・百首歌16・五十首歌5・五首歌1・その他1）

(3)歌数　古今集に比べると多い。

古今集　三四／一一一一首　三％

新古今集　一〇九／一九七五首　五五％

(4)題材　古今集に比べて広くなった

・ほととぎす16　・橘10　・雨15　・せみ4　・蛍3　・鵜かい4　・あやめ しょうぶ4　・萩2

(5)本歌取り

二四五　たちばなのにほふあたりのうたたねは夏も昔の袖の香ぞする　俊成女

本歌は

さつき待つ花橘の香をかげばむかしの人の袖の香ぞする

古今集三――一三九　読人しらず

○北村季吟「八代集抄」の本歌取りの説一～九の紹介（省略）

○発表　新古今集夏歌　本歌取りの歌　井上親雄

新古今集巻三夏歌より四〇首　古今集巻三夏歌より七首　本歌を指摘検討。次のものによったとされている。

イ　国歌大系

ロ　校注新古今和歌集全（尾上八郎）明治書院

ハ　新古今和歌集評釈（窪田空穂）東京堂

ニ　新注国文学叢書　新古今和歌集（峯村文人）講談社

プリント二枚

※どういうのが本歌か。類歌か、本歌か、とり方の様式はどうか。検討を要する。

九　歌合について学ぶ　7／8

⑴発表　千五百番歌合（仙洞百歌合）について　坂本弘恵

・後鳥羽院主催の三度目の百首歌合。建仁元（一二〇一）

三〇人の作者の百首が詠進。

・新古今集に九〇首入集。歌合史上最大の規模。

　春二〇首・夏一五首・秋二〇首・冬一五首・祝五首・

恋一五首・雑一〇首　計三〇〇〇首　二〇巻　一五〇

〇番

・判者　権大納言忠良以下一〇名。建仁二加判の命。

⑵六百番歌合（左大将家百首歌合）二〇巻

・建久四（一一九三）秋・左大将良経邸　徳大寺殿。

・良経主催　良経（女房）以下一二名が出詠。百題（春一五・夏一〇・秋一五・冬一〇・恋五〇）六〇〇番の歌合。

・判者　藤原俊成。新古今集への入集　三四首。

⑶千五百番歌合より六番（一二首）を読む。

一〇　発表をきく。九月、夏期休暇後、次の発表をきいた。

⑴隠岐本新古今集について　砂古啓子　9／15

㈠後鳥羽上皇の隠岐での生活

　承久三（一二二一）七、一三

　　隠岐へ向けて出発　四一歳

　延応元（一二三九）二、二二

　　崩御　在島一九年　六〇歳

㈡隠岐本新古今集　約三八〇首を除去

㈢撰歌の態度　技巧的にすぐれたもの。特に高歌（ふとくおほきによむべし）

⑵贈答歌について　9／30

㈠八代集の贈答歌　総数　贈答歌　百分率

　後撰集が一条番多い　一四二六　一八四　一一・五％

　新古今集　一九七九　七一　三・五八％

㈡八代集　恋歌における贈答歌

　後撰集　一〇五／五六六　一八・四九％

　新古今集　二二／四四六　四・七五％

㈢新古今集の贈答作家　平安朝女流歌人が多い。

⑶新古今集の自然描写――万葉集と比較して

天体と新古今集――日・月・星を中心に

| | 日 | 月 | 星 | 朝日 | 夕日 | 照る日 |
|---|---|---|---|---|---|---|
| 万葉集 | 一七 | 一六二 | 一九 | 六 | 五 | 六 |
| 新古今集 | 九 | 三〇四 | 九 | 二 | 七 | 〇 |

表現の特徴

万葉集　夜わたる月　一〇、きよき月夜　七、夕日夜　七、月かたむきぬ　五。　動的な表現

新古今集　有明けの月　三三、〜〜の月　四三、春の夜の月　六、山の端の月　八、秋の夜の月　一五。　静的な表現

新古今集にどのようにきりこんだらよいか、視点と方法を学んでいる。新古今集を読むおもしろさを知った。

夏期休暇に入る前、岩佐先生より、新古今集についてのレポート提出を求められた。題目は自由、ただし提出日の時間厳守をきびしく要求された。わたくしは、テーマを新古今集の女歌人にすえて、次の方法で調べて、レポート提出した。原稿用紙二七枚に、付表「新古今集女流歌人一覧表」を添えた。

①塩井正男　大町芳衛『新古今和歌集評解』作者略伝より女流歌人をさがし出し、いつ頃の人かを中心に、その伝記を知る。

②岩波文庫『新古今和歌集』から女流歌人のうたをカードし、整理する。七七名

③新古今集女流歌人一覧表を作成する。

④問題点をさがし分析・解明を試みる。

⑤窪田空穂「時代別作家別新古今和歌集」によって、女歌人の生きた時代と歌数を確かめる。

レポートを書き終えたのは、昭和二九年九月二二日であった。

後期の演習は、レポート発表に終始した。わたくしは、岩佐先生の指示で、文学部の山田美智江さんと、第一回の発表を担当した。〝新古今和歌集の女歌人の世界について〟プリント二枚を用意した。

以降、次の発表を聴いている。

| | | | |
|---|---|---|---|
| 2 | 新古今集における自然鑑賞の態度 | 10／21 | 中西一弘 北岡清道 |
| 3 | 西行について | 11／11 | 出本聰子 |
| 4 | 俊成の歌論について | 11／25 | 大迫和子 |
| 5 | 幽玄について | 12／2 | 楠　瑞枝 |
| 6 | 定家　毎月抄 | 12／9 | 内藤昱雄 |
| 7 | 新古今集にとられた万葉集の歌 | 12／16 | 堀田和子 |
| 8 | 本歌取りについて | 1／13 | 尾田尚武 |

発表内容については割愛する。興味深い内容であったが、十分な受けとめをしていないのが残念である。

わたくしの提出レポートは、次のようなものであった。

■ レポート　新古今集女流歌人の世界

新古今集女流歌人の世界

第一表　新古今集の女歌人と歌数

| 時代 | 歌人数 | 歌数 | 一人平均 |
|---|---|---|---|
| 万葉 | | 五 | 一・二五 |
| 古今・後撰 | 一〇 | 四四 | 四・四 |
| 拾遺・後拾遺 | 三六 | 一三七 | 三・八〇 |
| 金葉・詞花 | 一一 | 一八 | 一・六二 |
| 千載・新古今 | 一六 | 一六五 | 一〇・三 |
| 計 | 七七 | 三六九 | 四・八 |

拾遺・後拾遺の歌人数36は、千載・新古今の歌人数16の二倍以上（平安朝女流文学の最隆期、一条院サロン）
金葉・詞花の後退（貴族文学没落の兆）
新古今集は古代貴族文学の最後の光であった。

時代背景と無縁でない。政治的・軍事的に無力であった貴族は、現実の動乱の世界に眼をとじ、歌の創造へ全力を傾注する以外になかった。現実遊離の芸術至上主義の世界が生まれた。新興武士階級への抵抗批判が新古今集にはある。

鎌倉幕府が混乱状態に陥り、宮延世界への圧力が最も弱まったとき、新古今の世界は花咲いた。女流作家群の規模の狭さ、一人平均一〇・三首（16名・一六五首）という現代中心の立場をとりながらも平安中期の女流歌人（36名・一三七首）にたよらなければならなかった。頼朝死後の幕府の動揺による封建圧力の弱まりが、京都世界に自信を回復させ、古代復興の意欲をよびおこし、平安朝女流作家群に作者の多くを求めさせた。しかし、八代集の集大成としての新古今集は、古代貴族文学の終焉をも示す最後の記念碑でもあった。

新古今集成立時の社会背景

平家滅亡　文治元　一一八五

| 年号 | （京都の情勢） | （歌の世界） | （鎌倉の情勢） | 注 |
|---|---|---|---|---|
| 建久四（一一九三） | | 六百番歌合 | 前年頼朝征夷大将軍 | 前年後白河法皇没 |
| 五 | | 二条・六条の対立を二条派の勝利をもって終らせつつ新古今風が歌壇の主流となる | 頼朝東大寺再建を助く | 曽我兄弟仇討 |
| 六 | | | | |
| 七 | 建久政変 | | 頼朝上洛 | 歌合せの隆盛 |
| 八 | 親幕派の退場 | | | [83]土御門即位 |
| 九 | 通親ら朝権派の登場 | | 頼朝死。北条時政執権 | 後鳥羽院院政 |
| 正治元（一一九九） | | | | |
| 二 | | | 梶原景時伏誅 | 左大臣家歌合 |
| 建仁元（一二〇一） | | 千五百番歌合、和歌所設置 | 城長時伏誅 | 式子内親王没49（48・51） |
| 二 | 通親死。朝権派の制覇は持続 | ←新古今集編纂とその後の小修正期→ | 頼家征夷大将軍 | 良経摂政 |
| 三 | | | 企比能員謀反<br>頼家幽閉。実朝将軍 | |
| 元久元（一二〇四） | 朝権派頼重の女入内（親幕派九條系良経の女　希望をやぶる） | | 頼家暗殺 | 俊成没91 |
| 二 | | | 実朝京都憧憬深く妻京より東下り | 宮内卿没20<br>◎新古今集竟宴 |
| 建永元（一二〇五） | | | 源朝雅・畠山重忠謀反 | 良経没38「新古今集」 |
| 承元元（一二〇七） | 最勝四天王院建立（討幕の勅願によるという） | | 北条義時執権<br>承久の乱 | 兼実没59<br>承久二（一二二一）（三六年） |

谷宏「新古今集」（文学　昭二四・六）による。注は追加

## 第二表　新古今集の女歌人とその歌数

| 時代 | 歌人 | 四季歌 | 恋歌 | 総数 | 順位 |
|---|---|---|---|---|---|
| 古今時代 | 小野小町 | 二（三三・三） | 一（一六・七） | 六 | ⑱ |
| | 伊勢 | 二（一三・三） | 九（六〇・〇） | 一五 | ④ |
| | 女御徽《き》子女王 | 二（一六・七） | 四（三三・三） | 一二 | ⑧ |
| 拾遺・後拾遺時代 | 紫式部 | 四（二八・六） | 二（一五） | 一四 | ⑦ |
| | 和泉式部 | 五（二一・〇） | 六（二四・四） | 二五 | ③ |
| | 赤染衛門 | | 二（二〇） | 一〇 | ⑩ |
| | 馬内侍 | | 七（八七・八） | 八 | ⑬ |
| | 伊勢大輔 | 二（二八・六） | 一（一四・三） | 七 | ⑮ |
| | 上東門院 | | | 五 | ⑳ |
| | 大弐三位 | 二（三三・三） | | 六 | ⑱ |
| | 相模 | 四（三六・四） | 四（三六・四） | 一一 | ⑨ |
| 千載・新古今時代 | 八条院高倉 | 三（三七・五） | 三（三七・五） | 八 | ⑬ |
| | 二条院讃岐 | 七（四六・七） | 五（三三・三） | 一五 | ④ |
| | 殷富門院大輔 | 四（四〇） | 四（四〇） | 一〇 | ⑩ |
| | 俊成女 | 一七（五八・六） | 七（二四・一） | 二九 | ② |
| | 式子内親王 | 二六（五〇・三） | 一一（二二・五） | 四九 | ① |
| | 宮内卿 | 一三（八六・七） | 一（六・七） | 一五 | ④ |
| | 宜秋門院丹後 | 二（二二・二） | 一（一一・一） | 九 | ⑬ |
| | 小侍従 | 三（四五・三） | 二（二八・六） | 七 | ⑮ |
| | 越前 | 三（四五・三） | 一（一四・三） | 七 | ⑮ |

（　）は、女歌人の百分率
五首の歌人三名　四首三名　二首六名　一首三三名　計一七名　三六九首

第三表　新古今集女歌人の数

| 部立＼時代 | | 万葉 | 古今後撰 | 拾遺後拾遺 | 金葉詞花 | 千載新古今 | 計（%） |
|---|---|---|---|---|---|---|---|
| 春 | 一七四首 | | 三 | 四 | | 二一 | 二八（一六·四） |
| 夏 | 一一〇 | 一 | | 八 | 一 | 一·三 | 二三（二〇·九） |
| 秋 | 二六六 | | 四 | 一〇 | 二 | 三·五 | 五一（一九·三） |
| 冬 | 一五六 | | | 八 | 一 | 一五 | 二五（一六·〇） |
| | | | | 30 | | 84 | |
| 賀 | 五〇 | | 二 | 四 | | 二 | 八（一六·〇） |
| 哀傷 | 一〇〇 | | 四 | 一·七 | 四 | 三 | 二·八（二八·〇） |
| 離別 | 三九 | | 一 | 三 | | | 四（一〇·三） |
| 羇旅 | 九〇 | 一 | 一 | 三 | 一 | 九 | 一五（一五·九） |
| 恋 | 四四八 | 三 | 一·九 | 三·六 | 四 | 三·六 | 九八（二〇·七） |
| 雑 | 四二〇 | | 一〇 | 四〇 | 二 | 二〇 | 七二（一六·六） |
| 神祇 | 六五 | | | 一 | | 一 | 二（三·一） |
| 釈教 | 六三 | | | 五 | 三 | 三 | 一一（一七·五） |
| 計 | 一九七九 | 五 | 四四 | 一三七 | 一八 | 一六五 | 三六九 |

女歌人上位二〇名（新古今作家九　拾遺・後拾遺　八　古今・後選三）から言えることは、その多くが文学サロンの人達である。

(1)一条天皇の後宮サロンの人たち　[20]上東門院・[3]和泉式部・[7]紫式部・[10]赤染衛門・[13]馬内侍・[15]伊勢大輔

(2)祐子内親王家サロンの人たち　[9]相模・[18]大弐三位のほかに小辨（三首）・紀伊（二首）・河内・孝標女（それぞれ一首）

(3)後鳥羽院の宮廷サロンの人たち　[1]式子内親王・[2]俊成女・[4]宮内卿・[4]二条院讃岐・[13]宣秋門院丹後・[13]八条院高倉・[15]越前

新古今集成立の背景に文学サロンの隆盛があったことを示している。

第二表は、新古今集を彩る女歌人が、千載・新古今の人たちと、拾遺、後拾遺時代の人たちであったことを明示している。新古今集の現代歌人中心の立場と、平安中期の女流歌人尊重の気運がうかがわれる。

第三表も、この傾向を顕著に示している。また、新古今集女歌人のうたは、自然歌と恋歌が多いことも示している。新古今女歌人の本領は、この二つの分野にあったと言えよう。

自然歌（四季の歌）は、新古今女歌人が、自然歌総数一二二首中八四首（六八・三％）と多く、[4]宮内卿は一五首中一三首（八六・七％）、[2]俊成女は二九首中一七首（五八・六％）、[1]式子内親王四九首中（五〇・三％）と自然歌が多く占めている。新古今女歌人の歌の四八・一％が自然歌である。これに対し、拾遺・後拾遺の歌人の自然歌は二九・四％である。（第二表のばあい）

金葉・詞花の女歌人一一名一八首中、自然歌・恋歌はともに四首である。

恋歌は、新古今歌人、拾遺、後拾遺歌人ともに三六首である。

新古今女歌人たちは、伝統的な恋歌を継承するとともに、四季歌に新領域を見出し、新古今調の歌をよみ上げた。式子内親王の四季歌二六首には、清らかで、繊細優美な気品がただよい、一二首の恋歌には「忍恋」のなやましさが歌われている。俊成女（四季歌一七首・恋歌七首）は、巧みな本歌取りによって平安朝物語の情趣をただよわせ、宮内卿は、繊細な美しさを、四季歌（一五首中一三首、八六・七％）に残している。

新古今女歌人は、四季歌中、特に夏の歌に新しい領域を発見した。紫式部の四季歌も夏三（一九一・二〇四・二一四）冬一（六一二）と新しい領域に、源氏物語作者としての目が向けられている。新古今女歌人への影響を考えたい。

注目すべきは、拾遺・後拾遺女歌人の哀傷歌一七首である。哀傷歌数二八首の二／三を占めている。新古今集の四季歌は自然そのままの叙景ではなく、四季の風情に托して、自己の心情を述べたものが多い。女歌人のばあいも形式的には四季歌であるが、単なる叙景歌ではなく、平安女流歌人の伝統的な哀傷の流れを汲んでいるものと考えたい。新古今的な受けとめ方の源流は、家持の感傷的な哀愁歌（万葉集巻一六　四二九〇・四九二一・四九二二春の野に　吾が宿の　うらうらに）にも求められるのではないか。それが、小町の哀調をを帯びた歌（三一二・七五八・八五〇・一八〇二・古今一一三　花の色は）を経て、和泉式部の哀傷歌（七七五・七八三・八一六）や紫式部の哀傷歌（八一七・八二六・八五六）などに流れこみ、自然や人生を凝視する姿勢は、新古今女歌人の詠歌の態度にも受け継がれていると言えるであろう。

新古今集女流歌人の世界は、古代、特に平安朝女流歌人の歌を集大成したものであり、その終末は、古代女流文学の、細く鋭く美しい最後の光であった。

誤字・脱字の多い、内容も十分でないレポートを、岩佐正先生は、誤った表記はもちろん、内容まで訂正していただいている。丁寧に読んでいただいた上に、〝努力を多とする。一層の努力を望む〟ということばまで頂いた。

---

（注記）新古今集演習のまとめにあたって、次の文献によって確認した。

1　有吉保編　和歌文学辞典　桜楓社　平三・二・一五

年表、索引が役立った。人名、歌集などの確認に大変便利であった。

2　岩波書店　日本古典大辞典　第一、二、三、五巻　八三・一〇・二〇〜八四・一〇・一九
新古今和歌集（久保田淳）・藤原俊成（窪田章一郎）・藤原定家（久保田淳）・後鳥羽天皇（久保田淳）歌合（萩谷朴）など

3　明治書院　日本古典文学大事典　平一〇・六・一〇

4　西沢正史<br>徳田　武編　日本古典文学研究史大事典　勉誠社　新古今和歌集（村尾誠一）ほか　平九・一一・二〇

5　窪田空穂　新古今和歌集評釋（上）　東京堂　昭二五・一一・三〇

6　久松潜一　新古今集の新しい解釈　至文堂　昭二九・四・三〇（前記）

7　久松潜一<br>山崎俊夫<br>後藤重郎　新古今和歌集　日本古典文学大系28　岩波書店　昭三三・二・五

8　峯村文人　新古今和歌集　日本古典文学全集26　小学館　昭四九・三・二〇

9　久保田淳　新古今和歌集上・下　新潮古典集成24・30　新潮社　昭五四・三・一〇<br>昭五四・九・一〇

10　田中　裕<br>赤瀬信吾　新古今和歌集　新日本古典文学大系11　岩波書店　一九九二・一・一〇

11　萩谷朴<br>谷山茂　歌合集　日本古典文学大系74　岩波書店　昭四〇・三・五

12　窪田、石田<br>伊藤、高崎　古今集・新古今集<br>山家集・金槐集　日本古典鑑賞講座7　角川書店　昭三三・七・一〇

13　有吉　保・松野陽一・片野達郎　新古今和歌集　山家集　金槐和歌集　鑑賞日本古典文学17　角川書店　昭五二・三・三一
14　久松潜一　新古今集　アテネ文庫　弘文堂　昭和三〇・二・二〇
15　村山修一　藤原定家　人物叢書　吉川弘文館　昭三七・九・二五
16　五味文彦　藤原定家の時代―中世文化の空間　岩波新書一七八　岩波書店　一九九一・七・一九
17　久保田淳　藤原定家とその時代　岩波書店　一九九四・一・二六

〈二〇一〇・四・三　追記〉

## 四　真下三郎先生の近世の文学　――永代蔵・油地獄・江戸文学史

真下三郎先生からは、国語概論（二年後期第四セメスター）のほかに、近世文学について、次のものを学んだ。軽妙洒落、親しみのこもった、味のある授業であった。

○上方語研究（三年前・後期　五・六セメスター　昭二九）
天和、貞享、元禄にいたる大阪語――西鶴を中心として
テキスト、暉峻康隆著『新註日本永代藏』明治書院一四一頁　昭二七・五・五

○江戸語　（四年前期　七セメスター　昭三〇）
テキスト　藤村　作　編『校注日本文藝新篇江戸文学選』武蔵野書院二一二頁　昭二九・四・二五　九版

○江戸文学史（四年前期・七セメスター　昭三〇・四・一六―九・一七）　講義ノート　大学ノート大型判二〇頁

『日本永代藏』（副題「大福長者教」各巻五章六巻）

貞享五　一六八八　西鶴四七歳の刊。倹約に徹し、知恵と才覚による致富談と失敗談よりなる三〇編のうち、次の一五編を学んだ。注釈書を用いず頭注と先生の注解だけで読んだ。

致富成功談を軸に没落談をとりまぜて、元禄町人がどのようにして財をなし、どのようにして財を失ったかが生き生きと描かれていた。倹約と勤勉に徹し、知恵と才覚を働かして富を築く元禄町人の姿と、金にまつわる人間の喜怒哀楽の世界を知った。

| | | |
|---|---|---|
| 巻一 | | |
| 二、二代目に破る扇の風 | 4／22 | 送葬の帰途に金を封した手紙を拾って、これを遊興に費してから身も財産も遊蕩に持ち崩した男の話 |
| 京にかくれなき始末男 | | |
| 一歩拾うて家乱す倅子《せがれ》 | 5／27 | |
| 巻二 | | |
| 二、怪我の冬神鳴《ふゆがみなり》 | 6／3 | 近江大津の醤油屋喜平次という者、身代衰えてかつかつに暮し、毎年の暮には、七、八匁を遣していたが、ある年、落雷して鍋釜を破損し、これを買いかえてより、毎年不足を生じるようになった話 |
| 大津にかくれなき醤油屋 | | |
| 何としても世を渡るこの浦 | | |

| | | |
|---|---|---|
| 巻三 | | |
| 一、煎じより常とかはる問薬<br>四江戸にかくれなき箸削<br>小松さかえて材木屋 | 6／24 | 江戸日本橋駿河町の辻より神田筋違橋まで、毎日仕事帰りの大工等の落して行く木屑を拾って売り、箸も作り、次第に出世して材木問屋となった箸屋甚兵衛の話 |
| 五、紙子身代の破れ時<br>駿河にかくれなき花菱の紋<br>無間の鐘聞けば突きそこなひ | 9／16 | 駿河府中の呉服屋忠助は零落して、美貌の娘を町に出して、指物竹細工を売らせたが、江戸の富人の眼に留り、嫁にもらわれたので、親も安楽の身となった話 |
| 巻四 | | |
| 一、祈る印《しるし》の神の折敷《をしき》<br>京にかくれなき結梗染屋<br>わら人形の夢ものがたり | 10／22 | 結梗屋という染物屋、貧の僻み心から貧乏神を作り、年の首めに祭り、七日の夜夢枕に立った神の託宣に任せ、紅染を工夫して富を得た話 |
| 二、心を畳込む古筆屏風<br>筑前にかくれなき舟持<br>蜘の糸のかかるためしも | 11／5 | 筑前博多の金屋某、長崎丸山の遊女花鳥の許に遊び、その古筆屏風に眼をつけ、繁く通って遂に買い受け、これを大名に売って大利を得、花鳥を身請けして嫁がせた話 |
| 三、仕合せの　種を蒔銭《まきせん》<br>江戸にかくれなき四枚分銅<br>そなはりし人の身の程 | 11／19 | 伊勢神宮に二百貫の新銭を撒いて、人を驚かせた江戸堺町辺の分銅屋某の話 |
| 四、茶の十徳も一度に皆<br>越前にかくれなき市立<br>身は燃杭《もえくひ》の小釜の下 | 11／27 | 新茶に茶殻をまぜ、不正の商売をして一度は繁昌したが、のち発狂して死んだ敦賀の茶屋利助の話 |
| 五、伊勢海老の高買《たかかひ》<br>堺にかくれなき樋《ひ》の口過<br>能は桟敷《さじき》から見てこそ | 12／3 | 堺の樋口屋某の家に、ある夜更けて一文の酢を買いにきた男があったが、下男が面倒がって売らなかったのを、翌日主人が戒めた話 |

| | | |
|---|---|---|
| 巻五 | | |
| 一、廻り遠きは時計細工<br>長崎にかくれなき思案者<br>火を喰ふ鳥も身を知りぬ | 12／17 | 長崎の貧しい町人が苦心して金米糖の製造を工夫、富を作り、それより転じて小問物屋を開いて、一代に千貫目の財産を作った話 |
| 二、世渡りは　淀鯉のはたらき<br>山崎にうち出の小槌<br>水車は仕合を待つやら | 1／21 | 淀の鯉鮒《ふな》を京に行商して次第に繁昌した鯉屋某の話と、その手代で小さい米屋を開き、現銀商をして、西陣の絹織屋へ掛売りを始めたが、終に亡びた男の話 |
| 三、大豆《まめ》一粒《りふ》の光り堂<br>大和にかくれなき木綿屋<br>借銭の書置《かきおき》めづらし | 1／28 | 大和の百姓九助は、諸々の発明で富を作ったが、極めて質素を守り、財産の全部を一子九之助に譲った。九之助は気が大きく、親類へも遺産を分け、遊蕩を極めて死んだ話 |
| 四、朝《あした》の塩籠　夕の油桶<br>常陸にかくれなき金《こがね》分限<br>人はそれ〴〵の願ひに叶ふ | 2／4 | 常陸の国の富者日暮し某は、多くの食客を置いていたが、浪人の取締りが厳しくなり、悉く断ったため、彼等の成行が様々であった話 |
| 五、三匁五分　曙《あけぼの》のかね<br>作州にかくれなき悋気嫁《りんきよめ》<br>蔵合《ざふがふ》といふは九つの蔵持《くらもち》 | 2／11 | 美作国の富者万屋某は、息子の嫁に嫉妬深い娘を貰ったので、息子の身持ちはよかったが、その妻が京見物をして京女を見習い、嫉妬をやめたため、息子が遊蕩をはじめて家が衰えた話 |
| 巻六 | | |
| 一、銀《かね》のなる木は門口《かど》の柊《ひいらぎ》<br>越前にかくれなき年越《としこし》屋 | 2／18 | 敦賀の年越屋某という味噌醤油家の話、粗末な家に住み質素にして繁昌したが、息子の代になり、家を立派に建て直したところ、顧客が絶えて、次第に衰えた話 |

下段の解説（内容）は主に新潮社『縮約日本文學大辞典』（昭三〇・一・二〇）七八四ページによった。

巻四の四、「茶の十徳も一度に皆」には　敦賀の茶問屋利助の守銭奴ぶりが、すさまじく描き出されている。新茶に茶殻をまぜて、大もうけした利助は発狂し、死に臨んで、金銀にしがみつきかみつき、眼《まなこ》を見開いて死んでいく。その亡骸は、火葬場に送られる途中、にわかにまき起った雷火に焼き尽くされる。『広末保が語る「西鶴物語」』（平凡社・一九八四・九・一〇）には、西鶴の語り口を生かした口語訳の試みがなされている。

授業では取扱われなかったが、次の諸編も心に残っている。

| | |
|---|---|
| 巻一 | |
| 一　初午《はつうま》に乗ってくる仕合《しあわせ》<br>江戸にかくれなき俄《にはか》分限<br>泉州・水間寺利生の銭《ぜに》 | 泉州水間寺の貸銭を借りて大富を得た江戸商人網屋の話 |
| 三　浪風静かに神通丸<br>和泉にかくれなき商《あき》人<br>北浜に箒《ははき》の神をまつる女 | 大阪北浜市場の筒落米を掃き集めて小銭を蓄え、これを人に貸して利を得、遂に一子と共に大富をなした寡婦の話 |
| 四　昔は掛算今は当座銀<br>江戸にかくれなき出見世<br>一寸四方も商売の種 | 三井九郎右衛門が江戸駿河町の出店で、呉服物の切賣現銀売を始めて繁昌した話 |
| 巻五 | |
| 二　見立て、養子が利発<br>武州にかくれなき一文よりの銭屋 | 利口な小僧を養子にし、その養子の工夫から大いに富むようになった者の話 |
| 五　智恵をはかる八十八の升掻《ますかき》<br>今の都にかくれなき三夫婦《めうと》をいはふ | 京北山の三夫婦、祖父母より孫夫婦まで揃ってめでたく繁昌した家の話 |

『世界の借屋大将——京にかくれなき工夫者・餅搗《つき》もさたなしの宿——』（万事に手堅く、節約を守る商人、藤市が、近所の若者たちに節約の教訓をした話。巻二の一）は、教壇に立ってから授業で何度かとり扱った。

真下三郎先生の次の話は印象に残っている。

○同窓に堀辰雄がいた。四〇名の同級生で国語学を選び、橋本進吉先生についたのはわたくし一人であった。

○四〇代の国語学者は少なく、三〇代に多い。三〇代ですぐれた国文学者は少ない。

○現在、近世学者が非常に多い。殆どが藤井乙男博士の門下（弟子）である。

○現代学者も多い。中世、中古、上代の学者と続く。

○東大には久松潜一博士のもとに、助教授として守随憲治（江戸文学・演劇）・池田亀鑑（中古文学、源氏物語ほか）市古貞次（中世文学）の諸氏がおられる。池田氏は調査学者で研究というべきものではない。講師に吉田精一（近代文学）、国語学に時枝誠記の諸氏がおられる。

○京都大学には、野間光辰（近世文学・小説）、遠藤嘉基（国語学・訓点語）のほかに、国語学に池上禎造、板倉篤義、浜田敦の諸氏。近世と国語学専攻の人が多い。

○これからの研究は、上代ぐらいがよいかもしれない。古事記だけでなく広く、衝突せぬような領域をさがし、立場をかえてちがった方法で、自分の意見を出すことがたいせつである。（昭二九・一二・三の授業より）

真下先生の注解によって、日本永代蔵一五編を一応は読んだが、たどり読みの段階にとどまり、西鶴文学の真のおもしろさを十分に自得するまでには至らなかった。

江戸語――『江戸文学選』（四年前期　昭三〇・四・二五―九・一九）では、次のものを学んだ。

◇世界胸算用――〝大晦日は一日千金〟――　4／25

五巻二〇話。大晦日の町人達の悲喜こもごもの姿を描く。

天禄五（一五九二）　西鶴五七歳の短編集、西鶴の傑作の一つ。

●銀一匁の講中（巻二の一）

○長町につづく嫁入り荷物・大晦日の祝儀紙子一疋

金貸し仲間二八人の一匁講のこと。

その中の一人が貸しつけた貸金の返済が見込みのないの

を、抜け目のない男の忠告によって、巧みな策でとりかえした話

◇西鶴織留　5／9

六巻三三話。「本朝町人鑑」（二巻、九話）と「世の人心」（四巻、一四話）よりなる。西鶴の死後、門人北条団水の手による。

前者は永代蔵の続編、後者は人心の現象変化に関するもの。

●何にても智恵の振売（巻三の四）毎年師走のはたらき男――猫の蚤取手がはり――

何でも知恵を貸してやろうと触れ歩いた男を振売（行商）と見なした話。のどにひっかけた砂魚《はぜ》の中の釣針を難なく抜く。伏見の里の才覚を働かせた新商売も紹介されている。

◇本朝二十不孝

五巻二〇話。貞享三　一六八六　西鶴四五歳の刊。中国の二十四孝の孝行説話に対するもの。最後の一話のみが孝行説話。

●ふるき都を立出でて雨（巻五の四）

――奈良に金《きん》作りの刀屋――

親不孝を重ね、ふるさと奈良を追われた徳三郎は江戸へ出て大根の行商を始める。零落武士の両親に孝養を尽す少年虎之助に心を寄せたことから、商売にも成功し、親をよびよせ慈悲善根を施す立派な商人となる。二〇話目の唯一の孝行説話。飢えて死ぬ虎之助の両親が悲惨である。

◇風流茶人気質　5／30

永井堂亀友の浮世草子。五冊。明和七　一七七〇刊。巻三、巻四は各三章で中編、他は各二章二話。点茶、又は茶人に関する説話を集め綴ったもの。末期気質物の一つ。

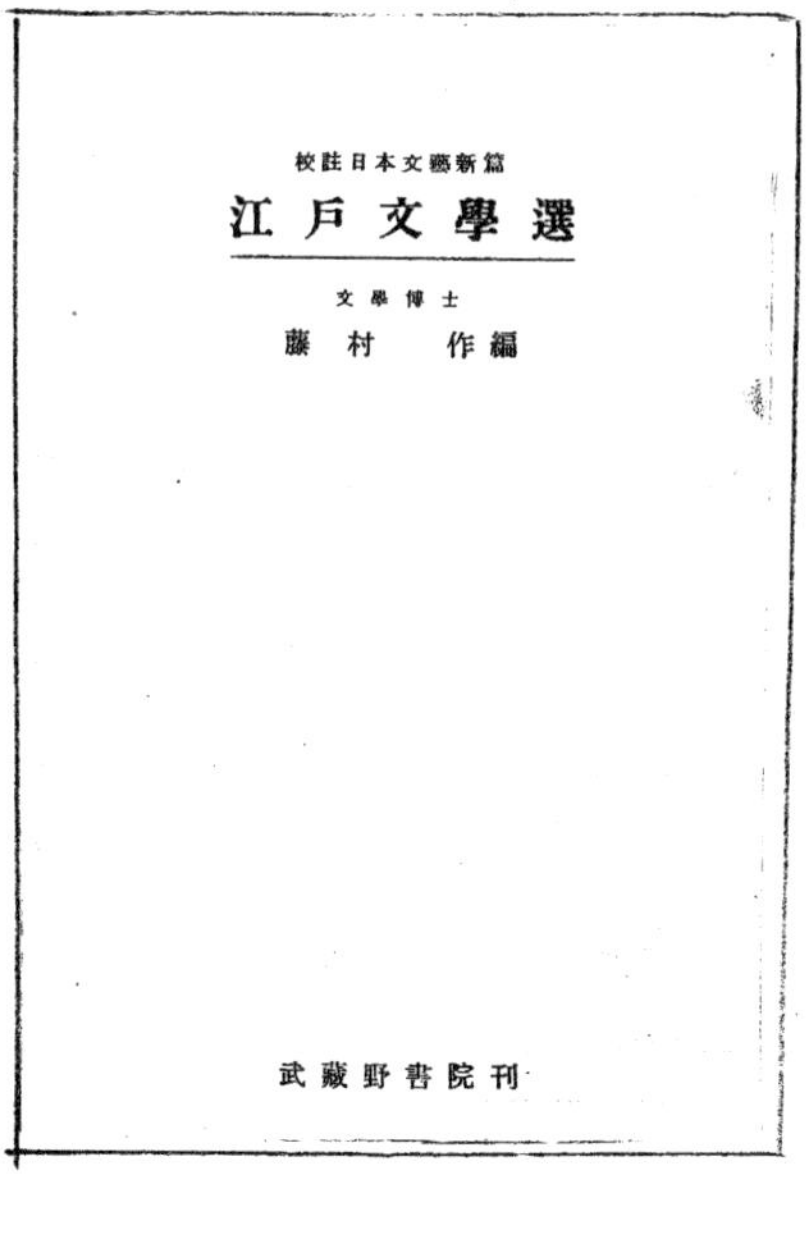

● 非人の茶の湯

茶友だちの隠居五人が、非人（世捨人か？普通の人にはつきあいのできない人。心中をしそこなった人は三日さらしものにされ非人とされた——真下先生注）のまねきで、正六つ（午前六時）洛陽吉田山で、亭主は姿をあらわさないが、古今に稀な茶会を楽しんだという話。

先生は〃素材はよいが文章は下手である〃と評された。

読みがいのある佳編だと思う。

◇女殺油地獄　6／13—9／19

近松門左衛門の世話浄瑠璃。上、中、下之巻と三段より成る。享保六（一六二一）初演。近松六九歳。世話物としては「心中天の綱島」に継ぐ二十三曲目、明治以後高く評価されるようになった。

学習したのは、下之巻。放蕩三昧に日を送る不良児、河内屋（大阪本天満町の油屋）次男の与兵衛《よへえ》は、端午の節句前、同業の豊島屋を訪れ、妻お吉に金の借用を申し込むが、ことわられると、用意の樽に油を借りると見せかけてお吉の油断を見すまして殺害、有金を奪って逃げ去る。

下之巻の最初から読みはじめたが、時間の関係で凄惨なお吉殺しの場面までは読みえなかった。

真下先生の授業はふつうの注釈書では得られない味のある講読であった。国語学の知識を存分に生かされ、近世文学に通じておられた真下先生ならではの授業であった。「女殺油地獄」の授業ノートから一部抄出する。

下之巻　油見世豊島屋の段

〔髪梳き[1]——娘の髪をとくお吉。櫛の歯が折れた——悲劇の兆候　伏線〕　6／27

○女は髪より容より心の垢の梳《すき》櫛や

（髪——女性の大切な要件であった。
容——器量。江戸時代の代表的な美の要素。

・梳櫛——ふけなどをすいてとる櫛
さし櫛——飾り〈指櫛・挿櫛〉
と櫛　〈ときぐし——解櫛→粗《あら》櫛〉
材料は黄櫛《つげ》——万葉時代よりある。

○嫁入先は夫の家、さとの住家も親の家、鏡の家の家ならで

〝女三界に家なし〟——帰るところがない。

家《か》シテハ親ニ従ヒ
嫁シニハ夫ニ従ヒ
老イテハ子ニ従フ
｝三従

不レ順二父母一
無レ子
淫
妬
口多言
｝去ル　七去

七去三従、
極端な
男尊女卑

○鏡——鉄製品、みがいてある
裏に彫刻がある——装飾

刀が男の魂
鏡が女性の魂

箱＝鏡の家
魂が入っている

○髪引く湯津の爪櫛の歯のハア悲し、一枚折れた　投櫛
お吉が殺されることの伏線

〔立ち酒[2]——集金から中戻りした七左右衛門は、お吉がとめるのをふりきって再び出ていく。——悲劇の遠因〕

○フウ気疎い、もうよいわいの。まあいやだ。もういいでしょう

・好《い》《よ》い
｛
ええ——訛
・いい——現代では一番有勢
よい——標準語

○こな人何いやる。
・こな人↑ここな人（妻お吉をさす）
・何いやる↑何いい《言》ある↑言いやる

iyaru
↑
iiaru
↑
iiyaru

○此のうちがひに新銀五百十目↑のちに与兵衛が奪い去る

7／4

・うちがひ〈うちがひ・打飼ひ袋〉
腹につけてもって行くさいふ
狩りのとき、鷹や犬のえさを入れた袋、
のちに金銭などを入れて腰に巻いて用いるようになった。
筒状の長い袋。腰袋。

○燗をして進じや
・進ずじや　jya↑sya　寐や　来や　為や

○燗せんでも大事ない
・大事ない↓だんない（関西弁）
かまへん（京）かめへん（大阪）
——構いはせん
don't mind

※江戸時代に入ると連体形が終止形を追いはらうようになった。今の口語に近い。

○いいつ、眠るもおとなしし。
※終止の形が「——しし」になることもあった。

口惜しし、頼もししなど多く出てくる。
〈cf　大修館講座国語史4・四八五ぺ・近代の文法Ⅱ（上方篇）坂梨隆三〉
〔口入[3]　小兵衛の登場――返金をせまられる徳兵衛――明朝鶏鳴には返済すると約束する――悲劇の原因〕
○手はずの合はぬ古袷――あてがはずれてかたびら《帷子》も着ることができないで
　　　　　　　　　　　　　裏をつけない
・古袷
四月一日《わたぬき》――袷《ユカタ》（湯帷子の略・浴後または夏季に用いるひとえ　麻か木綿）
十月一日《わたいれ》――袷《アワセ》（裏のついた衣類）
○心ばかりが広袖に提げたる油の二升入㋐
　心ばかりが広袖のように広くて
　※袂がぬいあわせてない袖

広袖
○一生ささぬ脇指㋑も　今宵鐺《こじり》のつまりの分別　何とかしようと腰にさし
脇差しに縁のある鐺（刀のさやの末端）。借金などで首がまわらないのを
○オ与兵衛じゃが誰じゃ→「じや」――本当は「ぢゃ」
○上町の口入綿屋小兵衛

・口入《くちいれ》――周旋業・金銀貸借の周旋を業とする。広島では「くにゅう」という。
○貴様は留守でも判は親父の判
・貴様――同輩以上の人に使う。あなたさま〈近世前期〉
〈もとは書簡用語。主として男性が使用。真に相手への尊敬というよりも、儀礼的に用いる面があったようである――前記　大修館『講座国語史4』四八九ぺ―四九〇ぺ〉

近世後期は同等以下の者に使用。おまえ
○こゝな人はいき方の悪い
・こゝな人は――お前さんは〈ここにいる人。相手をののしった言い方〉
→　大きな人　小さな人　こゝな人（関西弁の特色）
ここなる人
・いき方――生き方　性根のもち方（二百匁しか借りていない）
○親父殿に非業の金を出さするが笑止さに
・非業――責任のない
・笑止――キノドクデタマラン（江戸時代）→オカシクテタマラン（現在）

○今宵きっとすましやや

・すまし　や　や　──返済しなよ

　済す　やれ　助詞

　〈あれ〉→やれ

　──助動詞〈やるの命令形ヤレの略。親しみを含んだ軽い命令〉

○今宵すまして入用なれば＝入用ならば　混用されている

○あす又すぐに貸すわいの

・わいの──江戸初期の文末助詞〈終助詞「わい」（近世語の終助詞「わ」＋「い」）に終助詞「の」のついたもの。感動をもって念をおす意をあらわす〉

江戸中期になると「わいな」

　わたしや売られていくわいな　ドン〳〵（明治）

○詞で与兵衛が首締める

・「真綿で首締める」（じわじわとしめつける。痛くないようにして殺す）という諺を利せている。

■雪の進軍　氷をふんで

……

義理にからめた恤兵《じっぺい》真綿

ソロリ〳〵と首しめかゝる

どうせ生きては帰らぬ命

〈以下略〉

養父徳兵衛と実母お沢は、与兵衛を勘当したものの、その身の上を案じ、互にこっそりとこの家を訪れ、妻に内緒で懐に入れた銭三百と夫の目を盗んで持参した銭五百をお吉に託して行く。

最終の授業（昭三〇・九・一九）では、近松の文学について触れられた。

義理＝社会のわく　←→　人情＝個人の感情のおもむくままのもの

──人間の自然の感情

社会‥（対）個人　個人が負ける→近松の悲劇
封建階級に住んでいたので悲劇となった。
この二つの相剋・葛藤をテーマにしたところに近松の着眼のよさがある。

近松の芸術論「虚実皮膜論」（三木平右衛門貞成の『難波土産』巻一の発端、穂積《ほづみ》以貫による近松からの聞書の芸術論）を紹介されたこともあった。

「芸といふものは実と虚《うそ》との皮膜《まく》の間にあるもの也。……虚にして虚にあらず。実にして実にあらず。この間に慰《なぐさめ》が有たもの也」（岩波日本古典文学大系50　近松浄瑠璃集下三五八——三五九ペ）写実ではなく虚構と実際の間に芸の真実がある。人形浄瑠璃の本質を慰みと規定。

江戸文学史の講義は、〝読切りです〟とおっしゃって、大部の『江戸文学史』（高野辰之・東京堂『日本文学全史』ではなかったか）を持参されて授業をすすめられた。昭和三〇（一九五五）年四月一六日から九月七日まで、四年前期の土曜三、四時限の授業であった。

第一回目の大要は次のとおりである。

4／16
江戸文学（近世文学）

はじめに——まちがいのない人名、書名、内容を中心に形態別に行なう。
■江戸時代の年号を覚えることが特に必要である。
慶長八　一六〇三・二　家康が征夷大将軍に任じられてから江戸（近世）文学が始まる。徳川政権の二六四年間。慶応三　一八六七・一〇　慶喜の大政奉還まで。
慶長——明暦　文学未だ現われず　※三六の年号の板書（略）

◎万治——享保　上方文学の隆盛
・元文——寛延　東遷
◎宝暦——文化 文政　江戸文学の隆盛
・天保——慶応　幕末

近世文学の性格（略）

仮名草子

可笑記（如儡《らい》子）・狗張子・浮世物語（浅井了意）　伽婢子〈東海道名所記・（→「膝栗毛」）醒睡笑
二人比丘尼（鈴木正三）・竹斉（烏丸光広）ナド

以下、次のことを学んだ。

4/23　浮世草子・西鶴の文学（好色物・武家物・町人物）北条団水・西沢一風・江島其磧（八文字屋本）ナド
4/30　歌舞伎（戯曲）近松半二・奈河亀助・並木五瓶・鶴屋南北・河竹黙阿弥ナドの作品。
5/7　近松門左衛門・略伝　四期に分けての文学活動及び代表作の解説、その芸術。
5/21　浄瑠璃・紀海音の文学（「椀久《わんきゅう》末の松山」「八百屋お吉」「おそめ久松袂の白ぼり」）、合作「菅原伝授手習鑑」・「義経千本桜」「仮名手本忠臣蔵」ナドの紹介。
6/11　川柳・柄井川柳・呉陵軒可有・「俳風柳樽」
俳句——芸術作品たるを目指す
川柳——世相を諷刺的に出す
6/19　黄表紙・①赤本　黒本　青本→②黄表紙→③合巻＝（絵入り小説）草双紙
・恋川春町（「金々先生栄花夢」）・朋誠堂喜三二（「文武二道万石通」）

〈諷刺物から教訓物へ〉
・山東京伝・式亭三馬

7／2　読本（前期）——明和・安永
・近路行者（都賀庭鐘）「英草紙」・上田秋成「雨月物語」・「春雨物語」・建部《たてべ》綾足《たり》「西山物語」
※中国怪異小説の話　三言二拍　四大奇書ナド

9／17　読本〈後期〉——寛政・化政・洒落本『遊子方言』
・山東京伝（岩瀬伝蔵・弟、京山）略伝と作品。洒落本作家として出発——遊里・粋の世界を描く。
令子洞房（むすこべや）　洒落本三部作。読本作品　「忠臣水滸伝」「昔話稲妻草紙」ナド
・滝沢馬琴　生涯と文学　「馬琴日記」「椿説弓張月」「南総里見八犬伝」「朝夷《ひな》逃島記」

人情本（為永春水「春色梅旧誉美」）　滑稽本（十返舎一九「東海道中膝栗毛」）　合巻（柳亭種彦「修紫田舎源氏」）など
その後の戯作文学について、真下先生に学び得なかったのは心残りである。
俳諧（芭蕉——蕪村——一茶）と国学（春満——真淵——宣長）については触れられなかった。
作品の内容については、登場人物の紹介やあらすじなども語られることが多かった。次の指摘（比較・考察）も興味深かった。

■西鶴と近松

西鶴……人生批評——読みもの　短編
近松……人生解釈——見るもの　長編
｝世の慰めとなるもの

■京伝と馬琴

| | 京　伝 | 馬　琴 |
|---|---|---|
| 思想 | 因果応報（仏教が中心） | 勧善懲悪（儒教が中心） |
| フィクション | 怪異に重きをおく　具体的 | 史実に重きをおく　観念的 |
| 構想 | スケール小　首尾一貫していない　小手先の器用さ | スケール大　首尾をよく考えている |

真下三郎先生は、近世文学を講ぜられるのにふさわしい人であった。

授業に並行して、重友毅『日本近世文學史』（岩波全書119　一九五〇・一〇・二五）を通読した。作家・作品の単なる解説、資料の詮索だけではなく、従来の成果をふまえて「歴史の動きとの関連で、作品や作家の正しい位置づけを試みる」態度で執筆されていた。その作品が生れる社会的な基盤が究明されていて、なるほどと思いながら読むことができた。歴史的、社会的な条件の下で、作品・作家がなぜあらわれたのかを知ることができた。歴史社会学派の労作であると思った。

真下三郎先生の授業をまとめるに当って、次のものを利用した。

1．岩波古語辞典（大野晋・佐竹昭広・前田金五郎編）　一九七四・一二・二五
旺文社古語辞典（松村明・今泉忠義・守隨憲治編）　一九八一・一〇・一五
小学館国語大辞典（尚学図書編集）　昭五六・一二・一〇

2．新潮社　縮約日本文學大辞典（藤村作編）　昭三〇・一・二〇

明治書院　日本古典文学大事典　平一〇・六・一〇

岩波書店　日本古典文学大辞典（市古貞次 野間光辰監）六巻　一九八三・一〇―一九八五・二

3. 岩波文庫『日本永代藏』（東明雅校訂）　岩波書店　昭四九・四・三〇　二二刷

・新潮日本古典集成『日本永代蔵』（村田穆校注）　新潮社　昭五二・二・一〇

・日本古典全書『井原西鶴集三』（藤村作校注 東明雅補訂）　朝日新聞社　昭四九・四・二〇補訂

日本永代藏・世間胸算用・西鶴織留を所収

・日本古典文學大系48『西鶴集下』（野間光辰校注）　岩波書店　昭三五・八・五

日本永代藏・世間胸算用・西鶴織留を所収

・日本古典文学全集40『井原西鶴集三』（谷脇理史校注・訳 神保五彌校注・訳）　小学館　昭四七・四・三〇

日本永代藏・万の文反古・世間胸算用・西鶴置土産を所収

・角川文庫『日本永代藏』（暉峻康隆訳注）　角川書店　昭五〇・四・二〇　一一版

4. 新潮日本古典集成『世間胸算用』（金井寅之助 松原秀江 校注）　新潮社　一九八九・二・二五

5. 日本古典文学全集39『井原西鶴集二』（松田修校注・訳）　小学館

西鶴諸国ばなし・本朝二十不孝・男色大鑑を所収。

6. 日本古典讀本『西鶴』近藤忠義　日本評論社　昭一四・五・一六

・日本文学研究資料叢書『西鶴』　有精堂　昭四四・一〇・二〇

・日本古典鑑賞講座17『西鶴』暉峻康隆編　角川書店　昭三七・七・一〇

・鑑賞日本古典文学37『西鶴』暉峻康隆編　角川書店　昭五一・一一・三〇

・鑑賞日本の古典15『西鶴集』宗政五十緒 長谷川　弘　尚学図書　昭五五・三・一

・日本の作家25『浮世の認識者　井原西鶴』谷脇理央　新典社　昭六二・一・一〇

・現代教養文庫24『西鶴名作物語』松崎仁　社会思想社　昭四六・六・三〇

7. ・日本古典全書『近松門左衛門集下』高野正巳校注　朝日新聞社　昭二七・七・二〇

五十年忌歌年佛・冥途の飛脚・国性爺合戦・鑓の権三重帷子《かさねかたびら》

心中天の網島・女殺油地獄

・日本古典文學大系49『近松浄瑠璃集上』重友毅校注　岩波書店　昭三三・一一・五

曽根崎心中・円波与作待夜の小室節・冥途の飛脚・大経師昔暦・心中天の網島・女殺油地獄など一四篇

・日本古典文学全集44『近松門左衛門集二』鳥越文蔵校注・訳　小学館　昭五〇・八・三一

冥途の飛脚・夕霧阿波鳴渡・大経師昔暦・鑓の権三重帷子・心中天の網島・女殺油地獄・心中宵庚申など一一篇

・日本古典読本『近松』重友毅　日本評論社　昭一四・四・一

・日本古典鑑賞講座20『近松』大久保忠国編　角川書店　昭三二・九・一〇

・鑑賞日本古典文学29『近松』大久保忠国編　同右　昭五〇・一〇・三〇

8. ・東京堂　日本文学全史7 8 9『江戸文学史上 中 下』高野辰之　昭一〇・五・八　昭一三・六・八

・至文堂『日本文学史近世』改訂新版　久松潜一編　昭三九・六・一五

・岩波講座　日本文学史七―一〇　近世ⅠⅡⅢⅣ　昭三三・七・一〇、一一・一〇　三四・三・一〇、七・一〇

・三省堂　講座日本文学7・8　近世編Ⅰ Ⅱ　全国大学国語国文学会　昭四四・二・二〇　四四・三・二〇

・明治書院　研究資料日本古典文学④近世小説　昭五八・一〇・三〇
・明治書院　研究資料日本古典文学⑩劇文学　昭五八・一二・二五
・中央図書　注解日本文学史九訂版　遠藤嘉基　池垣武郎　平六・一・二三
・岩波新書100『日本文学の古典』西郷信綱　永積安明　広末　保　昭二九・三・二〇
・岩波全書119『日本近世文学史』重友毅（前記）
・角川書店『日本文学の歴史7　人間開眼』井本農一　西山松之助編　昭四二・一一・二〇

## 五　岡本　明先生の芭蕉七部集　――ひさご・猿蓑

岡本明先生には、万葉集巻二の講義（三年前期五セメスター　昭二九・四―九月　前記）に続いて、三年後期・四年前期　六、七セメスターで、芭蕉俳諧七部集〝ひさご〟〝猿蓑〟の次の四歌仙を学んだ。

ひさご・花見〝木のもとに〟の巻　11／18　一六九〇 元禄三　三月　珍碩《ちんせき》洒落堂で　近江膳所
猿蓑・はつしぐれ〝鳶の羽を〟の巻　2／3　元禄三　冬　在京中の興行か？
巻之五
・夏の月〝市中《まちなか》の〟巻　5／24　元禄三　六月　京凡兆宅の作か？
・きりぎりす〝灰汁桶《あくおけ》の〟の巻　6／30　元禄三　八―九月　義仲寺無名庵での興行か？

木曜三・四時限目。最終授業は、三〇年九月二二日であった。

〝ひさご〟を読むのに先立って、次のことを話された。

一　日本文学の短詩型　一一／四

○記紀の歌謡→万葉集で定着

○万葉集の歌型（五種）

長歌（五七　五七〜五七七）　短歌（五七五七七）

片歌（五七七）　旋頭歌（五七七、五七七）

仏足石歌体（五七五七七七――薬師寺）

○古今集――短歌が主、長歌がほんの少し残存

○新古今集――和歌＝短歌

・連歌の発生　リクレーションとして気楽な気持で

　平安末期発生　五七五　上の句

　鎌倉・室町で普及　七七　下の句　二人で

　連歌師　宗祇の出現　庶民に浸透

　庶民的→貴族的　庶民がついていけなくなった――

　新しいものが発生した――文学、芸術の運命

・俳諧連歌　室町中期→江戸初期

　松永貞徳――貞門　おかしみ、こっけい

　西山宗因――談林　→卑俗化――芭蕉の出現

　松尾芭蕉――正風⇦蕉風　→芸術化、まことの俳諧

・五七五だけが独立するようになった

　(俳)諧連歌の発(句)→俳句

---

二　つけあい　付合　付句　二人以上　三、四人が一番調子がよい

発句　1　五七五

脇　2　七七

第三　3　五七五

　4　七七

平句

挙句　36　揚句――あげくの果てに

懐紙に書く→歌仙（三六句）

二枚

　初の折――表六句、裏一二句

　名残の折――表一二句、裏六句

㊟　序・静かに（起）（承）→破・はなやかに（転）→急・一気に収束（結）

正客→発句（起）　亭主→脇（承）　相伴《しょうばん》→第三（転）　執筆《しゅひつ》（記録係・司会者）→挙句（結）

五十句韻　八・一四」一四・一四」　懐紙二枚

百句韻　八・一四」一四・一四」一四・一四」一四・八」　懐紙四枚

　初折　二ノ折　三ノ折　名残の折（四ノ折）

付句のつけ方

貞門――（意味）ことばのかかり合せでつける

談林――意味でつける

蕉風――前句の余情・余韻をつかんでつける

にほひづけ・ひびきづけ

・前句と後句があい映発する　——視覚的

・前句の余韻と後句の余韻が調和する——聴覚的

俳諧地↓前へ進むもので後へかへってはならない。

観音開き（前々句と付句が同じような関係になる）を嫌う

三　七部集

芭蕉の作風を代表する撰集七部一二冊、蕉風のうつりかわりを代表的に示す。芭蕉一代の俳風の変化を知りうる。一番よい作品であるかどうかは問題。下記。

四　芭蕉の生涯と文学（詳細は省略）　11／11

・正保元　一六九四　伊賀上野に生まれる

[1]（仕官時代）——[2]（放浪時代）——[3]（芭蕉庵時代）——[4]（行脚時代）——①『野晒紀行』『冬の日』(1)五歌仙——②『鹿島紀行』——③『吉野紀行』（笈の小文）——④『更科紀行』——⑤『奥の細道』——『曠野』(3)——[5]（晩年）『ひさご』(4)——『猿蓑』(5)——『幻住庵記』——『柴門の辞』——『炭俵』(6)——『続猿蓑』(7)

・元禄七　一六九四　一〇月一二日申の刻　死去（於花屋仁左衛門宅）義仲寺境内へ葬らる。

---

芭蕉七部集

冬の日（荷兮《かけい》編　貞享元一六八四　一冊）
？　尾張五歌仙・追加六

春の日（荷兮編　貞享三　一冊）
三歌仙・追加六・発句五八

曠《あら》野《の》（荷兮編　元禄二　一六八九　三冊）
上・下・員外

ひさご（珍碩《ちんせき》編　同三　一冊）
五歌仙

猿　蓑（去来 凡兆編　同四　一六九一　二冊）
五月　乾坤

炭　俵（孤屋 野坡 利井編　同七　二冊）
六月　上・下

続猿蓑（後）（沾圃《せんぽ》 支考編　同一一　二冊）
五歌仙

わび 風狂 → 寂び → ○ ——円熟「俳諧の古今集」 → ——枯淡（かるみ） → 急カーブ 五一歳で死
〈漱石・赤彦も〉

歌仙※番号：1　7　11　21　26　34　38－42

三四八二句

※新古典文学大系七〇芭蕉七部集による

わかりやすく平易に語られた。要を得た解説であった。

五　参考文献（主なもの）　次のものを挙げられた。

明治以前

○七部集大鏡　　月院舎何丸　文化六年初版

普通は文化一〇年版
○七部集婆心録　曲斎　万延元年版　一八六〇
○標注七部集　西馬　元治元年版　一八六四
明治以後
○芭蕉七部集定本　勝峰晋風　大正一四（岩波書店）
○俳諧七部集新釈　岩本梓石　大正一五（大倉書店）
○七部集抄　幸田露伴　昭和二
明治以後最もよい本

※露伴の評釈七部集（岩波書店）は『露伴全集』二〇～二三（昭二四・二五・二七岩波書店）に所収
○芭蕉連句の根本解説　太田水穂　昭和五（岩波書店）
○芭蕉俳諧研究　東北大輪読会　昭和四（岩波書店）
続　昭五　阿部次郎　小宮豊隆
続々　昭六　山田孝雄　岡崎義恵
新続　昭八

〝ひさご〟〝花見　木のもとにの巻〟は　幸田露伴著『評釋ひさご』（岩波書店　昭二四・四・一五第二刷　一〇六頁）を購入して読んだ。

演習中心で文学部の人たちから六句ずつ担当した。

『猿蓑』の学習では、次の文献に当った。(7)は皆実分校の図書館で、それ以外は文学部国文研究室のものを使用した。学習したこと、調べたことはカードに記入していった。一九二枚になった。

(1)　曲斎　婆心録　校注俳文学大系　注釈編二　大正五　大鳳閣書店
〈三〇・四・一八　国文研究室〉

(2)　樋口功　芭蕉講座　第五巻　連句篇下　昭和二六　三省堂
〈三〇・五・一二　国文研究室〉

(3)　阿部喜三男　芭蕉の連句　至文堂　解釈と鑑賞　連句　昭三〇・五

(4)　幸田露伴『評釋猿蓑』　昭二二　岩波書店
↓露伴全集22（↓露伴評釈芭蕉七部集）　昭三一　中央公論社

(5)　樋口功『芭蕉の連句』　昭一五　成象社

(6) 太田水穂　芭蕉連句の根本解説（前記）

(7) 続々芭蕉俳諧研究　昭六　岩波書店
山田孝雄・阿部次郎・小牧健夫・村岡典嗣
太田正雄・小宮豊隆・土井光知・岡崎義恵　著　4／19

(8) 萩原羅月　俳諧七部集下（日本古典全書）　昭二七　朝日新聞社

(9) 広田二郎　芭蕉連句集（国文学注釈叢書）　昭二六　講談社

初の折表六句は岡本先生が講ぜられた。次のようにカードしている。

ひさご　撰者　浜田珍碩　酒堂という　11／18

大体の調子は〃あらの〃に似ているが、むしろ〃春の日〃に近く〃あらの〃よりむしろよい。芭蕉の入っている歌仙は最初の「花見」だけである。

花見　表六句　元禄三年三月花見

1　木のもとに汁も鱠も櫻かな　翁
（発句）

三冊子（赤）わたしぶね「木のもとは」

汁・鱠――非常に俳諧的気分　歌では味えない気分。

次の二つを頭において追体験をもとにして作った。
○千載集　巻三　後白河法皇
咲きしよりちるまで見れば木《こ》のもとに花も日かずもつもりぬるかな　〈春下　七七〉
○山家集　下
木《こ》のもとに旅ねをすれば吉野山花のふすまをき（着）する春風

2　西日のどかによき天気なり　珍碩
（脇句）

なるべくおだやかに　シテ役以上にむずかしい。

発句がひき立つようにする。と同時に自分の独自性をもたせる、この二つで心情が浮き出るようにする。

この点でこの句はよい。元禄の太平の頃の様子をよく出している。
・古今集巻二　紀友則

ひさかたの光のどけき春の日にしづ心なく花の散るらむ〈春下　八四〉

・新古今集巻二　能因法師

　山里の春の夕暮きてみれば入相の鐘に花ぞ散りける

　〈春下　一一六〉

西日――午後、夕景に近いこともあらわす。

よき天気――よい日より。

3　旅人の虱《しらみ》かき行く春暮れて　曲水

　（第三句――転）のどかな風情↓春の暮・歓楽きわまった哀愁

人物を出し行動を出した――場の転換　↓旅の哀愁

曲水（翠とも書く）菅沼曲水　膳所藩士　正義感の強い人、同僚を殺し自殺。

虱――俳諧的。和歌では表面的な美しさ、優雅をうたう。俳諧はきたないものにも美しさを見出す。和歌的以上の美しさがある。

・のみ・しらみ　馬のしとする枕もと――芭蕉

・だいとこのくそ（糞）へりおはす枯野かな――蕪村

（大徳――高僧）

僧が出てくるところによさがある

※現実のものと真実のものとはべつ。現実の美しさと芸術の美しさとはべつである。

行く春――しらみがわくころ、綿入れのあつくるしさ、しらみでうずうずする。春の一まくの哀愁、晩春の哀愁重たい感じ　暖かすぎる。

4　はきも習わぬ太　刀の鞘《ひきはぎ》　翁　11／25

（平句）

　さらりとしたもの

若侍の太刀を身につけるのになれないのをよんだ。

旅人に対して武士をひきあてた。

「虱かき」に「鞘」がひびいている――一つの味

ひきはぎ――ひき蛙の肌のようなさや。うしろざや

名詞で止めたところがよい。

5　月待ちて仮の内裏の司召《つかさめし》　碩

　（月の定座）　「婆心録」――月までではきも習はぬ↓「仮」に通じる。仮の内裏に召されてくる。

月待ちて↓儀式が夜行われる　月の出るのを待って月明りに。

仮の内裏――尋常時ではない　吉野の朝廷　南朝か。

司召――秋の除目　在京小諸官を任ず。

　縣司は春　地方官　司召は秋　京官を任命

あわただしく秋の官名を任命する。一躍して高官にのぼる。――「はきも習はぬ」に通じる。
6　籾《もみ》臼つくる杣《そま》がはやわざ　水
「仮の内裏の司召」にひびく。

籾臼――籾をいれて籾殻をとる道具。石臼ではない。

多くは木の臼でまるい。

多くは土を固め周囲を竹で編んだものを用いるが、ここでは松の木などを製したものである。

人が多く集まると米がいる。米がないので籾臼で米を作る情景（南朝の非常情景→あわただしさ）

杣（杣人、きこり）――臼を木で作る。

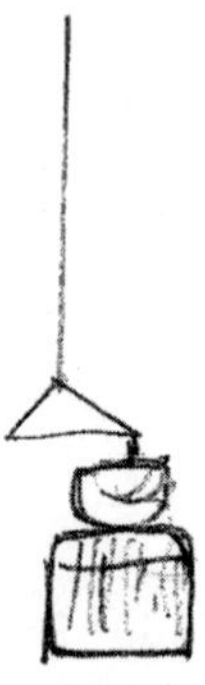

「猿蓑」については、次のように断じられた。
七部集の頂点　蕉風の頂点、発句もみごとだが、付句がとくにすぐれている。
〝俳諧の古今集〟〈許六〉、奥の細道を終えて、京にいた時、長崎の人去来と凡兆　それに史邦がつくった詩詠。
豪放明快な授業であった。

学習した猿蓑三歌仙の巻頭句（発句）脇、第三、挙句は次のとおりである。

○はつしぐれ〝鳶の羽も〟の巻

発句　鳶の羽も、刷《カヒツクロヒ》ぬはつしぐれ　去来　冬（はつしぐれ）

※番号は岩波新日本古典文学大系70『芭蕉七部集』通し番号。以下同じ。

一九九八　▽巻頭発句「初しぐれ猿も小蓑をほしげや」に応じる。
刷ふ――乱れたのをなおし整える。きれいにおさめる。

脇　一ふき風の木の葉しづまる　芭蕉　冬（木の葉）

一九九九　景気の付。眼前の景色　同時付　逆付（発句の前のこと）か。

第三　股引の朝からぬる、川こえて　凡兆　雑

二〇〇〇　▽発句　脇の景に人事を見出して転じた句。前句を夜来の風の静まった川辺（谷川沿いの場）の景と見込んだ巧みな移り方。第三の転の役割を果したよい句。

挙句　枇杷《びは》の古葉に木芽もえたつ　（史《ふみ》）邦《くに》　香　（木芽）

二〇三三　▽前句の景の打添え。前句（二〇三二　一構《ひとかまへ》鞦《しりがい》つくる窓のはな・兆）の窓辺の景にふさわしいものを軽く付け「木芽もえたつ」と祝言の心をこめてめでたく挙句なかとした。

○夏の月　〝市中《まちなか》は〟の巻

発句　市中は物のにほひや夏の月　凡兆　夏　㊰（夏の月）

二〇三四　▽夏の夜の熱気がよどむ街中。雑多な生活の臭い、天空に高く澄む月、暑苦しい地上と月がさわやかで涼しい天とのとりあわせ（対比）。幻住庵から暑い京市中に下りてきた芭蕉への亭主凡兆の挨拶となっている。貴品高い和歌的なものを俳諧の世界である庶民的な市中にもってきた。

脇　あつし〳〵と門《かど》〳〵の声　芭蕉　夏　（あつし）

二〇三五　▽門口に出て涼む人々の声。前句の余情を発話体でおとなしくつけた。月を仰ぎ涼味を追う人々の夕涼みの情景を人々の声であらわした。二句合して夏の月の清涼感の賞美。体言で止めている韻字止め。

第三　二番草取りも果さず穂に出でて　去来　夏　昼⃝（二番草）

二〇三六　▽都市の夜を農村の昼に転じた。三句目の変化は第三で望ましいとされる「て留め」。暑さに農作の前兆を認め悦びの余情がある。夏の句は二句で終わるのが通例だが発句が夏の場合は第三までつづけてもよい。

挙句　かすみうごかぬ昼のねむたさ　来　春　昼⃝（かすみ）

二〇六九　▽前句（二〇六八　手のひらに虱這《は》はする花のかげ　蕉）の安逸をむさぶる天下泰平の民に応じた句。余情のうつり。めでたくのどかに巻きおさめた穏やかな秀逸の挙句。

○きりぎりす〝灰汁《あく》桶の〟の巻

発句　灰汁桶の雫やみけりきり〴〵す　凡兆　秋（きりぎりす）

二〇七〇　▽灰汁桶の雫がいつのまにかやみコオロギの声がひときわ高くきこえる。わびしい農家の、秋の夜長、ふけていく秋の夜の静寂感、寂寞《せきまく》感。「けり」い[illegible]き、今までに気付かなかったことにふと気付く感動の「けり」・心の動きを示す。

脇　あぶらかすりて宵寝する秋　芭蕉　秋（秋）

二〇七一　▽淘《かす》る（掠る）１　ものがなくなる。２　倹約などしておしむ。いんしょくする。発句に秋の夜長をわびすごす人と見込んで句作。韻[illegible]留をかねた[illegible]の投げ込み。

第三　新畳《あらだたみ》敷ならしたる月影に　野水　秋（月）

二〇七二　▽広い屋敷、月光を楽しむ楽隠居の邸宅。「宵寝する」場を付け、[illegible]物像を一転させ、発句、脇のわびしさを月光のさしこむ富俗な家の畳敷に具象化させた。秋発句のばあいは第三までに月を引き上げる。月の定座から二句引き上げられている。

挙句　春は三月《さんぐわつ》曙のそら　水　春（春　三[illegible]

二一〇五　▽三月の明け方の[illegible]の中に、満開の枝垂桜が咲き誇っている景。[illegible]句（二一〇四　糸桜腹いっぱひに咲にけり　来）の時節と時[illegible]を定めてはなやかにめでたく巻き収めた。春たけなわの弥生、曙の空が朧々と明けていく春色のすばらしさ。[illegible]草子の「春は曙」によっている。

傑出した猿蓑三歌仙を[illegible]んだことになる。

七部集演習で、わたくしが担当したのは市井の巻の平句、初折の裏七句目から[illegible]一句目（一三から一八）の六句であった。

待人入りし小御門《こみかど》の鎰（かぎ）　来　6／9
13　立ちかゝり屏風《びようぶ》を倒《たふ》す女子供《をなごども》　兆
14　湯殿は竹の簀子《すのこ》侘しき　蕉
15　茴香《ういきやう》の実を吹き落す夕嵐　来
16　僧やゝさむく寺に帰るか　兆
17　さる引の猿と世を経《ふ》る秋の月　蕉
18　年に一斗の地子《ぢし》はかる也　兆

報告用のカード（二二枚）から抜粋する。（30・5・24火）

12　初ウ六　雑恋「待人」

○待人《まちひと》——待つ人ともいう。来ると待たれる人で恋人。猿蓑逆志抄（江戸空然）では聟か珍客とする。

○入し——入りしとしても解けるが、鎰扱ふ人が入れた意として、入れしの方がよく通りはする。草稿には「入れし」、去来文は「入りし」。

○小御門——大御門《おほみかど》に対してそれに並ぶ小門。今の通用門の称、くぐり門・小門の敬称。

去来文——源氏物語の源氏が末摘花を訪れた時、「御車出すべき門はいまだあげざりければ……翁のいといみじきぞ出で来たる。」　源氏退出の場であるのを訪問時の景としているのは、蕉風の俤付は何も故事をそのまゝ採り入れるのではなく、それらしく匂わせる作り方を尊んでいたからである。（樋口功　芭蕉講座5・一〇六ぺ）

13　初ウ七　雑

○小御門《こみかど》の鎰が明いて待人の男が女の部屋へ通ったところで、その御所に仕へてゐる女子たちが、男見たさにはしゃぎ立つところ。「立ちかゝり屏風をたふす」——おしあひ伸びあがり屏風の間からのぞいて見ようとすること。（太田水穂）

○姫のもとに忍びてすみ給へる君を侍女等の戯れにぬすみ見などするさまなるべし、小御門の鎰とあるは其の人位見ゆれば屏風をたふす侍女達に貴人の深閨のさまをうつし、忍び入る男入るるに、はしたなき侍女等の戯れを添ふ。（樋口功）

14　初ウ八　雑

〈前句を後片けの女中の無作法と見、そのような女中のいそうな田舎旅館の湯殿を付けた。〉（30・5・25水）

15　初ウ九　秋（茴香《ういきやう》の実）〈湯殿からの眺め、人事句から景へ転〉寂寥感。

16　初ウ十　秋（やゝさむ）真蹟草稿「山に帰るか」「か」は句の余韻を深める。

○朝夕の追追に寒く、涼風山野にわたりそめてほろほろと庭の木草の葉を誘ふ頃、行脚の旅よりさびしげに笠傾けてとぼとぼと寺に帰り来る僧、寂寥髄に徹するを覚ゆ、や、——やうやう（樋口）

○やや寒き秋の夕嵐に袖長の僧衣ひら〳〵と尾花かるかやの野末の路など行くさまなり（露伴）

○この僧は托鉢を終へていま自分の寺へ帰るところであろう（水穂）

17　初ウ十一　秋（秋の月《つき》）向付（「対付《つい》け」二句対等で独立している）

○「二句の間には、人のあはれ、世のあはれ、秋暮れのあはれが揺曳《ようえい》して人をしみじみとした感慨に誘ふ」（能勢朝次『三冊子評釈』三省堂二六二頁）

18　初ウ十二　冬（地子はかる——地代〈田租〉を納める。）または雑

○業も軽く税も軽い人間の生涯（樋口）、猿を背負って村々町々を渡り歩く猿曳（猿まはし、猿つかい）の律義でつましい生活ぶり。

発表にあたって、主に文学部の国文研究室の文献にあたった。「茴香」については、本部図書館の植物図鑑で調べた。発表は迫力の乏しい平凡なものとなり、不本意な結果に終った。

この演習を通じて芭蕉俳諧の世界をかいまみ、わずかではあるがその世界に身をゆだねることができた。

この授業（演習）については、次の文献で確認した。

1　新潮社　縮約日本文學大辞典・明治書院　日本古典文学大事典

岩波書店　日本古典文学大辞典——前記

2　東京堂　芭蕉辞典　飯野哲二編　昭二四・九・二五

3　岩波書店　日本古典文學大系45　芭蕉句集　昭三七・六・五

連句篇　中村俊定校注。次のものが注解されている。

・冬の日（こがらしの巻・はつ雪の巻・霽《しぐれ》の巻・炭賣の巻・霜月の巻）

・曠野（鴈がねの巻）・ひさご（花見の巻）

・猿蓑（はつしぐれの巻・夏の月の巻・きり〴〵すの巻・梅若菜の巻）
・炭俵（梅が香の巻・空豆の花の巻・えびす講の巻）
・続猿蓑（八・九間《けん》雨柳の巻・霜松露の巻・夏の夜の巻）

4　小学館　日本古典文学全集32　連歌俳諧集　昭四九・六・三〇
俳諧編・暉峻康隆・中村俊定注解
・冬の日（こがらしの巻・霜月やの巻）・阿羅野（雁がねもの巻）
・ひさご（木のもとにの巻）
・猿蓑（鳶の羽の巻・市中はの巻・灰汁桶の巻）
・炭俵（むめがゝにの巻・空豆の巻）
・続猿蓑（猿蓑にの巻）

5　岩波書店　新日本古典文学大系70　芭蕉七部集　一九九〇・三・二〇
冬の日　春の日　あら野　続猿蓑――上野洋三校注
「歌仙概説」
ひさご　猿蓑　炭俵　――白石悌三校注

6　有精堂　芭蕉講座第三巻　文学の周辺　撰集論　昭五八・四・二〇
冬の日　春の日（濱森太郎）曠野・ひさご（田中善信）
猿蓑（森田蘭）炭俵・続猿蓑（萩原恭男）

7　有精堂　芭蕉講座第四巻　発句・連句の鑑賞　昭五八・五・二〇
・「狂句こがらしの巻」・「はつ雪」の巻・「雁がねも」の巻・「木のもとにの巻」（阿部正美）
・「鳶の羽も」の巻・「市中は」の巻・「灰汁桶の」の巻・「むめがゝに」の巻（櫻井武次郎）

8　角川書店　鑑賞日本古典文学28　芭蕉（井本農一編）昭五〇・三・三〇
連句篇「市中は」の巻（『猿蓑』）芭蕉と連句・村松友次

9　有精堂　日本文学研究資料叢書　芭蕉　昭四四・一一・二五

10　明治書院　研究資料日本古典文学⑦　連歌・俳諧・狂歌　昭五九・六・一五

## 〈参考一〉俳諧七部集　蕉風の典範

佐久間柳居（元禄八?――延享五　一七四八・六八歳）編・一二冊　享保一七・八年（一七三二―一七三三）頃成立か。

| | |
|---|---|
| 冬の日 | ・蕉風時代の幕開けを告げた撰集<br>・尾張五歌仙<br>「野ざらし紀行」の途中、ある冬の日に巻かれた。その成果を世に問たもの。<br>・〃狂歌こがらしの身は竹斉に似たるかな〃で始まり、追加の表六句の発句がある。<br>・侘びと風狂を身上に、談林末期の余波を受けてはいるが、和歌、連歌とならぶ詩美の創造を見出している。 |
| 春の日 | ・尾張蕉門の傾向を見るべき撰集<br>・五歌仙と追加の表六句と発句集（春・夏・秋・冬）五八句。芭蕉の句としては、古池やほか二句、歌仙には参加していない。<br>・平明穏和な、この集の傾向は「冬の日」以後の蕉風全体の傾向。<br>・新しい蕉風の行き方が十分に把握でき、芭蕉の評価も決して低くなかった。 |
| 曠野 | 元禄期初頭の蕉門の規模傾向を知りうる撰集<br>・全三冊。上、中、下、員外<br>上（巻一―五）<br>下（巻六―八）<br>発句集　七三五句<br>員外　歌仙九巻<br>半歌仙一巻<br>蕉門初期を代表する撰集。俳諧の古今集を目ざす<br>・わずかながら古人の句もある<br>・新時代の俳諧に迷う人々を荒野を行く人にたとえ、荷兮を道案内、野守とした。 |
| ひさご | 奥羽旅行後の蕉風の傾向をはじめて示した湖南蕉門中心の集<br>・歌仙五巻<br>越人序<br>花見〃木のもとに〃<br>〃いろ〳〵の〃<br>城下〃鉄砲の〃<br>雑〃亀の甲〃<br>日野〃畦《あぜ》道や〃<br>・細道行脚後の新風の最初の成果。観念的な句作を排し、素直な具体的描写に努めた。〈かるみ〉志向はどこまで汲んでいるかは疑問。 |
| 猿蓑 | 蕉風円熟期を代表する撰集<br>『俳諧の古今集』<br>・乾（巻一―四<br>坤（巻五、六）の二冊。<br>其角序<br>巻一（冬九四）<br>巻二（夏九四）<br>巻三（秋七六）<br>巻四（春一一八）<br>巻五　四歌仙<br>巻六　幻住庵記<br>几右《きいう》日記三五句<br>丈艸跋<br>・巻頭　初しぐれの句<br>・巻軸　行く春をの句 |
| 炭俵 | 芭蕉晩年の「軽み」の風調を示した代表的な撰集<br>・建(上) 順（下）二冊<br>（上）素竜序<br>歌仙3　百韻1<br>発句（春、夏）一五四句<br>（下）発句（秋、冬）一〇八句・歌仙4<br>「むめがゝに」の句より始まる。<br>・俗語の軽妙な扱いが目立ち、庶民の生活感を盛る。俤、恋の句が減じている。<br>・反響も絶大。 |
| 続猿蓑 | 芭蕉が最晩年に手掛けた「軽み」の代表的な撰集<br>・上下二冊。上は連句編（五歌仙）、前の三巻は沾圃《せんぽ》らの江戸の新人中心、後の二巻は支考らの上方の蕉門中心。下は発句編五一九句。春・夏・秋・冬・釈教・旅の構成。巻頭は露沾、巻軸は芭蕉。芭蕉の死後三年余後の刊行。<br>・卑近な庶民生活が材、俗語の軽妙な駆使。 |

巻頭　時雨一三句・「奥の細道」行脚後の新風を示す。

〈参考二〉

歌仙〝花見〟（『ひさご』木のもとにの巻）

■演習カードを中心に前記参考文献3・4・5によって作成した。

初折《しょおり》（一の折）

表

| | | | | | |
|---|---|---|---|---|---|
| 発句 | 一 | 春（桜） | 木のもとに汁も鱠も桜かな | 翁 | 「かるみをしたり」花見の座の艶なる感興、落花への賞讃。「汁も膾も」が俳諧。 |
| 脇 | 二 | 春（のどか） | 西日のどかによき天気なり | 珍碩 | 花見の心を完補した脇。夕方の時分をつけた。 |
| 第三 | 三 | 春（春暮て） | 旅人の虱かき行《ゆく》春暮《くれ》て | 曲水 | 「花見虱」夕暮を暮春に場を街道に転じた。 |
| 四句目 | 四 | 雑 | はきも習はぬ太刀の鞘《ヒキハダ》 | 翁 | 「旅人」の不格好な姿の移り。腰のものに付けた会釈（あしらい）の付 |
| 五句目　月の定座 | 五 | 秋月（秋・月・司召） | 月待ちて仮の内裏の司召 | 碩 | 俄仕立の武士を仮の内裏の司召に見込んだ。前句を非常時と見る。 |
| 六句目 | 六 | 秋（秋・籾臼） | 籾臼《もみうす》つくる杣《そま》がはやわざ | 水 | 司召の舞台裏の点景。急な司召の支度。 |
| 初句 | 七 | 秋（秋） | 鞍置《くらおけ》る三歳駒《ごま》に秋の来て | 翁 | 収穫期の山村の景。農馬の生育ぶり、前句の気勢に応じている。 |
| 二句目 | 八 | 雑 | 名はさまぐ〳〵に降替る雨 | 碩 | 眼前の秋霜によせて季節の推移を詠嘆。 |
| 三句目 | 九 | 雑 | 人込《ごみ》に諏訪の涌湯《いでゆ》の夕ま暮 | 水 | 諏訪の野天湯の夕ぐれ時の混浴。「さまざまに」→「人込」場と時を定めた。 |

裏

| | | | | | | |
|---|---|---|---|---|---|---|
| 四句目 | | 一〇 | 雑 | 中にもせいの高き山伏 | 翁 | 「人込」の中の一人、異様に目立つ長身総髪の山伏。 |
| 五句目 | | 一一 | 雑 | いふ事を唯一方へ《え》落しけり | 碩 | 「山伏」の強情一徹の余情をうけて無理押しの気性を付け出す。 |
| 六句目 | | 一二 | 雑恋（恋） | ほそき筋より恋つのりつゝ | 水 | 前句を一途に考えるさまとみて、女の恋の情とした。 |
| 七句目 | | 一三 | 雑恋（物おもふ） | 物おもふ身にもの喰《く》へとせつかれて | 翁 | つのっていくかりそめの恋心。雅語「もの思ふ」と俗語「もの喰へ」の対比。 |
| 八句目 | 月の出所 | 一四 | 秋（月・露） | 月見る顔の袖おもき露 | 碩 | かぐや姫のおもかげか、心中をうちあけることができず嘆くさま。 |
| 九句目 | | 一五 | 秋（秋風） | 秋風の船をこはがる波の音 | 水 | 前句を深窓の娘の体とみ、不慣な船旅とした。 |
| 一〇句目 | | 一六 | 秋（雁） | 雁ゆくかたや白子《しろこ》若松 | 翁 | 前句の余情を景にうつした付。 |
| 一一句目 | 花の定座 | 一七 | 春花（花） | 千部読《よむ》花の盛《さかり》の一身田 | 碩 | 名所の対付。前句を帰雁（春）と見かえて時節の千部読誦を句作。 |
| 一二句目 | | 一八 | 春（かげろふ） | 巡礼死ぬる道のかげろふ | 水 | 善男善女の寺参りに、はかない巡礼を思い寄せた。 |
| 初句 | | 一九 | 春（蝶） | 何よりも蝶の現《うつつ》ぞあはれなる | 翁 | 前句の哀れにはかない気分に応じた付。短い命も知らずとぶ蝶への観想。 |
| 二句目 | | 二〇 | 雑恋（文） | 文書《かく》ほどの力さへなき | 碩 | 無心にとぶ蝶を見やって嘆息するさま。恋病みの女の句。 |

| | 句 | | 番号 | 季 | 句 | 作者 | 評 |
|---|---|---|---|---|---|---|---|
| 表 | 三句目 | | 二一 | 夏（羅） | 羅《うすもの》に日をいとはる、御かたち | 水 | 深窓の麗人を恋の相手と思い描いた向付（むかいづけ）。 |
| | 四句目 | | 二二 | 雑 | 熊野みたきと泣給ひけり | 翁 | 前句を上臈の旅姿と見て熊野詣でを思いよせた。前句の其人の付。 |
| | 五句目 | | 二三 | 雑 | 手束弓《たづかゆみ》紀の関守が頑《かたくな》に | 碩 | たおやかな上臈の旅姿に頑固な関守を配した向付。 |
| | 六句目 | | 二四 | 雑 | 酒ではげたるあたま成覧《なるらん》 | 水 | 前句の関守「其人」の付。俳諧的なおかしみの句。 |
| | 七句目 | | 二五 | 雑 | 双六の目をのぞくまで暮かゝり | 翁 | 酒好から双六好きを連想。せまってくる暮色。 |
| | 八句目 | | 二六 | 雑　釈教 | 仮の持仏にむかふ念仏 | 碩 | 暮れ時から晩の勤行をつけた。追入宿の日暮れ時ともとれる。 |
| | 九句目 | | 二七 | 夏（蚤） | 中《なか》〳〵に土間に居《すわ》れば蚤《のみ》もなし | 水 | 前句を乞食行脚の人と見た。新句の人のことばか？不遇にも平然たる人物像とする。 |
| | 一〇句目 | | 二八 | 雑 | 我名《わがな》は里のなぶるもの也 | 翁 | 前句の人をおせっかい屋と見た付。珍碩が月花を独占しているのを一句こぼした。 |
| | 一一句目 | 月の定座 | 二九 | 秋（躍） | 憎まれていらぬ躍《おとり》の肝を煎《いり》 | 碩 | 前句に付けて盆踊りの稽古。人情句をのがれて景の句を出す遣句（やりく）。 |
| | 一二句目 | | 三〇 | 秋（月） | 月夜〳〵に明《あけ》渡る月 | 水 | 秋たけた野面の風情。場の付、擬人法。 |
| 名残の折（二の折） | 初句 | | 三一 | 秋（花薄） | 花薄《すすき》あまりまねけばうら枯《がれ》て | 翁 | 露しげき薄野に草庵を点出した叙景（景気）の付。長明、小町の俤？ |
| | 二句目 | | 三二 | 秋（露） | 唯四方《よはう》なる草庵の露 | 碩 | |

| | | | | | | |
|---|---|---|---|---|---|---|
| 裏 | 三句目 | 三三 | 雑 | 一貫の銭《ぜに》むつかし《煩わしい》と返しけり | 水 | 草庵の主の名利をこえた性格。 |
| | 四句目 | 三四 | 雑 | 医者のくすりは飲まぬ分別《ふんべつ》 | 翁 | 生死は天命。医者には頼らないとする信条の人への思いよせ。 |
| | 五句目　花の定座 | 三五 | 春（花） | 花咲けば芳野のあたりを欠廻《かけまはり》 | 水 | 花の吉野を駆けまわる健脚の風流人に見なす其人の付。 |
| | 挙句 | 三六 | 春（虻） | 虻《あぶ》にさゝるゝ春の山中 | 硯 | 軽いおしかみの句。挙句には異例。ユーモア　珍碩はえらい（岡本先生） |

・二花三月《にかさんげつ》

定座《じょうざ》は原則〝恋の句がなければはした物〟。春と秋の句は三ないし五句続け、夏と冬の句は三句まで可。一句でもよい。

・付句とは前句につけるが、打越（前々句）と同想になることを嫌う。三句のつながりと変化が連句一巻の調和、展開の基本。（三句のわたり）（三句放れ）

集中第一の秀逸で有名であるが、なお華麗な印象がいちじるしく、浪漫的主情的傾向も残っている。（阿部正美）

**〈参考三〉** 歌仙について　白石悌三〝歌仙概説〟（岩波　新日本古典文学大系　70　芭蕉七部集　五七二―五七七頁）からまとめた。

歌仙（三六句）――蕉門では圧倒的に好まれた。量より質。

各人が芸術的緊張を持続し、前に出た句をほぼ記憶しつつ、一巻の構成を念頭において変化と統一を計りながら付けすすめるのに最も手ごろの形式。百韻では長すぎる。

〔作法〕

発句――切字[1]を用い、当季の季語をよみこむ。（正客）

脇以下の三五句は前句につける付句《つけく》。前句とともに鑑賞される。

前句のない発句は、切字を用いて二句分に仕立て、付句なみの鑑賞に堪えるようにする。

正客[2]は当季眼前の景物をよみこんで亭主への挨拶とする。

脇――発句と同季で韻字留にする。（亭主）正客の挨拶に応えて、前句に寄り添い補うように付ける。発句との合体感を強調し、第三の転じを効果的にする工夫として、句末を体言（用言のばあいは終止形）にして据わりをよくする。打添えの付。

第三——て留《どめ》①にする。（てにて）↓平句の展開を引き出そうとする工夫。②付けることよりも発句、脇の世界を転じることに主眼を置く。発句、脇の関係が密なので前々句（打越）を突き離して前句に付けるのは容易ではない。

○付句の大原則——前句に付けて打越から離れること（三句放れ）

連句の成否は常に打越・付句の関係にかかっている。↓三句がらみ（三句が一続きの関係になること）、観音開き（前句を中にして打越と付句が同じような関係になること）を嫌う。

挙句——祝意をこめてかろやかに読む。前句と同季にし、前句が恋なら恋にする。

月と花——四季の景物のうち特に重視された。二花三月（歌仙）

定座《じょうざ》——読むべき場所が指定されていた。

花——初折裏一一句目、名残の折裏五句目

月——初折表五句目。裏八句目（おおよその出所《でどころ》）

名残りの折表一一句目

月花より前に出す——引き上げる↓場合によってはかまわない

後に出す——こぼす↓嫌われた

定座を守って句末に「月」をよみこむ＝投げ込み

定座の花⇓正花《しょうか》、卯の花
菜の花ナドの品種は正花にならない。

〔付方〕

七名八体説（支考）

七名　案じ方の名目

三法—有心付《うしん》①（Ⅰ　向付《むかい》②　起情《きじょう》③）Ⅱ　会釈《あしらひ》④（拍子⑤　色立《いろだて》⑥）Ⅲ　遁句《にげく》⑦

①有心付《うしん》——詞付《ことばづけ》に対する心付。前句全体の意味、あるいは余情を汲んで付ける仕方。

②向付《むこうづけ》——前句の人物に対応する別の人物を付ける仕方。同一人物が二句続いたときの三句放に用いられる。

③起情——景気《けいき》（叙景）の句に人情句を付けて転換をはかる仕方。

④会釈——前句の其人の衣類・持物・其場の調度あるいは時分・時節などに着目して程よくあしらう仕方。

⑤拍子《ひょうし》――前句の語呂に語呂で応じる仕方。
⑥色立《いろだて》――前句の色彩に色彩で応じる仕方。
⑦遁句（遣句）あっさりした叙事、叙景で軽く付け流す仕方。

手のこんだ句や重苦しい人情句が続いて一座が渋滞したとき、気分を転換し、新たな展開をはかるのに効果がある。

八体

1　其人――前句の動作にふさわしい人物を想定する付け方

2　其場――前句の出来事にふさわしい場所を想定する付け方

3　時分――前句にふさわしい時刻を想定する付け方

4　時節――前句にふさわしい季節を想定する付け方

5　天相《てんそう》――天体気象などの空模様

6　時宜《じぎ》――その時、その場にかなう状況・状態・条件

7　観相――人生や世相に対する感慨

8　面影（俤）――歴史上の人物、古典中の人物を想定する付け方。名前や行為をあからさまによまず暗示するように付けよと説かれ、いかにも古典にありそうな人物を創造して付けることもあった。

○対《つい》付――前句と付句が対句になるような付け方

○逆付――（てには付）前句を結果として原因を付ける。て留《どめ》の句に多い。時間的に前句より前の事を想定する付け方。て留《どめ》の句に多い。

## 六　清水文雄先生の王朝女流文学史

清水文雄先生の王朝女流文学史の講義は、四年前期七セメスター（昭三〇・四―九月）に受講することができた。待ちに待った授業であった。金曜三・四校時、計一二回の講義を大型の大学ノート四四頁に記している。

**第一講　四月一五日**

まず、講義の全体の内容を示された。

王朝女流文学史

序説　衣通姫の流れ

1　断絶と架橋……………………（王朝的発想）

2　色好みの家…………（和歌――日本文学の運命）

3　衣通姫の流れ…………（王朝女流作家の系譜）

4　受領の娘……………（女流作家誕生の条件）

第一章　小野小町……………（平安朝初期　9C）

第二章　右大将道綱の母………（平安朝中期初　10C）

第三章　和泉式部………………（平安朝中期中　10C）

第四章　菅原孝標の女…………（平安朝中期末　11C）

第五章　式子内親王……………（平安朝末期　12C）

結　語　隠遁の倫理

いずれも「衣通姫の流」を汲む

続いて、次のことを講じられた。

わたくしたち二七年入学生が受講できたのは、第三章和泉式部と第四章菅原孝標の女（途中まで）であった。この講義を骨子とされて、後年古川叢書の一冊として『王朝女流文学史』を上梓された。（一九七二・五・一〇・一九七頁）

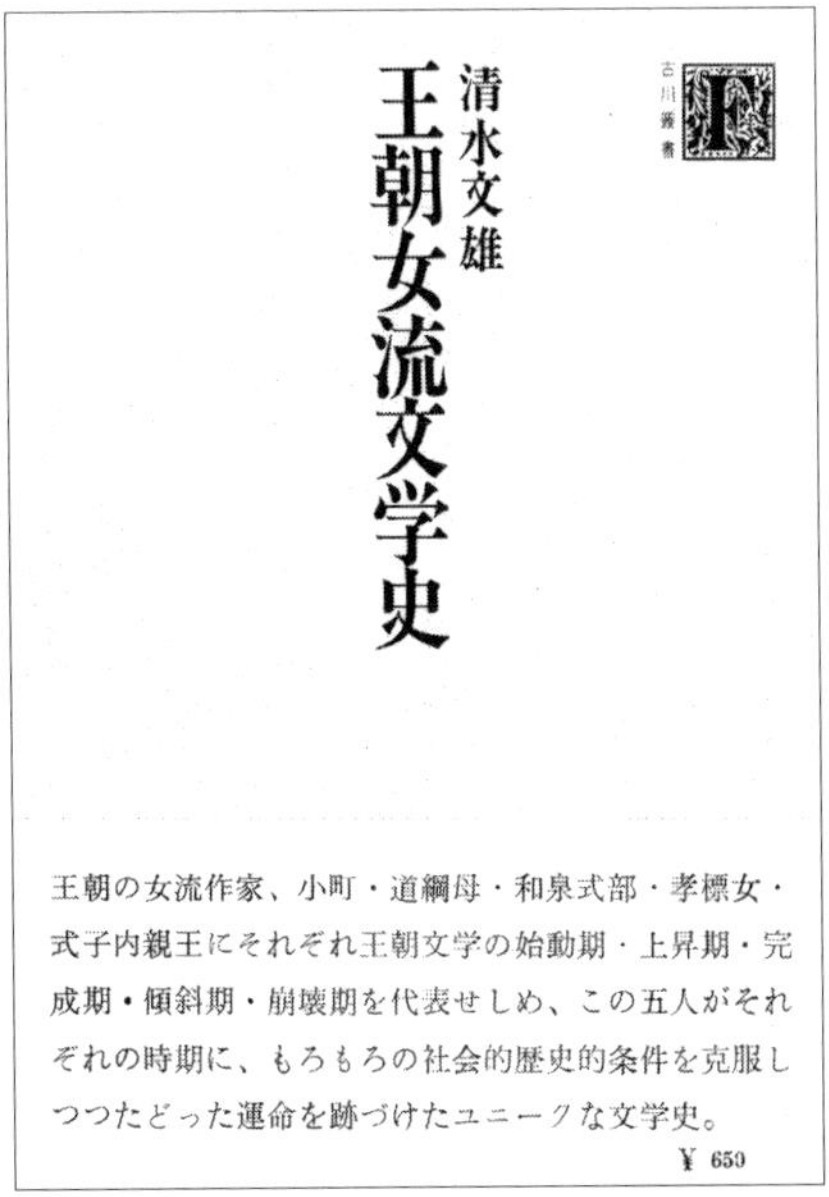
古川叢書
清水文雄
王朝女流文学史
王朝の女流作家、小町・道綱母・和泉式部・孝標女・式子内親王にそれぞれ王朝文学の始動期・上昇期・完成期・傾斜期・崩壊期を代表せしめ、この五人がそれぞれの時期に、もろもろの社会的歴史的条件を克服しつつたどった運命を跡づけたユニークな文学史。
¥ 650

一　時代区分〔今ヲ規準トス〕

<table>
<tr><th>芳賀矢一<br>『國文學史十講』<br>明三二</th><th>高木市之助<br>『日本文藝史』<br>昭二五</th><th>西郷信綱<br>『古代日本文學史』<br>昭二六</th><th colspan="2">藤村作<br>『國文學總説』<br>大正一五</th></tr>
<tr><td>上古</td><td>上代（太古<br>古代）</td><td rowspan="2">古代</td><td>大和時代</td><td></td></tr>
<tr><td>中古</td><td>中世一</td><td>平安時代</td><td></td></tr>
<tr><td>近古</td><td>中世二</td><td>中世</td><td>鎌倉<br>室町時代</td><td>鎌倉<br>南北朝<br>室町<br>安土桃山</td></tr>
<tr><td>近世</td><td>近世</td><td>近世</td><td>江戸時代</td><td>京阪（上方）<br>江戸</td></tr>
<tr><td>現代</td><td>現代（近代<br>現代）</td><td>近代</td><td>明治時代（東京時代）</td><td></td></tr>
</table>

〔異色ある時代区分〕

○『中世日本文學』（斎藤清衛　昭一〇）
　大伴家持から芭蕉まで。文芸思潮の立場から中世的なものとして。

○『日本文學新史』（尾上八郎　大三）

---

情中心の文學の　一（上古時代）
　　　　　　　　二（奈良朝時代）
　　　　　　　　三（平安朝時代）
法中心の文學の　一（鎌倉幕府時代）
　　　　　　　　二（室町幕府時代）

道中心の文學　（江戸幕府時代）
主義中心の文學　（明治時代）
○『日本文學史の構想』（風巻景次郎　昭一七）
神代（古代　太古代）
上世（仁徳頃―平安初期）
中世（平安末期終―信長蹶《決》起）
近世（安土・桃山時代―江戸時代）
現代（その後）

○文學にあらわれたる我が國民思想の研究（津田左右吉　大正五―一〇）
貴族文学の時代（上古・中古）
武士文学の時代（近古）
平民文学の時代（近世・明治）
社会経済史的立場に立つ人に強い影響を与えた。
文学史というよりも文学思想史と言うべきである。

■中世という概念は立場によって相当違う。『中世日本文學』では、その序文に『上世と近世をつなぐ「中つ世」の精神を表明する文學である』として魂の漂泊の始まるころ、家持を中世の始めとされた。

二　王朝の意義
王朝〔大言海〕※わうてう《オウーチョウ》　〈※は著者注記　以下同じ〉
1　王の朝廷。天子の朝廷
2　王朝時代の略。帝王の親しく政をとり給ふ時代。多くは平安時代を云ふ。

朝〔大言海〕※てう《チョウ》
爾雅　釋言篇「陪《ハベル》、朝也」註「臣見レ君曰レ朝」
※（一）朝廷　（二）天子ニ拝謁スルコト　朝見
（三）君主ノ治世ノ間。御代《ミヨ》　御宇《ギョウ》

三　参考文献――代表的なものを時代順に
・日本文學史　三上参次　高津鍬三郎　明二三
※東大大学院生、一高教授
「本書は実に本邦文學史の嚆矢なり」（序文）
・日本文學史十講　芳賀矢一　明三二

・A History Japanese Literature　John Aston Loren　一八九九　明三二
・國文學全史　平安朝篇　藤岡作太郎　明三八
・國文學史講話　藤岡作太郎　明四一

・新國文學史　五十嵐力　明四五
・日本文學史　アストン　芝野六郎訳　大三
・文學に現はれたる我が國民思想の研究　津田左右吉　大五—一〇（※前出五巻）
・文學序説——日本文學の展開　土居光知　大一一
・國文學總説　藤村　作　大一五
・新講日本文學史　岩城準太郎　大一五
・古代研究——國文學篇　折口信夫　昭四

---

・日本文學思潮（『日本文藝學』中）　岡崎義恵　昭一〇
・中世日本文學　斉藤清衛　昭一〇（※前出）
・日本文學全史・平安朝文學史　五十嵐力　昭一四・一二
・日本文學史の構想　風巻景次郎　昭一七（※前出）
・日本古代文学史　西郷信綱　一九五一（※昭二六　改稿　昭三八・平八）（※前出）

文学に接する者として次のことにも触れられた。

○最新刊　栗山理一『俳句批判』（※三〇・三　至文堂）を紹介され、批判精神をもつことのたいせつさを述べられた。

○宮本武蔵『五輪之書』の「遠き所を近く見、近き所を遠く見る」ということばを紹介され、一つの現象を歴史的に見ること、史眼を養うことの大切さを強調された。五輪之書の次のことばも紹介され、剣道の極意は文学批評の心の持様、批評精神にも通じると説かれた。

（剣道の極意は）「……緊《きつ》く引張らず、少しも弛《たる》まず、心の偏らぬやうに心を真中に置きて、心を静かに揺がせてその揺ぎの刹那も揺ぎ止まぬやうに能々吟味すべし」

## 第二講　四月二二日　序説について

吉沢義則『王朝文学概説』（※日本文学社、昭一〇・一二）の序説に「（王朝文学は）和歌の復興を先駆として、婦女子の手によって営まれたもの」と定義され、その条件として次の三つが挙げられている。

1　草仮名の弘通《ぐずう》―女性が表現の自由を得た。
2　女性の日常生活―一夫多妻の風習があった。
3　仏教の深染《ゼン》―自己観照を深めた。

これらを含めて次の三つのことを述べたい。

## 一　和歌の歴史

　万葉と古今との間にあった谷間の時代に和歌はどうなっていたか。古今集仮名序文の中に、和歌（やまとうた）が、「色好みの家にうずもれて「まめなる所」には、姿をみせなくなったと述べられている。（注一）

「まめなる所」とは宮廷を中心とした公の席。からうたとして漢詩が公的に読まれた。

「色好みの家」とは、恋の家。和歌は男女の恋の媒介としてのみ、恋の唱和として私的に詠まれていた。

・美しいものをすべて色と言ったが、宣長はその中で最も人の心をとらえるものが、男女の恋であるとしている。

・恋の歌とは贈答歌、あいさつの歌であった。

・古今集では感情をそのまま打ち出さないで、恋の拒絶も婉曲に言おうとして、技巧が必要となり、知的、反省的発想となった。知的に洗練された平安朝的発想は、とりもなおさず優美である。

「恋ひ」（「恋ひ」――「乞ひ」。相手の魂を乞ひもとめる。折口説・大言海）という心の動きは離れることによって起きる。男（注二）女一体となったら、「恋ひ」は消えさってしまう。ここから「待つ恋」とむすびついてきた。

　そのうちに、和歌自体の変革が行なわれ、歌合が必要となり、古今集が生まれる契機となった。

## 二　運命と自覚（『王朝文學概説』・女性の生活）

a　一夫多妻――女性の運命を考えるのに大切なこととして、一夫多妻という風習が現実に生きていた。

「頼り所」（本妻が住む所）と「通ひ所」（本妻ではない所・住む所・男が女のもとに通っていく所）が存在した。

b　「待つ」ポーズ

　女性の方には「待つ」という絶えず不安な受身のポー

ズが生じた。通って来なければ、もう絶えたのではないかという心の乱れがあった。後朝《キヌギヌ》の別れは、女性にとって切実なせつないものであった。「待つ」ということは、同時に渇望ということであり、絶えない不安は女性の生活では喪失の意識となり、生活感情となった。「もののあはれ」という感情もここに根ざす。

このたまらぬ心から、仏心の感情が起こり、物語・和歌の作成の感情が生まれた。

隠者の時代になると、現実との間に断絶の意志が生まれる。桜を否定することによって、桜への愛着が強くよび起されたように、現実から一度断絶することによって、現実へのなまなましい感情をもつことになった。

c　衣通姫の流れ

古今集序に小野小町はいにしえの衣通姫の流れだと言っている。(注三)　衣通姫は允恭《いんぎょう》天皇（※一九代）の第二の妻であった。待つ身であった。(日本書紀)

天皇の通って来られるのを待っている夕ぐれに、次のうたをよんだ。

・わが背子がくべき宵なりささがにの蜘蛛のおこなひ今宵しるしも

蜘蛛がせっせと巣をつくるのはわが背子が来るという伝説があった。この衣通姫の生き方そのものが小野小町の生き方であった。人間は待つという時が一番純粋な感情の時である。常に待ち続けるという美しい心が小野小町に流れているというのである。

王朝女流作家は、この流れを受けついでいると言えよう。

d　人間観察の眼

女性の側から、鋭敏な人間観察の眼が養われている。

さ月待つ花橘の香をかげば昔の人の袖の香ぞする　読人知らず（古今集）

待つということから、男の本性、人間性をさぐり出そうとする眼が鋭く光っている。ひょっとしたことば、表情から鋭敏な感覚が養われていた。これがまた女性を守るものであった。他の女性の移香をかぎつける鋭敏さ、あらゆるものから男性の心をつかむ、本心を読みとろうとする人間観察の眼が苦しい生活から養われていた。散文としての日記・物語が作り出されたことにもつながる。

源氏物語帚木で、伊予守の先妻の子、紀伊守が、継母空蝉について、源氏に次のように語っている。

「世の中といふものさのみこそ、今も昔も定まりたる事侍らね、なかについても、女の宿世は浮かびたるなむあはれに侍る。」作者紫式部の女の宿世を自覚したことばである。（注四）

枕草子　三巻本　二四四段には、次のことばがある。（注五）

「なほ男は　物のいとほしさ、人の思はむことは知らぬなめり」（人の心のこまかい動き、消息などは男にはわからぬものとみえる）

ある男が婿に行ったが一月ばかり通って行かなくなった。その男が翌年の法華八講をききに、派手な着物を着飾って行った。その男の車のすぐそばに女の車があった。男は一向平気であった。このことを他の女たちが噂をして、このことばを言った。

当時の男性一般に対してあびせた清少納言の鋭い批判の声であった。これだけの女性の気負いと苦しみがあったことが窺える。男に対するあわれみさえ感じさせる。

このような苦しみが、女性の人間観察の眼を養っていった。

e　受領の娘（女）

既に土居光知氏、西郷信綱氏が指摘されている。（注六）

受領とは国守のことで、農民の中でぢかに生活していた。その子女は地方的な雰囲気をもっている家庭で育った。帚木では「中の品」と言っている。小町、道綱母、和泉式部、紫式部はこれに属する。農村という生産階級に接していたことは大きい。京都の派手な浮薄な生活と農村の堅実な生活と両面を知ることができた。（注七）

三　表現の自由（を得た）。——草仮名の発明、弘《ぐ》通

草仮名は万葉仮名を更にくずしていったものであるが、特筆すべき歴史的事実ではある。

○三島由紀夫〝班女《はんじょ》〟（原作では班女《はんにょ》——世阿弥作と言われる）は「待つ」ことをテーマにした短い戯曲である。新しい古典の解釈による創作である。

注一　いまの世中、色につき、人のこゝろ花になりにけるより、あだなるうた、はかなきことのみ、いでくれば、いろごのみのいへにむもれぎの、人しれぬこととなりて、まめなる所には、花すゝき、ほにいだすべき事にもあらずなりにたり。（古典文学大系　古今和歌集　佐伯梅友校注　九六頁）真名序に「好色之家。以此為花鳥之使」とある。実際は、公の席でもっぱら漢詩が用いられるようになったために、和歌はただ男女の心を通わす用のものとなったのだと、吉沢義則博士は説かれた（同・頭注）

二　こ（こ）ふ　戀〔乞ふ〕（他ニ、物ヲ興ヘヨト求ム。）ニ通ズ、他ノ意中ヲ求ムル意〕（大言海）

三　をののこまちは、いにしへのそとほりひめの流《リウ》なり。あはれなるやうにて、つよからず。いはば、よきをうなの、なやめるところあるににたり。つよからぬは、をうなのうたなればなるべし。（古今集序　前掲書　一〇一頁）真名序に「小野小町之歌、古衣通姫之流也、然艶而無気力、如病婦之着花粉」とある。「そとほりひめ」は允恭天皇の妃。日本書紀允恭天皇七年に、名は弟姫といい、容姿絶妙で、その艶色が衣をとおしてかがやくので、時の人が「衣通郎女」（そとおりいらつめ）といったとある。（同頭注）

四　『王朝女流文学史』二頁に「これは、物語のなかでは、女性に同情した男性のことばになっているが、同時に作者である紫式部の、自己を含めた同性の運命を、静かに観照したことばでもあった。」とある。

五　『王朝女流文学史』四〇―四一頁にも言及されている。

六　『王朝女流文学史』二九頁に土居光知『文学序説』の「日本文学の展開」の該当部分が引用、紹介されている。西郷信綱『日本古代文学史』（前記）「女流日記と随筆」参照。

七　「雨夜の品定め」については『王朝女流文学史』二八頁に言及がある。

『王朝女流文学史』では、女流作家誕生の理由として、次の五項が挙げられ、論じられている。

序説三、女流作家の誕生　同書二八―四三頁

(1)家系と家庭教育
(2)文学サロンとしての後宮
(3)平仮名の自由駆使
(4)自己救済としての文学の発見
(5)批評精神の体得

■古今集序は、次の四冊によって確認した。

1　岩波書店　日本古典文學大系8　佐伯梅友校注　昭三三・三・五
2　小学館　日本古典文学全集7　小沢正夫校注・訳　昭四六・四・一〇
3　新潮社　新潮日本古典集成　奥村恆哉校注　昭五三・七・一〇
4　岩波書店　新日本古典文学大系5　小島憲之・新井栄藏校注　一九八九・二・二〇

## 第三講　五月六日　小町・道綱母・和泉式部

### 一　小町と道綱の母

小野小町は、古今に比類なき夢の詩人であった。

・かぎりなき思ひのままに夜もこむ夢路をさへや人はとがめじ
さへに
七一・古今恋三　六五七

・いとせめて恋しき時はぬば玉の夜の衣をかへしてぞぬる
むば玉の　きる
一九・古今恋二　五五四

・たのまじと思はむとてもいかがせむ夢より外に逢ふ夜なければ
一八　新勅撰恋四〇

・はかなくも枕さだめずあかすかな夢語りせし人をまつとて
九三　玉葉恋三

・夢ならばまた見るかひもありなましなになかなかの現なるらむ
けむ
八二　続古今恋三

・思ひわびしばしもねばや夢のうちに見ゆれば逢ひぬ見ねば忘れぬ
恋ひわびぬ
五〇　新千載恋二

・うつつにはさもこそあらめ夢にさへ人目をもるとみるがわびしさ
わびしき　つつむと
一四　古今恋三　六五六

・夢路には足もやすめず通へども現に一目見しことはあらず
二五　古今恋三　六五八

・うたたねに恋しき人を見てしより夢てふものはたのみそめてき
一七　古今恋二　五五三

※数字は「小町集」（一一六首）の歌番号
その下は掲載歌集名——著者注　日本古典全集　朝日
新聞社（後記）による。

このような夢の歌が次々とうたいあげられていった。これらの歌は、いわば「かぎりない思ひ」が夢の中にみずからを「花」とひらかせる「みやび」の秘儀であった。そこでは、恋情の地盤のようなもの、現実の生活は全然うたっていない。現（うつつ）にはあいまいらすことのできない「やむごとなき人」に捧げられた永遠の恋が夢というベェールに映されて、美しく匂うようなうたいあげ方であった。「かぎりなき思ひ」を夢に託してうたいあげることによって、小町はその思いを清らかに守りつづけていった。そこに、いにしえの「衣通姫の流」（古今集仮名序）をくむ小野小町の創造したユニィークな芸術があった。しめったうつしみ（現身）の生理のようなものは、清らかに洗われている。（『王朝女流文学史』五四・五五頁参照）（注一）

小町は、「限りなき思ひ」をその夢に託してうたいはしても、決して語ろうとはしなかった。その恋情の地盤の生理を心をこめて、自ら書きつづったものが『蜻蛉の日記《にき》』であった。

深い嘆きと憎しみの中に一人の夫を恋いつづけた道綱の母は、その愛情の強さ、激しさにおいて王朝女性の中でもその比を見ない。それは女性の業（宿命）ともみられるような頑固で強い愛情であった。それが兼家という当代の典型的な権勢家を夫としてもったことと、当時の一夫多妻の風習とによって深い憎しみと嘆きとをまじえた愛執に変貌してゆくのである。

安和《あんな》二年（九六九）、道綱母三五歳と推定される頃の「三十日《みそか》、三十夜はわがもとに」ということばは、女性の悲しみの表象として、当時の女性の共通の願いではなかったか。

堀辰雄流に言えば（「かげろふの日記」序）「愛せられることは出来ても、自から愛することを知らない男に執拗なほど愛を求めつゞけた」にも拘らず、それに絶望したかの女は、日記することによって、即ち体験に永遠な形を与えることによって、愛情のおおらかさ——愛せられることは出来ても自から愛することのできぬ男をあわれむ心のおおらかさを自得するに至った。（注二）

嘆きつつひとり寝《ぬ》る夜の明るまはいかに久しきものとかは知る

この歌は道綱の母の苦悩のあけくれのさ中から生まれたもので、彼女の当時の生活感をもっともよく表わした歌である。

『蜻蛉日記』がどうして作られたかということは、その序文から知ることができる。

当時流行していた荒唐無稽な「古物語」をこえるものとして、「人にはあらぬ身の上までかき日記」すると言っている。「古物語」に対立するものとして「日記」というものがはじめて意識的にとりあげられたのである。道綱母は、「日記」によってほんとうの人生を描こうとしたのである。

道綱母が見た「古物語」には『竹取物語』も含まれていたとみてよい。『竹取物語』は、原始社会における処女崇拝の思想を物語化したもので、その原始形が白鳥処女伝説であり、日本では羽衣伝説などによって代表される。この古物語の共通点は天女が天へかえるという性格をもつ。『宇津保物語』の貴宮物語も竹取の系統を継いでいる。「古物語」の最後のものであろう。これらを道綱の母は「古物語」と呼んだ。しかし、これらは自己につき当ってこない。自己の救済とはならない。そこで日記を書き始めたのである。読者の立場で心の痛手をいやそうとしたが、いやされず、位置をかえて「日記」することによって、その立場から苦しみを脱出しようとしたのである。本当の文学は、このあたりから始まったと見るべきである。

小野小町の和歌世界が、「やむごとなき人」との断絶を意識することから始まったように、兼家に絶望して、兼家をむこうに置いて断絶したところから日記が書き始められた。「古物語」とは全く別の新しい人間の物語である。

## 二　和泉式部

瑠《る》璃《り》の地と人もみつべしわが床は涙の玉と敷きに敷ければ（二八八）

観レ身岸ノ額ニ離レ根草　論レ命江頭《ホトリニ》不レ繋舟

身を観ずれば岸の額に根を離れたる草　命を論ずれば江の頭につながざる舟　――和漢朗詠集・雑「無常」――

和泉がこのようにうたうとき、「己れの怨情と他人の愛情によって、玉のやうにとがれ磨かれた女体」（『和泉式部私抄（注三）』保田與重郎）そのものをあらわすとともに爛熟した王朝文化そのものの姿をもあらわしている。道綱の母の「嘆きつつ」の歌には、王朝文化の上昇期における、兼家という一人の権勢家の陰の、はかない女性のいちずな訴えのようなものが感じられるのに対して、和泉のこの歌には、王朝の最盛期における完璧がすでに崩壊の危機をはらむ文化の様相が美しくも、またあわれに表象されている。悲恋の涙にぬれた「わが床」が他人の眼には「瑠璃の地」とも見えるだろうというのは、長い恋の放浪を経た一人の女性が、深い人生の哀愁のなかから、現世に浄土を見ようとしたものであった。この歌の中には、だから崩壊の危機を一線で堪えて、美を永遠の完璧においてつなぎとめようとする式部の祈りのようなものがこめられている。哀愁に彩られた華艶——これが和泉式部の芸術の色調であった。

(注)『王朝女流文学史』では、小野小町については、第一章四四頁から五五頁に、道綱の母については「第二章右大将道綱母」として、五六頁から八〇頁に論じられている。道綱の母が克服しようとした「古物語」については、六五頁から七二頁に論じられている。

■小野小町については、次の文献にあたった。


| | | | | |
|---|---|---|---|---|
| 1 | 前田善子 | 小野小町 | 三省堂 | 昭一八・六・一五 |
| 2 | 窪田空穂校注 | 和泉式部集 小野小町集 | 朝日新聞社 日本古典全書 | 昭三三・一〇・五 |
| 3 | 田中喜美香 | 小町時雨 | 風間書房 | 昭五九・一二・一五 |
| 4 | 片桐洋一 | 在原業平 小野小町 | 新典社 日本の作家5 | 一九九一・五・三〇 |
| 5 | 目崎徳衛 | 在原業平・小野小町 | 筑摩書房 日本詩人選6 | 昭四五・一〇・二五 |
| 6 | 国文学 | 解釈と鑑賞520 小野小町と和泉式部 | 至文堂 | 昭五一・一・一 |
| 7 | 国文学 | 解釈と教材の研究28—9 業平と小町 | 学燈社 | 昭五八・七・二〇 |
| 8 | 国文学 | 解釈と鑑賞771 小野小町と和泉式部 | 至文堂 | 平七・八・一 |

清水先生の小町論は、『小町時雨』（前記3・一一一頁）でもとりあげられ、宮崎荘平氏によって、次のように紹介されている。

小町の創造した芸術の秘密は「やむごとなき人」への思慕を契機として詠まれた歌、とくに夢の歌の表象を吟味することによってしか探し出すことはできない（※『王朝女流文学史』五一頁）との観点から、小町歌の芸術的形象を追求して歌人小町のユニークな性格を開示する重厚な論。（前記6・一五〇頁・小野小町・和泉式部主要研究文献案内）

蜻蛉日記論は、先生の若い日の名著『女流日記』（子文書房　文藝文化叢書6　昭一五・七・五　二五九頁）にまとめられている。その前半部（「『物はかなさ』の性格」）は秋山虔氏によって、三省堂国語国文学研究史大成5『平安日記』（秋山虔　池田正俊　喜多義勇　久松潜一編著　昭三五・六・一五）一六二頁から一八二頁まで二〇頁にわたって翻刻されている。

翻刻研究文献解説（一八八頁）には次のように記されている。

女流日記　清水文雄　昭和一五年（一九四〇）子文書房刊

本書に所収の「蜻蛉日記」の前半、「『物はかなさ』の性格」を翻刻した。本書は近代的な批評精神に基づき、女流日記の文学としての特性乃至本質を解明したものとして注目に値する。本論において追究されている主題は、蜻蛉日記生成の内面的理由であるが、それを二段階に分ち、まず「『物はかなさ』の性格」として、作者道綱母をとらえた「物はかなさ」の意識という恐怖の予感を、上中巻を詳細に批判することによって明らかにし、次いで「物語の要請」と題して「この深刻なる物はかなさをのがれる為に残された」方途として、彼女が自ら取った「身の上」を「日記する」道が、一方に身の上を書くという「個性の自覚」を示し、他方に「個」なる身の上を「日記する」ことによって公的に転生せしめ、かくして従来の「空言《そらごと》」の多い「古物語」から脱して物語性の深化が成し遂げられ、ここに新時代の物語作家道綱母の生成を見たと説くのが本論の要旨である。日本浪漫《ロマン》派と共通するごとき憧憬的な文学理念に導かれつつ、同時に心理主義的な分析方法を取っているところに特色があり、また堀辰雄の『かげろふの日記』（「研究書誌」参照）との関係も重要である。したがって道綱母を古代に置くことは一応置きながら、あたかも近代人のごとき内面的苦悩や文学的造形の力を与えていることは、特に歴史的な観点から批判の余地のあるところであるが、ともかく蜻蛉日記の本質の解明に当って必ず通過しなければならない問題を、中心課題として取り上げた本論の意義は大きい。なお本論は『国文学試論第四輯』（注）に発表の「道綱の母」の改稿であって、同論旨だが、推敲の跡が見られる。

（木村正中執筆）

（注）『國文学試論第四輯《シュウ》』（春陽堂）は昭和一二年七月刊、池田勉・栗山理一・蓮田善明氏との四名の論文集。第一輯は、昭和八年九月。『批評篇』もある。

同書「研究書誌（日記文学一般）」の項（四五九頁）では次のように紹介されている。

**女流日記**

著者　清水文雄

成立　昭和一五年（一九四〇）七月『文芸文化叢書』第一部の第六編として、子文書房より刊行。

内容「小説『かげろふ日記』の作者堀辰雄氏へ」——と副題された書簡体の〝序にかへて〟において、詩人の目を欠いた国文学者の反省に筆を起こし、本論として、「女流日記の形成」「蜻蛉日記」「更級日記」「主観《ママ》的（正しくは王朝的）発想」（「みやび」の精神、古今集の花の歌「土佐日記について」の三節よりなる）および跋によって構成されている。

価値　これらはそれぞれ論集『国文学詩論』、雑誌『文芸文化』に載ったもので、女流作家たちの内面分析には、独自な細やかな方法が用いられている。それは『和泉式部物語』（女流日記の形成）における〝つれづれ〟、『蜻蛉日記』の〝物はかなさ〟、『更級日記』の〝あこがれ〟（ゆかし）等、女流作家たちの空虚感に満ちた心情を理念化して、分析している点によく見られる。この点にこの書物の特色も限界もあるのであるが、少なくともこれまでの少女趣味的鑑賞主義的批評や、平板な形式的分析を越えて、文学的論理を解析しようとする方法を意識的に駆使した点は、戦後においても継承されている面が多い。（野村精一）

佐山済『女流日記』（三〇一頁）も昭和一五年（一九四〇）二月『日本古典読本』五として、日本評論社より刊行されている。「清水文雄の『女流日記』と併記すべき名著であるが、清水氏が日本浪漫的なるに反し、著者は歴史社会学派に属する。」としている（四六〇頁）

注一　清水文雄先生は「小野小町が〃衣通姫の流〃といわれるゆえん」をさらに考究され、論考「衣通姫の流」を『比治山女子短期大学紀要』第十号（昭五一・三）に寄稿され、古川叢書の一さつとして出版された。（一九七八・九・二五　二四五頁『和泉式部研究』笠間叢書二〇九（昭六二・九・二八）三一九—三三六頁に再録）竹西寛子『歌の王朝』（読売選書　昭五四・六）に八頁分の論評（同書一三九—一四六頁「衣通姫の流」）がなされ、「清水氏の文章を知ったあとの自分は、知る以前の自分にはもう戻れなくなった」と読後の感銘の深さが記されている。

二　堀辰雄『かげろふの日記』（『かげろふの日記』昭一二（一九三七）・一二「改造」）続篇『ほととぎす』昭一四（一九三九）「文芸春秋」→昭一四（一九三九・六創元社刊）読後の思いを「文藝文化」（昭一四・八）に、〃「かげろふの日記」について——作者堀辰雄氏へ——〃を寄稿され、前記『女流日記』の「序にかへて」に使われた。

三　保田與重郎『和泉式部私抄』（育英書院昭一七・四・二〇）七二頁

## 第四講　五月一三日　第三章　和泉式部一　生涯と文学——

和泉式部は越前守大江《おおえ》雅致《まさむね》の女である。拾遺集哀傷の部に、「雅致女式部」として、播磨の性空《しやうくう》上人におくった歌が一首のっている。雅致は長保元年（九九九）には、太皇太后宮（冷泉院皇后、昌子《しょうし》内親王）の大進《だいしん》（三等官の上位に相当する）に在任しており（小右記《おうき》）、また木工頭（土木建築を司る役）から越前守に任じられたのが、寛弘七年（一〇一〇）三月三〇日であった。母は越前守平保衡《ひら》の女であった。母も御乳母として仕え、「介内侍《すけないし》」と呼ばれたという（中古歌仙三十六人伝）。御乳母には疑問があるが（与謝野晶子、古典全集）、少くとも女房の一人として、昌子内親王家に仕えたとみてよい。そしてそれは太皇太后になられて後のことではあるまいか。

この父母の関係から式部もおそらく「御許丸《おもと》」（歌仙伝）と呼ばれた童女時代から、「江《こう》式部」（御堂関白記）と呼ばれた女房時代までを昌子の宮で過したであろう。この女房時代に和泉守橘道貞と恋愛関係が生じ、おそらくそのために道貞は大進であった雅致の推薦によって、同じ宮の権大進（かりの大進）を兼ねるに至ったものと思われる。道貞は道長に重用せられて最後は陸奥守まで至った人である。その道貞と結婚してからは、夫の官名をとって、和泉式部と呼ばれるようになり、二人の間に小式部内侍をなした。家集によれば、もう一人ぐらい子供があったようである。結婚後は夫の任国和泉国へ下ったこともあるが、多くは京なる父の家に留って、事実上の別居生活を送る日が多かった。

その頃、三条の太皇太后宮の大進であった雅致は宮に近い道貞の邸をかりて住んでいた。長保元年太皇太后は御病気療養のため、その雅致の屋敷に移られ、その年の暮れ、そこで崩御された。御歳五〇歳（扶桑略記）。

弾正尹《イン》為尊《タメタカ》親王（※冷泉天皇第三子、三条天皇の同母弟）は、六歳のとき、御生母超子（摂政太政大臣　藤原兼家の女、冷泉皇后）を失われた。この太皇太后昌子内親王を継母として仕えられ、御病気は勿論それ以前もいくたびか宮のもとに出入されたことであろうから、同じ宮の女房であった式部との間に恋愛の萌え出る機会がおのずから生じたことと思われる。弾正宮と式部との交渉は、いつごろから始まったか判然しないが、長保三年（一〇〇一）冬一〇月御発病、翌年六月一三日に二六歳で薨ぜられた。二人の恋もはかないものにおわったようである。

弾正宮に死別して、「夢よりもはかなき世の中を嘆きわびつゝ、明かし暮ら」（和泉式部日記）していた式部は、長保五年四月一〇日余りの頃、宮と四歳ちがいの同母弟太宰帥敦道親王の恋をうけ入れる機会が与えられた。宮が橘の

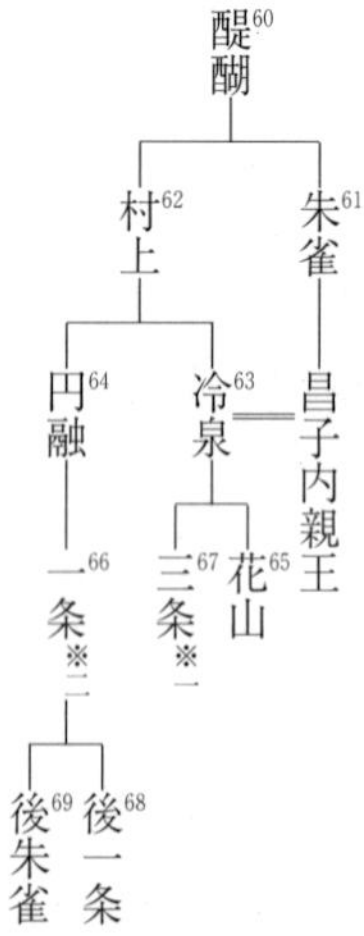


※一　母兼家女超子　為尊・敦道親王と同腹

※二　母兼家女詮子　道隆・道兼・道長・超子と同腹

枝を贈って式部を誘われると次のうたをよむ。

　薫る香によそふるよりはほととぎす聞かばや同じ声やしたると

　花橘を贈るということは、〝さ月待つ花橘の香をかけば昔の人の袖の香ぞする〟（古今集）ということを意味することであり、花橘の香をかけば、兄君のことを思い出しはしないかと、皮肉な求愛をなされたのである。

　当時の女性は、古今集を暗記していた。式部の家集には本歌取りの歌が多い。この花橘も自然物ではあるが、一種の本歌取りである。花橘を贈れば、この歌がすぐ思い出され、歌を贈るより効果があった。枕草子に女が古今集二〇巻を暗記することが勉強であると言っている。

　この時、宮は二三歳、式部は少なくともそれより数年年長であった。御生母超子の美貌を亨けられて、兄妹の宮（居貞親王〈三条天皇〉、為尊親王、光子内親王）とともに容姿端麗であったが、帥の宮はそのうえ、兄妹中で最も芸術的天分に恵ませられ、漢詩・和歌ともによくされた。

　式部は、この時若き帥の宮に対して、その生涯でもっとも熱烈な愛を捧げたが、もともと身分不釣合な二人の恋愛は周囲からきびしい批判と反対を受けねばならなかった。そういう情況の中で二人の恋は、かえって反撥的にはげしく燃える結果となり、寛弘四年（一〇〇七）一〇月、宮が二七歳の短命の一生を閉じられるまで、足かけ五年間二人の関係は続いた。式部は世の妻が、夫の死に際してするように、一年の喪に服した。『和泉式部続集』（家集五種類中の二番目）上巻に入っている故帥宮追慕の挽歌百数十首も、この喪中に詠まれたものである。次の数首もその一部である。（歌番号は岩波文庫『和泉式部歌集』の通し番号である。以下同じ。）

　　師走の晦の夜

・亡き人のくる夜ときけど君もなしわがすむ里や魂《たま》なきの里　（九四二）

　七日（正月）雪のいみじう降るにつれづれとおぼゆれば

・君のため若菜つむとて春日野の雪まをいかにけふはわけまし　（九四六）

・君をまたかくて見てしがなはかなくてこぞはきえにし雪も降るめり　（九四七）

　三日、つれづれなる人のもとに、あはれなる御事などいひて

・菅の根のながき春日もあるものをみじかかりける君ぞ悲しき　（九四八）

雨のいみじう降る日いかがと問ひたるに

・いつとても涙の雨はをやまねど今日は心の雲間だになし　(九五二)

ならはぬ里のつれづれなるに

・明けたてばむなしき空をながむれどそれぞとしるき雲だにもなし　(九八四)

式部にとって事々物々傷心の種でないものはなかった。その深い哀傷の中に故宮の気高い面影を思い描き、それに対して更に追慕の情をかりたてるのである。

月日のはかなく過ぐるを思ふに

・すくすくと過ぐる月日のをしきかな君がありし経し方ぞと思ふに　(九七三)

可憐にして哀切極りない歌である。そこには君があり経た時がすでに肉体化されている。

・すてはて《出家すること》むと思ふさへこそ悲しけれ君に馴れにし我が身と思へば　(九五三)

・語らひし声ぞ悲しき面影はありしそながら《そのままでいながら》物もいはねば　(九五六)

この二首は「なほあまにやなりなましと思ひ立つも」という詞書をもつ五首一連の中のものである。君にすべてを捧げまいらせた身であってみれば、この身をすて果てむとさえ思ってみても、悲しみの方が先立つのである。そこで空無の彼方に、恋しき人の面影を思い描き、やがてその面影に永遠の恋人の姿を見、それに対して無限のあこがれを捧るようになっていった。

『和泉式部日記』は、このあこがれが描き出したはなやかにもあはれな物語である。

式部の「帥宮挽歌群」は斉藤茂吉の「死にたまふ母」とともに挽歌の双璧であろう。

死にたまふ母(「赤光」)　斉藤茂吉

・わが母を焼かねばならぬ火を持てり天つ空には見るものもなし

・うらうらと天に雲雀は啼きのぼり雲斑《はだ》らなる山に雪見ず

・遠天に流らふ雲にたまきはる命は無しと言へばかなしき

故帥の宮の喪は、このようにして寛弘五年(一〇〇八)一〇月に明け、さらにその翌年の晩春のころ、式部は召されて、一条天皇中后彰子の女房となり、その時、娘の小式部内侍も母とともに出仕したもののようである。その頃中宮の御許には、紫式部や伊勢大輔がすでに古参として奉仕していた。和泉が始めて、宮に出仕した時、懇切に応接してくれたのは伊勢大輔であった。

中宮に参って間もなく、賀茂の祭の日、中宮の御前に、人すくなで侍んべっていると、中宮は葵に書いて次の御歌を下された。

木綿《ゆふ》かけて思はざりせば葵草しめのほかにぞ人をきかまし（四六四 一九二三）

「木綿」は白いきれで神様にたてまつる幣。「木綿かけて」と「心にかけて思ふ」をかけ詞とし、「しめ」は「木綿」が神に捧げるものであるからその縁語として「注連」（しめなは）をきかせた。「しめ」にはまた「占め」（独占）の意味も入っている。

心にかけて今までそなたのことを思っていなかったならば、後宮には縁のない他人のことと聞きながしていたでしょう。今そなたを召したのは前々からそなたのことを思っていたからです。

この歌によって察すると、和泉の中宮彰子への出仕は、中宮のねんごろなご所望によるものと思われる。その知遇に感じた和泉は次の詞書をつけて、ご返歌申し上げた。

おほんかへしきこえんもはゆければ木綿を御几帳の帷《とばり》《かたびら》にゆひつけて立ちぬ

しめのうちに《を》馴れざりしより木綿《ゆふ》襷《だすき》心は君にかけてしものを（四六五 一九二四）

出仕は以前から心は中宮様にかけもうしていました。

この美しい贈答歌は家集（正集・続集）に見えるところである。

注　和泉式部の生涯については、次のもので論じておられる。

1　岩波文庫『和泉式部日記』解説

初版　昭一六・七・二六　九二―九七頁、改版　昭三二・六・五　九八―一〇八頁、一九八一・三・一六　三四刷　一一四―一二五頁。

2　弘文堂　日本歌人講座2『中古の歌人』（昭三五・一二・五）

和泉式部　生涯と文学　二一七―二四〇頁

↓笠間書院『和泉式部研究』笠間叢書209（昭六二・九・二八　三―二五頁）

「帥宮挽歌群」の考察は次のものになされている
1　和泉式部続集に収録されたいわゆる「帥宮挽歌群」について――「国語と国文学」（四一―五）　昭三九・五
2　いわゆる「帥宮挽歌群」と千載・新古今・続拾遺入集・和泉式部歌――「ノートルダム清心女子大学国文学研究紀要」（一一）　昭四三・三
いずれも前記『和泉式部日記研究』に再録。

## 第五講　五月二〇日　第三章　和泉式部二　生涯と文学2

上東門院彰子に出仕した和泉式部は、紫式部とも朋輩としての交際をつづけていったことであろう。和泉の年長の親友であった赤染衛門も同じ宮に仕えたことがあった。紫式部が和泉式部と赤染衛門の比較論をその日記の中で試みているのは有名なことである。今その大要を紹介すると、次のとおりである。（注一）

和泉式部という人とは、風流な消息《せうせこ》のやりとりをよくしたものである。和泉には放縦な一面はあるが、それでも友人などに走り書きして送る消息などには、さすがに文才豊かな女だけに、一寸したことばのはしはしにも、匂うような美しさが出ている。〈和歌はたいそう興深い――をかし。〉完璧のうたを詠むこと　博覧強記であること、歌のすじの通っていること――これらの条件を備えた真の歌人とは言えないが、口にまかせてよみすすめられた歌には必ず人をひくものがある。これほどの人でも、他人の歌を批評するのをみるとまだ十分に歌の心がわかっていないらしい。おそらく才気にまかせて口さきで歌をよむ人の方とみえる。敬意をはらう歌人とは思えない。

ところが赤染衛門の方は、特にやむごとない家の出というわけではないが、たいへん自重していて、歌よみらしく、濫作はしないが、よんだものみな、ちょっとした即興のものまで非常にいい。これこそ敬意をはらうに足る歌人《よみ》である。

紫式部によると才にまかせて詠み散らす和泉の方は別に尊敬しないが、自重してぼつぼつ詠み出す赤染の方に敬意を払うというのである。一ふし目のとまるところがあっても、歌よみぶって乱作する和泉の歌には、口先だけでおわるところがあっていけないというのである。その意味するところは、貞淑な婦徳をそなえた赤染に対して、「和泉はけしからぬ方こそあれ」ときびしく指弾されるほど、素行のおさまらぬ和泉の方が歌もおとるというのにあるらしい。生活と作品をすぐに結びつけるところに、紫式部も時代の影響を越えることができなかった。

　後年の儒教的倫理観にあてはめてみなくても、貞淑という点から言えば、当時においても、既に和泉は赤染に遠く及ばないとされたのであろう。と言うよりも両極端をなしていたと言った方がよいかもしれない。帥の宮の熱愛をうけていたさなかにおいてすら、ひそかに言い寄る他の男性を拒みえなかった和泉である。そのような和泉をよんで不貞と言えばまさしく不貞である。しかし、和泉の

・ともかくもいはばなべてになりぬべし音になきてこそ見
　せまほしけれ　（一六三）（一二一四）

のような歌を紫式部はどのような眼でみたのであろうか。この歌のかみの句には激情我れともてあまし、言葉をもどかしいとしている。情念の激越の前には、如何なることばもその機能を停止せしめられる。「音になきてこそ見せまほしけれ」と女体自からの惑乱のはての狂態を見せることによってしかその思いのあらわしようはないのである。情炎に狂う美女の姿態そのものが、ことばの機能をこえてひかり輝いている。このようないはば女体そのものを描く芸術は、紫式部の天才をしても理解しえなかったのも無理はない。このような芸術の真の理解化は、はるかに下って近代の頽廃《デカダンス》を受けたものに対して、始めてその資格が与えられるのであろうから。（注二）

　赤染衛門の夫は大江匡衡《まさひら》で、和泉式部も大江氏の出であるから、同族のつながりの上にいた関係にもよるのであろうか、二人は互に心を許しあった親友の間がらであった。和泉が、最初の夫、橘道貞のもとを去って、帥の宮のもとにまいった時、これを諫めたのも赤染であった。

・[1]うつろはでしばし[2]信田《しのだ》の森を見よかへりもぞする葛のう
　ら風　赤染衛門（三六五）
・秋風のすごく吹くとも葛の葉のうらみ顔にはみえじとぞ
　思ふ　和泉式部（三六六）

　1　道貞を去って帥の宮へ行くことをかけた。
　2　道貞の任国和泉の歌枕・葛の名所「信田」に「忍ぶ」をかけた。道貞のところへかえれという忠告をしている。（注三）

道貞は『御堂関白記』によると陸奥守《みちのくのかみ》として単身赴任したが、その時に二人の関係は全く絶えていたらしい。こ

の時も、赤染は和泉のもとに、思いやり深い歌を送っている。

・行く人も留まるもいいが思ふらむ[1]別れの後の[2]またの別れを　赤染衛門（一八三）

・[2]別れても同じ都にありしかばいとこの[3]たびの心地やはせし　和泉式部（一八四 八四九）

1　和泉が道貞のもとを去って帥の宮のところへ行ったこと

2　道貞が陸奥国へ行くこと

3　「度」と「旅」をかけた（注四）

陸奥国の守として任期五年をつとめた道貞は、帰京後、前陸奥守として、長和五年（一〇一六）四月一六日に没した。（御堂関白記）

和泉式部は中宮出仕中に、源頼光とともに道長の信任を厚うしていた藤原保昌《やすまさ》に再嫁し、後に夫が丹後守として赴任した時、式部も従って下った。百人一首に入る

・大江山生野の道の遠ければまだふみ〈踏み・文〉もみず天の橋立※百人一首60　金葉集、雑上

という歌は、都に残しておいた娘、小式部内侍が他人から母の消息をたずねられたとき、こたえた歌とされている。

保昌との結婚の歳は明らかではないが、仮にいま寛弘七年（一〇一〇）とすると、この年保昌は五三歳であった。式部の年令は最低三五、六歳であったであろう。その後保昌は大和守に何回か任じられ、その間恐らく兼任であったと思われるが、摂津守となった時期がある。この保昌との間にも、いつのころからか不和を生じ、遂に離別するに至ったらしいが、晩年は不明に属している。

なお、保昌は、その一生をささげた御堂関白道長におくれること九年、長元九年（一〇三六）に七九歳の高令をもって薨じている。小式部内侍も、万寿年間（一〇二四—一〇二七）に頭中将藤原公成《きんなり》の子を生み、産後をわずらって、万寿二年（一〇二五）一一月、母に先立った。その死をいたむ和泉の歌は、歌集に多数残されている。その中から数首を抄記しておこう。

・などて君むなしき空に消えにけむ淡雪だにも降れば降る世に（四八二）

・おくとみし露もありけりはかなくて消えにし人を何にたとへむ（四八三）

・とどめおきて誰をあはれと思ひけむ子はまさるらむ子はまさりけり（四八五）

・もろともに苔の下にもくちずして埋もれぬ名をみるぞ悲

しき　（五四五）

・うき事も恋しき事も秋の夜の月には見ゆる心地こそすれ　（五七九）

思うに、和泉は、挽歌において最もその本質を露呈しているもののようである。先に掲げた帥の宮の薨去をいたむ歌といい、今また娘の小式部内侍の死を悲しむ歌といい、和泉の文学を理解するのに重要な鍵を与えてくれると思う。

---

注一　紫式部日記の和泉式部と赤染衛門の比較論は、寛弘六年の記（玉井幸助校注『紫式部日記』朝日新聞社、日本古典全書　昭二七・六・三〇）、消息文とされる部分に記され、このあとに清少納言への批判がある。和泉式部を「はづかしげの歌よみやとはおぼえはべらず」とし、赤染衛門に対しては、「聞こえたるかぎりは、はかなきをりふしのことも、それこそはづかしき口つきにはべれ」と記している。原文引用省略。

二　岩波文庫『和泉式部歌集』（昭三一・三・五）の解説「和泉式部の歌について」三三七―三三九頁参照。和泉・赤染比較論・「ともかくも」の歌（一六二）による和泉論が記されている。

同書で、「和泉式部歌集」を次の五類とされている。

| | | | | |
|---|---|---|---|---|
| 第一類 | 和泉式部集 | （正集） | 九〇二首 | 一九七六首 |
| 第二類 | 和泉式部続集 | （続集） | 六四七首 | |
| 第三類 | 宸翰本和泉式部集 | （三集） | 一五二首 | →岩波文庫に所収。 |
| 第四類 | 松井本和泉式部集 | （四集） | 二七五首 | |
| 第五類 | 雑種和泉式部集 | | | |

三　三六五の詞書に「道貞去りて後、帥の宮に参りぬと聞きて」とあり、岩波文庫『和泉式部集、和泉式部続集』（一九八三・五・一六）の補注二六九頁に「歌意は、宮さまのもとに上がるのをやめて辛抱してあの人の様子をみていらっしゃい、葛の葉が風に翻るように、あなたのもとへ帰ってくるかも知れません」とある。

四　一八三の詞書に「赤染がもとより」とあり、一八四では「去りたる男《をとこ》の、遠き国へゆくを『いかが聞く』といふ人に」とある。脚注一三　別れた男、道貞のこと。前書三九頁

「和泉式部正集」三三七から三五四に至る一七首は、「世の中にあらまほしき事」（五首）・「人に定めさせまほしき事」（四首）・「あやしき事」（二首）・「苦しげなる事」（二首）・「あはれなる事」（五首）の五個の小歌群を含んでいる。この歌群の一首ずつを抄記すると次のようなものである。

・夕ぐれはさながら月になしはてて闇てふことのなからましかば　（三三七）

・いづれをか世になかれとはおもふべき忘るる人とわすらるる身と　（三四三）

・世の中にあやしき物はしかすがに《そうはいうもののさすがに》思はぬ人を思ふなりけり　（三四六）

・世の中に苦しきことは来ぬ人をさりともともとのみ待つにぞありける　（三四八）

・あはれなる事をいふにはいたづらに古《ふ》りのみまさる我が身なりけり　（三五〇）

※歌い方により、晩年のものであろう

正集では五この小歌群を並列した形になっているが、宸翰本「和泉式部集」をみると、「あらまほしきこと」「人に定めさせまほしきこと」「あやしきこと」の三歌群から三首、二首、二首の歌を抄記して、それらの総題として、「つれづれなりしをり、よしなしごとにおぼえしこと」と附している。これは明らかに徒然草の序段を想起させる表現である。しかも次の歌群の題詞の「あらまほしき事」は、徒然草では、序段につぐ第一段の「いでやこの世にうまれては願はしかるべきことこそ多かめれ」を連想させる。（なほ第一段の本文の中には、「あらまほし」の語が二度も出てくる）宸翰本というのは、後醍醐天皇宸筆の和泉式部集をもって代表される第三類和泉式部集を指し、既在の和泉式部集と勅撰集から一五二首を抄出し、それを四季・恋・雑に分類したものである。正集にない「つれづれ」云々の総題が宸翰本にあるということは、徒然草と宸翰本を考えるのに、一つの資料を呈することになろう。少くともこの系列のものが流通していたことは想像できるから、徒然草の冒頭の表象がこの部分に影響したとは言い切れないものがある。

宸翰本にみえる「つれづれ」の語は、歌集にしばしばあらわれてくる。「つれづれ」の語は、和泉の生活感をもっともよくあらわすものである。和泉式部の文学の母体を考えるのに貴重なものとなる語である。

　以下、つれづれの語義をしばらく吟味することにしたい。

## **第六講　五月二十七日　第三章　和泉式部三「つれづれ」考**

和泉式部集（正集）の終り近く、八二五以下一連の前栽の歌に、その総題として、次の一文が附けられている。

　いとつれづれなる夕ぐれに、端にふして、まへなる前栽どもを「ただ見るは」とて、物に書きつけたれば、いとあやしうこそ見ゆれ。ざばれ《※さはれ》人やは見る

これに宸翰本の「よしなしごとにおぼえしこと」を挿入すれば、徒然草の序段

　つれづれなるままに日ぐらし硯にむかひて、心に映りゆくよしなしごとを、そこはかとなく書きつくれば、あやしうこそ物狂ほしけれ

の表象に酷似したものになる。王朝趣味への憧憬者であり、且つ歌人としても、頓阿らと併称された兼好が、王朝の代表歌人和泉式部の歌集を愛読したことは、容易に想像されることで、徒然草序段の執筆にあたって、和泉式部集のこのような詞書が発想の誘因となったにしても不思議ではあるまい。

---

　清少納言は、枕草子（一二〇段、流布本）で「つれづれなるもの」として

　所[1]さりたる物忌。馬おりぬ双六[2]。除目につかさえ得ぬ人の家。雨の降りたるはましてつれづれなり。

　1　所―すんでいるすまい、物忌みのために山寺などにこもる時

　2　双六の時に使う駒。賽の目によって駒を動かす。思うように賽の目が出なくて駒が動かぬ時。（金子元臣『枕草子評釈』）

と記している。これにすぐ続く段では、「つれづれなぐさむもの」として

　物語、碁、双六。三つ四つばかりなるちごの物をかしうといふ。またいとちひさきちごの物語したるが笑みなどしたる。くだもの[1]。男のうちさるがひ[2]、物よくいふが来たるは、物忌なれど入れつかし。

　1　お菓子。米の粉などをねったもの

と言っている。これによって、「つれづれ」は何らかの方法による「慰め」を求めることがわかる。逆に言えば、何らかの方法で「慰め」を得なければ、そのままの状態にたえられぬような心情をいう。

それでは、その心情の実質はどんなことをいうのであろうか。

故島津久基氏は、『「つれづれ」の意義』（※『国文学の新考察』前記116頁・後記218頁）の中で、

静かな余裕のある気持ではあるが、何となく落着かぬやうな物足りぬやうな、心細いやうな、慰めを求めているやうな、さりとて、自らそれをどうすることもできない。かなり複雑した繊細な心境（一二頁）

と定義していられる。「つれづれ」の語から直感的にうけとられるものを要素的に分析するとこういうことになるであろうか。これではいよいよ漠然としてくるばかりで語義のつきとめようもない。

私はかつて「つれづれ」を定義して、「無対象の不安と彷徨の哀愁を主要素とする心情」というように言ったことがある。（※岩波文庫「和泉式部日記」解説　初版九八頁）「無対象」とは対象の側から「彷徨」とは主体の側から言ったものであるが、主体のいだく「哀愁」は、「不安」の色に濃く染められている。それは生の壊滅への不安にもかようもので、何かの「なぐさめ」を求めることによって、まぎらわすほかはないのである。

なぐさむ←和《ナ》ぐ。なごむ・和らげる・心をしずめる・鎮魂歌が生じる心境である。（折口信夫）

清少納言が、「雨うち降りたるはましてつれづれなり」とつけ加えたほど、雨につれづれを感じるのは、王朝人の常であった。例えば、源氏物語雨夜の品定めの冒頭に

つれづれと降りくらして、しめやかなる宵の雨に殿上にもをさをさ人少くなに、御宿居所も例よりはのどかなる心地するに云々

と言い、これからたたかわされる女性論の場の雰囲気をかもし出している。「つれづれ」の語は、「つれづれのながめ」と熟して使用されていたが、ことに五月雨の降り続く頃の一人居のやるせなさは、しばしば「涙の雨」という縁語によって遣悶の歌に昇華されていった。

・つれづれのながめにまさる涙川袖のみぬれて逢ふよしもなし　（古今集）

・つれづれとながむる空のほととぎす問ふにつけてぞ音は泣かれける　（後撰集）

・つれづれと身を知る雨のをやまねば袖さへいとど水かさまさりて　（源氏物語　浮舟）

　眺め――長雨

このようにして「つれづれ」とながめわぶる人たちは、何らかの方法によって、それを「なぐさめる」ことができればよし、さもなければ「つくづくとながめ」「つくづくと泣き」「つくづくと思ひ」「つくづくとゐる」よりほかに道がなかった。（前記　島津久基『つれづれ』の意義）

　霜月　雪もいと深くつもりて、いかなるにかありけむ、わりなく身心うく、人つらく、悲しくおぼゆる日あり、つくづくと眺むるに……　（蜻蛉日記）

うちにても里にても昼はつくづくと眺めくらして……　（源氏物語　若紫）

　うち　宮中――里に対す

つくづくと泣く気色を御覧じて　（正集四二五）

つくづくと落つる涙にしづむとも　（同　四九〇）

　ほれぼれしくてつくづくとおはするほどに日もくれにけり（源氏物語　幻）

島津氏は、上記の論文の中で「つくづく」と「つれづれ」の相違を次のように説明していられる。

　一つ（つくづく）は、「眺める」心の動きを能動的な側から、他（つれづれ）はそれを受動的な側から観ての言ひあらはし方とも言へる。（中略）それで「つく〴〵とながめる」場合は、その対象が明らかに意識せられてゐることが多く「つれ〴〵とながめる」場合はさうでなくて唯漠然たる感じが主である。

すなわち、「つれづれとながめる」ことが意識的になり、明確な対象をとってくるとき「つくづくとながめる」ことになるわけである。

　つくづく（大言海　熟〔就くヲ重ネタ語〕
　　注意が特定の対象に集中される）

　物ヲ打チ守ル意。ヨクヨク念ヲ入レテミマモル。

　ツラツラ　熟思　熟視。

つれづれ　考える主題がない、視る対象がない

つれづれの心は彷徨する魂を何物かにつなぎとめる事によってのみ、無対象の不安から救われることができる。したがって「つくづくとながめる」ことによって、対象に全我を没入させることが、とりもなおさずつれづれの深淵からの脱出を意味することになる。なぜなら「つくづくとながめる」ことが、彷徨する魂を対象につなぎとめる一つの方途となりうるからである。もしその方法によらないとすれば、もう一つの方法、すなわち、他のなんらかの積極的

行動に出ることによって、それを「なぐさめ」「まぎらはす」ほかないのである。和泉式部の詠歌行為は、多くこのような心境の中で営まれていった。

・「つれづれ」の語について。王朝的な意味が、徒然草にどのように受けつがれ深化していったかを検討することはたいせつなことである。

・いとあやしうこそみゆれ――対象そのものがみえる
あやしうこそ物狂ほしけれ――自己をみつめる。自嘲的――中世的年代的な差がある。
小林秀雄「無常ということ」参照。

以下、和泉式部の歌集の中から、代表的なものを抄出して感想をのべることにしよう。

(注)「つれづれ」についての、清水先生のこの考察は、『和泉式部歌集』（前記　解説　三四〇―三四五頁）にも記されている。

大学二年、昭和二八年後期　源氏物語宇治十帖の演習で「つれづれ」について、次のように板書された。

つれづれ
1　身上―孤独
2　行動―無為
3　心情―喪失感
⇒ アンニュイ 倦怠

次の二著による。
島津久基「つれづれの意味」（『国文学の新考察』昭一六　至文堂）
土居光知「日本文学の展開」（『文学序説』昭二　岩波書店）

「あはれ」「をかし」のまとめとともに王朝語への的確でポイントをついた鮮やかな説明に感動した。（『高校古典教育の考究』溪水社　一九九二・一二　三五三頁）

『王朝女流文学史（一〇一—一〇六頁）』では、「つれづれ」によって表わされた和泉式部の身心の状態が解明され、和泉式部の文学の本質に迫っておられる。

①「傑《けい》」単己独単也　比止利、又豆礼豆礼。（『新撰字鏡』）
漢語→「孤独」　訓→

②『伊勢物語』四五段（「ゆく螢」）の「つれづれ」
激情ののちの、空虚な時の流れに身をまかせている男の「孤独な心身の状態」、緊張ののちに訪れる身心の弛緩・放心の状態（客観的）「孤独感」（主観的）

個人的な身心の状態→王朝人の倦怠《アンニュイ》

③『和泉式部日記』の「つれづれ」
「つれづれのながめ」→「たれもうき世」（連帯意識）
→をりふしにふさわしい歌→均衡した対詠の「場」
「つれづれの源流」（『国語教育研究』六、七、九号昭三七・一二、三八・五、三九・一一、前記『衣通姫の流』『和泉式部研究』に再録）には、「つれづれ」の語義が検討され、王朝の文学でどのように使われているか記されている。

**第七講　六月三日　第三章　和泉式部四　代表歌と総括**

・つれづれと空ぞみらるる思ふ人あまくだりこむものならなくに（八一）

最も和泉式部らしい歌の一首である。「つれづれと空ぞ見らるる」といったところで、「思ふ人」が現実に天下ってくるものではない。にもかかわらず、つれづれと空を見ないではいられないのが、和泉の常の身上であった。つれづれの心情の海に漂いながら、永遠の恋人をこがれてむなしき大空をあおぎみないではいられないところに和泉の業のような悲しみがあったのである。

※『和泉式部歌集』（前記）解説　三四五頁参照

・物思へば沢の螢もわが身よりあくがれいづる魂《たま》かぞみる（一六七四　一九〇九）

詞書に「男に忘られて侍りけるころ、貴船にまゐりて御手洗《みたらし》川に螢のとび侍りけるをみて」とある。

貴船、御手洗川の夕闇にほのかに螢がとびかうのをみて、わが魂の「あくがれいづる」のではないかとあやしんでいるのである。この一首は、永遠の恋の彷徨者和泉式部の姿をもっともよくあらわしている。神域におけるひとときの放心のポーズをふと我にかえったときみずから捉えたものであるが、同時にまた、式部の一生を通じて変らぬ姿の見事な定着でもあった。妙にやるせないつれづれの思いに身をまかせながら、たえず、何かにあくがれゆく姿である。

わが魂があくがれ出づるのではないかと怪しむのは、貴船明神に祈るのも忘れてうつけたように螢を見たからである。これに対する「御返し」として、次の歌が記されている。

・奥山にたぎりておつる瀧つ瀬の魂ちるばかり物な思ひそ（一六七五・一九一〇）

この御返しは誰からのものであるか宸翰本に明記されていない。しかし、この贈答歌はたまたま後拾遺集神祇（※一一六二―一一六三）の部にも入っており、「奥山に」の歌に、次の左注がついている。

「この歌、貴船の明神の御返しなり、男の声にて和泉式部が耳に聞えけるとなむいひ伝へたる」

してみると「奥山に」の歌は、和泉の「物思へば」の歌に対して「奥山のたぎつ瀬の」のように魂がぬけ出るほど、物を思うなとの神の御意を伝えたということになる。そしてこの神の御声によって、和泉の懊悩する魂がおのずから鎮まるのである。そうしてみると、この贈答歌は一種の鎮魂歌の発想をとったものと言ってよい。恋を祈るといっても、和泉のばあいは恋を失って悩んでいる魂を鎮められることを祈るのであった。そうすることは、結果から言えば、苦悩のかげのあらわれた心の底から、新たに燃えあがってくる永遠の恋人への思いを改めていただきもつことに外ならなかった。

左注にみえる「男」とは、和泉から去った現実のおとこではなく、いわば和泉の心に新たに描き出された幻の男であった。美と神秘の極地を示す、この「物思へば」の歌の発想は、永遠の恋の彷徨者和泉式部にふさわしいものと言ってよい。

次の二つの歌もあわせ読むとよい。

・ゆく螢雲の上までいぬべくは秋風吹くと雁につげこせ　伊勢物語　四五段

　雁は霊界の使　雁を呼ぶことによって女からの便りを待つ。

・恋せじと御手洗《みたらし》川にせしみそぎ神はうけずもなりにけるかな

　古今集　読人知らず（※五〇一　巻十一・恋一）　伊勢物語にもある（※六五段）

---

注（参考）　岩波文庫『和泉式部日記』解説は、「物思へば」の歌の検討から書きおこされている。初版本　九一―九二頁　改訂版　九七―九八頁、一一三―一一四頁

　「物思へば」の歌は、『王朝女流文学史』でも、和泉独自の詠歌方法としてとりあげられている。

・人はゆき霧のまがきに立ちどまりさも中空にながめつるかな（一八二）

　「長月ばかり鳥の音にそそのかされて、人のいでぬるに」（正集）という詞書をもっている。

　「霧のまがきに立ちどま」っているとしても、恋人の去った後のうつろな胸のうちがいやされるわけでもない。却っておほほしく、目路をさえぎる霧のために胸中のやるせない思いはつのるばかりである。「中空にながめつるかな」は、どっちつかずの心が、じっと一点をみつめてもの思いにふけるのをいう。去った恋人の面影を追っているのだと言ってもあたらない。無論人の去ったのちの深刻な喪失感にさいなまれている姿もそこにみることもできない。やはり焦点の結ばれようのないつれづれの思いが和泉の生活感として、この歌の結晶をささえている。

　この場合「人は行き」が、この歌の詠出のモチーフとなっているのは言うまでもない。人が去った後に描いているのは、「とりの音にそそのかされて」あわてて出ていった男の姿ではなく、むしろ和泉の胸に描かれた永遠の恋人の面影であった。

※この歌についても『和泉式部歌集』（前記）解説三四五―三四六頁にとりあげられている。

・待つ人の今もきたらばいかがせむふままく惜しき庭の雪かな（一七一・※一四八六　一五七四・一七五四）

※二集（続集）庭の白雪、

この一首からあふれる清くみずみずしい光は、まことに目を見はるばかりである。「待つ人」云々とあるからとて、何も「待つ恋」の心理が詠みこまれてあるのでもなければ、庭前雪景がうつされているのでもない。さりとて景情一致というようなことばを引いて手ぎわよく片ずけようとしてもしっくりしない。はっきりしているのは「清純」とでも名付けられるべきものへの、あこがれの謙虚な一途さのみである。「いかがせん」にみえるいじらしいばかりのためらいは、「夜の雪」によって象徴された命の清純を俗流に抗して守ろうとする詩人の、つつましい羞らいである。この歌にみえる和泉の清純なものへの姿勢には、つつましいけれども、しみいるばかりの一途さがある。このような一途な姿勢の地盤となっているものは、危機の意識にはぐくまれたやるせないつれづれの思いである。危機といえば、和泉の歌はどの歌も危機の予感にうらづけされていないものはない。むしろ、その予感の上に、和泉のすべての歌は詠出されていると言った方がよいかも知れない。崩壊一歩前の危険な瞬間が、三一文字の短歌形式によってかろうじて支えられているような歌ばかりである。

・いくつづついくついくつかさねてたのましかりのこの世の人の心は（七一五・一六〇八・一八一五）

※「雁《かり》の子を人のおこせたるに」（詞書）

「かりのこ」は「雁の卵《こ》」、それに「仮のこの世」をかけたのである。「仮の世」という仏教的観念から詠まれたものではない。鶏卵の危き壁によって象徴されるような危機の実感から詠出されたものである。人生が仮の世であってみれば、その仮の世に生を托する「人の心」だって、頼みにされないというのである。

・しら露も夢もこの世もまぼろしもたとへていへは久しかりけり（一六五四）

「この世」（人生）をはかなきもののたとえとして、王朝人によってしばしば引用された「しらつゆ」「ゆめ」「まぼろし」の間に、さりげなくはさんでそれらと同例に見ているのである。しかしそれだけなら、王朝の類型的発想を出ないかもしれない。それら一さいに比べて、その恋が更にはかないものであるということを、「つゆばかりあひそめたる人のもとへ」（詞書）いいやったのである。恋の最初の瞬間から、その恋は早くも喪われているのである。

※『和泉式部歌集』（前記）解説三四六―三四七にとりあげられている。

寛仁二（一〇一八）年一〇月一六日、道長の第三女威子《たけこ》が、御一条天皇の皇后に立った日、宮中では世にも盛大な祝宴がはられた。殿内には、うるわしい弦歌の声がみち、盃がめぐるにつれて、御堂関白道長の得意は絶頂に達した。そのみち足れる思いを託した

　この世をばわが世とぞ思ふ望月のかけたることをなしと思へば

の歌には、一人として和《こた》え得るものはなかったという。（『小右記《おうき》』）道長が、このように歌ったとき、既に王朝文化の危機のかげが、色濃くにじみ出ていた。道長自身の運命としては、藤原氏頽勢への氏長者としての焦燥がこの一首にいたましくも表わされていた。

道長の格別の恩顧を蒙って栄達した橘道貞・藤原保昌を夫としてもち、道長の女彰子の後宮に、女房として奉仕した和泉式部は、道長の栄華によって象徴される王朝文化の最盛期を、宮廷の豊熟した雰囲気の中に送ることができた。しかし、完成はそれ自身崩壊の危機をはらむ。この危機のいちはやい知覚は、いつの世においても選ばれた詩人によってのみ可能である。和泉式部もそのような詩人であった。

和泉式部は、「この世」にみなぎる崩壊の危機の空気を呼吸しながら、その予感を一首一首珠玉のような歌に造型していったのである。

## 第四章　菅原孝標女

はじめに。『更級日記』の表象をたよりとして、孝標女の心の閲歴を中心にその生涯を跡づけるにあたり、彼女の見た前後一一回の夢を主たる手がかりとして考察していきたい。（→『王朝女流文学史』一一三―一一四頁）

### 第八講　六月一〇日　第四章　菅原孝標女　二

家系。冒頭部、父の任地「あづま路のはてよりも、なほ奥つ方」での物語へのあこがれ「ゆかし」、任地出発、上洛への途。三つの伝説、竹芝寺の伝説（『王朝女流文学史』一一四―一二二頁）

### 第九講　六月一七日　第四章　菅原孝標女　三

上洛、幻滅、物語へのあこがれ、伊勢物語九段「東下り」の「行く心」と「かへる心」（『女流日記』更級日記「二つの心」一六五―一七〇頁）

■池田亀鑑〝伊勢物語の成立〟、保田与重郎〝日本の橋〟（→『王朝女流文学史』四―八頁）

### 第一〇講　六月二四日　第四章　菅原孝標女　四

継母との別れ、行成卿の女の死、源氏物語を読む（耽溺）。

第一の夢「法華経五の巻とく習へ」・「すき心」と「まめ心」（『王朝女流文学史』一二三―一二八頁）

第二の夢（治安元・一〇月頃　一四歳）〝天照御神を念ぜよ〟

第三の夢（治安二　一五歳）猫の夢、火事、姉の死。

万寿元年（一七歳）正月、司召に父任官できず。四月、東山なる家に移る。

第四の夢　長元八年（二八歳）、彼岸どき母とともにした清水参籠の時の夢（『女流日記』一六九―一八四頁）。別当と思われる僧が、「行く先のあはれならむも知らず、さも由《よし》なき事をのみ」と不機嫌に言う。〈講義はここで終った〉

第五、第六の夢は『女流日記』（一八五―一九〇頁）で吟味され、第五の夢は、「王朝女流文学史」（一二八―一三〇頁）でもとりあげられている。

「耽溺」ともいうべき孝標女の虚構の物語世界への「あこがれ」は、さまざまな人生体験を経て、現実的な心に変ってゆき、夫の死を境として、この現実の生こそ、須臾の「夢」にほかならぬことを悟るに至り、目ざめた心は、さらに、悠遠な未来世界（後世）への「あこがれ」に変貌していく。天喜三年（一〇五五、作者四八歳）一〇月一三日の夜見た第一一の最後の夢、陀阿陀仏来迎の夢は、このことをものがたっている。

「第四章　菅原孝標女」の講義は惜しくも第四の夢について語られるところで終ったが、右のように結論づけることができよう。

## 第一一講　九月一六日　隠遁の倫理

講義に先立って、レポート提出を求められた。

レポートの題目の例として、次のものを列挙された。

一　文学に於ける夢について
小町、孝標女のばあい

わたくしは次の題名でレポート提出をした。

■「蜻蛉日記」にあらわれた夢――道綱母の夢への姿勢について――

小町の浪漫的な夢の歌に対して、道綱母の〝目覚めてくやしい思い

二　和泉式部について
○和泉式部の芸術の特質
○紫式部の和泉・赤染優劣論について
○和泉式部と現代
○つれづれについて
○和泉式部日記について
三　孝標の女について
○孝標の女の「夢」について
　——小町と関連させて——
○更級日記に見える二つの心の葛藤
○更級日記に描かれた女性の運命

◎自分をどこかに出していただきたい。

をするのなら「思ひつつ恋ひつ」は寝まい〃という歌を比較し、蜻蛉日記の四つの夢の話を検討した。「世の中いとあはれなり」という諦観にたどりつく心の変化を知ろうとした。

　戦後「芭蕉は現実逃避だ、卑怯だ」ということばがおこった。（宮本百合子ほか）　隠遁とは、「俗世」をのがれるのであって「現実から逃げ出すのではない。現実逃避ではない。一歩退いて現実を客観化し、世の移りいく先をみつめようとすることである。乱世の知識人たちは、勇気をふるって隠遁者の衣に着がえた。西行は、とりすがるわが子をつきとばして出家したことになっている。長明は、天災地異によって死んだ人の数をかぞえて、現実を客観的に冷静に見ようとした。兼好も都のすぐ近く双が丘に隠遁し、現実とつかず離れずの関係において、現実を直視しようとした。隠者の生活によって、〃何もかも見える〃（小林秀雄）ということが可能であった。乱世においては、現実から退いて守ることしか、文化の伝統は守られなかった。中世の隠者たちによって、王朝の女性たちが、生み出した文化が受け継がれ、中世の文学が新たにきり開かれていった。

・斉藤清衛先生は『中世日本文学』（前記）で奈良末期家持から芭蕉までも論じておられる。
・高木市之助、風巻景次郎氏は、平安時代を中世（一）においておられる。

## 第一二講　九月三〇日　まとめ　孝標の女と式子内親王

孝標の女の夢をとおして、二つの心の葛藤を知ることができる。「物語世界」への耽溺の心（すき心・ゆく心）と「極楽浄土」への仏道信仰の心（まめ心・かえる心）・物語愛と道心・「ゆかし」（憧憬）とあらまし（願望）との相克をみることができる。（→『女流日記』一八九—一九〇頁・『王朝女流文学史』一二七—一二八頁）

式子内親王（後白河天皇の第三皇女）は、「斉院」として寂蓼・孤独の幽居に等しい境遇で、隠遁者にも通じる生活をされ、王朝女流文学の伝統を継承して中世へのはしわたしの役をされた。

〈二〇〇九・一一・一九記〉

（追記）沓掛良彦『和泉式部幻想』（岩波書店・二〇〇九・一一・二二）では、和泉式部を詩的想像力、ことばの美しさ、内面把握の深さから、世界文学の中の最高の女性詩人と位置づけ、高い評価を与えている。

〝和泉式部という、世界女流詩人でも群を抜いて高い位置を占めているこの歌人を、平安朝和歌という閉じられた世界に封じ込めるのではなく、もう少し広い世界に引き出して眺め、鑑賞することが許されてもいいのではないか〟（まえがきix）と記している。

〈二〇一〇・八・一一〉

## 七　土井忠生先生の源氏物語演習　――桐壺冒頭の読み

大学四年前期（昭三〇・一九五五・四―一〇月）に、土井忠生先生の『源氏物語演習』を受講することができた。桐壺の冒頭部の演習であった。（次頁）

火曜三、四時限、土井先生ならではの一語一句をないがしろにされない重厚な演習であった。

第一回　三〇・四・一二

最初に次のことを語られた。

> 本演習の目標は、古典の読み方を考えてもらうことである。
> かくありたという私流のやり方でやっていく。教える時の方法はおのずから変えてやる。
> ごまかしではどうにもならない。――この精神でいてほしい。
> あくまでも古典の読み方としての方法論を考えてもらう。
> 源氏物語をことばの面からとりあげる。主に古典文法をじっくりと考える。
> 参考書としては、亀井孝『概説文語文法』（※吉川弘文堂・昭三〇・三・二五）がよい。
> 演習の本文は流布本による。

この日、卒業論文へのとり組みについても、懇切に語られた。感動しながらカードした（五枚）―省略

（※は著者注記、以下同じ）

演習は河内本を中心とした諸本の紹介から始まった。

青書紙本（定家）に対する河内本について

河内本は、源光行─親行親子が力を出して校合した。現存するものは親行によるもの。その過程が伝わっているのが、平瀬本。桐壺の巻の奥書に、

※本ニ云フ　終リ二一部之書功ヲ一、遂《オエ》二数度之校点一而已《ノミ》。

文永五年五月三日校点畢。文永五年五月三日校点畢《オエシ》。

以テ二彼本ヲ一延慶第二暦首夏十日書写校合畢。

※本──底本のこと。河内本といわれるものにはない、あとからつけたことば。

その後「いろいろのものを手に入れし」とあり、どのように校合していったかが、奥書の上にあらわれている。その一例として、横笛の奥に次のものがある。

本ニ云フ貞応二年六月十四日校合了。

建長二年卯月廿三日朱点了。

同　　廿四日一校了。同五月六日又校合了。

同十六《ママ》日又校合了。又以二他三本一校了者スレバ、可シレ為ス二証本一ト。又以二武衛本一校了。又以二香本一一校了。

建長六年五月二日又校了スレバ、無シ二不審一。

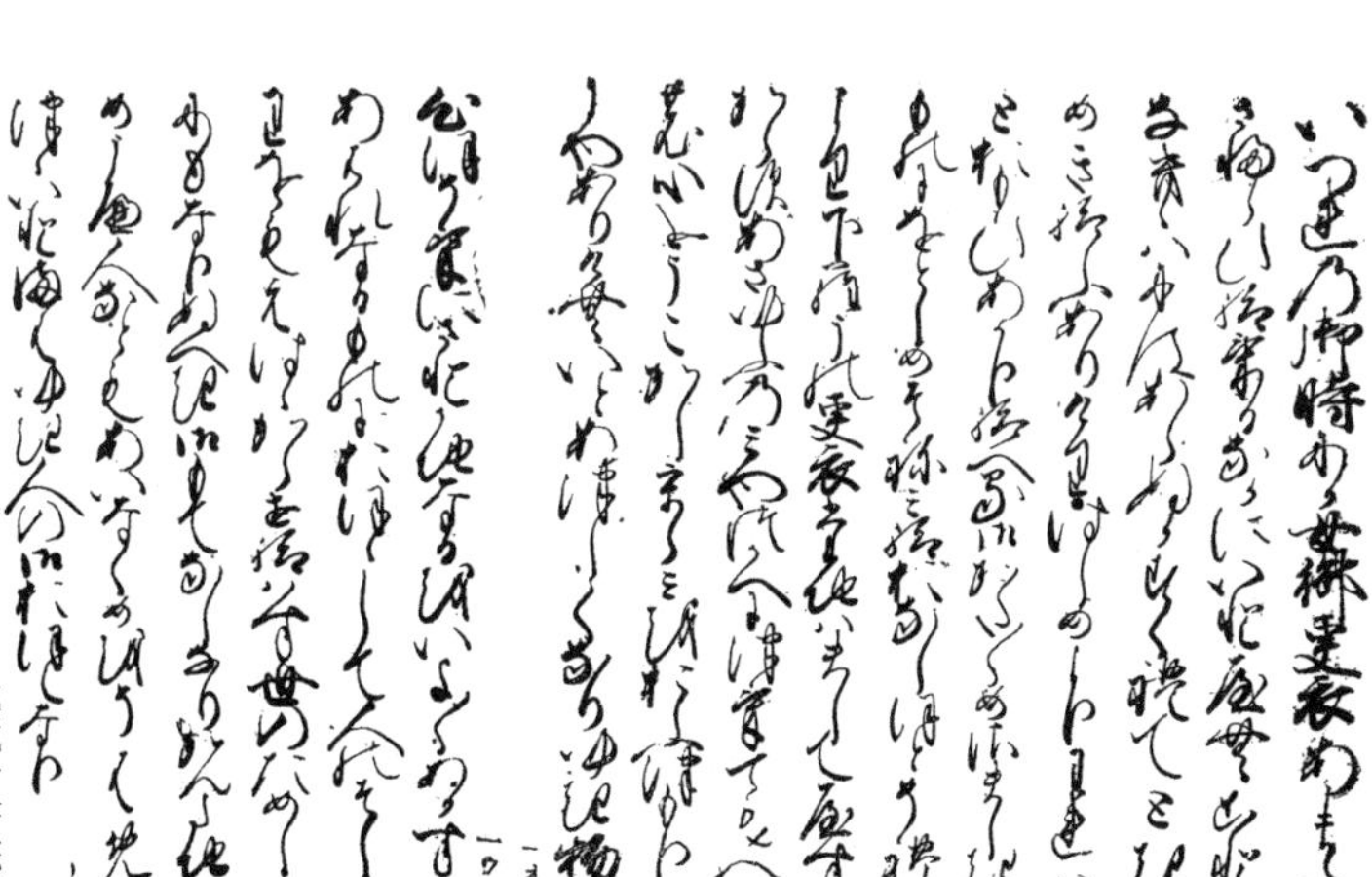

〔三条西公条《きんえだ》筆『校註　證本源氏物語　きりつぼ』　武藏野書院藏版

〔三条西公正校注　　昭二三・六・五

昭三二・三・廿五版

（一二五四）

応長元年六月　日

※これは、花園帝の代→西紀一三一一年で、親行筆ではない

了・畢＝早、区別なく使っている

親行のものとしては貞応二年（※一二二三）のものが一番早い。その校合作業は決して建長年間（一二四九―一二五五）ではおわっていない。「文□六年正（月）廿二（日）」と〈平瀬家本、宿木の表紙に〉ある。この時代に文とあるのは文永しかないから、これが最後のものとなる。（※文永六年＝一二六九）

親行は、これ以後九年ばかり生きていたことが、その歌によってわかる。

嘉禎二（※一二三六・二月三日）――建長七年（一二五五・七月七日）までに校合したというのを写したのが鳳来寺本（※三河国四十八帖）それより三年後正嘉二年（一二五八・五・六）に写したのが尾州徳川家本。

平瀬家本は、大正六年、京都帝国大学の学生であった山脇毅《はたす》が発見し、文献学的に明らかにした。のちに『源氏物語の文献学的研究』（昭和一九・一九四四・創元社）として出版された。

親行が随時校合する途中途中に、校合したものは世の中に広まっていっている。従ってそこに異同がある。部分的な細部のものであるけれど、河内本と言ってもすべて同一ではない。

親行の校合は、前後四六年に及んでいる。しかし、それが真に源氏物語に近いものであるか。青表紙本に比して随分手が入っているが、もとのものに近いものであるかどうか。現在の本文批判（『源氏物語大成』など）は、もとのものにかえすことを理想としている。

青表紙本は、三条西実隆が、三条西家本を作ってからそれを証本とした。これ以後、三条西家が学問の家となった。しかし、これは、定家の定本そのものではなく、河内本の影響が入っている。湖月抄は更に河内本の影響が入っている。

河内本は、鎌倉時代の人が手を加えたものであるから、加えたことばは死語である。文学である故に、鎌倉の人々にわかり易いものとしたことが、紫式部の使ったものから離れている。平安朝の特殊語がむずかしいものとして改められている。そこで、現在では、定家の青表紙本に近いも

のをたてている。

池田亀鑑『校異源氏物語』（※五冊・芳《は》賀博士記念会。昭一七・一九四二年中央公論社⇒『源氏物語大成』昭二八一九五三―三一　一九五六・八冊）は、青表紙本（※飛鳥井雅康本――大島本）を底本とし、それに対して河内本をあげ、その他のものを別本としている。

別本系のものには、河内本をもととして、もっとわかり易くしたものが多い。河内本以前のものは少ない。

阿里莫本（※二八帖・別本系統・近世中期頃の書写か？）は、河内本をもっとわかり易くしたもの。まがりくねりの多い文章が単純化されている。

河内本が学界に紹介されたのが、大正始め（※前記、山脇毅の平瀬家本の発見）、大正から昭和にかけて河内本が尊重された。『校異源氏物語』も、はじめは河内本を定本としたぐらいである。しかし、河内本は、鎌倉時代の言語意識で書き改められていることに注意しなくてはならぬ。

注釈書は次のものを紹介され、研究のあり方にも言及された。

古注

・北村季吟　湖月抄（※延宝元一六七三成立。六〇巻六〇冊、ここまでを古注、旧注、以後を新注と称する。）

・中院通勝《なかのいんみちかつ》　岷江入楚《みんごうにっそ》　注釈がくわしく古注をよく集めている。（※『河海抄』――四辻善成・『花鳥余情』――一条兼良《かねら》・『弄《ろう》花抄』――三条西実隆、などの諸注のほか、公条・実枝の説を示す。単語だけでなく文脈も訳している。※最大の諸注集成の書。慶長三　一五九八・成立。細川幽斉のすすめによる。）

新注

・契沖――源注拾遺。引歌をよく指摘。（※元禄九　一六九六・八巻八冊　旧注の誤りを訂正し、自説を加えた。源語研究史上特筆すべき著述。）

・真淵――源氏物語新釈。直覚力を働かせた、天才肌の注釈。（※宝暦八　一七五八・五四巻五四冊。『湖月抄』の書き入れ本。）

・宣長――玉の小櫛。多くの用例を出して帰納している。帰納的で実証性に富む。あまりにも出てくる範囲ばかりで決めているので、特殊な面にこだわる傾向がある。一方では、広い一般的な意味にのみとらわれてもいる。（※寛政八・一七九六、九巻九冊。巻一・二は総論、もののあはれ論を展開。）

・石川雅望《まさもち》――源注余滴《よてき》。多くの用例を集めている。（※文政初年一八一八頃、『湖月抄』の誤りを正したもの。語釈にもすぐれている。）

　同　　雅言集覧。江戸初期に出版された木版本。古語用例集。源氏のみならず、もっと多くの用例にあたった。源氏は湖月抄、枕は春曙抄によっている。頁（丁附）が挙げてある。

誤りも多いし、解釈のちがいによるいれどころも違うから、次の二書を用いねばならぬ。

○『源氏物語大成』（池田亀鑑）索引。助動詞・助詞はまだ（※八冊・昭二八　一九五三―昭三一　一九五六。中央公論社。索引編は四・五・六巻。一般語彙・助動詞助詞・項目一覧）

○『対校源氏物語新釈』（吉沢義則）用語索引・上下。（※木之下正雄と共著。昭二七　一九五二・一一・一二月。本文は全六巻。昭一二　一九三七・六～昭一五・一九四〇・八。平凡社。湖月抄本を底本として、河内本（旧尾州家本）によって対校　頭注と傍注がある）

・萩原広道――源氏物語評釈。支那の修辞学的文法論によって解釈した。（※一四巻・一三冊。嘉永七　一八五四、「花宴」の巻まで、綿密周到で、近世最後を飾るものとして意義深い。）

現在のもの

・池辺義象《かた》　鎌田正憲《のり》――校定源氏物語詳解。（※大正五　一九一六・博文館・花宴の巻まで。諸注を多く集成し、学問的な詳細な注釈を施している。本文の考異が杜撰なのが惜しまれる。）

・永井一孝――源氏物語諸抄大成。新注の集成。解釈。（※二冊。朝顔まで。昭二・一九二七・一〇・昭四・一九二九・一二・斯文書院）

・島津久基――対訳源氏物語講話。文学がわかる上に、ことばにも通じている人の書。（※六冊。「葵」の巻まで。昭五・一九三〇―昭二五・一九五〇。中興館・矢島書房。評釈・論評・考証に著者独自の見解をみることができる。）

■平安朝文学や御堂関白記など、源氏物語の周囲に注意することも必要であるが、先ずは源氏物語それ自体に注意すべきである。

　源氏物語のような大部のものには、一つの書きぐせ、表現の型がある。そこで似かよった内容をさがす。内容索引も必要となる。

・校注国文叢書(1)　源氏物語　大正元・八　附すみれ草（博文

堂）年立別に内容を知る。

（※菫草　北村久備、文化九　一八二六・？　宣長が果さなかった系図を作成。上・中巻系図。下巻年立。系図、年立は類書中の白眉。—源氏物語辞典　下一一一頁）

・博文堂叢書『源氏物語』（※三冊、昭四　一九二九、藤村作　笹川種郎　尾上八郎）

・有朋堂文庫源氏物語の索引

（※四冊中の第四冊　系図、索引、大正一五　一九二六　七・二〇　武笠三　『首書源氏物語』を底本とする。索引は人物を中心とした内容索引　四七一—五二六頁）

・国文大観源氏物語（明文社）の索引（明三六—三九　国文大観一〇冊）

■いいかえ程度の解釈ではなく自分自身の解釈につとめる。

そのために

⑴用例を集める。

⑵辞書をみる。　大日本国語辞典　大言海　言泉などを利用する。

・大日本国語辞典（※縮刷版一冊は昭二七　一九五二・富山房、初版は四冊　大四—八）

解釈としては、平安朝の専門家松井簡治氏があたっておられるので、平安朝語をしらべるのにはよい。

・大言海（※五冊。大槻文彦。昭七　一九三二—昭一二　一九三七・冨山房）

語源主義。主観的なこぢつけの解釈が多い。用例はまごびきでなく、本文にあたっている。特にサ行以下は、新村出博士が原典に直接あたっている。安心して使える。

大日本国語辞典にも雅言集覧からまごびきしているのもある。

・明解古語辞典（※金田一京助　春彦・三省堂　昭二八・四初版）

分担者によって違う。まごびきがここにまで及んでいるものもある。新しいものもあり、古いもののやき直しのものもある。玉石混交。古語をみるのには参考になる。

■言葉としての抽象的な意味を辞典で知り、具体的にはどうであるかを用例で知り、ここではどう具体化しているかを知らねばならぬ。その前後関係を知るために、文法が必要である。

次の三つが、文法としてむずかしい。

⑴形容詞の意味

⑵動詞の連用形

⑶助詞・助動詞の意味の決定。どのように独立語につい

て決定しているか。

次の文法書を紹介された。

・あゆい抄——古いもの。（※助詞・助動詞、接尾語の類を脚結《アユイ》とした研究書。五巻六冊、富士谷成章《なりあきら》。安永二 一七九三脱稿）

・三矢重松——高等日本文法 増訂版（※大正一五 一五二六・一一・二〇・明治書院八三二頁 平安時代の助動詞の解明に創見が多く、全体として平安時代文法研究書とみることもできる）山田博士の論理的なものと違う。

・松尾捨治郎——

国語法論攷（※昭一一・一九三六・「なり」の伝聞推定説。）

国文法概論（※昭八・一九三三・八・二五、中文館書店 三二九頁）

助動詞の研究（※昭一八・一九四三 文学社・学位論文→昭三六・一一・二五 白帝社 二三〇頁）

・山田孝雄《ヨシオ》——平安朝文法史（※大正二、昭和二七・一・一〇改版 五二九頁 宝文館）

解釈——具体的な例を知ろうとする時にはものたらぬことが多い。

一般的なものをしるには文法史にあたることが必要である。

次の文献で確認した。

1池田亀鑑 源氏物語大成 巻七 研究資料編 中央公論社 昭三一・一・一五

研究編、第二部 源氏物語諸本の系統

第三部 現存重要諸本の解説

2池田亀鑑編 源氏物語事典 下巻 東京堂

注釈書解題・諸本解題（大津有一） 昭三五・三・三一

源氏物語年表（山脇 毅《はたす》）

3三谷栄一編 源氏物語辞典 源氏物語講座別巻 有精堂

注釈書・研究書解題 昭四八・七・一〇

研究史年表

4 山岸徳平・岡　一男監修　源氏物語講座　第八巻　有精堂

源氏物語の諸本　山岸徳平　昭四七・三・二〇

源氏物語の研究史　稲賀敬二

5 玉上琢彌編　源氏物語　日本古典鑑賞講座4　角川書店　昭三二・一二・一〇

研究史物語・参考文献　玉上琢彌

6 玉上琢彌編　源氏物語　鑑賞日本古典文学9　角川書店

参考文献　福嶋昭治　昭五〇・二・一〇

7 阿部秋生・小町屋照彦・野村精一・柳井　滋　源氏物語　鑑賞日本の古典6　尚学図書　昭五四・一二・一

解　題　阿部秋生

参考文献解題　平井仁子

8 国語学会編　国語学辞典　東京堂　昭三〇・八・二〇

9 佐藤喜代治編　国語学研究辞典　明治書院　昭五二・一一・五

池田亀鑑『古典の読み方』（※至文堂　学生教養新書　昭二七・一・三〇）を読むようすゝめられた。

（※⇒岩波文庫　青一八四—一『古典学入門』一九九一・五・一六　解説、秋山　虔。）

『日本古典入門』（講談社学術文庫16・要書房『日本の古典』の再版　昭五一・六・三〇　解説　待井新一）には日本の古典二二冊が概説されている。

第二回　三〇・四・一九

1　いづれの御時にか

(1) 御時（おほんとき）

①古写本はすべて「御時」と漢字で書かれているのに「おほん」と読んでいる。源氏物語で「御時」は殆んど漢字で書かれていて、「おほん」と仮名で書いてあるものは殆んどない。

（おほん
お
み）

②今のよみが決ったのは、大体室町時代の半ば以後である。三条西実隆の勢力がこの方面で定まった頃である。これをうけついで湖月抄などが出てくる。

伝統的なよみ方で決ってしまった。

③この読みはどうして決定したか。

一部の古典を読む人のことばとして作りあげられた一つの解釈である。勿論平安朝的要素をもったものである。この解釈は、本文研究がされ始めた鎌倉時代より始められた。

④「おほん」「お」と「み」とは大きなみぞがある。

み―尊敬度が非常にあった。

（※本来は霊威あるものに対する畏敬を表わす。①霊物そのものに冠する。「御神《み》」「御仏《み》」②名詞の上について、それが神仏、天皇、貴人など尊敬すべき人に属するものであることを示し、敬意を添える。御食《みけし》、御子《みこ》、御許《みもや》、御座《みまし》――小学館「国語大辞典」）

おほん、お―平安朝語として、どれほどの差があるかはっきりわからぬ。

三条西家の流れをくむ「細流抄」（※三条西実隆、永正七　一五一〇―一〇　一五一三。二〇冊「弄花抄《ろうか》」に続いて執筆された三条西家の注釈研究書）で天皇などに使われる時には「おほん」としている。

⑤なぜ「おほん」と読むか。

「大御時」（奈良朝、天皇の治世）この場合もっとも尊敬度の高い大御《おほみ》という接頭辞がつけられている。大御神おほみ mi→おほむ（mu）→おほん（n）平安朝ではこの音韻変化があった。どう読むかは、前後の関係によって、解釈によって決める。

⑥おほむ　梅枝《うめがえ》（※三二帖・薫物合）侍従（※香の名　秋の香）

おと、の御《おほん》□　　　（※源氏の調合なさった御香）

たいのうへのおほむ□　　（※紫の上の合せられた御香）

大島家御本（飛鳥井雅康の手による）

他の青表紙本では漢字になっている。

接頭辞ではなく、独立に使われたものに「おん」とよんでいるものは、十種ばかりある。（校異源氏――※大島本を底本とする）

ここでは、公の身分関係は考えられない。二人（※源氏と紫の上）のさし出したもの、（※調合した薫物）を尊敬、高く評価していることがわかる。これは人そのものの対遇表現ではない。勿論、間接には二人への対遇表現ではある。

「おほん」というのは、必ずしも天皇に限られているのではない。しかしわれわれが古典を解釈するばあい、天皇関係に限られるものとうけとってよい。

(2)いづれの――疑問をあらわす不定代名詞。　山田孝雄「平安朝文法史」には五つの用例が挙げられている。

（※五〇頁　第二章語論　第一節代名詞）

・古今集　いづれの人かつまでみるべき　（※一〇一七・巻一九、どういう人が、女郎花を摘まずに見るだろうか。　誹諧歌）

・後撰集　いづれの世にか秋をしるべき　（※一二七二巻一八、雑四いずれの世にも秋、飽きるということを知るはずはありません）

五番目の用例として、「いづれの御時にか。」（源・桐壺）として引用されている。

(3)「いづれの御時にか（ありけむ）ということが考えられ伊勢集の冒頭にこの言い方がある。だから源氏の冒頭は、伊勢集をならたものだと言われてきた。（※『河海抄』〈四辻善成《よしなり》・貞治一三六二ごろ成立か。〉には類例として挙げている。細流抄、岷江入楚・湖月抄なども言及）

このいい出しは、平安朝のものとしては型やぶりの言い方である。

他の物語を見ると、

・今は昔竹取の翁といふ者ありけり。　竹取物語

・昔式部大輔大弁かけて清原《ら》の王ありけり。　宇津保物語

・今は昔、中納言なる人の女あまたもたまへるおほしき。　落窪物語

・昔男ありけり。　伊勢物語

このように物語の書き出しには一つの型があった。これを破ったのは、伊勢集をまねたからではないかと言われている。

・いづれの御時にかありけむ、大宮す所ときこえける御つぼねにやまとにおやある人さぶらひけり。　伊勢集類従本

これに対して西本願寺本には、

・寛平のみかどの御時……

とある。このどちらが正しいか。これをとり挙げたのが小西甚一氏である。（「いづれの御時にか、」国語と国文学　昭三〇・三月号）

小西氏は、「寛平のみかどの……」が先であって源氏の影響を受けて、「いづれの御時にかありけむ」に書き改めたのではないかとする。その理由は、和歌の詞書では「……のみかどの御時」とあるのが常であるからだというのである。桐壺の冒頭は伊勢集の影響ではないものとして、新しい見方をしようとしている。

この論は、西本願寺本などの細かな調査によって裏づけられなくてはならならぬ。

桐壺は長恨歌の影響を多く受けている。「いづれの御

時にか」という表現は、次の長恨歌の書き出しの文句を日本流に書き改めたのではないかと小西氏は言う。

漢皇重色思傾国

唐の玄宗をとり挙げながら、遠く漢のことをしている。漢は特定の漢朝のことでなく、ぼんやりともってきたものである。「漢」が「いづれの」にあたり、「皇」が「御時」にあたる。この漠然とした支那流のものを直せば、「いづれの御時にか」に当るのではないか、この一句をもととして日本流に書き改めたのが桐壺の冒頭ではないかとする。

これは一つの問題となる研究——思いつきである。これにこたえるものが、国語国文の玉上琢彌氏のものである。

（後出、248頁。「桐壺巻と長恨歌と伊勢の御」昭三〇・四　国語国文）

この考えを側面から助けるのが、狭衣物語の書き出しである。

平安朝のものの書き出しで、型破りのものは源氏物語と狭衣物語である。

少年の春を惜しめどもとどまらぬものなりければ

この書き出しは、

※白氏文集巻十三

背燭《ソムケテ》共憐ブ深夜月

踏花同惜ム少年者　　白楽天

和漢朗詠集

千載佳句

によっている。

狭衣物語は構想の上でもことばづかいの上でも、源氏物語をまねたものであることが、明らかである。源氏物語が白楽天をもってきたので、これに対抗して、狭衣物語でも白楽天をもってきたのではないか。

ところで、平安朝の物語で、時代を昔にもっていく型「むかし——ありけり」がある。源氏物語も時代を百年位前醍醐帝の御代にもっていっている。これは長恨歌においてもみられる。

「漢」ということばそのものは特定な支那の時代をさす。これは「昔男ありけり」に当らず、むしろ「寛平のみかどの御時」という具体的な表現にあたる。

昔のものは、時代の後に必ず具体的な人物を出している。ところが源氏物語では、そのあとに具体的な人物は出ていない。源氏物語で問題となるのは具体的な人物を出さず、ぼんやりと時代をさしていることである。ここに、伊勢集との違いもある。

また、表現としても、「ありけむ」があって、はじめて伊勢集の影響を受けていると考えることができる。しかし省略している。

このように、「いづれの御時にか」と始めをぼんやりとしたものとして出し、少しずつ明らかにしようとするところに、紫式部の冒頭の苦心があった。

冒頭の書き出しを伊勢集の影響にするか、長恨歌の影響にするかは、はっきりと判定しがたい。これよりも、むしろ時代をぼんやりとさしているということに鑑賞上、注意すべきである。

2　女御更衣あまたさぶらひ給ひける中に

(1)女御と更衣――並べて出してある。――複数

最高のものが皇后、始めは一人であったが、後には源氏のころにには二人となった。そこで一人が皇后、一人が中宮となった。

女御――親王の娘・攝政　関白・大臣（一位～二位）の娘。中宮になりうる

更衣――公卿・四位・五位の殿上人の娘でもよい。中宮にはなりえない。

ここにははっきりとした家柄の区分がある。比較にならないほど差もある。将来性という点ではっきり違う。はっきりとした線がひかれる。

これらのはっきりしたことを考えねばならぬ。生活の環境をしっかりと考えねばならぬ。そこで有識故実の知識が必要となる。次のものなどが役立つ。

・池田亀鑑　平安朝の生活と文学（河出文庫）

※昭二九・八・三〇　二二八頁　「宮廷と古典文学」

昭一八の再版　解説　石田穣二

文学との関連で説いてくれたのが

↓角川文庫　昭三九・四・三〇

・和田英松　官職要解（明治書院）※大一五・一・二〇

(2)あまた　特殊な副詞。数量関係をあらわすことばで、他の副詞とかなり異っている。数詞とよく似ている。元来はその類のことばである。

漠然とした数を示す。漠然としたものとなっているので、数詞とはなれず副詞になっている。

あま―た　ひと―つ。「つ」と同じ要素をもつ。いくつ tu→ta

（「あまる」「あます」などの語幹と同語源の「あま」に接尾語「た」のついたもの）

「あまたの女御更衣さぶらひたまひける」という表現もある。（源氏物語大成にはない）

女御更衣あまた（主）……これが一つの主語となって下にか

さぶらひ(述)　かるということも数詞としてある。

普通は、副詞として「さぶらひ」にかかるものとして考えている。

あまた《数詞的要素》宮達《助数詞的性格》……名詞の上に直接つくばあいもある。

あまた、たび、ところ、とし、くだり、かへり　ところ——などにつく。

数詞的性格がここにも残っている。

■日本の助数詞は非常に複雑である。

一応、下にくる述語の連用修飾語として使われているが上の内容も限定する。上にくるものがなくても、それだけの内容のものを背後にもっていることを考慮しておく。

(3)さぶらひ給ける中に

何にさぶらふかといえば、御門のそばにいること。そこで作者として、女御更衣への「給ふ」という尊敬となる。

■身分違いの人がいるばあいは、上の人を基準として敬語を使う。

3　いとやむごとなききはにはあらぬが、

---

(1)やむごとなし——やむことなし。

そのままにしておけない、ほっておけない→尊い

どの程度、貴いかははっきり言えない。社会のどの段階まで指しているかはつかみにくい。貴いと思う人々の感じがみな違っているから、そのばあい事柄によって違ってくる。

(2)いと——大変に。これもはっきりつかみにくいところもある。

・いたく——積極的動作。動作性が十分に働いているばあい。

動詞に似ているが、使い方は違う。

・いと——積極的状態。状態性に近い。形容詞につく。動詞にもつくが、「いたく」につく動詞とは違う。

「いと」の下には、すぐ修飾されるものがくる。歌などによると、音律数によって、この二つが混同される。

・いと〱→いとど、意味も変って「どん〱」という意味

いとど　[他のもの]　[　]——被修飾語。

歌のばあいには、この法則も変ってくる。それたけに解釈も注意しなくてはならぬ。宣長「古今和歌集遠

鏡」（※六巻　寛政九　一七九九刊・当時の俗語による訳）。

第三回　三〇・四・二六

「いと」の意味——三省堂　明解古語辞典　八三頁（※修訂版八八頁）

いと（副）

①（下に形容詞あるいは動詞を伴って）非常に。

「風——涼しく吹きて」（源・桐壺）

「夜——更けぬ」（枕）

②（下に否定の語を伴って）たいして。あまり。

「——やむごとなき際（＝身分）にはあらぬが」（源・桐壺）

③（下に名詞・形容動詞・副詞を伴って）全く。ほんとうに。

「——ただ人とは見えさせ給はざりしかば」（大鏡・師輔）

「——思ひの外なりしことなり」（方丈）

肯定の意味の違いは①・③と二つに分け、打消のばあいは②に一括している。

(3)きは

どこまで事実にあっているか検討する必要がある。

中宮・女御と更衣とのはっきりとして一線が画されているので「きは」を使っている。

その限界は

中宮——一人……一つの段階

女御——複数……→中宮、后になりうる。

……この限界で「きは」と言っている

更衣……→中宮、后になりえない。

(4)は——「きはには」

——にはあらぬ　区別　これであって他ではない

中宮・女御ではなく更衣だ

——にもあらぬ　並列　これもあれも

中宮・女御でもなく更衣でもない

(5)が——「あらぬが」

現在はっきりした説明がついていない。一定していない。

大きくわけて三通りの説明がある。

①逆接を示す接続助詞（内容より）

普通に文章をたどってくると「（身分ではない）けれ

ども」となる。

②これに対して格助詞　格といってもいろいろあるが

(イ)主格

(ロ)属格（連体格）

③半分、半分の性格をもつ。

一つのもの（「が」）が変化していく過程にあるのではないか。

・「が」は属格に使われるのが本来の意味である。

君が代（体言＋「が」＋体言）

この体言が、名詞から名詞的（体言的）なものへと複雑になってきた。この前後にくる概念が変ることによってその結び方が変ってきた。

上が体言的なもの（主題・テーマ）で、下が述語的なものへ変ってくると、主語＋述語の関係となり「が」は格助詞となる。さらに上の表現がのび、上の表現と下の表現が相反していると、逆接の接続助詞となる。

普通は主格の「が」とされている。

いとやんごとなききはにはあらぬ（人方）が‖主格

（逆接まではいっていない。もっと属格に近い。）

時枝誠記博士は、二つのところでとり挙げ、違った解釈がなされている。

---

1　連体形――『古典解釈のための日本文法』（昭二五・一二・一五　至文堂）二二一―二四頁

『古典の解釈文法』（昭二八・五　至文堂　増淵恒吉と共著）

――あらぬが

〔（主語――連体形の述語〔御方〕）＝述語〕の構造を持つ文。

このことが『日本文法』（次記）にとりあげられて〝御方〟が省略されているとされている。

2　助詞――『日本文法　文語編――上代・中古――』（※岩波全書一八三、一九五四・四・二八）

※「助詞」の部分は青木伶子氏の協力による。一九八―二〇〇頁

前記『古典解釈のための日本文法』には触れられていない。

㈠所有格――体言又は体言相当格について下の語の所有になっていることをあらわす。

我が家、君が代

※弟の源氏（兄朱雀院に対す）にていとけなき（御方）‖が　元服の添臥に　賢木

㈡どのよう立てるかは説明なしにこの桐壺の冒頭が出してある。

その他夕顔から ※ ※

ちいさき兒どもなどのはべる□□　が　ことあやまち

他の女房が

しつべき□（こと）も　いひまぎらはして（惟光《これみつ》のことば）

夕顔

※は体言相当格

右の「が」は、体言相当格について、主語であることを表わすようにも見えるが、なお、下にある連体形の体言相当格に対する所有格の表わすものと見られる。

誰の行為かというと「ちひさき兒どもなどのはべる（者）」である。

㈢主格の用法

時枝博士のばあいは、主語のみならず、対象語が考えられている。

主語——何が

対象語——何について↑山田博士の従属句

・……なほおはするものとおもふがいとかひなければ

主語　形容詞の述語

桐壺

■「が」が主格に使われている時は、動詞が述語となることは非常に少ない。このことは、「日本文法文語編」に

先立って出ている、金田一京助「新國文法」（昭一六・武蔵野書院）でとりあげられ、属格の中で説明されている。

属格から主格へと変化するばあいに、もとの形で見ようとする立場と新しく変化したものとしてとらえようとする見方がある。ことばの変化では、もとのものが一ぺんに変化するということはない。必ず過渡期がある。

保守派

次第〳〵に推移する

進歩派

この二つの立場がある。どちらがよいか、的確に解釈しにくい。標準はたてにくい。

ことばは内から変化するものであるから、外から客観的に決めにくい。本来のものが、こうだと主張されるには、文章が、それを肯定させる書きぶりになっているかどうか、作品のことばがどうなっているか、さらに言えば、紫式部が保守的な立場であるか、先へ先へと進んでいく型であるかを吟味することが必要であろう。しいて言えば、紫式部自身の用語は古いことばに従っているのではないかと思われる。ニュアンスは細かいものになっているが、その変化は先ばしりすることに生じたのではなく、今までのものを整理することで生じたのであろう。

もし小西甚一氏の言うように考えるならば、翻訳語という外からのものが持ち込まれたことになる。源氏物語で文がどれだけ大和ことば的要素をもち、翻訳的なものをどのくらいもっているかも問題となる。

池田亀鑑
佐伯梅友『国文解釈の方法と技術』（昭二九・一〇・二三　至文堂）

佐伯博士は、平安朝でもう「が」の接続助詞的用法をみることができる、源氏物語には、かなりあるとして、この冒頭の「が」は、主語よりも連体語（※連体格助詞）と見るのが正しいであろうとしていられる。（※改訂一九五八年版・一二六―一二七頁）

源氏物語には、もう接続助詞と見てよかろうと思われる「が」があるが、平安時代のものでは、できるだけ主語格助詞か連体格助詞かに見るのが穏かであるとされている。

このようなばあい、できるだけもとのものとして見るのがよいのだから、前後の文脈から、鑑賞によって、決定する以外にない。この立場をはっきりととっているのが、亀井孝氏の『概説文語文法』（前記）である。

が（格助詞）

㈠連体的用法　　　体言
　　　　　　——が——
㈡連用的用法　　　用言

---

雀の子を犬きが逃しつる。　若紫

（「※逃がしつ」デナイ点ニ注意）

逆接助詞の「が」は平安朝にはいまだ見られないとし、まぎらわしい例として、桐壺の冒頭のここが挙げられている。主格の「が」とされている。（※同書一二一―一二三頁）

一般には平安朝のおわりから院政の始めにかけて逆接の接続助詞の「が」があらわれる。

■解釈としては、本来の見方でできるだけ考えてみる。どうしてもわりきれぬときは、新しいものとする。そのばあいには例証をその書から、或いはその時代のものからもってくるべきである。

■一つのことを決めるのに、そこだけでは決まらない。その周囲をかためる必要がある。おさえるところが決定されなくてはならない。

・語源にとらわれると、ついに語源に拘泥する。平安朝の文法は特に奈良時代のものに拘泥する必要はない。もとのものを考えねば、主語という見方はだいぶ有力となる。

一般的に、通次的に見れば、連体語、源氏物語として見れば主語。江戸時代の注釈書を見る時、現代語の意識で解釈してしまうので、接続助詞として受けとりやすい。

このことば「が」も今後の問題の一つとなる。

■この日、用例カードのとり方について、次の注意をされた。

カード法

(1)〈正確に、まちがいなくカードする〉

(2)前後関係を考えてカードする

(3)思いつきも記入しておくこと。

(4)カードの結果は書きうつしてみる。
　まとめることを忘れないように

源氏物語の最高の授業を受けている。古典に対する態度、方法も学んでいる。

第四回　三〇・五・一七

土井先生の講義から演習に移った。

(一)「いと」についての演習

①用例による検討。

②「いと」のすぐあとにくる品詞の確認。（省略）

■「いと」について次の補足説明があった。

いと　——直接的な修飾関係をもつ——状態性

いとど——間接的な修飾関係をもつ——動作性

(二)亀井孝『概説文語文法』について

一〇項目にまとめて紹介された。（省略）

的確なみごとなまとめであった。

第五回　三〇・五・二四

4　勝れて時めき給ふありけり①

個々のことばの検討→土井先生のまとめ

(1)「勝れて」の意味

すぐる
- 自動詞—勝る（優る）
  - 下二　他より勝る ←多くの中から選び出される
- 他動詞—選る
  - 四段　えらび出す
- どちらかを決定する
- 意味内容として考える→

①分化する前の共通する意味的要素を考える。

他のもの（こと）と比較して、他のことよりすぐれていること
まさっている、抜き出ている。

(イ)気持――気分・調子などがよい。顔色すぐれず。

(ロ)天気――気持よく晴れわたる。

②辞書の意味を具体的にあてはめる。

動詞―すぐる。（選る→勝る）
副詞―すぐれて。（「すぐる」の連用形＋動詞「て」）

連用修飾語を構成している意味をとらえる。→きわだって・きわめて・非常に

③用例にあたる。

柏木　あまたの皇子よりすぐれてらうたき……

ことにすぐれて　「ことに」はすぐれての意味を強調。

帚木　とる方なく口をしきはと優なりとおぼゆるばかりすぐれたるは

(2)時めく

・時――時間・広い意味で時代・時勢・世のなりゆき・特定の人の独占的な人の時――時めき栄えること。

この場合は桐壺更衣の時

・めく――ノヨウニナル……ラシクナル　名詞について特に状態がそれらしくなる。動詞の形ではっきりさせるために「めく」がついた。

・具体的な意味は、女の方の時めく状態。（桐壺の更衣が）帝の御寵愛を一身にあつめる状態。

比較して時めいているとほかの人が見るのである。

寵愛を受ける方からは――時めく

寵愛を与える方では、――時めかす（夕顔）

■金田一京助博士の論考（「国語研究」）

・「時めき給ふおはしけり」でなくてはならない。

・「あらぬが」の「が」は、一般に主格としては訳していないが、当時、逆接の「が」なかったのだから、主格としなければならない。

・正しくは、「時めき給ふ御時（御代）があった」で「いづれの御時」に応じる。

・「きは」は門閥。

女性としては、家柄・門閥が一番大切となる。

「やむごとなし」で修飾されている「きは」で、宮中で女御・皇后となり得る人を指している。「きは」は宮中での身分と見るべきで、下にも影響して「勝れてときめき」が宮中での天皇と更衣との事柄を示すことになる。

門閥とすると「やむごとなききは」が宮中での身分と

なり　下の「時めきたまふ」と密接に結びつく。

(3)省略されている体言

〈主　が〉　述←主述の関係が密接。しかし、「給ふ」と「ありけり」の関係がゆるやかになる。

イ　時　すぐれて時めき給ふ（時）ありけり

ロ　人方　すぐれて時めき給ふ（人方）ありけり

ハ　事　すぐれて時めき給ふ（事）ありけり

■時枝博士は古文を解釈する大切な型としてとり挙げていられる。（※「古典解釈のための日本文法　二二一―二四頁）

連体形の用法㈤［（主語―連体形の述語）＝述語］の構造を持つ文。

（いとやむことなききはにはあらぬが　すぐれて時めき給ふ）ありけり。述語

主題の展開をして、一つのものにまとめ、更に主題を出している。日本語の表現として大きな特色をなしている。はじめに焦点を出して細かにする英語とは違う。

日本語ははじめ漠然としたものを出して、それを細かにしぼっていく。はじめから、対象をはっきりさせようとはしない。日本語では「物」ではなく「事」で、大体わかればあとは想像にまかせる。ものをあらわに言わない。

(4)ありけり

「すぐれて時めき給ふ」敬語は人のことを言っている。

ありけり――（給ふに対して）結びがおかしい。

前記　金田一博士の指摘

文末の結びのことばによって、全体の敬譲が規定される。

しかしここでは「ありけり」とあっさりしている。

校異源氏中、一書だけ次のようにある

おはしけり（※陽明家本、伝後深院宸《しん》筆）

この表現は、青表紙本系にも河内本にもない。別本中（室町頃に出たもの）にある。しかし、これはあてにはならぬ。

昔の人は、鑑賞・解釈しながら、楽しむために読んだのであって、「おはす」と勝手にしたのではないか。

ここでは「ありけり」として考えねばならぬ。

ここでもう一つ考えるべきことは巻の冒頭にあることである。

並びの巻でない巻の冒頭は大変こっている。解釈にむずかしい。さらに、ここは源氏物語の最初の一文である。

平安朝小説の書き出しと比較せねばならぬ。「ありけり」はその一つの型となっている。

　これに対して時々は「おはす」も出てくる。

　伊勢集——さぶらひけり　「さぶらひ」は謙譲。

　大体においては「ありけり」の型である。それ故に、当時の人々には「おはしけり」でなくても受け入れられる。何ら変なものとは考えられなかった。それを破るとすると、さらに敬語を使う以上の理由がなくてはならぬ。

第六回　三〇・五・三一

　論文紹介、「玉上琢彌・桐壺巻と長恨歌と伊勢の御」（国語国文　三〇・五）

　源氏物語の冒頭は、伊勢集よりとったものとする通説に対して、伊勢集が源氏物語よりあとからできたものとする小西甚一氏の論文（国語と国文学　三〇・三）への反論である。（前記238頁参照）※桐壺冒頭の一文は、長恨歌冒頭「漢皇重色思傾国」の移しであるとともに、伊勢集の冒頭「いづれの御時にかあけん」（類従本系統）に影響を与えた。

　次頁のプリントによって紹介がなされた。（報告加藤正己）

ここでは「やむごとなき」とあるので「給ふ」としたのであり、また、それも、そんなに身分の高い人でもない。

　一つの型があれば、その型に沿ってうけとるのが自然である。型を破るのには、それなりの説明がいろう。前記金田一博士の指摘は、このような根本問題の説明がない。源氏物語冒頭の特殊な文であるのにもかかわらず、一般的な説明となっている。

その後で、論文紹介について、土井忠生先生は次のようにまとめをされた。

㈠論文紹介の目的がどこにあるかを明確にする。

　玉上琢彌氏の研究方法について

　玉上氏は、源氏物語についての特異な研究家の一人である。

⑴玉上氏の研究方法を理解する。——これを目標とする。

　全体的構成をどのような方法で叙述していくか、頭にあることを整理構成して述べられている。

⑵研究範囲は広い。

綜合的なゆき方がされている。始めから漠然ととらえるのではなく、分析に分析を重ね、要所要所をおさえてみごとに綜合させている。従来の見解も無視されていない。新しいものも出されている。（「物語の発端を論ずる」）

広い立場から入ろうとする時、何処から入るか――この点、一、二、三のくみ立てに注意すべきである。

(3)題目。内容は、桐壺を中心に長恨歌と伊勢集の二つのことを論じている。

この論者は、具体と抽象論をうまく合わせながら論をすすめている。広い背景の中に部分をとり扱うことを忘れていない。

(二)論文プリント発表の方法を考える

(1)話すすじ道を示す――要所要所を簡明に示す――要旨と実例を考える。

(2)個々の材料を示す。

(3)本人のことばをそのまま、客観的に引用する。引用部分をうまく見抜くことが大切である。

(4)理解したところで説明・批判・評論する。

書かれたものを書かれたままに客観的に理解する。

書いた人の立場に立って客観的に忠実に理解するその後で、文なり、語なりをとり出してくる。

(5)論をすすめていくより所になるものを特に選んで、その他を割愛する。

自分が発表する場合には、材料提出が大切となる。しかし紹介のばあいには、その材料がどのように使われているかが大切となる。先ず要旨を挙げるべきである。

(6)正しい紹介をするには、まず客観的に正しく理解すること。はじめから自分自身にひきつけるというのでは、自分を大きく発展させることはできない。自分のものを成長させるために自分のないものをとり入れる。自分にないものを補う。

なお、次の時間（三〇・六・七）に次の補足をされた。

①発表する前には、何度も書いてみる。これが大切である。労力を惜しまず、くりかえし書いてみる。始めはこれが大切。なれれば技術も身につく。身につくまでがんばる。

②発表のときには、いらぬ説明を加えぬように。

※この玉上論文は、『源氏物語研究』（源氏物語評釈　別巻一、角川書店　昭四一・三・三〇。一〇八―一二三

論文紹介「桐壺巻と長恨歌と伊勢の御」——玉　上　琢　彌——（『國語國文』二十四巻・四号——二四八号——）

巻頭——九章

一、桐壺の巻の存在理由、

この物語の中心人物、光源氏の公人（政治家）、私人（恋愛人）としての立場を、読者に紹介し納得させるために、桐壺巻前半を費して帝と桐壺更衣とを描く。

〈桐壺更衣の哀史をえがくために長恨歌を用いた。〉

二、源氏物語の作風一つ、

(イ)、一首の歌によって、一巻の物語を構成する（「園原や伏屋に生ふる」の歌から帚木の物語）

(ロ)、古物語を用いて新たなる物語を作り出す（夕顔、若紫等）空蝉←伊勢集

先行作品を用いる事は、当時の文学観に依ったものである。　ワガムラサキ説を否定（巻名についての研究）

〈平安朝物語——屏風をみつつ

（二八・一、屏風絵と物語、国語・国文）〉　←—　〈桐壺更衣を長恨歌も同様〉

三ノ一、靫負命婦と臨叩道士、

命婦弔問の段は、長恨歌の後半、道士が蓬莱宮に太眞を尋ねる場面の移しである。〈登場人物が相似ている。〉

道士——命婦・臨時雇の幻術士——上宮仕えの女房。

太眞・楊貴妃の霊——故人の母君、（対応）皇帝の哀情に関する事。

長恨歌と異る点、

1・命婦が使者となつたのは、帝の度々の御使の一例にすぎなかつた。　〈　〉内は著者書きこみ

2・主題が若宮に置かれていた。〈更衣のおもいとともに〉

附、靫負命婦の心づかい、

命婦への主命、一、祖母君の同道をも許す故、若宮を参内せしめること。

二、若宮の現状を親しく見て報告すること。

三ノ二、帝の悲傷と長恨歌。（野分の段以後に見られる長恨歌との関係）

「太液芙蓉未央柳・芙蓉如面柳如媚・対此如何不涙垂」

「ゑにかける楊貴妃のかたちは……かなはざりける命のほどぞつきせずうらめしき」

「在天願作比翼鳥・在地願爲連理枝・天長地久有時盡・此恨綿綿無絶期」

「あさゆふのことぐさに……つきせずうらめしき」

「孤燈桃盡未成眠・遲遲鐘鼓初長夜」

「ともしびをかかげつくして……なほあさまつりごとはおこたらせたまひぬべかめり」　〈伊勢

「春宵苦《(歓楽)》レ短日高起　後レ此君王不二早朝一・「悠悠生死別終《(経)》レ年　魂魄不二曽来入一夢《(悲哀)》」　古今　二十七

〈明くも知らでと思し出づるにも、なほ朝政は怠らせ給ひぬべかめり。（P・一八）〉　後撰　七十

「たますだれあくるもしらでねしものをゆめにもみじとおもひかけきや」　拾遺　二十五〉

引歌　（伊勢・長恨歌の屏風を見て詠む）

〈貫之　一五首
伊勢　一七首）引歌〉、〈続後拾遺　巻一七　雑下。〉

○三ノ三、源氏物語と伊勢の御、

「源氏物語」の作者が伊勢に特に注目し、好箇の目標物として対抗意識を感じていた。（葵巻）

桐壺の巻の冒頭「いづれの御時にか……ときめきたまふありけり」は、長恨歌の冒頭「漢皇重色思傾国」の移しとするとともに、伊勢集の冒頭「いづれの御時にかありけん」（類従本系統）を仮り《ママ》用いた。

〈萩原広道「——評釈」〉

三ノ四、桐壺更衣哀史と長恨歌（野分の段以前）〈桐壺更衣は楊貴妃の移し。しかしよくもこのように変えたものだ。〉

「いづれの御時」——漢皇・＝醍醐天皇頃（学生社近刊参照）

「女御更衣あまたさぶらひたまひける」——「重色」

「すぐれて時めきたまふ」——「傾国」

四、物語の発端を論ずる、

〈長恨歌を物語化するには、物語という形式の制約があった。（物語の一つの条件）〉

長編恋物語に於ては、冒頭に中心人物の親を紹介し、ただちに主人公を語りはじめる〈「落窪」も〉のを普通とする。

例一、「今は昔、たけとりのおきなといふものありけり。……妻のおうなにあづけて養はす」（竹取物語）

例二、「むかし、式部の大輔大辨かけて、清原のおほきみありけり、御子腹に男子一人もたり。」（うつぼ・俊蔭巻）

〈源氏——父君の紹介と、母君の紹介　桐壺の巻が後で書かれたという意見を深める。〉

五、桐壺更衣哀史構成の跡を辿る（巻の前半）

第一主題——桐壺更衣の死（長恨歌の移し）

「いづれの御時にか……すぐれて時めきたまふありけり」

第二主題——若宮の紹介（桐壺の巻の主題）

「さきの世にも……めづらかなるちごの御かたちなり」

〈論文は前半を中心に考証をすゝめている。〉

◎本稿は、昭二二・三・四年度文部省科学研究費による「源氏物語と漢詩文の関係について」——本学講師　大阪女子大学教授——の報告の一部である。

〈「本学講師とは何事か。本学（広島大）にも、このような人がいてくれればなあ」（土井先生のことば）〉

〈「ここは必要なし」（土井先生の指摘）〉

〈「源氏物語演習」土井教授指導・担当　加藤正己
街道武司・三〇・五・三一（火）〉

頁。――源氏物語の本性（その四）――として収録され
ている。

5　はじめよりわれはと思ひあがり給へる御方々

(1) はじめより

■ありふれたことばであるが、文章の中で使われている時には、大切なものとなることがある。わかったつもりで見逃すことが多い。

　古いものを読むとき、現在使っているものを軽んじ、わからぬことを重じる傾向――錯覚がある。これは古典を正しく読むことにはならぬ。

解釈の方法は

①自分自身で辞書にあたって、自分で理解する。

②人はどう思っているかを確かめる。

・湖月抄　桐壺更衣より先に入内《ジュダイ》して

この「初め」には異論がある。――宣長が「玉の小櫛」で反撥している。

・玉の小櫛　ただもとよりと言はんが如し。

何を基準として――より前というのではなく一般的に、「まえまえから」

真淵とは違う。真淵は天才はだでその解釈は感覚的・主観的である。この意味で新釈は役に立つ。

　宣長は、帰納的なゆきかたをし、江戸の他の人の訳とは違う。この態度を受けついで、材料を広くあたったのが石川雅望《モチ》の「源注余滴」・「雅言集覧」である。

　しっかりと読むためには「はじめより」の意味だけではわからぬ。前後関係をおさえ、どのような場面であるかを知らねばならぬ。まず「はじめより」がどこへかかっていくかを考えよ。

　はじめより→思ひあがる。中心にはなるがそれだけではない。

　はじめより→思ひあがり給へる　完了（「り」）

　「る」を見逃してはならぬ。「今も続いている」――ある長さをもっている「る」。（「り」の連体形）。

・はじめ――時・処に関する名詞はこのままで副詞の用法が出てくる。名詞＝副詞で意味上では変化なく使い方だけが違う。まえまえ、大言海（名）もと、根本。

　このばあいは「より」（格助詞）がついているから、名詞。

　この文章では、女御・更衣が宮中に参内した時、お仕えした最初から。基準は決めることができない。

第七回　三〇・六・七

(2)われはと

・われは（……）と

われは（御おぼえて　めでたからむ　たぐいなからむ）

　注釈書に御寵愛が、この上ないとあるがここは文脈を通して省略されたことばを探がす方がよい。

時めき給ふ→女御・更衣……我は（時めかむ）

時めく　――女御・更衣の立場から
時めかす――帝の立場から

(3)思ひあがり給へる

・思ひあがる　自負する、うぬぼれる、たかぶる

思ひあがる　階段をあがる　自分は「こうだ」と思い込んでしまっている。思いあがってしまっている。結果
――自覚が伴うのとは違う。

思ひのぼる　はじごをのぼる　低いところからだんだんと大きなことを考えるようになる。　経過

広辞苑

のぼる――道または道具を経由、使用して高い所へ行く。
下から上へという経過――その途中　経過

あがる――下から上へ一気に移る。

　途中までというより「上まで行く」という気持ちが強い。

　家柄によって身分からくるもとからの自然の自負心・自信。　結果

(4)御《おん》方々

摂政関白の娘・大臣の女。

源氏物語の登場人物では、弘徽殿の女御、承香殿女御。

▲「御方々」は複数を示したものかどうか、婉曲か。

・弘徽殿の女御が中心となるが、それ一人と限定する必要はない。

・一人をさすのは余りどきつくなるので、わざとさけたと考える必要はない。

◎われわれが今考える複数とは違う。一人一人を別に言う。それぞれの方、一人一人をさす。一ぱからげにした複数ではない。each of

・他の人にかかわりなく、一人一人自身がそのような思いをもっていることを示す。

　「御方々」について「同じほど」・「それより下臈の更衣たち」たちと、桐壺の更衣を基準として、三つのグループをあげている。この場面の出し方を忘れてはならぬ。

身分関係が、物語の基底をなしている。宮中の身分関係はどこから出てくるかというと、女の人の出身、家柄から出てくる。宮中の身分は、家柄に直接つながる。家柄によって決定される。家柄によって、時めく者の地位は入内以前よりわかる。入内して始めてこの人が出世しそうだとわかるのではない。入内すると決った時から、自信がもてる。「時めく」ということは、入内よりもっと根本的なもの、家柄によって決まる。宮中の身分は家柄に直接つながっていた。

6　めざましきものにおとしめそねみ給ふ

(1)めざましきものに

・めざましきもの

「もの」につけて対象をはっきりうち出している。相手を心外だ、けしからぬという意識になる。

広辞苑には「めざまし」について三つの訳があげられている

①目の覚めるようにすばらしい驚くほどだ

→ものの状態

②他がすばらしくてうらやましい。羨望の心がおこるようである。

③心外である。気にいらない。にくい

→ものに対するわれわれ自身の感情

ここのばあいは、ものの状況に対して心の様子を示す。

①うらやましいという気持をおこすばあい→羨望

②思いどおりにならないのが残念でにくい→憎悪

③心外で非難すべきものである　→非難

（かなり複雑な感情）

意外なことに気づいて相手を非難する心持をもつ。

■日本語の形容詞

①状態　——自分以外の状況

②その状態をどううけとるか——自分の心の状態

この二つを区別して考える必要がある。

互に関連しているが、どちらかに重点が置かれている。解釈では、これを充分に見抜く。以前の人はこれがはっきりしていなかった。

・に「概説文語文法」では、格助詞　結果とし、断定の助動詞「なり」の連用形「に」を認めない。広辞苑では、格助詞・状態。

第八回　三〇・六・一四

この「に」と同じようなものに「と」がある。

『概説文語文法』一三四—一三五ペに次の「と」（格助詞）が出てくる。

㈣行為の意図目的を示す「と思って」「と言って」「として」

きみにあはむとこしものを（土佐）

㈤異ったものを同等とみなす

おくしらつゆをたまとぬくらむ（後撰）

ここに「に」との違いがある。この違いは「ぬ」と「つ」の違いに似ている。

ぬ——自然にそうなる（自然的）
　——「に」自然に結びつく
つ——目的のために努力する（意志的）
　——「と」異なったものをしいて「と」とみなす

めざましきものに——そう考えるのも無理ではない。
めざましきものと——そんなに考えることもないのに。
　無理に

(2)おとしめそねみ給ふ

・おとしむ。　上二 おち・しむ→おとしむ（大言海）
　i→o

上にあるものを下にひきおろすが原義。頭から軽蔑する（劣ったものと見る、みさげる）

・そねむ。　嫉む、妬む、猜む

「おとしむ」（身分が低いくせにしゃくにさわる）とは心の動きがだいぶ違う。

嫉妬する（自分よりまさっているのをうらやみ憎む）

・おとしめそねみ——二つの連用形の関係、用法

中止法——「おとしむ」と「そねむ」が並列・対等
副詞法——「おとしむ」が「そねむ」を修飾・限定

主題の出し方から中止法にとるべきである。

「御方々」（単なる複数ではない）のあるものは「おとしめ」、あるものは「そねむ」。それぞれの人がそれぞれに応じて、一人一人によって心の動きが違う。思いようも考えようも、それぞれ自主的なものがある。

おとしむ——自分が上にいて見おろす。
そねむ　——自分が卑屈感をもって下からにくむ。
おとしめた上で、そねむ（原因・結果）も考えられる。

・給ふ

㋐いろいろな動作を一括して受ける

同列
給ふ

㋑身分的にへだたりのある人には　○――給ふ
一番上の人を標準として敬語を使う
㋒せ給ふ、させ給ふ
地の文では、帝・中宮・東宮・院など絶対的な人に使う。
これ以外では「給ふ」。身分関係でなく感情的に相手を見上げなければならないときは別。
会話では、これ以外の人にも「せ給ふ」「させ給ふ」を使う。

7　同じほどそれより下臈の更衣たちはまして安からず

(1)同じほど　大納言程度の家の娘（→「父の大納言は亡くなりて」）

・「ほど」三省堂　明解古語辞典（㊀名①―㋗㊁形・名①―⑨）、及び大言海の㈠空間ノ或限界㈡時間ノ或限界）の検討〈省略〉

(2)下臈の更衣　漢語系のことば。※官位の低い更衣

・「の」

①時枝博士　「の」＝「なり」陳述をあらわす助動詞。
下臈なる更衣。解釈文法の一つの立場。

（※『日本文法　文語編』『古典解釈のための日本文法』一一三頁）

②亀井孝氏　「の」そのものには①のようなものはない。格助詞「の」はあくまでも「の」。体系文法の立場。
（※『概説文語文法』一四二頁・格助詞「の」の連体的用法。）

・下臈　仏教上の特殊なことば。外来語的で、貴族社会（宮廷社会）へ入った。下臈なる更衣とならないところに「下臈」ということばの名詞性が強く残っている。
「下臈藏人」「下臈女房」など、「下臈」だけで、形容詞的な意味をもつようになった。

外来語的（通俗的なものでない）で、下からきたことばであるために「なり」とならず、「の」というぎこちないことばのままである。

「下臈なり」ということばもある。

(3)まして――比較して、基準は「御方々」。

(4)安からず
古注――御方々は身分が高いので、一応地位が確立しており、激しいといってもおおような人柄である。
女御の人たちが考えているのと、更衣・女房の考えているのと考え方が違う。家柄・そだち・教養が違うので前

者の心の動きにも限度がある。後者は女としてのたしなみを忘れる行動にも出かねない。

・めざましきものに——心の中で思う。

・まして安からず——その結果どういうことをするかわからない。どういうこともしかねない。

これをもとにしてくる言動は、まえの程度のことではない。相当の程度のこともやる。一つの伏線か。

作者が女房たちの行動に同情がもてたら、敬語を使ったかもしれない。「ず」と裸のままで出ている。批判的な立場がよく出ている。

第九回　三〇・六・二一

8　朝夕の宮仕えにつけても人の心を（のみ）動かし

(1)朝夕の「朝夕」は夕べが中心。朝はつけ加えられたもの。二語同等ではない。「宮仕へ」の内容からそうなる。

(2)宮仕え。宮中にいて清涼殿に通う女御・更衣の限定された宮仕え、給仕ということはしない。帝の側にうかがう。お前に出かけることはする。

「帝の御前につとめること」が「宮仕え」であり、給仕をするのは、もう少し後の時代、平安時代にはない。給仕をするのは堕落した宮仕えである。

清涼殿

×昼御座《オマシ》——男の人が出仕し、女官には用事がない。

夜《ヨルノ》御殿《オトド》（御息所）——女官が必要。

この他に食事などなさる部屋が裏側にある。

この隣には上の御局（女御の休息所）がある。

朝は食事などをもっていく↓朝餉間・あさがれひ。

更衣の仕事・桐壺の更衣の宮仕についてはどうか。具体的にこの人物はどのようにとり扱われているか、一文を充分に解釈すべきである。

「宮中に仕えること」（宮仕）では漠然としすぎる。民間の人に対して宮仕ということが言える。しかし、女官は宮中にいて清涼殿に通う、限定された宮仕えでなくてはならぬ。

(3)も——（特別のばあいは勿論のこと）ありきたった普通のばあいにも、極端なばあいを挙げる「も」。

（※明解古語・係助③極端な事物を例にあげて、程度がそのように進んでいるという誇張の意を表わす。デモサエ

「闇もなほ、螢飛びちがひたる」（枕）

特別のばあいとは、
①元旦を始めとする年中行事。
　場所――清涼殿の表（昼御座）、攝政太政大臣以下参列
②後宮に関係のある年中行事。五節句、それによく行われる音楽会など。
　御帝のそばに誰がよばれるか。誰にやらせるかで帝の寵愛がわかった。競争している同僚には非常に関心がもたれた。
・いつも帝のそばにいるということは、雑役の仕事とも見まちがえられる→「おのづから軽き方にも見えしを」

(4)人の心をのみ
・人――湖月抄は「下﨟の更衣」とする。宣長はこれに反撥し、限定する必要なしとする。
・のみ
　青表紙本――肖柏本、三条西家本「のみ」なし。
　これ以前のものには「のみ」が入っている。三条西家証本は室町末期に広まり江戸に及ぶ。実隆による。
　河内本――「のみ」がみな入っている。
　別本　――「のみ」があるものもあり、ないものもある。
（河内本系統のもの　阿里莫本――河内本をわかり易くし
（青表紙系統のもの。ひっかかるものをみな省略。

　室町中期以前のものには「のみ」がある。「のみ」をもった本文を理解することが大切である。
　限定のしかたが解釈の上では問題になる。
（※のみ・副助。
　広辞苑――「の身」が原義。承ける語を強調する
　明解古語――①限定②そのことが何度も起こることを表わす。シキリニ、ムヤミニ）
人の心をのみ動かす　どちらが中心になるかというと
　　上が中心で下にもかかる
（のみ　事の心　平安朝にはどっちも使われる。
（ばかり　物のさま　似ていて違うものをもつ。そのものを限定。
あゆひ抄（富士谷成章）でくわしく説明されている。
いろいろあるけれどもその一つをのみ。
のみ――どんな場合にも一つのものを
　全体をみわたしてどんな人でも、どんなばあいでも、どんな人にも（すべての人）

9　恨みを負ふつもりにやありけむ、
(1)恨みを負ふ　　――結果
　対向的用法　更衣の行動

人の心を動かす　――影響）

更衣が（の方が）人の心を動かす。

心を動かされた側の人から（更衣が）恨みを負う。

(2)つもり・積り　他動詞四段の連用形→特別な用法・意味名詞というよりも形式名詞。「つもる」ということの結果。

つもった結果……のせい。漠然とした意味内容・概念内容である。「つもる」ということをして、意味内容が広がって、それに関連したことに発展性をもっている。限定・修飾の働きをもってくる→「いとあつしくなりゆき」……のつもり――時間的なばあいが多い。年・月・日と一定の時間内でくりかえし、くりかえしおこなわれその結果が出てくるばあいに多い。

他の用法として「……するつもりにや。＋述語」となって「ありけむ」が出てこないばあいがある。ここでは「ありけむ」が入ることによって作者の気持・主観が弱くなる。

解釈という立場では、これも考慮すべきである。

(3)「にや」と「にか」

（にや――わからない。全然わからない範囲
（にか――ある程度推測されるが、はっきりしたことはわからない。

---

この区分は「あゆい抄」にある。

「や」は、はっきりしないことを疑問として残す。これを出すために、「ありけむ」（補助動詞＋過去の推量）をもってきた。

「にや」で止めて述語につづけた方が作者の主観や強いのではないか。「ありけむ」がつくと説明的・客観的になるのではないか。

このような文脈の解釈として、江戸時代にかなり考慮したのが、萩原広道である。その著「源氏物語評釈」は、支那流の修辞学により、文の構造を吟味する解釈法をとっている。

更衣のすることが、人の心を動かす、その反動として、更衣が人のうらみを受ける。この更衣がとやかく心を苦しめて、（心配して）精神的な悩みがつもりつもって、と――この時間的経過をのべるために、余裕をもって「ありけむ」を入れたものであろう。

整ったポーズのある余裕をもった軽い一段をなして、連用修飾となる。

10　いとあつしくなりゆき、もの心細げに里がちなるを、

(1)あつし

・厚――（「うすし」の対）布・紙・板などが厚い。身分が重い。愛情　恩恵などが深い。

・熱――温度が高い。体温が高い。――連用形の用法が多い。　用言的用法

・暑――気温が高い――連体形が多い　体言的用法

・篤――（「熱し」がシク活用に転じた。）
病弱である。病気が重い。
病気に関しては連用形しか使われない。

厚し――重々し　精神的なもの　抽象的
・
篤し――病気が重い　肉体的なもの　具体的
意味の変化において抽象的なものから具体的なものへというのは逆である。

・熱し《ク活》→篤し《シク活》　内容の変化が形の変化を起している。
使い方でも変化。

用例数

熱し　連用2
　　　音便1　）3
　　　連体1

厚し　連用1
　　　連体1

篤し　すべて連用8
あつしさ（名詞）1
病身だ。病気が重い。

---

身弱く病あるを言へり。
物語の用語は物語から考へるべし。宣長
篤しといえば、危篤と考えられるが、これとはだいぶちがう。

用例　若菜下　いとあつしくなりゆく、いとどなりまさりて、
澪標《みおつくし》　いとあつしくのみおはしまして
「いとあつし」という状態ばかり続いている。
危篤が続くというわけではあるまい。
夕霧　日ごろも……、例もあつしうのみ、
御法　紫の上のいとあつしくなりゆく、そこはかとなくなやみわたり給ふ。
危篤という状態ではない。
桐壺　つねのあつしさ
いつもの危篤ということは考えられない。

(2)もの心細げに
・もの――漠然とした内容を示す。
形式名詞は解釈に特に注意する。名詞以外の他の働きをする。このばあいは接頭辞、ナントナク、そのような

状態であることを示す。特定ないい方をしないで漠然とさす。対象が限定されない。「もの」全体に関連する、一般化する。

(3)里がちなるを

・里——宮中以外をすべて里という。宮仕えする人の自家の称。「うち」（内）——内裏・宮中に対する。

実家にいる方が宮仕えしていることより多い。

里居 }
里住 } することが多い。——里がち←里ずみがち。里居がち。

里は多くの意味をもつ。

・がち（接尾ナリ型）あることに傾きやすいこと。とかくそうなること。……が多い状態である。

　接続が自由。名詞にも自由についた。非常に自由に使われた。

　はじめから里住みがちというのが、里がちになったのではない。

(5)もの心細げに里がちなるを|

㈠中止法 { もの心細げでありかつ里がちである　—並ぶ
　　　　 { もの心細げでありその結果里がちである—続く

㈡副詞法（連用修飾）

　里がちしている状態がもの心細げな様子である。

---

この状態が生まれる根処←（桐壺の）更衣自身の身の上

1　里がち（独立した住い・孤独な生活）
2　恨みをおう（精神的打撃）
3　あつしくなる（病気がち・肉体的な状態）

更衣に対する帝の立場を強く出している。

口語訳をみると、

潤一郎——ともすると里に下って心細げになりましたが、

晶子　——心細くなった更衣は多く実家に下って里いがちになる。

あつしくなりゆく時間的移推にともなって心細くなるその結果として里がちになる。

更衣は宮中にいる時でももの心細げであった。

　身体的な衰えとともに、精神的な弱みがまし、宮中でのはりを失い、対抗意識もなくなっていた。

　この更衣の状態を帝が御覧になると、かわいそうさがまし、更衣が実家に帰っていると会うことができないから、ますます更衣が慕しくなり、帝の動揺は、大きいものとなった。

■用言の連用形は、古文では一番解釈が困難である。形容詞のばあいは、自分の心情とそれが人にも及び、からむばあいがある。前後の文脈をどうとらえるか、前後関係を綜合的にとらえて解釈する。

## 第一〇回　三〇・七・一三

・を——里がちなるを‖

「を」には、㋑格助詞　㋺接続助詞　㋩終助詞（間投助詞）の三つがある。

ここでは、一応接続助詞（下の句に対する原因・理由を表わす・ダカラ）として考えられるが、格助詞でない理由を考えねばならない。

「なるを」はよく逆接に使われる形であるが、ここでは順接・「なり＋を」の形である。

格助詞「を」のはたらきを調べて、格助詞のはたらきをこえているか、どうかを調べねばならない。意味内容を調べるとよい。

格助詞「を」——明解古語辞典（三省堂）

①動詞の意味する動作を受けるもの。その動作によって作り出されるものを示す。今でも……ヲ（……ヲ……論理的にドウスルの意味）

「おもしろく咲きたる桜を‖長く折りて」（枕）

②移動の意をもつ動詞に対し、その出発・分離する対象を示す。今でも……ヲ

「われ国の内——離れてまかり歩《あり》きしに」（竹取）

③移動の意をもつ動詞に対し、その経由する場所を示す。今でも……ヲ

「家のあたり——だに今は通らじ」（竹取）

④持続する意をもつ動詞に対し、持続する時間をあらわす

「年ごろ——住みし所の名に負へば」（土佐）

⑤分量を表わす……ダケ

「（歌を）一つは何せむ。同じうはあまた——つかうまつらむ」（枕）

⑥「見ゆ」「絶ゆ」など、受身の意をもつ自動詞に対して用いられる。

「いかなる底の心——見えて《見ラレテ》さる名——付きけん《付ケラレタノダロウ》」（枕）

⑦動詞と同意の体言につき、全体で一語の役目をする慣用語をつくる。

「船底に頭をつき当ててね——のみぞ泣く」（土佐）

⑧……ニモカカワラズ、……ナノニの意

「同じ枝——わきて《区別シテ》　木の葉の移ふは」（古今）

⑨……ニ対シテの意を表わす

「なかりしもありつつ帰る人の子《新シク生マレタ子ヲ連レテ》――ありしも《(子)》なくて《ナクシテ》来るが悲しさ」（土佐）

⑩下の「……み」という語を呼応して……ガ……ノデの意を表わす。

「山――さかしみ《険シイノデ》」（神楽）「路の水――浅み」（土佐）

■②③④は下に来る動詞によって支配される。

⑨例二

秋とだに忘れむとおもふ月影をさもあやなく《理不尽に》にうつ衣かな（新古今）

「を」の次にくる意味内容は下にどのような動詞がくるかによって決まる。

下にくる動詞は感情的、情緒的に表現されている。

①のような積極的な動作でなく感慨をもよおす。その対象としてもち出すのが「を」である。

「を」は範囲が広い。

古代、奈良朝では、間投助詞であるのが普通である。平安朝でも、「を」があれば、必ず目的をはっきりとうち出すという論理的なものではない。使わなくても使ってもよいというように使い方が広い。ここに接続助詞のばあいも出てくる。⑧が接続助詞と似ているのは、もち出された対象とそれに続くものとギャップがあるからである。①の場合はその結び方が密接である。原因と結果がはっきりとしている場合には接続助詞とみるべきであるが、それがはっきりとしていないときは、格助詞と見るべきである。

意味をどうとるかは、本来のものと派生したものとの区別をどこに置くかが問題となる。このように本来のものに巾がある場合は、本来の意味にとった方がよい。どうしても本来のものにとることができないときにのみ、派生したものと考えるべきである。

以後、高師を卒業され文学部へ再入学された次の方が演習を担当された。

11　いよいよあかずあはれなるものに思ほして人のそしりをもえ憚からせ給はず

井上親雄（高師昭二四卒）プリント一枚半

第一一回　三〇・九・一〇　土井先生の助言　追加説明

第一二回　三〇・九・二七

12　世のためしにもなりぬべき御もてなしなり

片山　享（高師昭二六卒）プリント一枚

第一三回　三〇・一〇・四

13　上達部上人などもあいなく目をそばめつつ

湯之上早苗（高師昭二六卒）プリント二枚半

発表に対して、先生の適切な助言・補足があった。

以下、土井先生の補足・まとめのみを記す。

1　まず本文研究が大切となる

2　用例は平安朝のものを引くべきである。奈良朝のことばの説明をもくるのは適切でない。資料のとり扱いに注意する。

(1)いよいよ

・「いとど」と「いよいよ」　出発点がちがう。

いとど――出発点が〇（ゼロ）、少しも心を尽していない

いよいよ――普通に整っているが、更にととのえる。

・いとど

いと――たいそう（まったくその通りだ）多くのばあい状態を示す形容詞・形容動詞にかゝる。動詞にすわるのは「いたく」。

いといと（※イトを集めた形・まったく、ほんとうに、岩波古語）

いとど（物の重畳《ちょうじょう》）

いと　大変という状態が更に高まっているとき

段階的相違　消極的状態―段階的にとらえる

いとど　結果より

いよいよ　どんどんすすむ　積極的動作―進行している

進行より　・ものとしてとらえる

いよいよ――次々に立派にしていく――出来たものが一応の段階までよくなったというのではなく、ずっと。

・「いとど」と「いよいよ」は相当に共通なものがあると考えてよい。

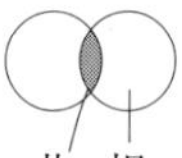

相違面
共通面 ｝両面が表現として出ている

式部が意識して使い分けたことを前提として

後期の作品には、このような微妙なニュアンスが失われている。

狭衣物語は共通面だけをとらえてむやみに類語を使っている。後期の作品をとらえる時の態度として、注意したい。

「いよいよ」の修飾範囲を考えよ。

■徒然草は、平安朝のことばを使いながらも、中世の言語意識に影響されている。王朝語が純粋に生き生きと使われている源氏物語よりかえってむずかしい。

　河内本も鎌倉時代に読みやすいように変っている。時代の言語意識に影響されている。敬意が少なく、「ものあはれ」とあるように、ぼかしている。

　青表紙本は、きめてかかっている。

本文の異動・前後の異動を問題にしなくてはならぬ。

(2)飽かず　意味内容によって修飾範囲を決定する

「飽かず」には中止法・副詞法の両方のいい方がある。

A　宮田・吉沢――中止法　飽か｜ず（動詞＋助動詞）

　消極的にとっている。もとの意味に拘泥している

B　谷崎――副詞法　飽かずを語（副詞）として積極的、全体的にとっている。もとの意味を離れて自由に訳している。

　この時代にどのように意識されていたか、源氏物語ではどちらが、正しい見方になるか、紫式部がどのように使っているかが問題となる。

「飽く」は肯定より否定的にあらわれてくることが多い。

未然形――「飽かず」、「飽かで」、が多い。

「飽かず」に修飾され、限定されることばはどんなことばであるか、検討するとよい。

(3)あはれなるものに――いとしい、ふだんなものに、

　なぜ「あはれに」とせず「あはれなるものに」としたのか。

・もの――形式名詞、漠然として対象をとらえる。限定したとらえ方ではない。

　このばあいは、相手をはっきり意識したとらえ方である。

(4)おぼほして　三条西家証本「おもほし」

・おぼほす　思ふ＋す（敬語を作る接尾語）

（おぼほす――青表紙本系（新釈・湖月抄・流布本）

（おぼす　――河内本　河内本→湖月抄

　河内本系統のものも入って不純なものになっている。

なぜ「おぼほす」を使ったのか。

■三条西家証本、（実隆）は湖月抄よりはよい。実隆・肖柏（※宗祇の弟子）などの連歌師の手が入っている。

　青表紙本を見るためには、池田亀鑑氏のものが一番信用できる。

　校異源氏物語（※五冊・昭一七　一九四二・中央公論社→源氏物語大成）

朝日古典全書（※七冊・昭二一・一九四六―同三〇
一九五五・大島本←『校異源氏物語』の底本・飛鳥井雅康等筆本）

最近よい青表紙本が発見された。（※明《みょう》《みん》融本か。冷泉明融筆、九帖。定家自筆の臨摸写本）

「おもほす」とも読める。b行→m行に読むように、室町時代の人は言っている（※「岷江入楚」などか。）m行で読むものをb行で書いたとも考えられる。

■敬語の使い方に注意する

「ものに」――作者は院と更衣を見て、二人の立場をはっきりと示している。このばあい、作者の院に対する敬意を更衣への敬意が、二人の位置を決定する。

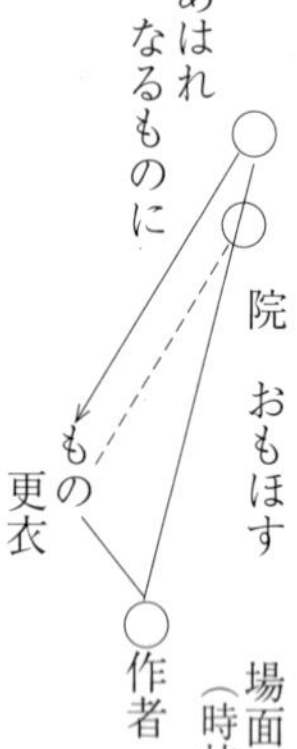

場面の構成（時枝言語過程説）

社会的身分関係（※国語学原論　第五章　敬語論）

■平安朝よりも中世の方が身分関係による言葉の尊敬がきびしい。平安朝では作者が同情するか、批判するかによって、尊敬度が変ってくる。このばあい、式部の批判性が敬語面にぐっと出てくる。

(5)人のそしりをも

・も――単なる並列ではない。あるものの上に、さらに加わる「も」である。ある段階のものがあって、さらに、のりこえてその上に加わる「も」であって、「普通」は「さへ」を用いる。

「さへ」にならず、「をも」になった理由は、格助詞「を」を使う必要があったので、「さへ」を使わず、「も」を使った。

・人の――「譏り」（謗り）の上に加わっている。

「人」―意味が広くいろんなばあいに使われる。まず、このセンテンスの中から考える。次に出てくる、「②上達部上人などもあいなく目をそばめつつ」・「天の下にも、あぢきなう③人のもてなやみぐさになりて」と考えあわせて、検討すべきである。

①女御・更衣　　狭いものから
②上達部・上人
③宮中の一般の人　←広いものへ

・文の内容がだんだんと高まっている。この線のたかまりを考えると、女御（あとに出てくる弘徽殿の女御）までをも考えられるが「人」を特定の人物と規定してよいかが問題となる。

■源氏の文章は、他の平安朝の物語と違って、はっきりと人物を出していない。人物をこまかに規定してうち出していない。このように考えると、この文の「人」をどのあたりまで推定したらよいか。――勿論、限定すれば、女御までいくが、どの程度でとめるかが問題となる。

　この場面の「人」の辞書的な意味は、「自分以外の人他人。」（※明解古語には、「朝夕の宮仕へにつけても――心を動かし」が引用されている）であり、「譏りをするほどの人‖（他人）」――「宮仕えの人」ということになる。それでは、宮仕え人のどのようなグループか登場人物を検討する。

　「帝」は、ここでは人間として描かれているが、上達部・上人から見れば絶対者である。

　枠を考えると、まず「われはと思ひあかり給へる御方々」、「同じほど、それより下﨟の更衣たち」――女として競争相手である。この段階より範囲がもっとも広がっている。競争相手は個人的な感情で悪くいうのは当然である。しかし関係のない人々まで、個人的な感情を離れて悪くいう。この事件に関係のない第三者の批判は「世のためしにもなりぬべき」と波紋をおこし、その人々の周囲に広がっていく。

・をも

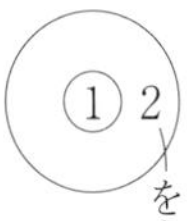


をも（までも、さえも）

1帝と桐壺更衣に直接関係ある人

2直接関係のない第三者

(6)え憚からせたまはず

・え――ず　主体者自身ではどうにもならない。

　母君えとみに話したまはず（桐壺）

　この場面では、帝は知的にはどうなさることもできなかった。

　それ故に積極的な行動も含んでいたとも考えられる。

よう（自然に）……しない――消極的

全く（意志的）……しない――積極的

　表現は消極的である。相当に強い内容をもっていながら、それをおさえて消極的な言い方をするものが源氏には多い。枕草子で清少納言がずばりずばりと言っているのと違って、紫式部ははっきり知っていながら、わざとやわらげ、ごまかした。

　この場合は特に帝の表現である。「せ給ばず」（院とか帝の特定の人）といわれる人の表現であるから積極的な内容であるのに、遠慮して消極的に言った。

(7)世のためしにもなりぬべき

・に——格助詞　結果

・も——さえ、までも、強調の助詞

・ぬ——強意、可能性、確実さが強い。

・べき——当然可能であろうという期待をあらわす助動詞。「べし」によって意味が決まる。

「べし」のニュアンス——うるおいをつける。

・「ぬ」と「つ」

自動詞＋「ぬ」　無理なく自然になる。
　　　　　　　　どうにもならない。
他動詞＋「つ」　やらねばならぬ。意志的。

上にくる用言・体言の意味の方向を決める。

現実化される予想、過程

→「楊貴妃のためしも引き出でつべうなりゆくに」という結果となる。引きあいにちょつと引かれる軽いものではない。重要なものであることを示す。

　口語訳すると、「後の世の語り草にもなりそうなお扱いを遊ばされます」（谷崎訳）が近くなる。単に「後の世」ではなく、現在の世（後宮社会→宮廷社会→一般社会——楊貴妃の例）を含めて、後の世まで、現在だけでなく、後世に及ぶ。

(8)御もてなしなり

・もてなし

「人ノ上ノコトニハアツカヒト訳ス」　（雅言集覧）

「もてなすこと、とりなし、取り扱ひ、扱ひ
（大日本国語辞典）

・なり

　強いいいきりである。体言的である。長くつみ重ねるような連用修飾をもつてきて、ここでぴたりとおさえている。源氏物語は悪文と言われるが、吟味のしなおしが必要である。

(9)上達部・上人なども、あいなく目をそばめつつ

・上達部　「上」は臣下として最上の人。「達」は複数を示す。

　政治上に直接に関係のある人たちを登場させた。

　これまでの登場人物は感情につよく左右される女の人であった。

・も

　女性が感情的に考えるのではなく、公の人が批判的に考えるのであることを示す「も」。公の男性が「あいなく目をそばめつつ」と、ここまでも影響が及んでくると

いう、その範囲を示す。強調（誇張）の「も」ともとれる。

全体の構想から、女を中心とした叙述である。批評できる人物ではない男までも

・あいなく（←あひなく）

仮名使い、語中語尾は乱れている。は行→わ行――平安中期より。音便（麻生・注釈）とは言えない。音便ならば「う」（あいなう）

連用修飾語の意味のとり方が複雑である

態度―どんな態度で「――目をそばめつつ」

○心持―思っていることの内容

「――と思う」（明解古語）※

結果―連用修飾語でとり出す

※どう思っているかといえば「よくないことだ。うれしくないことだ」

■形容詞の種類――解釈

A　対象に対する感じ　（客観的状態―状態語）

B　対象によってひき起される感じ

対象の性質をどう受けとるかという感じ　（主観的心情―心情語）

どちらにかたよるか、両方に通じるかを考える。

---

・側目、訓読語の一つ。目新しい、フレッシャの感じである。

長恨歌伝「京師長吏」　上達部・上人にあたる

・目をそばめつつ　目をそむけそむけして

つつ――一人でしたのではない。動作をする者が、複数であることを示す。（目をそむけることが）身分によって違う、それぞれの立場によって、考え方、批判が違うことを示す。

14　いとまばゆき人の御おぼえなり

あいなく目をそばめつつまばゆし――連体修飾 人の覚え→なり

おん覚え→なり

体言をもち出して断定「なり」でおさえている。――場面の展開をはかっている。

次の「なり」も、読み過せないたいせつな「なり」である。

「御局は桐壺なり」

帝の寵愛を一身に集め　清らなる玉の男御子まで設けて、時めく更衣の部屋が明らかにされている。当時の読者があっと驚く一文である。清涼殿より最も遠い丑寅（北東）にある淑景舎《シゲイサ》が更衣の部屋であるというのである。

この短い一文の効果を読み過してはならぬ。

安易な口語訳をもって足れりとしがちな現代の読者のおち入りやすい読みの盲点を鋭く、的確に指摘された。

※「御局は桐壺なり」の一句は、読者に甚大なる効果を与える。更衣の苦悩を最大限度に強調して印象づけるために、作者は今まで御殿の名をふせて言わずに置いたのである。——玉上琢彌（角川書店『日本古典鑑賞講座四、源氏物語』昭三二・一二・一〇、七八ペ→鑑賞日本古典文学9）

■研究法

部分は全体をみるための部分でなくてはならぬ。源氏物語のことばの背景をとらえて、こゝでのことばをとらえてゆくことが肝要である。

研究は、広いところをとらえて部分部分を大切にする。全体を背景とした部分をとらえる。そうすることによって研究がのびる。

演習のまとめとしてレポート提出を求められた。

■論文題名について

論とは文学評論を意味する。文学研究の終極点である。現在すぐそこへ行くことはできない。評論は研究をふまえたものでなくてはならぬ。研究によって評論へといく。「論」というよりも「研究」というのが穏当である。

豊かな学殖を駆使されての最高の演習であった。さらに学び続けることができればと思った。

土井忠生先生のご授業については、広島大学教育学部国語教育研究室光葉会「国語教育研究第九号」（昭三九・一一・一五）〃土井忠生先生特集〃に多く語られている。

野地潤家先生は、「土井忠生先生の『源氏物語』演習——国語解釈学の極北——」と題して二〇頁に及ぶ論考を寄せておられる。（同書六二—八三頁。『古文指導の探究』溪水社・平八・五・一・五一—八八頁に所収）

以上、次のものによって、確認してまとめた。

1　大言海　大槻文彦　冨山房　昭七・一〇・二六・昭和八・五・二六　昭九・八・三・昭和一〇・九・一五
2　校訂大日本國語辞辭典　上田萬年　松井簡治　冨山房　大四・一〇・八　昭四五・一二・二〇　三〇版
3　明解古語辞典　金田一京助　金田一春彦　三省堂　昭二八・四・一五　昭和四三・一・一〇修正版第三刷
4　岩波古語辞典　大野　晋　佐竹昭広　前田金五郎　岩波書店　一九七四・一二・二五
5　新選古語辞典　中田祝夫　小学館　昭三八・四・一〇　昭五〇・二・一　新版三刷
6　広辞苑　新村　出　岩波書店　昭三〇・五・二五　昭五四・一〇・一五第二版補訂版
7　国語大辞典　尚学図書　小学館　昭五六・一二・一〇
8　池田亀鑑編　源氏物語事典　上　語彙篇　東京堂　昭三〇・三・三一
9　池田亀鑑　源氏物語大成　巻一校異編　中央公論社　昭三一・一・一五・昭五三・一一・二〇　六版
10　島津久基　對訳源氏物語講話　巻一　桐壺 帚木（上）　矢島書房　昭五・一一・二五　昭二九・一二・一五　二二版
11　吉澤義則　校對源氏物語新釋　巻一　平凡社　昭二七・四・二五
※初版・昭一二年　底本湖月抄本、尾州家河内本で対校
12　吉澤義則　木之下正雄　校對源氏物語新釋用語索引　上下　平凡社　昭二七・一〇・一〇　昭二七・一一・一〇
13　玉上琢彌　源氏物語評釈　第一巻　桐壺・帚木 空蝉・夕顔　角川書店　昭三九・一〇・三〇
角川書店　日本古典鑑賞講座4・鑑賞日本古典文学9・前記
14　玉上琢彌　源氏物語研究　前記
15　清水好子　源氏物語論　塙選書50　塙書房　昭四一・一・一五

16 秋山 虔 木村正中 清水好子 講座源氏物語の世界 第一集 桐壺 夕顔 有斐閣 昭五五・九・三〇
17 山田孝雄 平安朝文法史 宝文館 前記
18 時枝誠記 日本文法 文語篇 岩波全書183 前記
19 時枝誠記 古典解釋のための日本文法 日本文學教養講座 至文堂 前記
20 池田亀鑑 佐伯梅友 吉田精一 国文解釈の技術と方法 至文堂 前記
21 宮田和一郎 頭注 對譯 源氏物語 桐壺 帚木 文献書院 大一二・九・二五 昭三・二・一五 一一版
22 松尾 聰 全釋 源氏物語 巻一 筑摩書房 昭三三・三・五
23 池田亀鑑 日本古典全書 源氏物語一 朝日新聞社 昭二一・一二・一五
24 山岸徳平 日本古典文学大系14 源氏物語一 岩波書店 昭三三・一・六
25 阿部秋生 秋山 虔 今井源衛 日本古典文学全集12 源氏物語一 小学館 昭四五・一二・一〇
26 石田穣二 清水好子 日本古典集成 源氏物語一 新潮社 昭五一・六・一〇
27 柳井・室伏・大朝 鈴木・藤井・今西 新日本古典文学大系19 源氏物語一 岩波書店 一九九三・一・二〇
28 阿部・秋山 今井・鈴木 新編日本古典文学全集20 源氏物語一 小学館 一九九四・三・一

〈二〇〇九・八・一五記〉

# 第四章　卒業論文

## 蜻蛉日記の基礎研究
### ――心情語を中心に――

## 一　とりくみの経緯と内容

卒業論文は蜻蛉日記を選んだ。指導教官は、教室主任の山根安太郎先生。昭和三〇（一九五五）年一〇月五日、卒業論文題名届に、「蜻蛉日記の基礎研究——その心情語を中心に——」と記して、教育学部事務室に提出した。

大学時代、堀辰雄の文学に親しんだ。「かげろうの日記」も当然愛読した。「かげろふの日記」は、昭和一二年九月から一一月ごろに書かれ、『改造』一二月号に発表された。堀辰雄三四歳のときの王朝風の日記体小説である。

　恋する女たちの永遠の姿でもあるかのやうに——愛せられることは出来ても自ら愛することを知らない男に執拗なほど愛を求めつづけ、その求むべからざるを身にしみて知るに及んでは、せめて自らがそのためにこれほど苦しめられたといふ事でも男に分らせようとし、それにも遂に絶望して、自らの苦しみそのものの中に一種の慰藉を求めるに至る、不幸な女の日記です。（「七つの手紙」一二）注

と記された一節に心ひかれていた。蜻蛉日記の中にも、「涙ぐましさの中からじっと我々を見つているやうな」（「七つの手紙」一二）王朝の女人像が、見出せるのではないかとも思っていた。自照の文学としてとりあげたいと思った。

蜻蛉日記を卒論の対象に決め、東雲分校に清水文雄先生を訪れたのは、昭和三〇年三月一二日であった。先生は、「思いきってやってみたまえ。方法論が大切だね」とおっしゃった。清水先生の若き日の名著『女流日記』（子文書房・昭一五・七　文藝文化叢書6）の「蜻蛉日記」（七三—一四八ぺ、前半の「『物はかなさ』の性格」〈—一一六ぺまで〉は、三省堂国語国文学研究史大成5『平安日記』昭三五・六・一五・に翻刻されている・同書一六二—一八二ぺ）を読んでいた。中川徳之助先生が、一八年の暮れにお貸しくださったものであった。

中川徳之助先生は、「蜻蛉日記」をくりかえし読んで、まず、自分なりの蜻蛉像をもつことですね。」とご助言く

ださっていた。

当時、蜻蛉日記のテキストとして容易に手にすることができるのは、喜多義勇『蜻蛉日記』（岩波文庫　昭一七・一一・二一、三三二頁）同校訂校注『蜻蛉日記』（朝日新聞社日本古典全書　昭二四・七・三〇　二三七頁→新訂版　昭四四・一・二〇　二四三頁）ぐらいであり、注釈書も喜多義勇『蜻蛉日記講義』（至文堂、昭一九・武蔵野書院昭一二の改訂版）に頼る以外になかった。

先行文献の調査は、文学部の国文研究室の資料を中心に行なった。当時は現在のような蜻蛉日記の参考文献目録は見あたらず、自力で探していく以外には方法がなかった。その結果が別紙「蜻蛉日記参考文献リスト」と「日記文学参考文献リスト」（二八四—二八九頁・二八九—二九〇頁）である。二〇部プリントした。

蜻蛉日記を一読して気づいたことは心情語の多様さであった。心情語の調査を基本にすえて、心情の文学という角度からとり組もうと決め、日本古典全書本によって心情語をぬき出し、カードしていった。『かげろう日記総索引』（佐伯梅友・伊牟田経久編・風間書房）が刊行されたのは、昭和三八年一一月一五日（改訂版、昭五六・三・一五　本文編　索引編二冊）であった。自力で心情語をカードする以外に方法はなかった。

頼りになる注釈書、喜多義勇『蜻蛉日記講義』（昭一九　至文堂）の有無を念のために出版社、至文堂に問いあわせた。思ったとおり、絶版になっていた。結局、本部図書館のものを専ら利用した。（→三〇三頁）

指導教官の山根安太郎先生の指導はもちろん、野地潤家先生からも、中川徳之助先生からも懇切な指導をいただいた。中川先生には構想はもちろん、草稿まで見ていただいた。

野地潤家先生のすすめで、「卒論日誌」（三〇年二月五日〜）をつけはじめ、悪戦苦闘の経過を記している。（→三〇五—三〇二頁　「卒論日誌」抄）

蜻蛉日記の心情語調査をおえ、どのように整理して卒論にするかを苦慮していた夏のさかり、三〇年八月一八日、古籍商三国書院でたまたま九鬼周造『文芸論』（昭一六・九・一〇　岩波書店　五九六頁）を手にし、論考『情緒の系図』（一七八―二三四頁）を発見。そのみごとな分析と整理に感嘆した。蜻蛉日記の心情語の世界に、この方法を適用することにし、「情緒の系図」の要点を九月一日（火）、二九枚にカード化した。

三〇年八月は、次の作品の心情語調査にあてている。

・和泉式部日記心情語目録　三〇・八・一六―一七作成
・更級日記心情語目録　三〇・八・一五―一六作成
・紫式部日記心情語目録　三〇・八・一七―一九作成
・古今集心情語目録　三〇・八・一九―二〇作成
・後撰集心情語目録　三〇・八・二二―二三作成

小町集は三〇・一一・二四作成。

結果の分析はできず、附録二「心情語の流れ」として収録した。以後、心情語年表を作成しつつ、解釈をしなおし、一、二章の原稿作成に努めた。

第一章　心情の文学としての蜻蛉日記
第二章　心情世界の形成――第一部（上巻）の世界より

清書は三一年元旦よりはじめたが、第二章の清書は間にあわず、第一章に附録一、二、三（二七八頁参照）をつけて提出することになった。

提出日一月一四日（土）の前日より「はじめに」二二枚（四四頁）を夜を徹し清書し、午前五時半に書き上げた。仮とじをして、一一時ごろ教育学部教務に提出した。後日、大学の製本所で、二冊に製本してもらい、山根先生に再提出した。

卒論発表会は、三一年二月一二日（日）広島大学教育学部大講義室であった。卒論発表資料プリント一枚を用意して、国語科の後輩に聞いてもらった。

## ■卒論発表会資料

卒論発表　三一・二・一二（日）　於　教育学部大講義室

### 蜻蛉日記の基礎研究――心情の文学として――

伊東　武雄

一　立場（方法と目標）

蜻蛉日記の心情語の追求を通じて、作者の生への姿勢を確認しようとした。すなわち、二一年間（天暦八年・九五四―天延二年・九七四）の記録をとおしてみられる妻から母への心情推移・心情の世界を追求することによって、作者の自照の姿勢・叙情の方法を知ろうとした。

二　着眼――心情語の多様性

(1)　蜻蛉日記において、作者の心情を追求することは、とりもなおさず、作者の生への在り方を確認することである。作者、道綱の母の場合、いかに生きたかということは、いかに感じたかということにほかならなかった。

(2)　蜻蛉日記の心情語を中心にして、伝統と創造の問題にもふれることができる。

三　構想（目次）　※頁

はじめに――戦後の蜻蛉日記研究の情勢と私の立場、構想、反省　※四四

凡例・目次・要旨　※五六

第一章　心情の文学としての蜻蛉日記（総論――蜻蛉日記への私の姿勢を整えるために）

　第一節　心情の記録……心情の推移（蜻蛉日記の構成）～心情の世界（蜻蛉の世界）～心情の文学（立場の設定）　※一四三

　二節　心情の文学への姿勢――冒頭の序文の追求（私的な心情の自叙伝への姿勢～動機・主題・方法・意図・反省～古物語の克服）～その姿勢からみた冒頭文の文学史的意義（伝統と創造の問題）　※二四三

　三節　心情の文学としての性格　※二四三

　　1　私的性格（内容）――高明左遷事件に対する「悲し」という私的共感から　※三〇九

　　2　写実的性格（手法）――「胸つぶつぶと走る」・「胸ふたがる」（激情の写実）と「涙ほろほろとこぼる」（涙の写実）　※三九八

　　3　自照的性格（動機）書名の自照的性格・「ものはかなし」における自照性　※五三四

附録一　心情語年表（年月日・事件・頁数・作者の心情語・他人の心情語・備考）　※五四一―五六〇

　二　心情語の流れ（古今集・後撰集・小町集・土佐日記・蜻蛉日記・和泉式部日記・紫式部日記）　※五六一―六一〇

　三　蜻蛉日記研究史年表――明治以後の――　※六一一―六一九

※以上三百十枚

※は後日記入（以下同じ）

四　研究経過

○蜻蛉との出会い（二九・七）自照の文学としてとりあげてみたいと思う。

Ⅰ（準備段階）

1　参考文献調査（二九・一〇）文学部研究室・皆実分校図書館・教育学部図書室

プリント配布（三〇・二）先生方へ　↓附録三

2　蜻蛉日記初読・朝日古典全書本（三〇・二）

心情語の多様性を発見

3　他の王朝日記通読（三〇・三～四）

更級・和泉・土佐・紫式部日記

Ⅱ（作品分析Ⅰ）

4　年表作成　（三〇・五）

5　本文カード（　〃　）・事件カード

Ⅲ（資料採集Ⅰ）

6　参考文献のカード（三〇・六）

――雑誌論文を中心に

7　心情語調査（三〇・七）統計的研究

(イ)索引　(ロ)ぬきがき――心情語カード

(ハ)分類↓

(ニ)王朝日記の心情語調査――心情語のカード（三〇・八～九）――心情語をとおして伝統と創造の問題を思いつく。

土佐・更級・和泉・古今・後撰・小町↓附録二

（挫折）――心情語分析の方法をまよう――あせり――

①心情語の意味・分類をしようとしてゆきづまる。

②量的な研究から、どうして質的な研究に入るか。

8　心情語分析（三〇・一一）Ⅳ（作品分析Ⅱ）

心情語のある場の分析と周辺語との関連によっておさえる――心情の文学としての立場を発見する

(イ)心情語を中心に重要個所の分析を行う。本文カード使用、スタートよりやりなおす。分析、メモをしつつ草稿を書いていく。

(ロ)年表に心情語を書き入れつつ解釈――全体の流れを把握。　↓附録一

Ⅳ（書くことの段階）

9　草稿作成

(イ)上巻の心情語分析の結果↓心情世界の形成（第一章）。

(ロ)カード整理・今までの蜻蛉についてのメモをまとめる↓心情の文学としての蜻蛉日記（第一章）。

10　清書（三〇・一一・一）

○思ったように書けない。不安点続出、補足個所続出。

(イ)第一章清書——第二章の清書間に合わず。

(ロ)はしがき。

(ハ)附録。

---

No.1

五　反省——書くことによって考える。

Ⅰ　書く生活をおろそかにした。——書くことは早ければ早いほどよい。何度も書きなおすほどよい。

Ⅱ　自分で考えるということが少なかった。機械的な作業が多かった。テーマのしぼり方の不足。

⇓

No.2 ■ Ⅰ・Ⅱ

---

六　内容の紹介

(イ)戦後の蜻蛉研究

- 歴史社会学派（西郷信綱——秋山虔 / 今井源衛——野村精一・南波浩
- 日本文芸学派（上村悦子、菊田茂男）
- 戦前の諸派
  - 東大文献学の人たち……喜多義勇・久松潜一・池田亀鑑・西下経一 → 清水先生
  - 早稲田グループの人たち……五十嵐力——岡一男——今井卓爾
  - その他　京大文献派……吉川理吉・三好英二
  - 文学者の参加……与謝野晶子・田山花袋・堀辰雄 → 清水先生

(ロ)蜻蛉日記の構成——

- 第一部の世界（上巻）～心情世界の形成——兼家との愛憎の世界を中心とする——歌物語の形式をもつ
- ——浪漫的不安の時代（「ものはかなし」の形成を中心としてとらえることができよう）

※天暦八　九五四⑮―安和元　九六八

第二部の世界（中巻）～心情世界の深化――作者の主体的な苦悩を中心とする――告白日記の形式をもつ

――激情的悲哀の時代（「悲し」の深化を中心にとらえることができよう）※安和二　九六九③―天禄二　九七一

第三部の世界（下巻）～心情世界の終焉――道綱及び養女への愛情を中心とする――日次的物語の形式をもつ

――静観的諦念の時代（「あはれ」への到着を中心にとらえることができよう）

※天禄三　九七二③―天延二　九七四

## ㈡蜻蛉日記の王朝文学史的位置※――冒頭の執筆の姿勢から

（第二節より）

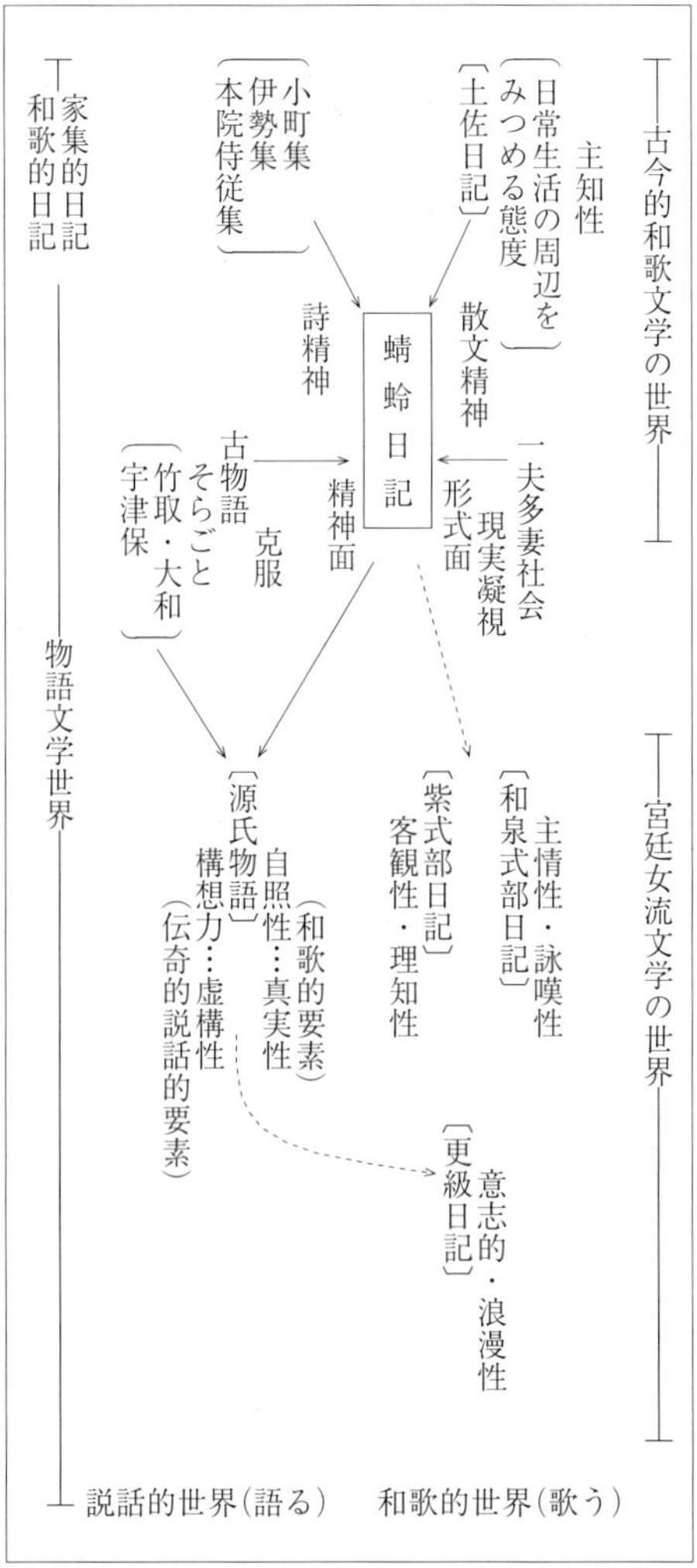


（※試案）

(ハ)道綱母の心情の世界――心情話の世界をとおして　（第一節より）

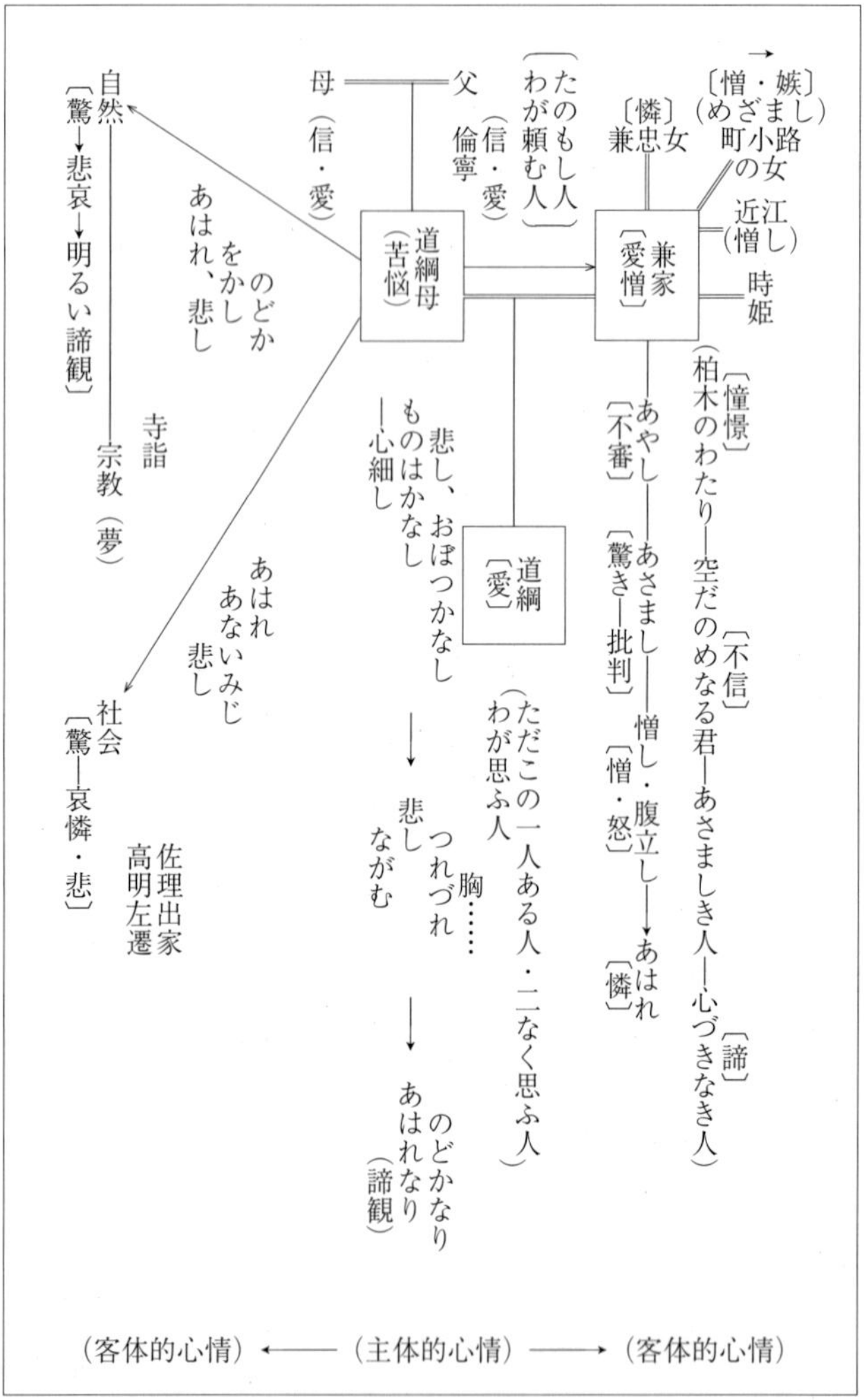

(ホ)冒頭の序文——執筆の姿勢——　※西山忠太郎「蜻蛉日記冒頭の考察」(国語と国文学　昭一七・八)に負うところが多い。

[動機《モチーフ》]

1　ものはかなし(虚無感)——回想的心情——

「かくありし時過ぎて世の中にいとものはかなく、とにもかくにもつかで世にふる人ありけり」

2　つれづれ(無聊感)——現実凝視の心境——

「ただ臥し起き明かしくらす」

3　古物語=そらごと

反撥→(古物語克服)

=

文学的自覚

[主題]

人にもあらぬ身の上を書く

=

(人なみでもない結婚生活を通じて自己の心情の歴史を書く)

[方法]

日記する→

[意図]

イ「新しきさまにもありなむ」(文学としての新形態)

ロ「天の下の品たかきやと問はむためしにもせよかし」(作品の新内容)

——新鮮さへの抱負——

自分が素姓の高い女であるかどうか批評する例としてほしい

自己提示——読者の希望

[反省]

——作家の姿勢——→|←—生活人としての姿勢—→|

「過ぎにし年月ごろのこともおぼつかなければ……」

（記憶の不確実さに対する不安）

写実精神の自覚――誠実さ

Ⅰ

No.1　五

(1)カード整理の必要――朱線を引く作業だけでなく、自分の考えを加味、発展させて随筆風にでも気軽に書いてみる必要があった。

(2)メモだけではだめ。材料を集めただけではだめ。メモができれば文章にしてみる必要があり、材料が集まれば原稿用紙に書けるところから書いてみることが必要であった。資料採集と草稿作成の時期と別々に考えていたところに失敗があった。

Ⅱ

(3)統計的研究に重点を置きすぎた。――量的研究に終始しすぎて質的な研究を深めることができなかった。

(4)省略

No.2

(5)テーマのしぼり方の不足。――作業の負担が多すぎた。考える作業より機械的な作業が中心になった。

## 二　参考文献――蜻蛉日記関係・日記文学関係

蜻蛉日記参考文献　三〇・一一　伊東　武雄

一　注釈書

天明五　蜻蛉日記解環（国文学注釈全書／国文学注釈叢書）　坂　徴　(研)

文政五　蜻蛉日記解環旅寐　五十嵐篤好　(研)

文政一一〜天保元　遊絲日記紀行解　田中大秀　(研)

（明治以後）

大正四　新釈蜻蛉日記　今園国貞

昭和五〜六　蜻蛉日記注釈　植松　安　(史研)

（言語と文学・一、四、七、十一、一、七月号）

昭和七　稿本「蜻蛉日記注釈」紹介　正宗敦夫

（文学　一月）

昭和一〇　蜻蛉日記注釈　松井簡治　○

（雄山閣・国語国文学講座）

昭和一二　蜻蛉日記講義　武蔵野書院　喜多義勇　(図)

昭和一九　蜻蛉日記講義改訂版　至文堂　喜多義勇　(皆)

昭和二四　蜻蛉日記　朝日古典全書　喜多義勇　○

二　テキスト

大正七　新釈日本文学叢書　第四巻　(研)

一四　日本文学大系　第三巻　(研)

昭和二　有朋堂文庫　平安朝日記集

三　古典全集　第二期　○

四　国文学注釈叢書　第六巻

昭和一三　未刊国文学古注釈大系　吉沢義則編　(研)

一六　改造文庫　蜻蛉日記上下　勝俣久作　○

一七　岩波文庫　蜻蛉日記　喜多義勇　○

三　現代語訳

昭和二　蜻蛉日記（全釈王朝文学叢書第十一巻）　○

一〇　蜻蛉日記　物語日本文学　第八巻　○

一一　蜻蛉日記　物語日本文学　第九巻　○

池田亀鑑

昭和一三　蜻蛉日記　現代語訳平安朝女流日記　○

与謝野晶子

蜻蛉日記物語　古典研究三月号

吉村　靖

物語蜻蛉日記　古典研究三月号　○

大井三郎

昭和一四　かげろふの日記　堀　辰雄　○

昭和一八　蜻蛉日記・更級日記　現代語訳日本古典

雅川　滉　○

昭和二九　土佐日記・蜻蛉日記
　紫式部日記・和泉式部日記　河出現代語訳日本文学全集
　　喜多義勇 ○

四　作者研究（人物研究）

大正三　蜻蛉日記作者伝　桜井　秀
　わか竹・十二・二・三・五月号
大正一〇　瑣言（作者歿年考察）　岡田希雄 (研)
　芸文七月号
昭和七　蜻蛉日記人物考　坂口玄章 (研)
　国語と国文学　六月号
昭和一二　道綱の母　清水文雄 (研)
　国文学試論第四輯
昭和一四　道綱母　むらさき一月号　所　勇
　蜻蛉日記の作者と和泉式部　玉井幸助 (研)
　短歌研究　五月号
昭和一七　藤原長能とかげろふ日記
　の作者ら　吉川理吉 (研)
　国語国文　六月号
　長能と道綱母との関係について
　国語国文　九月号　三好英二 (研)
　藤原長能伝補考　三好英二
　歴史と国文学　十二月号
昭和一八　道綱母（青梧堂）　岡　一男 (皆) ○
　道綱の母（三省堂）　喜多義勇 (研)
昭和二五　右大将道綱母　今井源衛 ○
　河出日本文学講座　古代の文学Ⅰ

五　その他――雑誌論文を中心に

昭和三　蜻蛉日記に現わされた愛欲の世界
　国語教育　十一月号　斉藤清衛
昭和四　天暦期を背景として見たる蜻蛉日記
　国語と国文学　一月号　斉藤清衛 (図)
昭和六　写実小説としての蜻蛉日記
　日本文学月報（日本文学史）　久松潜一 (研)
昭和八　伝大納言殿母上集　荒木田楠千代 (研)
　国語と国文学　一月号
　蜻蛉日記考　坂口壽子 ○
　文学　五月号
　蜻蛉日記の一観点　市村　平 ○
　国学院雑誌　九月号
昭和九　蜻蛉日記概説　志賀喜久政
　二松　二月号

蜻蛉日記の研究　喜多義勇 (研)
改造社　日本文学講座
蜻蛉日記風俗考　和田倫子
風俗研究十月以降
蜻蛉日記研究特輯
国漢研究　一月
昭和一〇　蜻蛉日記と和泉式部とを通してみる
両者の傾向と日記の意義　多胡順子 (研)
国語国文　三月号
昭和一一　蜻蛉日記作者の心理とその表現
解釈と鑑賞　九月号　喜多義勇 ○
昭和一二　かげろふの日記併に同時代の物語
共と源氏物語との関係　吉川理吉 (研)
国語国文　一月号
昭和一三　蜻蛉日記について　上西　繁 ○
古典研究　三月号
蜻蛉日記の文体　喜多義勇 ○
古典研究　三月号
蜻蛉日記解説略図其他　古典研究編集部 ○
蜻蛉日記の鑑賞　菊地うた子
むらさき、七・八・十一月号

昭和一七　蜻蛉日記鑑賞のために　喜多義勇
国語文化　一月号
蜻蛉日記巻末と道綱の母の集について
国語国文　一月号　三好英二
蜻蛉日記冒頭の考察　西山忠太郎 ○
国語と国文学　八月号
（終戦後）
昭和二五　道綱母の文学に関する覚書　秋山　虔 ○
国語と国文学　六月号
昭和二六　道綱母と蜻蛉日記　上村悦子 ○
平安文学研究　七月号
蜻蛉日記の一節について　上村悦子 ○
平安文学研究　十一月号
昭和二七　蜻蛉日記の一考察　上村悦子 ○
平安文学研究　九月号
蜻蛉日記の序　玉井幸助 ○
平安文学研究　九月号
昭和二八　蜻蛉日記の世界　菊田茂男 (教)
文学研究　一月号
昭和二九　蜻蛉日記表現の基礎構造　近藤一一

日本文学研究　九月号
「ものはかなし」から「もののあはれ」へ
――道綱母の場合――　松田成穂
日本文学研究　九月号

六　本文研究・写本研究

昭和六　蜻蛉日記に関する二三の考察
国語と国文学　四月号　荒木田楠千代　○
昭和七　蜻蛉日記に関する新発見
国語と国文学　五月号　岡田　稔　㊖
校注かげろふ日記契沖本の解説
月刊日本文学　十月号　吉川理吉
昭和一一　かげろふの日記の本について　吉川理吉　㊖
国語国文　十月号
昭和一三　蜻蛉日記写本考　川口久雄
国語　一月号
昭和一四　蜻蛉日記書入本考　川口久雄
皇朝文学　三月号
昭和一八　蜻蛉日記錯簡考　吉川理吉　㊖
国語国文　四月号

七　その他　蜻蛉日記のとりあげられているもの

昭和二
一〇　『宮廷女流日記文学』至文堂　池田亀鑑　○
一三　『平安朝日記の研究』啓文社　今井卓爾
王朝日記の古典性　古典研究 三月号　佐々木隆美
日記文学　河出日本文学体系　西下経一　○
一五　日記する女　文芸文化　七月号　喜多義勇
『女流日記』　子文書房　清水文雄　○
日記文芸の覚え書　文学 七月号　西山忠太郎　○
一六　歌合日記覚書　静思　十月号　松永龍樹
――日記文学論のために――
一七　女流文学の日本的特性　学苑 一月号　池田亀鑑
日記文芸様式の歴史と本質　池田亀鑑
国語文化　一月号
日記――その形態論的考察　白石守正　○
国語と国文学　七月号

（終戦後）
昭和二九　古物語から源氏物語へ　秋山　虔
文学　二月号
二八　古代文学に於ける日記性と物語性の追求

文学　十月号　南波　浩

※参考文献所在地――プリント作成後記入

(研)　文学部国文研究室

(史研)　文学部国史研究室

(皆)　皆実分校図書館

(教)　教育学部図書室

(図)　広島大学付属図書館

※新字体使用。次の日記文学参考文献も同じ。

日記文学　参考文献　伊東　武雄

明治三八　『国文学全史』　藤岡作太郎　大倉書院
　　→岩波書店（大正一五）　上のみ○

大正五　『文学に現われたる我が国民思想の研究』　津田左右吉　洛陽社
　　第一巻　改訂版岩波書店（昭和二六）　○

昭和二　日記について　和田英松　史学雑誌
　　日記文学と女性　久松潜二　日本文学聯講
　　『宮廷女流日記文学』　池田亀鑑　至文堂　○
　4　日記紀行文学の本質　池田亀鑑　国語と国文学　(研)

昭和五　自照文学史　池田亀鑑　国文学大系　山根先生
　　『文学序説』　土居光和　岩波書店　○

昭和六　平安朝に於ける日記の研究　和田英松　新潮社日本文学講座　(皆)

昭和七　平安朝の日記紀行　西下経一　岩波講座日本文学　(教)
　　日記紀行文学概説　宮田和一郎　月刊日本文学
　　鎌倉時代の日記紀行　玉井幸助　岩波講座日本文学
　　日記と和歌　玉井幸助　短歌講座　(教)
　　王朝時代の日記文学　池田亀鑑　新潮社日本文学講座　○
　8　平安朝の日記文学　岩永　胖　国漢

昭和八　日記文学の創作性　藤井　毅　九大国文学会会報
　12　日記文学の成立と和歌　久松　潜一　短歌研究

昭和九
　11　平安朝の日記文学　土居光知　改造社日本文学講座　(研)
　　日記文学と紀行文学　池田亀鑑　改造社日本文学講座　(研)

中世の日記紀行文学　島田退藏　改造社日本文学講座　(研)

日記文学と国語教育　坂口玄章　(教)

（日本文学の本質と国語教育）

昭和一〇『平安朝日記の研究』今井卓爾　啓文社　(皆)

昭和一二『平安朝文学史』五十嵐力　東京堂　(研)○

昭和一三 3 王朝日記の古典性　佐々木隆美　古典研究　○

『日記文学』　西下経一　河出書房　○

昭和一五『女流日記』清水文雄　子文書房　○

『女流日記』佐山　済　日本評論社　○

7　日記する女　喜多義勇　文芸文化　(研)

7 日記文芸の覚書　西山忠太郎　文学　(研)

昭和一六　歌合日記覚書　松永龍樹　静思

――王朝日記論のために――

昭和一七 1 女流文学の日本的特性　池田亀鑑　学苑

1 日記文芸様式の歴史と本質　池田亀鑑　国語文化

7 日記――その形態論的省察　白石守也　国語と国文学　(研)

（終戦後）

昭和二〇『日記文学概論』玉井幸助　目黒書店　(研)

二二 8 日記文学雑観　玉井幸助　解釈と鑑賞

二三 9 物語と日記　清水　泰　立命館文学

二四 2 女流日記作者の道心　関根慶子　解釈と鑑賞　○

昭和二五　日記・随筆　佐山　済

河出書房日本文学講座　○

5 日記随筆評論の様式的展開　西下経一　解釈と鑑賞　(研)

10 日記・随筆　喜多義勇　国語と国文学　(研)

昭和二六　随筆・日記・評論　斉藤清衛　成瀬正勝

至文堂　日本文学教養講座　○

『日本古代文学史』　西郷信綱　岩波書店　○

昭和二八 6 平安朝日記にみえる「あはれ」と「をかし」の全貌　山口晃　平安文学研究

昭和二九 1 日記文学（特集号）　解釈と鑑賞　○

王朝日記及び蜻蛉日記の参考文献紹介として例えば、次のものが挙げられよう

1　国語国文学研究史大成 5『平安日記』　秋山　虔　池田正俊　喜多義勇　久松潜一　編著

三省堂　昭三五・六・一五　増補版　昭五三・七

「研究書誌（日記文学一般）」解題・「研究略年表」は野村精一、

『蜻蛉日記』・「研究史通観」は今井源衛・木村正中、

「翻刻研究文献」（かげろふの日記解環・国文学全史平安朝篇・蜻蛉日記作者伝・宮廷女流日記文学、蜻蛉日記写本考・女流日記）「翻刻研究文献解説」「研究書誌」（一、写本・二、本文研究・三、注釈・四、作品研究・五、作家研究）は木村正中。

2　日本文学研究資料叢書『平安朝日記Ⅰ　土佐日記　蜻蛉日記』　有精堂　昭四六・三・三〇
・解説（はじめに、1日記文学、3蜻蛉日記の研究概説）
研究参考文献　石原昭平執筆

3　日本文学研究資料新集3『かげろふ日記　回想と書くこと』　深沢徹編　有精堂　一九八七・一〇・一〇
・解説　参考文献（前記2に続くもの）

4　一冊の講座　蜻蛉日記　日本の古典文学一
有精堂　一九八一・四・一〇
・蜻蛉日記研究書解題（五十音順）
大倉比呂志　曽根誠一　深沢徹

・蜻蛉日記の研究史
・蜻蛉日記研究の現在と展望　増田繁夫

5　国文学解釈と鑑賞　特集女流日記文学への誘い
至文堂　一九九七・五・一
・王朝女流日記文学研究文献目録抄——昭和六〇年以降——　金正月　五十嵐正貴　太田たまき

6　別冊國文學　王朝女流日記必携　秋山虔編
学燈社　一九八六・一・一〇
・女流日記研究史年表　守屋省吾
・主要参考文献解題　石原昭平　津本信博

7　勉誠社　女流日記文学講座第一巻『女流日記文学とは何か』　平三・九・三〇
・参考文献　吉野瑞恵
研究書、入門書、文学史、雑誌特集号、雑誌論文

8　勉誠社　女流日記文学講座　第二巻『蜻蛉日記』
平二・六・一〇
・『蜻蛉日記』参考文献　川名淳子
・『蜻蛉日記』研究の展望と問題点　石坂好子

## 三　内容紹介「蜻蛉日記の基礎研究——心情の文学として——」

〔凡例〕

一　喜多義勇『蜻蛉日記』（朝日新聞社　日本古典全書）を底本とした。何頁何行印は、その頁数と行数を示す。

二　本文の解釈は、次の注釈書及び現代語訳を用いた。

(一)　喜多義勇　蜻蛉日記講義（改訂版）　昭二二
松井簡治　蜻蛉日記注釈（雄山閣　国語国文講座）　昭一〇

(二)　現代語訳
池田亀鑑　物語日本文学第八巻　（至文堂）
雅川　滉　現代語訳　日本古典　（小学館）
喜多義勇　現代語訳日本文学全集　（河出書房）

三　心情語解釈は、古語辞典（三省堂）・広辞苑を中心に、九鬼周造博士「情緒の系図」（岩波書店『文芸論』昭一六）を利用した。

四　註は、説明を必要とするものは、※印をもって節あるいは項の終りにまとめ、引用文献名、その他簡単なものはすぐ下に（　）をもって注記するようにした。

五　本文引用には、引用X、和歌引用は引用Xとして番号をつけた。

〔内容の紹介〕「悲し」については、次のようにまとめた。
蜻蛉日記の「悲し」の世界　上巻20　中巻30　下巻4

**上巻**（第一部の世界）「悲し」の形成〈二八七頁（卒論の頁数、以下同じ）〉

A　愛するものへのへだての意識

○「人の心はそれにしたがふべきかは」（兼家へのへだての意識）
疑惑感←一夫多妻社会での不安

I　肉親との別離によって生じる悲し　悲嘆

(1)天暦八　父倫寧《ともやす》陸奥国赴任（4）「心細し」と併用

2

—いと悲しきことものに似ず、ただひとへに悲しう心細きことのみ思ふ・いふかたなき悲しきに・いみじう悲うて—

(2)天暦一〇　姉、為雅邸へ移る（1）

—影も見え難かべいことなど、まめやかに悲しうなりて—

(3)康保元　母の死（4）「あはれ」と併用

—いと知らまほしう悲しく覚えて・いみじう悲し・ものも覚えず悲し・いとといみじうあはれに悲し—

〈距離的肉感的へだての意識〉

Ⅱ　兼家との関係によってひき起される悲し　悲哀

天暦一〇　兼家夜中暁とうちしはぶきわたる（1）

—日暮れはかなしうのみ覚ゆ。↑激情ののちの悲し—

（恋愛心情）

〈時間的・精神的なへだての意識〉

（深化Ⅰ　受動的な哀感から能動的な悲しみ　生活心情）

B　不幸な人たちへの共感（同情）

Ⅲ　他人の心情を「悲し」と思いやる—「悲しげ」

ものかなし　中巻1　下巻2

康保四・五　村上天皇薨　貞観殿の御返しを悲しと見る（1）

—御返りいと悲しげにて—

Ⅳ　他人の不幸によって湧き起る悲し　共感

(1)康保四・七　佐理及び佐理妻出家（2）

あないみじとののしり（驚き）　とぶらひの和歌

あはれと言ふ　（同情）—贈答

悲しきに　いと悲し

(2)安和元・九　第一回初瀬詣

乞食ども坏《つき》・鍋など据ゑてをるもいとかなし。　同情

**中巻**（第二部の世界）「悲し」の深化及び転位。〈三〇二頁〉

(3)安和二　源高明事件（「安和の変」）

三　高明左遷—あいなしと思ふまでいみじう悲しく

六　妻出家—いみじう悲しく　「あはれ」と併用

（深化Ⅱ　共感から主体的悲哀へ——人生的心情）

C　主体的悲哀

Ⅴ　生活からにじみ出る悲し　厭世的悲哀

(1)安和二・閏五　病による、たそがれの悲哀

—心地弱く覚ゆるに、おしかこみて悲しく覚ゆる夕暮に—

(2)　一二　大雪　故しらぬ悲哀

—いかなるにかありけむわりなく心身うく人つらく

悲しく覚ゆる日あり—

Ⅵ　不幸の意識により生じる悲哀

(1)天禄元・六　自然の風物にふれてつれづれなるまゝに植えさせた若苗が枯れる

—いと悲しくて—

(2)　六　兼家のとだえ　兼家を待つに来ず——待つ身の悲しさ　悲嘆

—ありしよりもけにものぞ悲しき—

(3)　六　道綱への愛　道綱、作者の冗談を本気にして鷹を放つ

—あらそへば、思ひにわぶる天ぐもに先づそる鷹ぞ悲しかりける—

六　作者死を思うが、道綱のことを思うと死なれず

—ただこの一人ある人を思ふにぞ、いと悲しき—

七　（石山参籠）道綱への愛着によって死にきれず

—まづこのほだし覚えて恋しう悲し—

七　（西山参籠）わが身の宿世をみつめて

—身の宿世ばかりをながむるに添ひて悲しきことは〈道綱の可愛想な姿を見て〉—

(4)人々の温情

七（西山参籠）

・「かくのみやは」とある人より文

—いとあはれに悲しくながむるほどに—

・遠い親族よりの慰問品

—身には言ひつくすべもあらず悲しうあはれなり—

D　感動的悲哀・悲嘆

Ⅶ　自然・風物によってひきおこされる悲し

—もの悲し・もののあはれに悲し—

天禄元・七　石山参籠

①打出の浜より舟に乗る—いみじう悲しう思ふことたぐひなし—

②夢をみる—ものぞあはれに悲しく覚ゆる—

③石山を舟にて出発

残る僧を見て—遠くなるままに影のごと見えたるもいと悲し—

瀬田の橋にて夜が明く—千鳥うちかけりつつ飛びちがふ。もののあはれに悲しきことさらに数なし—

天禄元・七　西山参籠　西山到着

ぼたん草情なげに咲いている↑いとかなし

E　自照的姿勢によって生じる悲し

(1)兼家との関係をみつめて――へだての意識

①天禄元・七月一〇日盆　兼家との生活を反省

(イ)離れやしぬらむと、あはれ亡き人も悲しう思すら
むかし

(ロ)（道綱母）「亡き人をこそ思し忘れざりけれと、
惜しからで悲しきものになむ、

②天禄二・六月（西山へ出発の日）兼家へ文
―さむしろの下待つことも絶えぬれば置かむかただ
になきぞ悲しき―

③七月（第二回・初瀬詣より帰って）兼家の弁明勝ち
のことばに
―今さらにと思へば悲しうなむ―

④一二月　雨の日のたそがれ、昔を回想して
―悲しくも思ひ絶ゆるか石《いそ》の上さはらぬものとなら
ひしものを―

(2)天禄二（西山にて）わが身をみつめて――不幸の意識

①道綱に不幸な身の上を語る
―かなしきものに思いなして見たまへ―不幸の凝視

②わが身の宿世をながむ―物思ひの姿勢

③「さてのみやは」とある人の文をながむ―観想的姿
勢
―いとあはれに悲しくながむるほどに―

〈転移［位］〉妻としての心情から母としての心情へ（兼
家↓道綱）

天禄元・三　内の賭弓へ道綱出場―うれしうかなしきこ
ともものに似ず―

・七（西山参籠）道綱を京へ、雷雨―ゆゆしう
悲しくて―

下巻（第三部の世界）「悲し」の結末　〈三〇四頁〉
――愛《かな》し・もの悲し

1　母親としての愛し、悲し

(1)道綱によってひきおこされる「かなし」

天禄三・三　隣家の家事、道綱の指図よし
―あはれ男《をのこ》とてよう行ひけることよ。見聞
くもかなし。（アッパレダ↓うれしい）―

(2)養女によってひきおこされる悲し

天延二・二　横川に詣づ
―わが苦しさもまさるばかり悲しう覚えけ

る―

2　静観の姿勢による「もの悲し」

自然の風物にふれてわきおこる自発的心情

⑴天延元・九　中川へ移る

―川霧立ち渡りて麓見えぬ山の見やられたるもいと

もの悲しうて―

⑵天延二・二　横川へ詣づ

前なる谷よりしづしづとのぼる雲を見つめて

―いともの悲しうて―　（「ながむ」）

追記一　土佐日記の「悲し」系のことば一一語のうち、一〇語（かなし六、かなしさ二、かなしぶ一、かなしがる一）は、すべて、土佐で失った女児への親の真情を訴えるものである。これに対して、蜻蛉日記の「悲し」は、右に示したとおり、多様である。

追記二　蜻蛉日記の「かなし」をとり挙げて考察したものに、次のものがある。検討を加えて、蜻蛉日記の「悲し」の考察を深めたい。

・柿谷雄三「かげろふの日記」の「かなし」についての一報告

平安文学研究第十九輯　平安文學研究会、昭三二・一二・一、一〇三―一一〇頁

・沢田正子　蜻蛉日記のかなしの消長

『蜻蛉日記の美意識』（笠間叢書276　平六・一〇・二〇）所収　六七―八四頁

卒業論文は、蜻蛉日記の心情語の調査分析によって、心情の文学として位置づけ、三つの性格――⑴私的性格・⑵写実的性格・⑶自照的性格――について、解明しようとした。全力を傾注したものの、力不足で分析考察が十分でなく、独断と思いこみも多い。未熟で不出来なものとなっている。今後とも再検討していきたい。表記の誤りも多く、指導教官の山根安太郎先生には、大変ご迷惑をおかけしたと思う。

〔附録一〕

## 心情語年表——心情語索引をかねて——

※一　心情語はすべて、その基本形におきかえた。
※二　客体的心情は（→によって示した）

| （年月日） | （事項—事件） | 頁数 | （道綱母の心情） | （他人の心情） | （動作・状態・姿勢） |
|---|---|---|---|---|---|
| | 冒頭序文 | （四二） | ものはかなし、おぼつかなし | | 「ただ臥し起き明かし暮らす」 |
| 天暦八（九五四）初夏 | 兼家求婚 | （四四） | あはつけかりし（すきごと）あやし（→兼） | （兼家）かなし おぼつかなし、わびし、辛し、憂し、あやし | 「まめ文」の贈答 わぶ　兼家—積極的求婚 道綱母—理知的拒否 |
| 初秋 | 結婚成立 | （四六） | | | |
| 九月 | 兼家のとだえ始まる | （四七） | わりなし | | 「泣かる」「露」 ← |
| 十月 | 父陸奥国赴任 | （四七） | 心細し(2)　悲し(3)　あはれなる(2) | （兼家）あはれ | 「泣く」（悲泣の姿） |
| 十二月 | 兼家横川に籠る | （四九） | ［はかなく暮れぬ］ | （〃）あはれ 恋し | |
| 天暦九 八月 | 道綱出産 | | | | |
| 九月 | 兼家が「町小路の女」の許に通うことを発見 | （四九） | あさまし、心得なし、うたがはし、心憂し、憂し［あやし、心づきなし］ | （兼家）つれなし わびし | 「嘆きつつ」の歌 新妻としての怒りの姿 |
| 天暦十（九五六）三月三日 四日 | 桃の節句　兼家来ず 兼家、為雅と歌贈答 兼家公然と町小路の女のもとに通う | （五一） | 心たじにしもあらず、憎し（→兼家） 心憂し | | 「嘆き」「思ひもしるくただ一人臥し起きす」 |
| 五月三・四日 | 姉　為雅の家に移る | （五二） | 心細し、悲し | | |
| | 時姫と歌贈答 | （五二） | | （時姫）あやしう悔し | （孤独の姿） 以下略～ |

〔悲し〕

| テキスト | 形態 | 語形／作品 | 未然 | 連　用 | 終　止 | 連　体<br>—き（結） | 已　然<br>—けれ（結） | 計 |
|---|---|---|---|---|---|---|---|---|
| 岩波文庫 | 勅撰集 | 古今集 | | 1（—く）<br>2（—かり） | 6 | 7（—き）<br>9（結） | 3（結） | 28 |
| 岩波文庫 | 勅撰集 | 後撰集 | | 1（—く）<br>4（かり） | 3<br>4（—さ） | 1（—かる）<br>13（—き）<br>17（結） | 1<br>1（結） | 44 |
| 群書類従 | 私家集 | 小町集 | | | | | | |
| 群書類従 | 私家集 | 伊勢集 | | | | | | |
| | | 伊勢物語 | | | | | | |
| 朝日古典 | 日記文学 | 土佐日記 | | 1（—かり） | 2（—さ） | 4（—き）<br>1（結） | | (8+3)<br>※1　11 |
| 朝日古典 | 日記文学 | 蜻蛉日記 | | 9（—く）<br>13（—う）<br>3（—かり） | 11 | 9（—き）<br>8（結） | | (53+2)<br>※3　55 |
| 岩波 | 日記文学 | 和泉式部日記 | | 3（—く）<br>1（—う） | | 2（—き）<br>1（結） | | 7 |
| 朝日古典 | 日記文学 | 紫式部日記 | | 1（—う） | | 2（—き） | | 3 |
| 朝日古典 | 日記文学 | 更級日記 | | 4（—く）<br>1（—かり） | 3<br>1（—さ） | 6（—き）<br>1（結）<br>1（—かる） | | (17+1)<br>※2　18 |
| 岩波文庫 | （参考） | 万葉集 | | | | | | |
| 岩波文庫 | （参考） | 竹取物語 | | | | | | |
| 対校 | （参考） | 源氏物語 | 3 | 7（—かり）<br>57（—く）<br>55（—う） | 54 | 91（—き）<br>4（—かる） | 20 | 291 |

※1（土佐）　悲しび　2　　かなしがらるる　1
※2（更級）　かなしげなり　1
※3（蜻蛉）　かなしげに　1　　悲び　1

## 四　蜻蛉日記研究　今後の課題

卒業論文『蜻蛉日記の基礎研究――心情の文学として』をふまえて、次の三点を推進したい。

一　蜻蛉日記本文を読みかえす

㈠テキスト　次のものを利用する

1　岩波書店　新日本古典文学大系24　今西祐一郎校注
土佐・紫式部・更級日記と併書　一九八九・一一・二〇

2　新潮日本古典集成（第五四回）　犬養　廉校注
昭五七・一〇・一〇

3　小学館　新編日本古典文学全集13　木村正中　伊牟田経久　校注訳
土佐日記と併書　一九九五・一〇・一〇
日本古典文学全集9は、昭和四八・三・三〇

4　小学館　完訳日本の古典11　木村正中　伊牟田経久　校注訳
昭六〇・八・三一

5　岩波書店　日本古典文学大系20　川口久雄　校注
土佐・和泉式部・更級日記と併書　昭三二・一二・五

6　朝日新聞社　日本古典全書　喜多義勇　校注
昭二四・七・三〇
新訂版・日本古典選　昭四四・一・二〇

㈡注釈書　まずは次のものを活用する。

1　上村悦子　蜻蛉日記解釈大成1―9　明治書院
昭五八・一一・二五～平七・六・三〇

2　柿本　奨　蜻蛉日記全注釈上・下　角川書店
(上)昭四一・八・二〇
(下)昭四一・一一・二〇

3　喜多義勇　全講蜻蛉日記　至文堂
昭三六・一二・五

4　川瀬一馬　蜻蛉日記(上)(中)(下)〈講談社文庫〉
(上)昭五五・八・一五
(中)九・一五
(下)一一・一五

5　上村悦子　蜻蛉日記全訳注(上)(中)(下)〈講談社学術文庫〉
(上)昭五三・二・一〇

(中)昭五三・三・一〇
(下)昭五三・九・一〇
6 犬養 廉 蜻蛉日記 新潮日本古典集成（前記）
昭五七・一〇・一〇
7 秋山 虔 上村悦子 木村正中 蜻蛉日記注解一―九九「解釈と鑑賞」
昭三七・五～昭四六・三 ナド

■堀辰雄『かげろうの日記』

『かげろうの日記』は、昭和一二（一九三七）年一一月に脱稿。「改造」十二月号に発表された。堀辰雄、三四歳。今回は、次のものにあたった。

1 創元選書 かげろふの日記 昭一四・六・三
2 新潮文庫 かげろふの日記・曠野 昭三〇・九・二五
解説 丸岡 明
3 新潮文庫 堀辰雄 妻への手紙 堀多恵子編
昭四〇・一〇・三〇
4 角川書店 近代文学鑑賞講座14 堀辰雄 中村真一郎編
「鑑賞」中村真一郎 昭三三・一〇・五
5 集英社 日本文学全集50 堀辰雄集
作家と作品 福永武彦 昭四一・九・一三

二 蜻蛉日記の心情語を再検討する
校訂新版かげろふ日記総索引 本文編索引編 佐伯梅友 伊牟田経久編（旧版は昭三八・一二・二五 一冊） 昭五六・三・一五 風間書房
を活用する。

三 参考文献にあたる
文献名省略 290―291頁参照

6 清水書院 人と作品6 堀辰雄 福田清人ほか
一九六六
7 東京ライフ社 東京選書 堀辰雄 吉村 貞司
昭三〇・七・一五
8 有精堂 日本文学研究資料叢書 堀辰雄
昭四六・八・一〇
・堀辰雄と王朝女流日記 吉田精一
（至文堂『現代文学と古典』） 昭三五・一二・二〇
・「かげろふの日記」について 清水 文雄

—作者　堀辰雄氏へ—
（文藝文化昭一四・八
→子文書房『女流日記』昭一五・七・五）
・解説—堀辰雄研究史の展望と研究課題—
杉野要吉
9　講談社　日本現代文學全集32　堀辰雄集
昭四四・一・三〇
・作品解説　山本　健吉
・堀辰雄入門　中村眞一郎
10　筑摩書房　日本文学アルバム4　堀辰雄
一九五四・九・二八
11　新潮社　新潮日本文学アルバム17　堀辰雄
一九八四・一二・二〇
13　河出書房　文藝　堀辰雄讀本　昭三二・二・一五
作品論『かげろふの日記』釋迢空
〈角川文庫「かげろふの日記」解説〉
14　至文堂　國文學解釋と鑑賞　堀辰雄　作家論と作品論

・堀辰雄の日本的なもの　平安朝文学　塚本康彦
昭三六・三
・作品論　かげろふの日記　柳井　滋
15　至文堂　國文學解釋と鑑賞　堀辰雄と福永武彦
一九七四・二
・堀辰雄その作品　かげろふの日記　石原昭平
16　學燈社　國文學　堀辰雄　ロマネスクの運命
昭五二・七・二〇
・作品の構造「かげろふの日記」　上坂信男
17　至文堂　国文学　解釈と鑑賞　堀辰雄の世界
一九九六・九
・作品の世界——小説「かげろふの日記」論
村橋　春洋
18　学習研究社　現代日本文学アルバム12　堀辰雄
昭四九・八・一
・主要作品鑑賞小辞典・主要参考文献　杉野要吉
・年譜・著作目録　谷田昌平

「かげろふの日記」は、堀辰雄の成功作として高く評価はされていないが、豊かな詩情で、気品ある女人像を息づかせており、清水文雄先生も「国文学者が古典の精神を今日に呼び来す方法に重要な示唆を与えてくれるもの」として高く評価された。

NO.4

３月５日（土）　昨夜のプリント整理。手に入る文献とそうでないものに印をつける。
（午前）

午後、西山弘幸さん（※同室の国語科１年先輩）に手伝ってもらって、教育学部でガリを刷る。20部。

３月６日（日）　『自照文学史』を読む。

若さのみなぎった文章。修飾語を多く使って美文調である。解説的、説明的、観念的で、批判的なものがない。少々がっかりする。あまり役立ちそうにない。

３月９日（火）　安宗さんと野地潤家先生宅訪問。７:30～11:30

構想をみていたゞく。――これだけの構想ができていればよい。しかし自照性にしぼる必要がありはしないか。これだけのことは言えるというはっきりしたものをとらえるためには、基礎作業が必要。例えば１センテンス、１カードで、徹底的に解釈する。三年計画ぐらいの覚悟で。

３月12日（土）　東雲分校に清水文雄先生を訪ねる。

12時すぎ、東雲分校へ電話。４時にお会いできることになった。胸がはずむ。

４時15分　東雲分校着。先客があり、１時間半ばかり待つ。時間があまりなかったので、テーマと方法論についてお聞きする。

i）基礎作業としてくわしい年表作成がたいせつ。

ii）自分の方法論をはっきりうち出す。自照性という方法論なら、それを強く出す。

iii）とにかく蜻蛉に思いきりぶつかってみなさい。

30年４月　女流日記関係の書物を通読。

12日（火）　朝日古典全書『更級日記』（玉井幸助校注）通読。

14日（木）　蜻蛉日記。第二回、中巻まで読んでいたのを読了。意味の理解は相変らず十分でない。

19日（木）　土佐日記（※前記）。三日間かかって第一回通読。こんなことが書かれているという程度の理解。

26日（水）　和泉式部日記（岩波文庫、清水先生校注）を読む。五十嵐力『昭和完訳和泉式部日記』、玉井幸助『新注』を参照しつつ。

30年５月　蜻蛉日記本文重要部分のカードと年表作成。

30年６月　参考文献の重要部分のカード作業を中心に過ごす。

30年７月　蜻蛉日記の心情語カード作業。大日本国語辞典・大言海・広辞苑で心情語の意味を調べる。いつまでかゝって基礎作業をしているのか、うまく卒論としてまとめ上げられるのか不安。

16日（土）　国語教育卒論研究・野地グループに参加させてもらう。卒論日誌を確実につけることを反省させられる。

20日（水）　家庭教師の帰り、己斐行の電車中で、金子金治郎先生を発見。車中は勿論、己斐駅までついて行き、駅のベンチで、構想をみていたゞき、ご指導をいただく。快く応じてくださった。

i）あまり自照というようなことにこだわらぬ方がよかろう。

ii）重要な単語をおさえて、他の日記文学と比較する。例えば「ながむ」はたいせつであろう。

iii）兼家について、大鏡などによって考察する。

iv）研究としては、今までの検討を序説として、卒論にすればよいであろう。

――以下後略。

NO.3

○南波　浩「古代文学に於ける日記性と物語性の追求」（文学　28・10）

土佐日記～～～蜻蛉日記
↑
心情の記録
～～～源氏物語
↑
虚構性

三つの作品の特質を追求して、日記性と物語性の違いを明らかにしようとしている。

例えば、蜻蛉にみられる女性の苦悩を源氏物語では、その主観性《せまさ》をこえて客観性《広さ》をもって、普遍的により真実性を含ませて描き出そうとした。

二つの論考ともに、社会歴史学派の強い影響を受けている。西郷、石母田的理論が根抵となっている。蜻蛉を正しくうけとるには、これらだけが、唯一の方法ではない。自分の主体性を磨き、自信をもって自分のものをつくり出さねばならない。とすると、何よりもくり返して読むことが必要である。

２月21日（月）　図書館で参考文献の整理。注釈書、テキスト、口語訳、写本研究、作者研究、その他に分類、楽しい仕事である。

昼の時間、食堂へ行く途中、ばったり清水文雄先生に会う。卒論のことをお願いする。“また電話をかけて知らせてください”と言われた。重荷を一つおろした感じである。(18日（金）のこと）

２月22日（火）　皆実分校に中川先生をたずね、助言をいただく。蜻蛉日記通読の感想なども話す。

積善館に頼んでおいた、朝日古典『土佐日記』（萩谷朴校注）を受けとる￥260。解説を読んでおく。くわしい解説だ。土佐日記の主題を歌論書とする新しい立場であった。成立の背景と社会概説もよくまとめられていた。貫之全集を兼ねている。

参考文献の所在を明らかにするために、文学部国文研究室に行く。新らしく、２、３の雑誌論文と喜多義勇『道綱母』（三省堂）を発見する。

２月24日（木）　帰寮すると至文堂から返事が来ていた。思った通り『講義』は絶版になっていた。ねんごろなわび状であった。

２月27日（日）　石母田正“紫式部”（日本歴史講座Ⅱ　原始古代篇）を読む。

わずか５頁の小論文であるが、よく引用される論文である。

ｉ）源氏物語の成立を受領という中流階級に求めようとする。

ⅱ）紫式部の内省的・批評的性格は、環境によってとぎすまされていった。客観性、冷酷さ、孤立、内省、非妥協性という現実生活に対する交渉のしかたが、清少納言や和泉式部と違っていて、源氏物語を成立させた。これは、この時代の女性の貴族社会に対する最も激しい抵抗ではなかったかとされている。含蓄の深い論文である。

道綱の母は、もっと主情的・本能的―自己をさらけ出す―であったと思う。

30年３月４日　午前中、安宗さんと山根安太郎先生宅を訪問。

蜻蛉日記の参考文献についてお話をお聞きする。くわしい。博学な知識である。次の三点を注意・助言してくださる。

ｉ）内容年表の作成。

ⅱ）古注を参照する。

ⅲ）戦後の歴史社会派の成果を十二分に活用する。

池田亀鑑『自照文学史』（『國文学大系』）を貸していたゞく。胸おどるような喜び。夜２時までかゝって蜻蛉日記参考文献のプリントをきる。三枚。

の嘆きを通して、かいまみた自然の美しさがいきいきと描かれている。紀行文としての特色がある。兼家を絶えず待ち続けながらも、たまたまやってきた時には喜びよりも先に怒りがこみあげ、恨み言を言わねばならない人間の姿を描き出している。悲しみと反比例してつれなくあたってしまう愛憎の世界。女性のかなしみと怒りの姿を感じとることができた。彼女の物語こそ、この苦しさを脱しようとする必死の試みであったのであろう。

2月13日（日）　下巻を読了。これで蜻蛉日記を一応通読したことになる。

下巻に入ると、彼女の心境は一転していた。静かなやすらぎの境地が感じられた。私自身もほっとして、苦しさからすくわれたような気がした。嵐のあとの静かさと言ってもよいであろうか。“世の中あはれなり”と諦観することによって、自己をじっと客観視しようとする透きとおった眼。中巻にみられようような主情的な激しさや、もだえはない。わが子道綱をやさしく見守る心の余裕も生じている。中巻では自然をみつめるにしろ、道綱を思うにしろ自己の苦しみときりはなすことができなかった。下巻ではしみじみと自然を観照し、道綱をやさしく見守っている。

文章もうまくなっているように感じられる。言語的抵抗も少なくなった。

次のことを調べてみたい。

1）「ながむ」ということはが、上・中・下巻でどのように使われているか。
　彼女の心境の変化を知る一つの材料になりはしないか。

2）「のどやか」ということばが、下巻で増加していないか。

3）和歌がどのように地の文で消化されているか。上・中・下で違いはないか。

形式的には、和歌的要素→日記→物語的要素という系列が見られる。

上巻――歌日記的……後撰集の影響か？
中巻――告白日記的要素……土佐日記の影響が、紀行文にないか
下巻――物語的要素……養女をむかい入れる場面など、源氏物語で紫の上が明石の上の娘を養女にむかえるのに似てはいないか。

内容的には、作者の精神史は、次のようになろうか。

浪漫的時代→苦悩の時代→諦観の時代

堀辰雄の「ほととぎす」を手にしてみる。何の気なしに読み過していたところが、何と生き生きと描かれていることか。平安朝女性の生きていく姿をまだ観念的にしか感じていない。苦悩の姿を生き生きと感じとれるような読みにまで到らねばと思う。

安宗さんが、参考文献をプリントにして配る必要があるのではないかと忠告してくれた。広島で手にすることのできる文献はほんのわずかしかない。プリントして先生方にお願いしておく必要を痛感。

2月14日（日）　堀辰雄「うばすて」を読む。すばらしい。平安朝女性の姿が生き生きと描き出されている。

2月19日（土）　下記の二つの論考を読む。

○秋山　虔「道綱母の文学に関する覚え書」（国語と国文学　25・6）

道綱母が置かれていた歴史的社会的環境の立場から、それ故に生じる主情性の追求。

NO.1

## ■卒論日誌　抄　(30年２月５日～)

30年２月５日（土）　卒論を蜻蛉日記にすることに決定。

午後８時、野地先生宅（基町北区五五〇）を訪問し、卒論について意見をうかがう。

はじめは、島根石見方言の研究をすすめてくださったが、アクセントの採取に自信がないことを話し、蜻蛉について今までの気持（堀辰雄の「かげろふの日記」などについての）を話す。結局“蜻蛉に出会ったのは、やはり何かの必然性があったのでしょうから、やってみなさい”と言ってくださった。そして国語教育法のレポートにさく時間を少くするようにとの忠告まで与えてくださった。12時15分前先生宅を辞す。“またいらっしゃい”とやさしく言ってくださった。温かい師の思いやりのあることばが身にしむ。月に明るく照らされた広島の街を、先生の『国語教育個体史研究』３さつを手にして出汐町淳風寮に帰る。

２月６日（日）　四年生卒論発表。しっかりした一年間の計画、構想をたてるこの必要を痛感。

２月８日（火）　朝日古典全書『蜻蛉日記』（30．２．２水　積善館にて購入）を読む。本部図書館で、２時半から４時半まで、『蜻蛉日記講義』を参照にしながら。読解力の不足を痛感する。問題点

１）和歌読解の知識が必要――蜻蛉の和歌をとりあげて、後撰集と対照する。和歌史の観点から蜻蛉の歌を検討する。

２）平安朝における感情語の理解を深める。蜻蛉の感情語と源氏のそれとを比較する。

２月９日（水）　午前５時―６時半　蜻蛉上巻をやっと通読。大意だけを読みとっていくのだから無茶な読みである。しかしざっと読みおえようと思う。午後図書館で、『講義』を参照にしつつ、106頁　源高明左遷事件あたりまで読む。中巻に入り和歌が少くなったので、言語的抵抗がずっと減った。

帰校時、皆実分校前で偶然中川徳之助先生と出会う。自転車で牛田の自宅まで帰宅されるところであった。卒論について、懇切なご指導をいただく。

ｉ）何度も何度もどんどん読んで、あなた自身の蜻蛉的世界を形成しなさい。まず自己の蜻蛉像をつくりあげることがたいせつです。五度も六度も何度も読めば読む程はっきりしたものでなるだろう。読書百遍意自から通ずの態度でやりなさい。解釈はその後でよい。

ⅱ）物事を単に並列的に考えない。すべて蜻蛉中心に、求心的にやりなさい。参考書を軽く読めばよいでしょう。

ⅲ）もっと自己に自信をもって主体的なものを出しなさい。

ⅳ）今の構想は余りに並列的だ。もっともっと考えなおすこと。

ｖ）読みについて、ひまなときはどこでもよいからぱっと開いて読んでみなさい。

帰寮して夢中で読む。中巻2/3を。読後にどんなことを読んだのか覚えていないし、心情語もしみじみと身にしみて感じることができない。やはり年表作成の必要を思う。

２月10日（木）　図書館で中巻を読了。

中巻こそ道綱母の悶えるような身の苦しみ、嘆きが描かれている。そうしてそ

## 追記一　蜻蛉日記の心情語

蜻蛉日記の心情語の世界を、道綱母の心情を中心にまとめると、いちおう、○頁のように表示できるであろう。これを佐伯梅友・伊牟田経久編「かげろふ日記総索引」（昭三八・二　風間書房）によって、整理すると、次のようになる。こまかな分析・検討は次の機会にゆずりたい。

| 心情語＼語数 | 上巻 | 中巻 | 下巻 | 総計 | 土佐日記 |
|---|---|---|---|---|---|
| はかなし | 9[2] | 4[1]（注一） | 6[1] | 19[4] | （注一）「 」の数は異本の数を示す。 |
| ものはかなし | 5 | | | 5 | |
| かなし | 17[1] | 29 | 3[1] | 49[2] | 6 |
| ものがなし | | 1 | 2 | 3 | |
| かなしげなり | 1 | | | 1 | |
| かなしび | 1 | | | 1 | 1（かなしさ2、かなしぶ1、かなしがる1） |
| わびし | 9 | 2 | 3 | 14 | 3 |
| わぶ | 4[1] | 6 | 5 | 15[1] | |
| うし（注二） | 7 | 13[2] | 5 | 25[2] | （注二）懸詞として次のものがつけ加えられる。(上)鶯・宇治　(中)卯月　(下)卯の花 |
| こころうし | 3 | | 1 | 4 | |
| こころうさ | | 1 | | 1 | |
| こころうげなり | | | 1 | 1 | |
| ものうし | | 1 | 1 | 2 | |

| 心情語＼語数 | 上巻 | 中巻 | 下巻 | 総計 | 土佐日記 |
|---|---|---|---|---|---|
| さうざうし | 1 | 2 | [1] | 3[1] | （注三）※の数は、懸詞として使れていることを示す。 |
| さうざうしげなり | 2 | | | 2 | |
| うらさびし | ※1（浦）注三 | | | 1 | |
| こころすごし | | 3 | 1 | 4 | |
| こころぼそし | 8 | 6 | 7 | 21 | 1 |
| こころぼそさ | | | 1 | 1 | |
| こころぼそげなり | 1 | 4 | 1 | 6 | |
| こころもとなし | 3 | 2[1] | 2 | 7[1] | 2 |
| こころもとなさ | | | 1 | 1 | 1 |
| こころもとげなり | 1 | | | 1 | |
| うしろめたし | [1] | 2 | | 2[1] | |
| うしろめたなし | 1 | | | 1 | |
| おぼつかなし | 9 | 6[1] | 13[1] | 28[2] | 1 |
| おぼつかなさ | 1 | 1 | 2 | 4 | |
| つらし | 4 | 5 | 4 | 13 | 1 |
| くちをし | 1 | 3 | | 4 | 3（くやしがる1） |
| くやし | 1 | 3 | 3 | 7 | |
| くやしげなり | | | 1 | 1 | |
| こころつきなし | 3[1] | 1 | [1] | 4[2] | |
| あいなし | | 5 | 3 | 8 | |
| ものし | 5 | 5 | | 10 | |
| ものしげなり | | 1 | | 1 | |
| うたて | 2 | 1 | 1 | 4 | 1 |
| あぢきなし | 1 | 1 | 2 | 4 | |
| こころゆるびなし | 1 | | 1 | 2 | |
| くるし | 4 | 13 | 11 | 27 | 5 |
| くるしさ | 1 | 0 | 1 | 2 | |
| くるしげなり | 2 | 0 | 1 | 3 | |

| 心情語／語数 | 上巻 | 中巻 | 下巻 | 総計 | 土佐日記 |
|---|---|---|---|---|---|
| かたはらいたし | | 2 | 1 | 3 | |
| ものくるほし | 3 | 2 | 1 | 6 | |
| はらだたし | | 1 | 2 | 3 | |
| はらたつ | | 1 | | 1 | |
| わづらはし | | 1 | 1[1] | 2[1] | |
| わづらふ | 8 | 3 | 6 | 17 | 1 |
| なやまし | 1 | 2 | 4 | 7 | |
| なやましげなり | | 1 | | 1 | |
| なやむ | 1 | 1 | 1 | 3 | 3 |
| わりなし | 5[2] | 5 | 8 | 18[2] | |
| わりなさ | 2 | | | 2 | |
| はしたなし | 1 | 3 | | 4 | |
| はしたなげなり | | 1 | | 1 | |
| かひなし | 3 | 4 | 9 | 16 | 4 |
| むなし | 2 | 1 | | 3 | 3 |
| むつかし | 2 | 2 | 1 | 5 | （むつかしさ1） |
| むつかしげなり | | 1 | 1 | 2 | |
| ものむつかし | | 1 | | 1 | |
| びなし | 1 | | 6 | 7 | |
| びんなし | 4 | 5 | 1 | 10 | |
| びんなげなり | 1 | | [1] | 1[1] | |
| すさまじ | | | 1[2] | 1[2] | |
| すさまじげなり | 1 | | | 1 | |
| すずろなり | ※1（鈴） | | | 1 | |
| すずろはし | 1 | | | 1 | |
| そぞろなり | | 1 | | 1 | |

| 心情語／語数 | 上巻 | 中巻 | 下巻 | 総計 | 土佐日記 |
|---|---|---|---|---|---|
| なげく | 14 | 8 | 4[1] | 26[1] | |
| うちなげく | | | 1 | 1 | 4 |
| なげき（名） | 7（6） | 13 | 2[1] | 22[1] | |
| うれへ | | 1 | | 1 | 1 |
| なく | 23（4） | 22 | 7[1] | 52[1] | 4 |
| なぐさむ | 1[2] | | | 1[2] | |
| なぐさめ | 1 | | | 1 | |
| わらふ | 1[1] | 10 | 3 | 14 | 3 |
| うちわらふ | 1 | 1 | 3 | 5 | |
| 胸つぶらし | 1 | | | 1 | |
| 胸つぶる | | 1 | 1 | 2 | |
| 胸うちつぶる | | 2 | 2 | 4 | |
| 胸いたし | 1 | 1 | | 2 | |
| 胸ふたがる | 1 | 2 | | 3 | |
| 胸はあきたる | 1 | | | 1 | |
| 胸うちさわぐ | 1 | | | 1 | |
| 胸さく | | 2 | | 2 | |
| 胸はしりす | | 1 | | 1 | |
| 胸つぶつぶとはしる | | 1 | | 1 | |
| 胸のこがる | | 1 | | 1 | |
| 胸はしる | | | 1 | 1 | |
| 胸のほむら | | 1 | | 1 | |
| 胸やすからず | | 1 | | 1 | |
| ねんず | 4 | 12 | 1 | 17 | |
| ねんじがたし | | 1 | | 1 | |
| すべなし | 1 | | | 1 | |
| せんかたなし | 1 | 4 | 1 | 6 | |
| せんかたしらず | 1 | 4 | 1 | 6 | |
| やるかたなし | 1 | | | 1 | |
| いふかひなし | 3 | 4 | 6 | 13 | |

| 心情語＼語数 | 上巻 | 中巻 | 下巻 | 総計 | 土佐日記 |
|---|---|---|---|---|---|
| いふかたもなし | | 4 | | 4 | |
| いふかたもなさ | | 1 | | 1 | |
| のどかなり | 3 | 5 [1] | 6 | 14 | |
| こころのどかなり | 1 | | 1 | 2 | |
| のどけし | 5 | 1 | | 6 | |
| のどやかなり | | | 2 | 2 | |
| のどらかなり | 1 | | 1 | 2 | |
| おいらかなり | 1 | 1 | 2 | 4 | |
| ここやすし | 2 | 7 | 3 | 12 | |
| こころよし | | | 2 | 2 | |
| こころよげなり | | | 1 | 1 | |
| うしろやすし | | 1 | 1 | 2 | |
| あやし | 15 | 41 | 36 | 92 | 4 |
| あやしがる | | 1 | | 1 | 1 |
| あやしげなり | | 1 | | 1 | |
| いぶかし | | | 1 | 1 | （いぶかしがる①） |
| いぶかしさ | | | 1 | 1 | |
| うたがはし | 1 | | 1 | 2 | |
| うたがふ | | 1 | | 1 | |
| うたがひ | | 2 | 1 [1] | 3 [1] | |
| あさまし | 6 | 16 | 11 | 33 | |
| あさましさ | 2 | | 2 | 4 | |
| めづらし | 1 | 3 | 7 | 11 | |
| めづらかなり | 1 | 7 | 2 | 10 | |
| めづらしげなし | | 1 | 1 | 2 | |
| はづかし | | 3 | 2 | 5 | |
| はづかしさ | | | 1 | 1 | |

| 心情語＼語数 | 上巻 | 中巻 | 下巻 | 総計 | 土佐日記 |
|---|---|---|---|---|---|
| はづかしげなり | | | 2 | 2 | |
| はづ | | | 1 | 1 | |
| はぢ（名） | | | | 1 | |
| まばゆし | | | 1 | 1 | |
| にくし | 2 | 2 | 5 | 9 | |
| にくげなり | | | 1 | 1 | |
| にくどころ | | | 1 | 1 | |
| ひとにくし | | | 3 | 3 | |
| めざまし | 1 | | | 1 | |
| ねたさ | | 1 | 1 | 2 | （ねたし1） |
| たのもし | 4 | | 1 | 5 | |
| たのもし人 | 1 | | 1 | 2 | |
| たのもしげなり | 2 | | | 2 | |
| こひし | 3 | 2 | 3 | 7 | |
| こふ | 2 | 1 | [1] | 3 [1] | |
| いみじ | 20 | 38 | 15 | 73 | |
| いみじさ | | 1 | | 1 | |
| いみじげなり | 1 | 3 | | 4 | |
| いみじげさ | | 1 | | 1 | |
| うれし | | 6 | 3 | 9 | 5 |
| よろこぼし | | 1 | | 1 | |
| よろこぶ | 1 | | 3 | 4 | 7 |
| よろこび | 2 | 2 | 3 | 7 | 3 |
| うちよろこぶ | 1 | | | 1 | |
| ゆゆし | 4 | 7 | 3 | 14 | |
| ゆゆしさ | [1] | | 1 | 1 [1] | |
| いとほし | 1 | 2 | 9 | 12 | |
| いとほしげなり | | 1 | 1 | 2 | |
| いとほしがる | | 1 | | 1 | |

| 心情語＼語数 | 上巻 | 中巻 | 下巻 | 総計 | 土佐日記 |
|---|---|---|---|---|---|
| あはれ | 8 | 19 | 8 | 35 | 3 |
| あはれなり | 20 | 32 | 13 | 65 | 1 |
| ものあはれなり | | 1 | 1 | 2 | （もののあはれ1） |
| あはれげなり | | 1 | 1 | 2 | |
| をかし | 11 | 20［1］ | 13 | 44［1］ | 2 |
| をかしさ | | | 1 | 1 | |
| をかしげなり | | | 2 | 2 | |
| おもしろし | 1 | 1 | 2 | 4 | 7 |

作者道綱母は心情語を駆使することによって、土佐日記に続く新しい散文を創造したと言えるであろう。

それは源氏物語へと受けつがれていく。

追記二　蜻蛉日記論考抄

室伏信助　蜻蛉日記研究の近景――序文の読みをめぐって――

『日本文学研究の現状　1古典　別冊日本の文学』

有精堂　一九九二・四・一五

今西祐一郎『新日本文学大系24』（前記二九九頁）で提起された問題を中心に諸読をふまえて、筆者独自の考察が展開されている。内容をまとめると、次のようになろう。

◇天下の人の品たかきやと問はむためしにせよかし

1「天下の人の品高き」

旧説＝道綱母。「この上なく身分の高い女性」

今西説＝兼家。兼家を読者の前に「品高き人」の「ためし」としてさし出す家集編者の面影を宿す。

「蜻蛉日記」序跋考（「文学」昭62・10）→

『蜻蛉日記覚書』（岩波書店　二〇〇七・三・二〇）

2「人の品高き（人の妻）やいかに」道綱母

上村悦子「解釈大成」（前記）―通説になりつつある。

3「品高き（男君）や（いかがある）」兼家

柿本奨「全注釈」（前記）―上流の男子の生活ぶりを問う。

萩谷朴「蜻蛉日記の問題点と新説」（「国文学」昭34・7）による。

④「人の品高き（主）、宿訪はむ（述）ためし」

筆者の考え

攝籙の御曹子が女の宿を訪る例にもせよかし。

・「宿」説は「品高き宿」として示されていた。

・岡　一男『源氏物語の基礎的研究』（東京堂　昭29）

・阿部秋生『源氏物語研究序説』（東大出版会　昭34）

・「天下の」―非常な、格別の〈誇張的な表現〉

―木村正中「蜻蛉日記本文批判の一前提」（「国語と国文学」昭32・11↓「中古文学論集〈第二巻〉蜻蛉日記上」おうふう　平一四・六・一〇）

◇人にもあらぬ身の上まで書き日記してめづらしきさまにもありん。

「めづらし」―否定的な珍奇の意ではなく、清新な、すばらしいという積極的に肯定する意。

・「めづらし」を「妙な」「奇異感を禁じ得ない」の意に解したものが多い。

・石田穣二「蜻蛉日記の序―加美津考（五）」（「解釈と鑑賞」昭37・11）

今西祐一郎『蜻蛉日記覚書』

（岩波書店　二〇〇七・三・二〇）

『蜻蛉日記』の本文を、平安時代の言語意識に即しながら精緻に校訂し続けてきた著者の積年の論考を集成したもの。既成の枠組みを超えた斬新な『蜻蛉日記』像が呈示されている。

内容は次のとおりである。

Ⅰ『蜻蛉日記』のすがた

一　『蜻蛉日記』の誕生
二　『蜻蛉日記』序跋考
三　『蜻蛉日記』の役目
四　『蜻蛉日記』から『源氏物語』へ
五　与謝野晶子と『蜻蛉日記』
六　近代『蜻蛉日記』研究の黎明

Ⅱ『蜻蛉日記』のことば

七　「なげきつつひとりぬる夜の明けくるま」考
八　「おなじぬれ」・「いときなき手」考
九　「むかしすきごとせし人」考
十　「日暮れ」考
十一「とりつくろひかゝはる」考
十二「よものものがたり」考
十三「大嘗会のけみ」考
十四「のたちからし」考
十五「あなはら〳〵」考

〈二〇〇九・五・二八稿
二〇一〇・八・一五追記〉

# 第五章　王朝文学の会で学んだ古典

## 一　和泉式部日記

清水文雄先生には、王朝文学の会で、昭和三一（一九五六）年から六三（一九八八）年まで、親しくご指導をいただいた。（注一）

昭和三一（一九五六）年四月、清水文雄先生は、山根安太郎先生との交代人事で、千田町の教育学部へお移りになった。わたくしが、大学を卒業した年であった。居を、山根安太郎先生のお世話で、旧工学部横の広島市南千田町一〇三九に定められた。

〝和泉式部日記を読むから来給え〟というお誘いをいただいて、王朝文学の会に参加することになった。集まっていた人たちは、東雲分校で親しくご指導をいただいていた方々であった。

テキストは、先生校訂の岩波文庫『和泉式部日記』、昭和一六年七月第一刷発行。三条西家本を底本され、必要に応じて応永本と比較されたもので、わたくしは昭和三〇年一月発行の第五刷版を使用した。とびら裏には、〝つれづれとそらぞみらるるおもふひとあまくだりこむものならなくに〟の一首が印刷されている。多くの人が、この岩波文庫本を利用している。

竹西寛子氏は、先生校訂のこの文庫本によって、和泉式部の世界に導かれていったとされ、その解説は単なる文献学者には書けない、「詩心豊かな研究者ならではの文章」で、「稀な感銘を受けた」と絶讃している。（岩波新書385『日本の恋歌』二〇四―二〇六頁・一九八七・九）先生は、その後昭和三二年に改訂版を、昭和五六年に新訂版を出された。新訂版を上梓なさった時、「読みやすいようにという書店の要望によって脚注をふやしたよ」とおっしゃって、一九八一年三月一六日、第三四刷改版本を「謹呈（校注者）」して下さった。

三条西家旧蔵本（宮内庁書陵部蔵）は、三条西実隆自筆と伝えられ、現存諸本の中で最も原形に近いと想定される現存する最古の写本である。昭和六年八月に、池田亀鑑博士によって、「異本和泉式部日記」と題して『文学』誌上にはじめてこの本の存在が紹介され、昭和八年八月、一一月の二度にわたって『文学』に本文が翻刻された。昭和一六年には、清水先生校訂の岩波文庫本に翻刻され、世上に流布した。池田亀鑑博士の『源氏物語大成』の仕事に加わっておられた清水文雄先生は、博士のすすめで、和泉式部研究の道に入っていったと語っておられた。三条西家本は応永本、寛仁本よりも誤脱が少なく、文意も通じやすい点で、高い評価が与えられている。（小学館新版日本古典文学全集26　一九九四・九　藤岡忠美《ただはる》『和泉式部日記』解説による）

わたくしは主に次の三冊の注釈書を使用した。

1　小室　由三
　　田中栄三郎　『和泉式部日記詳解』　白帝社　一九五五・一一・一
　　初版は昭和一二、群書類従本を底本にし、他本によって校定、八六段に分け［通解］をつけ［語釈］を施す。

2　玉井　幸助　『和泉式部日記新注』　世界社　昭二五・一一・三〇

三条西家本を底本とする初めての注釈書。自作説に立ち、六二段に分け、それぞれに見出しをつけて、本文に考異、註釋を施す。くわしい解題がある。

3　尾崎　知光　『和泉式部日記考注』　東宝書房　昭三一・一一・二〇

昭二九・文京書院より出版されたものの増訂版、底本は、三条西家本、語法上の問題に新見が多い。九一段に分け、[語釋]・[通釋]を施し、[考説]・[評]を加えている。論考〝和泉式部日記作者補考〟では俊成作説を批判している。

三著とも語句索引があり、有益である。

この他、手もとにあった次のものも、随時利用した。

4　宮田和《かず》一郎　『国文学大講座、更級・和泉式部紫式部日記講義』　日本文学社　昭一〇・一一・二〇

群書類従本をもととし、応永本、扶桑拾葉本で対校し、通釈・語釈を付す。

5　五十嵐　力　『昭和完譯　和泉式部日記』　白鳳出版社　昭二二・八・一五

本文に忠実な現代語訳・群書類従本の原文・簡潔独特な評釈、幾見夫人のあとがきより成る。

6　末枝　増一　『和泉式部日記』　修文館　昭二二・五・一〇

応永本をもとにしながら、群書類従本、三条西家本をも参照した口語訳。

7　藤岡　忠美　『和泉式部日記』河出書房『現代語訳日本古典文学全集』　昭二九・六・一五

土佐日記・蜻蛉日記・紫式部日記の現代語訳とともに一冊に収められている。三条西本を底本としている。

8　佐山　済　『女流日記』　日本評論社　日本古典読本Ⅳ　昭一六・五・一　三版。初版は昭一五・一一・二五

紫式部日記・更級日記と併録・はしがき・序のことば・本文編・研究編よりなる。応永本・群書類従本、三条西家

本によって校訂、頭注を付す。初版は昭一五・五・一。（前記）

会は、担当者の解釈と鑑賞によって楽しくすすめられ、先生のご指導があった。担当者の発表に応じた、思いやりのあるあたたかさに満ちたゆったりとしたご指導であった。発表の不備をおぎなう形で、朗々と音読なさったり、きれいな通読をされたり、的確な鑑賞を示されたりした。時に応じて、やさしく、きびしく、個々に則した味わいある、ねんごろなご指導であった。楽しい雰囲気のうちに、和泉式部日記を読みおえることができた。

先生の和泉式部日記の読み―解釈・鑑賞は、角川書店刊の次の二冊に示されている。

○臼田甚五郎　阿部秋生
清水文雄　松村誠一編　王朝日記　日本古典鑑賞講座第六巻　昭三二・一〇・一〇

○臼田甚五郎　柿本奨
清水文雄　松村誠一編　王朝日記　鑑賞日本古典文学第10巻　昭五〇・七・三〇

前書では、解説、和泉式部日記物語・和泉式部日記〈初めて物を思うあした・長雨晴れまなき頃・波瀾・秋から冬へともかくも仰せのままに〉を担当され、論稿〝物語の女――「待つ恋」と「眺め」――〟を寄稿しておられる。

後書は、前書の再編成である。前記五箇所に前書と同様、語釈・現代語釈とともに「含蓄に富む鑑賞」（宮崎荘平『王朝女流日記案内』一九四二・二・一七　朝文社）を施しておられる。序説を担当されるとともに、和泉式部日記総説では[1]和泉式部の生涯、[2]『和泉式部日記』の成立、[3]特質を執筆され、先生の式部像と日記に対する独自な考えがわかり易く示されている。諸本についても簡にして要を得た解説がなされている。和泉式部研究に精熱を注ぎ、精魂を傾けられた先生ならではの総説である。

日記成立については、師宮挽歌歌群の次の一首（九八六）とその詞書に着目されて、執筆の直接的動機を推測されている。

あかざりしむかしの事をかきつくるすずりの水は涙なりけり

さらに、式部の心の内奥を追求され、その「魂の必然の要請から書かれたものと思われる」としておられる。

川瀬一馬、俊成作説には、〃一奥書に偶然混入したものに過ぎない〃と否定しておられた。若い日に、一度は他作説を採られたことがあるという。「岩波文庫」解説（昭一六）では自作説をとられた。

和泉式部日記の特質は、孤独感を奥にひそめる「つれづれ」をとりあげられ、「今も昔も変わらぬ愛の無常の実態を、身にしみて感じさせる恋愛物語」であるとされている。

諸本は、おおむね次の三系統に分けられるとされている。

(1)　三条西本系統——宮内庁書陵部蔵三条西家旧蔵本

(2)　寛元本系統——吉田幸一蔵本・黒川家旧蔵本など

(3)　応永本系統——京都大学藏本・書陵部蔵桂宮本

主として応永本に拠りながら、寛元本などの本文も適宜導入して成った本が、扶桑拾葉集本（和泉式部物語）・群書類従本（和泉式部日記）。近世以来長く流布本として親しまれた。

(1)は三条西実隆（室町時代の公卿　古典学者　天文六　一五三七没八三歳）自筆（一説には長享二　一八四四　二・一四書写しおわる）現在最古の写本。

(2)は寛元四　一二四六　五月一二日書写の識語をもつ本の転写本、近世初期の書写。

(3)は、応永二一　一四一四　書写の奥書をもつ本を、近世初期に忠実に転写したもの（京大本）。（2）に近い本文を伝えている。

黒川本の奥書によって川瀬一馬氏が俊成作説を提唱し学界の論議を呼んだ。（昭和二八年九月『青山学院女子短期大学紀要』二)。

昭和三〇年代になって、和泉式部研究は急速におしすすめられる。その動向については、宮崎荘平『王朝女流日記案内』(朝文社一九九二・二・一七　第一部王朝日記の作品鑑賞参考文献・第二部王朝女流日記への手引)、及び勉誠社女流日記文学講座第三巻『和泉式部日記・紫式部日記』(秋澤亙『和泉式部日記』研究の展望と問題点・阿部圭一『和泉式部日記』参考文献)(参考二)平成三・七・一にくわしい。少し古いが、学燈社　別冊国文学『王朝女流日記必携』(秋山虔編・一九八六　守屋省吾「女流日記研究史年表」・澤本信博担当、主要参考文献解題『和泉式部日記』)も役立つ。古くは、三省堂国語国文学研究史大成5『平安日記』昭和三五・六・一五(担当喜多義勇)がある。

今、手もとにある校注書、注釈書、現代語訳は、次のものである。

1　山岸徳平・村上　治　『蜻蛉・紫式部・和泉式部日記』　最新国文解釈叢書　法文社　昭三一・九・一〇

底本は、吉田幸一氏蔵『和泉式部物語』飛鳥井雅章自筆、寛元四年の奥書のある本の転写本。

[通訳][語釈、文法][批評]よりなり、単なる学習参考書をこえる。

2　遠藤嘉基　『和泉式部日記』　日本古典文学大系20　岩波書店　昭五二・一二・五

土佐、かげろふ、更級日記と一冊をなす。

底本三条西家本。要を得た解説と新見の含まれる頭注・補注がある。

3　山岸徳平　『平中日記　和泉式部日記　篁物語』　日本古典全書　朝日新聞社　昭三四・五・一〇

底本三条西家本。頭注を付す。解説で俊成作者説を支持。詳細に論じている。

4　円地文子・鈴木一雄　『全講和泉式部日記』　至文堂　昭四〇・一一・二五

『国文学解釈と鑑賞』(至文堂)誌上に連載(昭三四・五―三七・一一)されたものをもとにした大著。昭和四六年に改訂版、昭和五八・一〇・三〇新訂版

底本は三条西家本、題名・作者・諸本・内容・特色等について解説で記し、本文を二三段に分け、通訳・語釈・鑑賞・校異を施す。問題点については「考説」で詳細な検討を加えている。日記自作説を支持。

5　藤岡忠美　「和泉式部日記」　日本古典文学全集18　小学館　昭四六・六・一〇

紫式部日記・更級日記・讃岐典侍日記と一冊をなす。全編を二二に分け、見出しをつけている。

底本は三条西家本。頭注、本文、現代語訳の三段形式、日記の特性・作者・成立・名についての解説がある。自作説に立つ。

6　鈴木一雄　『和泉式部日記』　対訳日本古典新書　創英社　一九七六・九・一

底本は三条西家本。右頁に本文と脚注、左頁に口語訳。巻頭に「和泉式部の世界――愛と孤独の文学」、巻末に「本文解説」と日記と式部についての「解題」。

7　川瀬一馬校注　現代語訳　『和泉式部日記』　講談社文庫　昭五二・一〇・一五

底本　寛元本(黒川家旧蔵本)俊成作の立場にたつ。

8　小松登美　『和泉式部日記全訳注』上・中・下三冊　講談社学術文庫473・474・475

上　昭五五・三・一〇　中　昭六〇・七・一〇　下　昭六〇・九・一〇

底本は寛元本系飛鳥井雅章筆本(吉田幸一氏蔵)

〈現代語訳〉〈語釈〉〈参考〉〈校異〉を施す〈参考〉が多岐にわたりくわしい。

9　阿部俊子　『和泉式部日記』　鑑賞日本の古典7　尚学図書　昭五五・八・一〇

『蜻蛉日記』「紫式部日記」「更級日記」と一冊を成す。

底本は三条西家本。上段本文、下段口語訳の二段形式、注釈と鑑賞を加え、はじめに解説を、おわりに和泉式部集（抄）として一〇首選び、解釈と鑑賞をつけ加る。

10　野村精一　『和泉式部日記』　日本古典集成　新潮社　昭五六・一一・二五

「和泉式部集」（宸翰本）と一冊なす。

底本は、三条西家本。新見に富む頭注と傍注つき本文よりなる。解説は和泉式部とその作品の関係について述べられている。

11　藤岡忠美《ただはる》　「和泉式部日記」　完訳日本の古典24　小学館　昭五九・三・三一

更級日記とともに一編をなす。前記5小学館『日本古典文学全集18』の簡約版。前書の頭注を修訂して脚注とし、現代語訳は一括後半に収める。全編を三〇に分けて見出しをつけている。

12　藤岡忠美　「和泉式部日記」　新編日本古典文学全集26　小学館　一九九四・九・二〇

5『日本古典文学全集18』の改訂版、11の前著と同様、全編を三〇に分け、巻末に解説がある。

現代語訳　前頁5・6・7→2・3・4

1　與謝野晶子　『現代語訳平安朝女流日記』　現代語譯國文學全集9　非凡閣　昭一三・四・一五

解説・蜻蛉日記・和泉式部日記・紫式部日記よりなる

5　森三千代　「和泉式部日記」　日本国民文学全集7　『王朝日記随筆集』　河出書房　昭和三一・一一・二〇

6　円地文子　「和泉式部日記」　古典日本文学全集8　『王朝日記集』　筑摩書房　昭三五・一一・五

→古典日本文学として再版　昭五〇・一〇・一　解説　秋山虔

## 二　伊勢物語

和泉式部日記の輪読が終了して、ひきつづき先生のご指導で伊勢物語を読む幸せに恵まれた。

テキストは、鈴木知太郎『校注伊勢物語』（武蔵野書院　昭和三〇年四月廿日訂正七版）、初版は昭和廿三年六月一五日発行となっている。購入は昭和三一・一・二六（木）東雲分校図書室となっている。先生の東雲分校での最終講義伊勢物語初段〝初冠〟を講じられた日ではなかったかと思う。天福本系統の古鈔本（古写本）の影印刊行である。

窪田空穂『伊勢物語評譯』（東京堂・昭三三・四・一〇、四版初版は昭三〇・九・二〇、三三・八・一六購入）によって読みすすんでいる。［語釈］［釈］［詩］からなり、利用しやすい好著であった。底本は天福本である。

そのほか、手許にあった次のものを参照した。

1　岸田武夫『伊勢物語評解』　白楊社　昭二六・四・一〇　第二版　第一版は二五・九・二〇

底本は天福本系三条西家藏本。［語解］［通解］［評］よりなる。

2　池田亀鑑『伊勢物語精講　研究と評釋』　学燈社　昭三一・九・二〇　四版　第一版は三〇・四・二〇

底本は右に同じ。要旨・語釈・批評よりなる。頭注欄に口語訳がある。

3　池田　勉『語法詳解伊勢物語新解釋』　有精堂　昭三〇・一一・三〇　昭三一・七・二〇　三版

［要旨］［語釈］［文法］・本文、下段に口語訳。要旨に要領よい解説がなされている底本は天福本。

4　池田　勉　伊勢物語　成城国文学会 文芸読本Ⅱ・5　市ヶ谷出版社　昭二五・七・一〇

註・訳・鑑賞、高校生むきの一三二頁の小冊子の入門書であるが、鑑賞文がすばらしい。昭三〇・七・二九（夜）に通読している。

5

松尾　聰　伊勢物語　アテネ文庫261　弘文堂

昭三〇・八・一五

古典解説シリーズ16　七九頁からなる小冊子、文庫本であるが、伊勢物語のすばらしさを実感させてくれる。二四段、四〇段、二三段、八二段、八三段、六三段、二段、四段、六段、六五段、九段、六九段、一段、百二五段、八四段、四一段をとりあげ、口語訳をし、伊勢物語の愛の世界へひきこませずにはおかない鑑賞がなされている。

昭和二八年、大学二年の冬休みに、中川徳之助先生が、清水文雄先生の『女流日記』（文藝文化叢書6　子文書房昭和一五年七月五日前記）をお貸しくださった。〝王朝的発想――「みやび」の精神〟では伊勢物語初段〝初冠《うゐかうぶり》〟と二四段〝梓弓〟がとりあげられている。先生の懇切で深い読みがなされ、みやびの精神が説かれている。（二

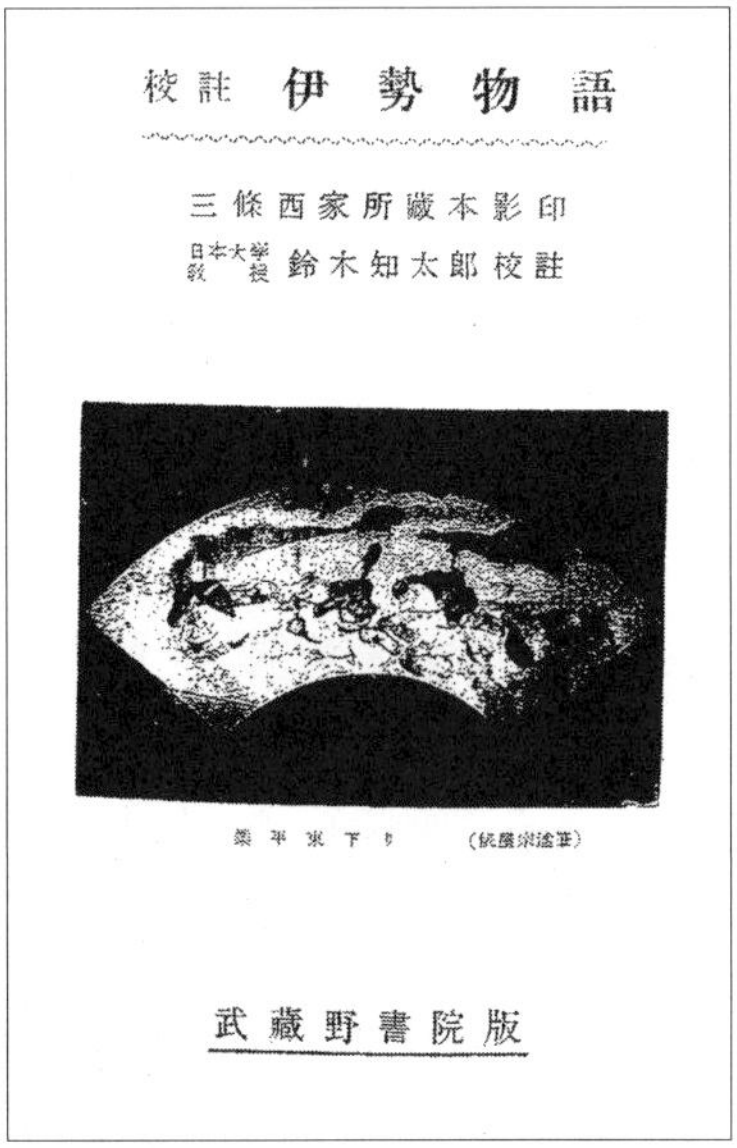


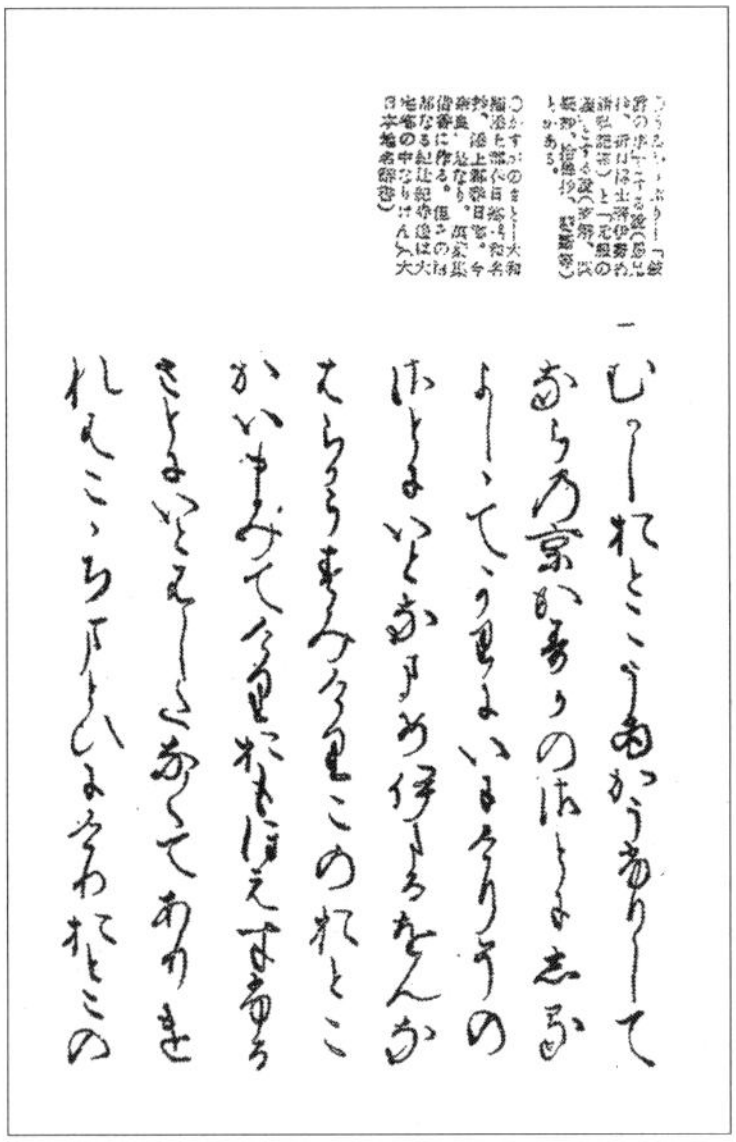

二一頁—一三四頁）若い日のわたくしは、この先生の読みによって伊勢物語の愛の世界に感動し、日本の古典の美しさに目を開かれた。初段〝初冠〟のういういしさ、みずみずしさ、清新さに心ひかれたが、愛の悲劇が描かれている二四段〝梓弓〟に、とりわけ深い感動を覚えた。次の一節は〝王朝的発想――「みやびの精神」〟の結びの部分である。

先にわれ〳〵は初冠の男の體現したみやびを思ひみたのであるが、そこでは垣間見た少女姉妹に初戀の焔をもえ立たせた男が、その惑へる思ひをこめた一首の歌を、狩衣の裾を切つて書きつけて贈つた、その歌の發想法は已にある先蹤に據つてゐた。みやびはかかる體驗の一切に名付けられたものであつたが、そこでわれ〳〵は、相手の少女に對する純愛の激情が、先蹤の歌に發想法を學び、狩衣の裾を切り、かくて一首のみやびたる言葉に昇華してゆく過程を見た。今ここでは、三年間歸らざりし夫が、恰も第二の男との間に約された結婚の當日突然歸つてきたのを、愛情と怨嗟と義理との複雑な思ひをこめて婉曲に拒絶する歌を贈るが、その歌に對して返された男の歌は、一旦亂れようとする心が、結局博大の愛によつてその惑情が清められて

ゆく姿を示してゐた。もと〳〵強く愛すればこそ怨言も述べた女であつたから、男の崇高なる愛情にうちのめされ、何處ともなく去りゆく夫を夢中で追つかけたが遂に姿を見失ひ、魂を奪はれた人の如く、遂に清水のほとりの岩に、自らの血もて「あひ思はて」の歌を書きつけてその身を命死なしめる。――ここでは相反撥しあふ一面をすらもつた二人の欲情が、次第に一つに純化されてゆき、結局身は離れ〳〵になつたものの、二人の戀愛は女の死によつて完成される、その死もて描かれた最後の美しい花としての詠歌に、みやびの極致を我々は見た。（中略）

私はここで、死もてみやびした王朝の一人の可憐な女性を見た。「死」によつてこの身は「自然」に帰するのであるが、同時にそれは、現實においては阻まれた二人の戀愛を完成する所以でもあつた。正に崇高なる献身の精神の描く美しい文化の一姿態であつた。

（王朝的發想　一二三四）

清水先生のこの「みやび」論は、後半になって、論考〝いちはやきみやび〟（広島平安文学研究会『源氏物語その文芸的形成』大学堂書店　昭五三・九→『和泉式部研究』笠間書院　昭六一・九・二八　一七九―三一八ペ）に結実されている。秋山虔氏は、「この論考を読んで深い感銘を禁ずることができなかった」とし、先生のこの論考に依拠して〝伊勢物語「みやび」の論〟（『国文学』昭五四・一）がまとめられている。高田祐彦氏は、秋山氏のこのみやび論を「諸論を止揚して現段階での到達点を示すものといえる」とし、先生の論考〝いちはやきみやび〟は、「初段をめぐってきわめて周到犀利な読みを示しており、今後とも各章段の考究にあたって規範的な存在となろう」と高く評価している。（『別冊国文学・№34竹取物語伊勢物語必携』伊勢物語研究の現在　昭六三・五・一〇学燈社）

清水先生は随想集『海』（一五二頁　平四・一二・二二）に〝いちはやきみやび〟の一文を載せておられる。

「いちはやし」を「すばやい」の意にとるのではなく「はげしい」の意にとって、次のように、論じておられる。

（四〇―四一頁）

さて、「かいまみ」は、本来人のとがめを予想するうしろめたい行為である。それをあえて実行したのは、若者の内部に、罪に値する行為への志向性を包蔵する「すき心」が発動したことを意味する。「すき心」は、情念のひたむきな放縦性をその本領とする。その放縦性にまかせて危険な奈落への道をたどるか、それとも伝統的な詩形式としての歌の詠出によってその状態を脱出するか、この段階ではそのどちらに向かう可能性も許されているはずである。しかし若者は、後の道を選んだ。というよりも、「すき心」が、その内的促しによって、自らを装うにふさわしい形式を呼んだといった方がよい。為兼卿和歌抄にいう、「心のままに詞の匂ひゆく」道——「みやび」への道の出発がここにあった。

若者の「すき心」は、その赴くところ、わが身はおろか、世界をも破滅に至らしめるかも知れぬヴァイタリティーを内包する。しかしそれは、伝統的な詠歌の道によるとき、「みやび」形成のかけがえのない原動力ともなった。若者は、その内的促しから、必然のことのように、折すぐさずこの道によった。「かすが野の若紫の……」と詠むことによって、若者の「すき心」の激しさが、やさしい「歌」の姿に鎮められることになる。この間の消息を十分心においた上で、若者のこのような営為を、作者は「いちはやきみやび」と評したものと思われる。「昔人」には見られたこのような営為が、今の人に見られぬことを慨嘆する思いを、言外にほのめかしていることは、いうまでもない。

（昭和六一・四）

九段〝東下り〟の条については『女流日記』一六五頁から一六九頁にかけて、精密犀利な読みがなされ、「二つ心——ゆく心とかへる心」という独創的な見解を導き出しておられる。

「昔男ありけり。その男身をえうなきものに思ひなして、京にはあらじ、東の方に住むべき國求めにとて行きけり。もとより友とする人一人二人して行きけり。道知れる人もなくてまどひ行きけり。」——この第九段の冒頭の短い部分に「行きけり」といふ言葉が三箇所用ゐられてゐる。「東の方」に己の身を置くべき夢の國を描き、それを求めて憧れゆく志向の烈しさは、この「……行きけり。……行きけり。……行きけり。」によく表はされてゐる。夢の正體が何であるかといふことはここではどうでもよい。それよりも何かしら美しい世界を東の方に夢みて、心はひたすらにその方へあこがれゆく、そのひたぶるな姿勢の方をこの文章に讀むことが出來れば足りる。さうしてこの東下りに先立つて、この物語の主人公は先づ京に於ける己の身を「えうなきものに思ひなして」ゐる。これは第七段の「京にありわびて東にいきけるに、……」や第八段の「京やすみうかりけん、あづまのかたにすみ所もとむとて、……」から當然導かれた表象であるが、東への出撥に先立つて己の身を最も卑低なものに規定する自虐のきびしさは、更級日記の主人公が京へ上る長い道行の始まるに先立つてなした、あの身繕ひにも通ずるものがあつた。そのこともさきに指摘した所であつた。それは東國から京さして上るか、京から東國さして下るか、その方向は逆になつてゐたとしても、何かしら美しい世界をあこがれゆく、その姿勢に共通のものを見るといふ意味であつた。そして「行きけり」の頻出は志向の烈しさをあらはすものとして、更級日記の「ゆかし」に對するものであつた。只動詞としての「行く」と、それが形容詞化した「ゆかし」とが、それら自らの對立において暗示してゐる如く、伊勢の方に素朴單純な意欲的なものを感じ、更級のそれに自意識の加つた情緒的なものを感ずるの相違はあるとしても、それは王朝文化の上昇期に生れた伊勢と傾斜期に生れた更級との本質的相違であるといつてもよいだらう。

　併しながら、伊勢物語にはさういふ東へ東へと「ゆく心」と同時に京へ「かへる心」があつた。「ゆく心」が強ければ強いだけ「かへる心」もそれにつれて強まつた。いや「かへる心」が烈しければ烈しいだけ反對に「ゆく心」を烈しく驅り立てたといつた方が適切かも知れない。一行が伊勢の國と尾張の國との境の海邊傳ひにゆく時、主人公なる男は浪の白く立つのを見て、

　　いとゞしく過ぎゆくかたの戀しきにうらやましくもかへる浪かな

とよんだ。東へ向ふ旅路が進むにつれて、益々京の戀しさが募つてくる。その京戀しさの切ない思ひの募りゆく心が、

寄せてはかへる白浪に托して表出されたのであつた。それから更に進んで三河の國八橋までゆき、そこの木の蔭に休息しながら一行は餉の辨當を使つた。その澤に燕子花が大層面白く咲いてゐる。それを見て或る人が「かきつばたといふ五文字を句の上にすゑて、旅の心をよめ」といつたので、主人公は次の歌をよんだ。

　唐衣きつつなれにしつましあればはるばるきぬる旅をしぞ思ふ

戯畫を裝うたこの歌の表象に、却つて私は切々たる「旅の心」を讀む。「みな人、餉の上に涙落してほとびにけり」には、この歌をよんだ人と之を聞いた人々とが、この歌を機縁として哀切な旅の感傷に泣きぬれる樣を髣髴することが出來る。京へ向ふ心の漲溢である。併し、これにすぐつゞく「行き行きて駿河の國に至りぬ。……」の「行き行きて」には、この感傷に反撥して東へ向ふ心が烈しく驅り立てられる樣を讀みとることが出來る。「かへる心」の感傷に引きとめられた「ゆく心」が、却つてそれを機として反動的に強化されるのである。この「かへる心」と「ゆく心」との矛盾葛藤が、妙にこの物語を切ないものとしてゐる。とはいつても、美しい夢の國をあこがれゆく、そのゆく先の何處にも實は安住の地はないのである。ゆく先々が憂悶の海であつた。宇津の山道に入らんとするに先立つても、「物心細く、すゞろなる目を見ること」と思ひ、それを機としてまた心は京へ歸るのである。こゝでも

　駿河なるうつの山邊のうつつにも夢にも人にあはぬなりけり

の歌は、この感傷を地盤として詠出されてゐる。さういつた感傷のつづきには、「猶行き行きて、武藏の國と下總の國とのなかにいと大きなる河あり、それを角田河といふ。」といふやうな表象を導く。

（更級日記　一六五―一六九頁）――線　引用者

清水先生は、この伊勢物語九段の〝二つの心――ゆく心をかへる心〟を論拠にして、大下学園祇園高校の国語科教育研究会で講演をされた。学校長の井上幹造先生は、いたく共鳴なさり、最大級の賛辞を呈された。昭和三三年

一一月三〇日（日）の「古典教育のために」という演題であったと思う。

表現を丹念に読みとっていかれる清水先生の解釈で、とりわけすばらしく思ったのは、二三段の「風吹けば」の読みである。

（四九）風吹けば沖つ白波たつた山夜半にやひとり君の越ゆらむ

新しく通いはじめた高安の女のもとへ出かける夫を、「悪しと思へる気色もなくて出しやり」「いとよう化粧じて、うちながめて」よんだ歌である。古今集巻18雑下に〝題しらずよみ人しらず〟として見える。

上二句「風吹けば沖つ白波」は、風が吹くと沖の白波が立つという意で立田山に言いかけた序である。先生は同音反復の形で、「竜田山」の「たつ」を導き出すための単なる序詞ではなく、「風吹けば」――夫が新しい女のもとに通うという波乱があって「白波が立つ」――心の動揺、苦悩が波うつととられ、女の心中が示されているとされた。

㊎吹けば沖つ白波
――女の動揺・苦悩〈情〉
事件〈夫の新しい通い所〉

立←立

〈景〉女の想像
田山夜半にや君が一人越ゆらむ
象徴的に出している

じっと心の動きをおさえる鎮魂歌でもある。

独創的な読みである。

上二句を単なる序詞とはみないで、白波＝盗賊とみ〈盗賊の出るほどおそろしい竜田山〉と読むべきだ〈『俊頼髄脳』〉とする考えが、古くからあったが、多くは序詞説をとっている。

先生の解に従うことによって、苦悩にたえながらも、それをおさえて、夫の安否を気づかう女性の姿が浮かびあがってくる。純粋な無償の愛が深くこめられていることになる。

この歌は、プリントによって、大和物語百四九段、古今集・十八雑下　九九四　読み人知らず、古今和歌六帖一四三六・二一　八五七と比較読みをしている。『古今小帖』第一帖の「雑　風」では、作者を「かぐ山のはなのこ」、第二帖「山」では作者を「かごの山の花子」とし、第五句はともに「ひとりゆくらむ」としている。

『大和物語』では、「端にいでゐて、月のいといみじうおもしろきに、頭《かしら》かい梳りなどしてをり。夜更くるまで寝ず。いといたううちなげきてながめければ、人待つなめりとみるに、使ふ人のまへなりけるにいひける」として「風吹けば」の歌を読んだとしている。伊勢物語では「この女、いとよう化粧じて、うちながめて」とあるだけである。大和物語の文章が説明的で饒古・冗漫であるのに対して簡潔で無駄がない。大和物語では、その後に、女が金椀《かなまり》に水を入れる。それを胸にあてて心を静めるが、その水がすぐ熱湯になってしまうという場面を描きそえている。女の行動が滑稽化、戯画化され、伊勢物語にある「みやび」の精神は欠如したものとなっている。

『古今集』では、「月の面白かりける夜」「夜ふくるまで琴をかきならしつつ打歎きて此歌をよみて寝にければ」とあって「いとよう化粧じてうちながめて」という表現はない。琴をうちならすという優雅な行動をとり、悲しみに耐えようとするが、夫不在でもみだしなみを忘れず、男の無事を祈るために「いとよう化粧」する女の無償の愛に生きようとする姿は描ききれていない。

前記池田勉先生の文芸読本の『伊勢物語』は、高校生むきの入門書でありながら、その鑑賞文は実にすばらしい。二四段の〝梓弓〟を読んだ時、たまたまわたくしが持参していたその文章（同書六七―六八頁）を、先生のご指示で、輪読会の皆さんに披露したことがあった。次の鑑賞文である。

これは、ひとりの女性の運命の悲劇と、そのなかに燃えあがる愛情の、はげしい美しさを物語った話です。職を求めて京都へ上って行ったまま、消息のない夫。待ちわびている妻。三年たっても夫は帰ってこない。そこへ、この女性に同情して厚意を示す男があらわれる。その厚意に動かされて、女は再婚の決心をする。その再婚の夜、とつぜん、消息のなかった夫が帰ってくるのです。そういう運命の悲しさの前に、この物語はくりひろげられるのです。女は、夫を待ちわびて、いたしかたなく、とうとう今宵のような結果になっていることを、一首の歌によんで、夫に示します。夫はそれを知って驚いたことでしょうが、こういう結果になったのも、もとは自分が長く妻を捨ててかえりみなかったことにあるのですから、このような境遇に陥らねばならなかった妻の身の上をあわれんで、これからの新しい生活の幸福を祈って、夫はふたたび引き返して行くのです。その夫のことばを聞くと、女には、かつてこの夫といっしょに暮らし、また夫の帰りを待ちわびた日日の愛情が、嵐のように胸によみがえってきます。その愛情の嵐に吹きまくられるように、女は夫のあとを追いかけて行くのですが、おいつくことができず、ついに力つきて、清水のかたわらに、たおれてしまいます。そして、絶命の前まで思い続けたことは、夫を深く愛しながらも、それが理解されないで、離ればなれに暮らしたまま、今またひとり、わが生命を終えて行かねばならない女性の運命のかなしさでした。その悲しさを、女は指の血で岩に書きつけるのです。

（傍線　引用者）

昭和三四年四月の例会であった。

影印本のテキストも使用するにあたって、先生から〝平假名諸體及び字源表〟プリント二枚を頂いている。このプリントによって、活字本と首びきで、テキストを読んでいく作業は楽しかった。伊勢物語を影印本で読む楽しさを知った。

伊勢物語輪読は、三五年三月まで続けられた。六一段までを読んでいる。四月より清水先生は学位論文のお仕事に専念されることになり、会は一時中断された。

清水文雄先生に親しくご指導をいただいて、王朝文学の会で読むことのできた伊勢物語は、次の六一段である。

## 王朝文学の会で読んだ伊勢物語―六十一段まで―

| | | |
|---|---|---|
| 一 | 初冠《うひこうぶり》 | 元服した若者が、春日の里へ鷹狩に出かけ、美しい姉妹をかいま見て、心を乱す。とっさに、しのぶずりの狩衣に、「春日野」の一首を書きつけておくる。 |
| 二 | 雨の後朝《きぬぎぬ》 | 西の京に住む美しい女と愛を語った若者が、春雨のそぼふる翌日、もの思いにふけって、哀愁ただよう歌「おきもせず」を詠む。 |
| 三 | ひじき藻 | ある男が「ひじきも」を贈って、女を切に思う気持を「思ひあらば」の歌に託す。 |
| 四 | わが身一つは | 間をひきさかれた男が、翌年の同じ頃、旧居を訪ね、月光と梅のかおる中で、「月やあらぬ」と懐旧の絶唱を詠む。 |
| 五 | 関守への哀願 | 忍んで通っていた男が、通い路をとざされ、せつない愛恋の心を「人しれぬ」の歌に詠む。 |
| 六 | 鬼一口 | つれ出した深窓の女性を鬼にくわれた男は、足づりをして泣き、悲嘆にくれる。「白玉か」の歌。 |
| 七 | かえる波 | 東国へ下った男が、白波の立つのを見て、都をなかしむ望郷の心「いとどしく」の歌を詠む。 |
| 八 | 浅間の煙 | 東国へ向った男が、浅間の噴煙を望んで、驚きの心を「信濃なる」の歌に詠む。 |
| 九 | 東下り | 自己を無用者と思いきめ、東国に新しい生活を求めて下っていく男が、深まっていく望郷の念と妻への愛着の思いを歌に詠む。「唐衣」・「駿河なる」・「時しらぬ」・「名にしおはば」の歌。 |

| | | |
|---|---|---|
| 一〇 | たのむの雁 | 武蔵の国まで漂泊した男と、娘をもらってほしいという母親との唱話。「みよしのの」・「わがかたに」の歌。 |
| 一一 | 忘るなよ | 東国へ行く途中、男が京の友人達に私のことを忘れないでほしいと「忘るなよ」の歌を詠みおくった。 |
| 一二 | 武蔵野はけふはな焼きそ | 火つけられようとする武蔵野で、女のうたうやさしく悲しい願い。「武蔵野は」の歌。 |
| 一三 | 武蔵鐙《むさしあぶみ》 | 武蔵の国の男が、忘られぬ京の女と悲しい歌のやりとりをする。「武蔵鐙」・「問へばいふ」の歌。 |
| 一四 | 姉歯の松 | 陸奥の国の田舎女の、都の若者によせた素朴なひたむき思慕。「なかなかに」・「夜も明けば」・「西木原の」の歌。 |
| 一五 | えびす心 | 陸奥の国の自分を、田舎女卑下して、都の人をあきらめたつつましい思慮ある女の話。 |
| 一六 | 天の羽衣 | 尼となった妻に何かおくろうとする落ちぶれた紀有常に、夜具の類までおくる男の友情と有常の感謝。「手を折りて」・「年だにも」・「これやこの」・「秋やくる」の歌。 |
| 一七 | 桜花 | 桜の花盛りに訪れた男と、普段の疎遠をせめる人との風流な歌の贈答。「あだなりと」・「今日こずば」の歌。 |
| 一八 | うつろう白菊 | 風流きどりの女にとぼけて軽くいなす男の返歌。「紅に」の歌。 |
| 一九 | あま雲の | 離れていった男へ未練の気持をうたう女に、それはあなたに他の男がいるからといいかえす男。「天雲の」の歌。 |
| 二〇 | 春の紅葉《もみじ》 | 京に帰る男と大和の妻とのかえでの紅葉を仲だちにした愛のやりとり。「君がため」↑「いつの間に」の歌。 |

| | | |
|---|---|---|
| 二一 | おのが世々 | 一度別れた夫婦が愛情をとりもどしながら、結局は離ればなれになる運命を歌でつづる七首。 |
| 二二 | 秋の夜の千夜《ちよ》 | 一度別れた男女が初めの心を忘れかねて、またもとの幸福な状態にかえっていく歌四首。 |
| 二三 | 筒井筒 | 幼なじみの少年と少女は純愛を貫いて、望みどおり結婚する。しかし生活が不如意になり、男に他の通い所ができる。女は無償の愛によって夫をひきもどす。歌五首。 |
| 二四 | 梓弓 | 別れを惜しんで出かけた夫を三年待ち、親切にしてくれる男に今宵結婚しましょうと決める。その夜に夫は帰ってくる。妻の幸せを願って立ち去る夫への愛をたちきれず、後を追っていき、指の血で歌を読み、清水のほとりで絶命する。「あらたまの」以下三首。 |
| 二五 | 逢はで寝る | 気をもたせるような浮気な女に心ひかれた男の歌と、男を見下したような女の返歌。「秋の野に」↑「みるめなき」の歌。 |
| 二六 | 唐土舟《もろこしふね》 | 五条あたりの女を妻にできなかった男の、慰めてくれた人への感謝。「思ほえず」の歌。 |
| 二七 | 蛙の諸声 | 一夜限りで通って来なくなった男を怨む女と、それに答える男のユーモラスな歌。「我ばかり」↑「水《みな》口に」の歌。 |
| 二八 | 逢ふ期かたみ | 女に去られた男の未練と歎きの歌、「水漏《も》らさじと」。 |
| 二九 | 花の賀 | 高貴な女性の花の賀に招かれた男の、その女性へのひそかなせつない思慕「花に飽かぬ」の歌。 |
| 三〇 | つらき心 | 短い間しか逢ってくれない女への怨み歌、「逢ふことは」。 |
| 三一 | ならむさが | 男と見すてられたと思う女との恋の応酬（口喧嘩）、「つみもなき」の歌。 |
| 三二 | しづのをだまき | 昔の女へよりをもどしてほしいという男の哀願、「いにしへの」の歌。 |
| 三三 | よしやあしや | 京の男のなぐさめと田舎の女の不安。「蘆辺《あしべ》より」・「こもり江」の歌。 |

| | | |
|---|---|---|
| 三四 | おもなくて | つれない女への男の嘆き、言いわけ、「言へばえに」の歌。 |
| 三五 | 絶えてののち | 不本意ながら別れた女に、深い契りを結んだのだからと、愛情のはじめにかえろうと慕う、「玉の緒を」の歌。 |
| 三六 | 玉かつら | 女から疎遠をせめられ、それを否定する男の「谷せばみ」の歌。 |
| 三七 | 下紐とくな | 女の色好みを不安に思う男と、それにこたえる女の返歌、「われならで」と「ふたりして」。 |
| 三八 | これをや恋と | 紀有常とそこを訪れた男との友情のさわやかさ。「君により」と「ならはねば」の歌。 |
| 三九 | 女車の蛍 | 西院の帝の皇女、崇子葬送の夜、男の同乗した女車に源至が言い寄って蛍を放つ。当時の有名な文人二人が趣向と機智を競い合う、「出でて去《い》なば」と「いとあはれ」の歌。 |
| 四〇 | 昔の若人 | 召し使う少女との仲をさかれた若者が、悲嘆のあまりに気絶し、一昼夜たって息をふきかえす。昔の青年の一途な恋、功利的な現代への批判。「出でて去なば」の歌。 |
| 四一 | 緑衫《ろくそう》の袍《ほう》 | 身分の低い、貧しい男と高貴な男とに嫁いだ姉妹、貧しい男に嫁いだ女は、礼服を破って泣く。高貴な男は、りっぱな緑色の礼服を贈る美しい同情の話。「むらさきの」の歌。 |
| 四二 | 誰が通ひ路 | 色好みの女に、気がかりでたまらず、歌を詠みおくる、「出でて来し」の歌。 |
| 四三 | しでの田長《たをさ》 | 一人の女をめぐる二人の男、嫉妬しながらも心ひかれていく一人の男。「郭公《ほととぎす》」・「名のみたつ」・「庵多き」の歌。 |
| 四四 | 我さへ裳（喪）なく | 旅立つ友人に裳《も》を贈り前途を祈る、「出でてゆく」の歌。 |
| 四五 | 行く蛍 | 深窓に育てられた娘が一人の男を恋して死ぬ。事情を知った男は涼しい風の吹く夜ふけ、高くとびあがる蛍をながめて、亡き人を追想する。「ゆく螢」・「暮れがたき」の歌。 |

| | | |
|---|---|---|
| 四六 | うるはしき友 | 大変仲のよかった友が京を離れ、友情の不安を訴えるのに対して、あなたの面影がいつも立つと答える。「目かるとも」の歌。 |
| 四七 | 大幣《おほぬさ》の | 是非にと言いよる男と浮気だと聞いてなびこうとしない女、機智縦横の歌の応答。「大幣《ぬさ》の」↑「大幣と」の歌。 |
| 四八 | 待つ苦しさ | 人を待つつらさを知り、無沙汰をすべきないと反省する男の「いまぞ知る」の歌。 |
| 四九 | 若草の妹 | 妹を他の男に渡すのを悔しいと思う兄と、それをやさしくはねかえす清潔の妹との歌の贈答、「うら若み」と「はつ草の」の歌。 |
| 五〇 | あだくらべ | 相手を愛しながらもお互いに愛情のたのみがたさをうらみなげく男女の歌の応酬、五首。 |
| 五一 | 菊に賀す | 人の植こみの菊をほめ祝って、花の千歳とその家の主人の幾久しい栄えを祈る心を詠む、「植ゑしうゑ」の歌。 |
| 五二 | 粽《ちまき》と雉《きじ》 | ちまきを贈られた男が、おかえしに雉子を贈る。「菖蒲《あやめ》刈り」の歌。 |
| 五三 | 鶏鳴への怨み | やっと逢い得た女の許で、夜明けを告げる鶏鳴を聞き、その早きを怨む、「いかでかは」の歌。 |
| 五四 | 夢路の露 | 夢の通い路を頼みにする眠りをさめると悲しみの涙で露のようにしっとりとぬれている。「行きやらぬ」の歌。 |
| 五五 | はかない望み | 思いがかなえられなかった女にかけるあわい愛の期待、「思はずは」の歌。 |
| 五六 | 露の宿り | つれない女を思って煩悶した末よんだ嘆きの歌、「わが袖は」。 |
| 五七 | われから | 高貴な女性を自分から恋い慕う男のせつない苦しさ。「恋ひわびぬ」の歌。 |
| 五八 | 鬼たちのさわぎ | 色好みの、名も高い男が、長岡で彼をからかおうとする女たちと歌の応酬をする、三首。 |

| | | |
|---|---|---|
| 五九 | 櫂のしづくか | 都の生活に望みをすて東山に住もうと決心した男が、病気になって息も絶えたが、生きかえって歌をよむ。「住みわびぬ」と「わがうへに」の歌。 |
| 六〇 | 花たちばな | 他の男にはしって、他国に赴いた女が、後、宇佐の勅使になって下向するもとの夫に見出され、自分の心の浅さを恥じて尼となった。「五月待つ」の歌。 |
| 六一 | 染川 | 筑紫まで行った男が色好みと言われて、染川を渡るからにはそうならざるを得ないと答える。女はあなたご自身が色好みなのだと反撥する。「その河を」と「名にしおはば」の歌。 |

前記[2]池田亀鑑『伊勢物語精講』の［要旨］[3]池田勉『伊勢物語の新解釈』の［要旨］、及び渡辺実『伊勢物語』〈新潮日本古典集成　昭五一・七・一〇〉を参照してまとめた。

伊勢物語の全段・一二五段を読みえなかったのが残念であった。

## 三　源氏物語

清水文雄先生は、昭和三六年一一月八日、「和泉式部歌集の研究」で文学博士の学位を取得された。一二月から王朝文学の会が再開された。岩波古典文学大系本で、第二部若菜の巻から読み始めることになった。（注一）

再会第一回は昭和三六年一二月二八日、広島大学教育学部の先生の研究室であった。まず源氏物語の世界を三部に分けて、わかりやすく要領よく話してくださった。左記のようにメモをしている。

第一部（桐壺――藤裏葉）　三三
○光源氏・頭中将

戦後定説になった源氏物語三部構成説をふまえての話であった。

（注）源氏物語が正篇・続篇呼ばれるようになったのは、藤岡作太郎『国文学全史平安朝篇』（明三六）による。正続二分説案を提案したのは与謝野晶子。玉上琢彌博士が『藤裏葉』完結説を唱え、「源氏物語」三分説が現われた。これを第一部、第二部、第三部と名づけたのは池田亀鑑博士である。（玉上琢彌「源氏物語の窓」角川書店　日本古典鑑賞講座四『源氏物語』昭三二・一二・一〇）

○葵上・紫上・明石上・玉鬘
第二部（若菜上――幻）　八
○夕顔・柏木
○女三宮・落葉宮・雲居雁
第三部（匂宮――夢浮橋）　一三
○薫・匂宮
○大君・中君・浮舟

テキストは山岸徳平校注『源氏物語』（岩波日本古典人文学大系14―18五冊　昭三三～三八）、底本は三条西実隆筆青表紙証本（宮内庁書陵部蔵）、各巻のとびら裏に、「種概と系図」をつけ、できるだけ多くの句読点を施し、くわしい頭注、巻末補注と主語・客語、補語などを指示する傍注が施されている。「山岸さんも古くから源氏研究にとりくみ、なかなかくわしい」と、先生は言っておられた。若菜上は『日本古典文学大系16源氏物語三』（昭三六・一・六）に所収、附録の月報で今井源衛氏が、校注者の仕事を絶賛しておられる。（「猪八戒の弁」）

当日は二一一頁から二一四頁二行まで（「朱雀院御不例《ご病気》と女三宮の処置の苦悩」の前半）を読んでいる。「わたくしは、その日の感動を〝静かなる冬の昼すぎ、先生の源氏講読の声朗々とひびく――王朝文学への思いがつのる〟と記している。

その夜安宗伸郎さんの肝いりで、先生が学位をお受けになったお祝いをささやかに開かせていたゞいた。大学の近くの〝丸万食堂〟の二階で参加者一五名であった。

その後、王朝文学の会の運営は安宗伸郎さんの献身的な尽力によってすすめられた。各回の輪読会の案内状（次頁参照）、「河」の編集・発行など会のすべてのことを一手にひき受けてもらった。その経緯は『清水文雄先生に導かれて——王朝文学の会の軌跡——』（渓水社、平一六・六・六、一八八頁）に記されている。綿密周到に着実に仕事をこなしうる安宗さんでなくてはできないことであった。改めて感謝の意を表したい。

安宗さんの記録によって、その後の輪読会の歩みをたどると次のようになる。

・昭和三八年八月七日・九日　竹林寺合宿輪読会で「若菜上」読了。通常は先生のお宅（矢口→下深川）。

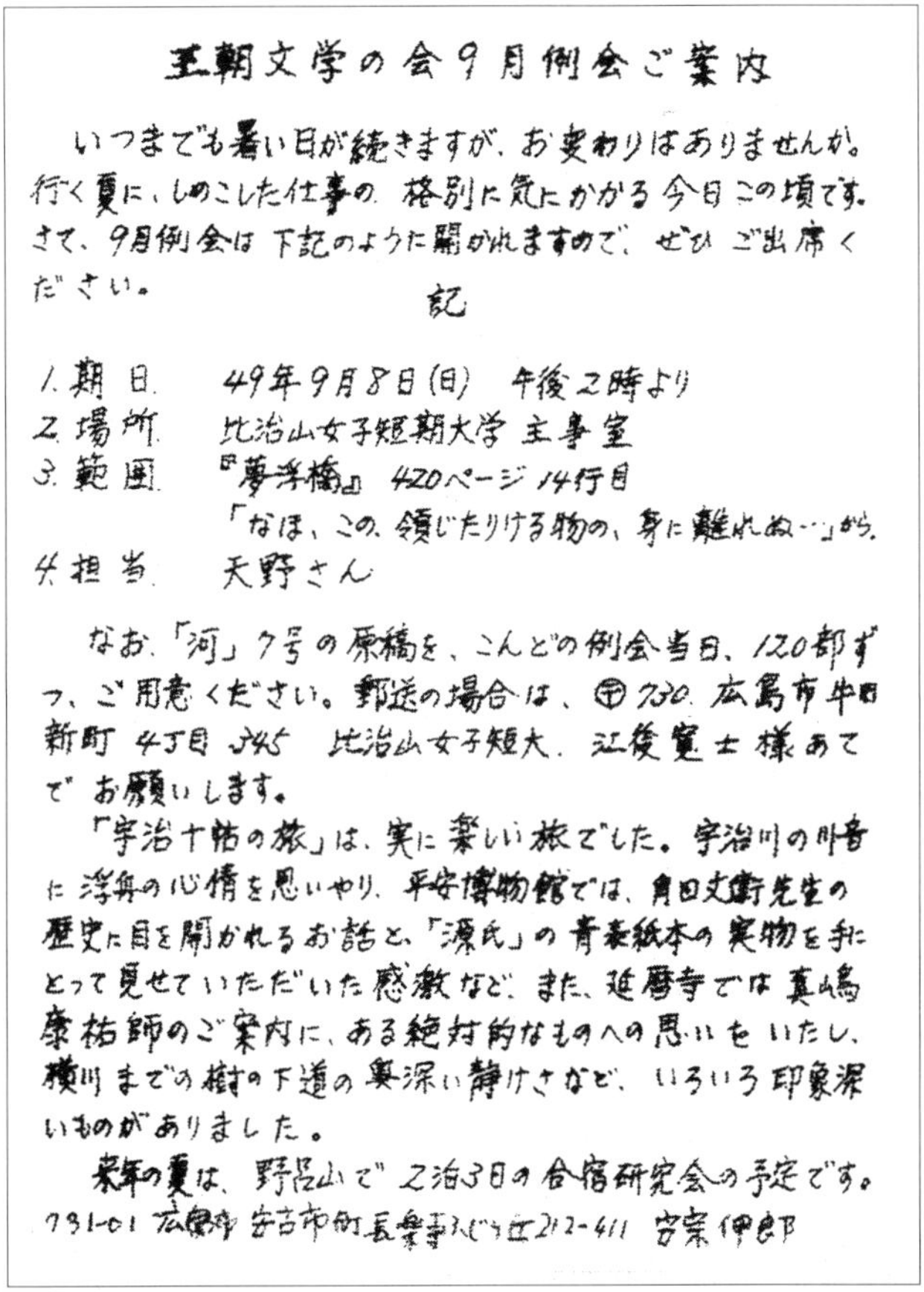

王朝文学の会9月例会ご案内

いつまでも暑い日が続きますが、お変わりはありませんか。行く夏に、しのこした仕事の、格別に気にかかる今日この頃です。さて、9月例会は下記のように開かれますので、ぜひご出席ください。

記

1．期日　49年9月8日（日）　午後2時より
2．場所　比治山女子短期大学 主事室
3．範囲　『夢浮橋』 420ページ 14行目
「なほ、この、領じたりける物の、身に離れぬ…」から。
4．担当　天野さん

なお、「河」7号の原稿を、こんどの例会当日、120部ずつ、ご用意ください。郵送の場合は、〒730 広島市牛田新町4丁目345 比治山女子短大、江後寛士様あてでお願いします。

「宇治十帖の旅」は、実に楽しい旅でした。宇治川の川音に浮舟の心情を思いやり、平安博物館では、角田文衛先生の歴史に目を開かれるお話と、「源氏」の青表紙本の実物を手にとって見せていただいた感激など、また、延暦寺では真嶋康祐師のご案内に、ある絶対的なものへの思いをいたし、横川までの樹の下道の奥深い静けさなど、いろいろ印象深いものがありました。

来年の夏は、野呂山で2泊3日の合宿研究会の予定です。

731-01 広島県安古市町長楽寺えびす丘212-411 安宗伊郎

・昭和四二年七月二日、「橋姫」を比治山女子短大の清水先生研究室で。以後会場は主に比治山短大、下深川のお宅、短大主事室と変わった。
・昭和四九年一〇月一三日、「夢浮橋」読了。340頁に示した第二部・第三部の世界を読んだことになる。
・昭和四九年一二月八日、第一部にかえって「桐壺」から読み始めることになった。会場は広島市安古市町長楽寺の安宗さん宅。

〝桐壺を読みはじめるに当って〟として、先生は次の話をしてくださった。そのメモを示す。

第二部「若菜上」からはじめたことについては、まず「夢浮橋」までを読みとおしかったからである。無事「夢浮橋」まで読み通せたことを喜びたい。第二部から読んだのは変則ではあったが、今、心新しく最初から読みはじめることも意義があろう。目新しいものを見出せよう。

「桐壺」から読むにあたって、解説、頭注、補注、校異にも注意して読みなおしてみよう。大系の補注はくわしい、玉上さんの評釈の注もくわしい。綿密に読んでいこう。綿密に読んでこれからの指針を得よう。

確認しあっておきたいこと。

㋐昔の物語は、現代の作者が一人で創作するというようなものではない。人が語るのをききながら、それを記録していくという形が見える。

㋑源氏物語の舞台は、醍醐・村上帝のころである。それを示すのが、山田孝雄『源氏物語の音楽』である。（注二）その根拠として次の三つが挙げられている。

①紫式部の時代にあった今様・朗詠が源氏物語には出てこない。

②六弦の琴《こと》（和琴《当時奏された》）のことがあまり出ず、一条朝では実地に奏してもてはやさなかったはずの琴《キン》（七弦琴）を盛んに記

述している。源氏は二者に精通していたが、琴を第一の技として演奏している。

③一条朝には出てこない大篳篥《ひちりき》・尺八の二楽器が出てくる。

紫式部の生きた百年前の延喜天暦に時代設置はされているが、登場人物の心理・精神生活は一条朝のものである。それは作者の自由な批判精神が発揮する場ができることであったのであろう。（注三）

㋒和歌と日記と物語について。平安朝の日記も源氏物語も和歌がもとになっている。和歌が重要な位置を占める。古今集序に、和歌が色好みの家に埋もれ、和歌の贈答として残ったとある。男性は漢詩文に熱中し、漢字の学習におわれていた。女性は歌学びによって文字の練習をすることと同時に、歌のリズム、技法を身につけていた。そうすることによって女性の知性もみがかれることになった。同時学習法である。ことばをねることは人間感覚をみがくことであった。歌を学ぶことは女性の生命線であった。一夫多妻の当時にあって男性の心をつなぎとめることであった。本心を詠むことから批判精神が育てられた。

土佐日記は、女性に仮託して書かれているが、それは女流日記の出現を予想していることになる。蜻蛉日記では道綱母の夫への悶々たる情が歌に託されている。源氏物語はその手法を受けついでいる。和歌を物語の本流の中にとり入れている。蜻蛉日記は和歌がそのもとになっているが、源氏物語にも和歌の手法がいろいろと生かされている。和歌が重要な役割をもっている。

清水先生のこの話は、安宗さんの前著（34―35頁）に岡田さんの記録で、要領よくまとめられている。

会の記録については、東辻保和さんの〝源氏物語をこのように丁寧に読んでいる会はそんなにない。記録がないのは残念である。会の記録をとったらどうか。〟という提起で記録がとりはじめられていた。（注四）

源氏物語の輪読会は、中断はあったが、昭和六三年まで続く。同年一一月二七日、輪読会で二十一帖乙女を比治山女子短期大学会議室で読んだのが最後となった。22帖玉鬘から33帖藤裏葉までを読み残したことになる。昭和三

## ■源氏物語年立表《としだて》一

| 巻名 | 年齢 | 内容 |
| --- | --- | --- |
| **第二部**〔源氏 39歳〜52歳〕 | | |
| ㉞若菜《わかな》上 | 39〜41 | 朱雀院は、女三宮(13〜15)の行く末を案じ、源氏に託して出家された。後見を望んでいた柏木《かしわぎ》(23〜25)は失望した。源氏の四十の賀が催され、女三宮が六条院へ移られ、紫上は一人寝の夜が多くなった。柏木《かしわぎ》は六条院の蹴鞠《けまり》の会で女三宮をかいま見、恋に陥る。 |
| ㉟若菜下 | 41〜47 | 柏木は女二宮(落葉宮《おちばのみや》)と結婚したが、女三宮のことが忘れられなかった。柏木と契った女三宮は懐妊する。これを源氏が知り、かつての藤壺との一件を回想し、宿命の恐ろしさにおののく。柏木は苦悶《くもん》のために病床につく。 |
| ㊱柏木《かしわぎ》 | 48 | 女三宮(22)は男の子(薫《かおる》)を産んで出家する。柏木(32)は見舞いに来た夕霧(27)に秘密を打ち明け、源氏の許しを乞《こ》い、落葉宮の行く末を頼んで死ぬ。源氏は、人間の宿命の恐ろしさを感じる。 |
| ㊲横笛《よこぶえ》 | 49 | 源氏は柏木の一周忌を盛大に営んだ。夕霧は落葉宮(柏木の北の方)を慰めていたが、落葉宮の母から、柏木遺愛の横笛を贈られた。 |
| ㊳鈴虫《すずむし》 | 50 | 夏、蓮《はす》の花の咲くころ、女三宮の持仏供養が行われた。秋に、源氏は女三宮を訪ね、鈴虫の宴を開いた。 |
| ㊴夕霧《ゆうぎり》 | 50 | 夕霧は次第に落葉宮にひかれ、妻の雲井雁《くもいのかり》(31)は怒って、父大臣のもとに帰ってしまう。 |
| ㊵御法《みのり》 | 51 | 紫上(43)は大病以来日ましに衰弱し、出家を願ったが源氏は許さなかった。紫上は二条院で法華経《ほけきょう》千部の供養を行った。八月一四日、源氏と明石《あかし》中宮(23)に見守られながら静かに息を引きとった。源氏は悲嘆に暮れ、やがて出家の志を固めた。 |
| ㊶幻《まぼろし》 | 52 | 源氏は、紫上のありし日をしのびながら、出家を決意した。 |
| (雲隠《くもがくれ》) | | 巻名だけで本文はない。この間、源氏は出家し、世を去る。 |
| **第三部**〔薫 14歳〜28歳〕 | | |
| ㊷匂宮《におうのみや》 | 14〜20 | 源氏の没後、それにかわる人として、薫《かおる》(女三宮の若君)と匂宮《におうのみや》(今上帝と明石中宮との間に生まれた三宮、15〜21)とが、すぐれた人として噂《うわさ》されていた。明るく社交的な匂宮に対し、薫は、まじめさの中にどことなく暗い影を宿していた。 |
| ㊸紅梅《こうばい》 | 24 | 蛍宮の死後、真木柱《まきばしら》(髭黒《ひげくろ》の娘)は紅梅大納言(柏木の弟)と再婚する。大納言は先妻の姫君の中君(24)を匂宮にすすめるが、匂宮は継《まま》姫君(真木柱の娘)に心を寄せていた。 |
| ㊹竹河《たけかわ》 | 14〜23 | 髭黒の没後、玉鬘《たまかずら》腹の大君(16〜25)は冷泉院《れいぜいいん》にのぼり、中君は母に代わって尚侍《ないしのかみ》となった。蔵人少将《くろうどのしょうしょう》(夕霧の子)は宰《さい》相となり、竹河左大臣の娘と結婚した。 |

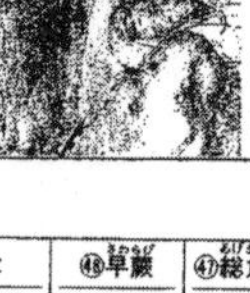

源氏と薫

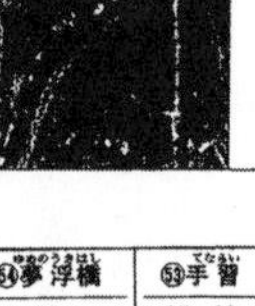

中君

| 巻名 | 年齢 | 内容 |
| --- | --- | --- |
| **宇治十帖**〔㊺橋姫〜54夢浮橋〕 | | |
| ㊺橋姫《はしひめ》 | 20〜22 | 薫は、源氏の異母弟八宮《はちのみや》を宇治の山荘に訪ねる。八宮は出家の志のあることを話し、薫に二人の姫君の行く末を頼んだ。薫は弁の乳母《めのと》から自分の出生の秘密を知らされ悩む。 |
| ㊻椎本《しいがもと》 | 23〜24 | 八宮は娘たちの後事を託して死ぬ。薫は大君《おおいぎみ》に恋し、匂宮は中君《なかのきみ》を慕う。 |
| ㊼総角《あげまき》 | 24 | 八宮の一周忌の後、薫は大君との結婚を望むが実らず、大君は心労が重なり死ぬ。 |
| ㊽早蕨《さわらび》 | 25 | 匂宮は中君を二条院に迎えた。春、花盛りのころ、薫は二条院を訪れ、中君といろいろと思い出話をした。これを見て、匂宮は二人の仲を疑った。 |
| ㊾宿木《やどりぎ》 | 24〜26 | 匂宮が六君(夕霧の娘)と結婚したため、中君は悲しむ。ある時、薫は中君から、大君に生きうつしともいう異母妹浮舟《うきふね》のことを聞いて、激しく心を動かされた。薫は宇治を訪れ、浮舟をかいま見て、心をときめかす。 |
| ㊿東屋《あずまや》 | 26 | 二条院の中君(26)のもとに預けられていた浮舟(21)は、匂宮(27)に迫られたため、急いで三条の小家に移された。薫は二人の愛を育てようとして、秋、時雨の降る夜、三条の家を訪れ、翌朝浮舟を車に乗せて宇治の山荘に移した。 |
| 51浮舟《うきふね》 | 27 | 匂宮は薫の留守をねらって宇治を訪れ、薫を装って浮舟に近づき、契りを結んだ。浮舟は薫と匂宮との二人の愛にはさまれて苦しみ、宇治川に身を投じる決意をした。 |
| 52蜻蛉《かげろう》 | 27 | 浮舟が失踪し、遺骸《がい》のないまま葬儀を行った。薫も匂宮も悲嘆の涙に暮れるが、多情な匂宮は、まもなく故式部卿の忘れ形見の姫君に思いを寄せていく。 |
| 53手習《てならい》 | 27〜28 | 浮舟は生きていた。横川僧都《よかわのそうず》の一行に助けられ、小野に移り、剃髪《ていはつ》してしまう。薫が浮舟の生存を知ったのは、浮舟が出家した後であった。 |
| 54夢浮橋《ゆめのうきはし》 | 28 | 薫は横川僧都を訪ね、浮舟の生存を確認した。浮舟に会わせてほしいと頼んだが僧都は聞き入れなかった。薫は小君《こぎみ》(浮舟の弟)を使いにして浮舟に手紙をやり、下山を勧めたが、浮舟は小君にも会わず、手紙も受け取らなかった。小君はむなしく帰京した。 |

浮舟

(浮舟)51宇治川の匂宮と浮舟(現代京都画壇による源氏物語絵　秋野不矩画)

匂宮

京都書房『第二版　新訂国語図説』(二〇〇〇.三.一〇)による。次の第一部、21帖乙女までも同じ。

六年から足かけ二七年間に及ぶ、源氏物語の輪読であった。前頁及び次頁に示した源氏物語年立表一・二の内容を読んだことになる。

解読に当って次の注解・口語訳を利用した。（注五）

1　宮田和《かず》一郎『頭注對譯源氏物語』六冊　文献書院　大一二・九〜昭三・六

第一冊は桐壺・帚木。原文は湖月抄本、上段語釈、中段・本文、下段口語訳の三段式。口訳が原文に忠実、以後の注釈でこれによったものが多い。

2　金子元臣『定本源氏物語新解』三冊　上 大一四・九 昭一五・四（三〇版）、中 昭三・二 昭五・二（六版）、下 昭五・三 昭八・四（五版）　明治書院

青表紙系の本文に河内本で校訂した混合本文、本文に問題があるが、頭注がくわしく便利。

3　島津久基『對譯源氏物語講話』中興館→矢島書店　昭五・一一→昭一五・三→昭二五

1桐壺〜9葵まで

本文（上段）［口譯］（下段）語義［釋評］参考よりなる。［釋評］に特色があり、博引旁証、鑑賞にすぐれている。前記232頁。

4　吉澤義則『對校源氏物語新釋』六冊、索引二冊（木之下正雄と共著）昭二七。一〇〜一一平凡社、昭一二—一五（二五）新版、昭二七。四—九　前記232頁。

湖月抄本を底本。尾州家河内本で対校。頭注と傍注に独自な新見。特に後者が通読に役立つ。

5　池田亀鑑『源氏物語』七冊　朝日新聞社　日本古典全書　昭二一・一二・一五—昭三〇・一二・二〇

『源氏物語大成』（八巻　中央公論社、昭二八—三一、池田亀鑑）の本文を底本として校訂。わかり易い頭注が施されている。

◎山岸徳平『源氏物語』五冊　岩波書店　日本古典文学大系　昭三三・一・六〜三八・四・五

輪読会のテキストとして前述した。

6　松尾　聡『全釋源氏物語』既刊六冊　筑摩書房　昭三三・三・五—四九・九・二〇

二〇帖朝顔まで。各帖のはじめに系図と梗概をかか

## ■源氏物語年立表二

第一部（源氏 1歳～39歳）

| 巻 | 年齢 | 内容 |
| --- | --- | --- |
| ①桐壺《きりつぼ》 | 1～12歳 | 桐壺《きりつぼ》帝に寵《ちょう》愛された更衣《こうい》は、美しい第二皇子（光源氏）を産んで死んでしまう。帝は、第一皇子（後の朱雀《すざく》帝）が春宮《とうぐう》に立たれるに際し、光源氏を、高麗《こま》の相人《そうにん》のうらないに従って臣籍にお下しになった。元服した源氏は葵上《あおいのうえ》（左大臣の娘、5～16）と結婚するが、亡き母更衣にかわって入内《じゅだい》した藤壺《ふじつぼ》宮を思慕するようになった。 |
| ②帚木《ははきぎ》 | 17 | 五月雨の降り続くある夜、源氏は頭中将《とうのちゅうじょう》（葵上の兄）らから経験談や女性論を聞く。その翌日、源氏は方違《かたたが》えにかこつけて中川の紀伊守《きのかみ》邸を訪れ、その後、空蟬《うつせみ》と会った。 |
| ③空蟬《うつせみ》 | 17 | 源氏は空蟬の弟小君の案内で、紀伊守邸を訪れ、空蟬が軒端荻《のきばのおぎ》と碁《ご》を打っているさまをかいま見る。その夜、空蟬の部屋に忍びこんだが、空蟬は源氏との再会を拒んだ。 |
| ④夕顔《ゆうがお》 | 17 | 源氏は重病の大弐乳母《だいにのめのと》を五条の家に見舞い、惟光《これみつ》（乳母の子）のはからいで隣家の夕顔《ゆうがお》（19）を知り通い始めるが、やがて夕顔は、源氏が連れ出した近くの荒廃した某院《なにがしのいん》で、物怪《もののけ》にとりつかれて死んでしまう。夕顔には頭中将との間に女の子（玉鬘《たまかずら》）がいた。<br><br>◀夕顔の花 |
| ⑤若紫《わかむらさき》 | 18 | 源氏は、「わらは病み」の加持《かじ》のため北山の聖《ひじり》を訪ねた。その折、近くの小さな庵室《あんじつ》で美しい少女紫上《むらさきのうえ》（藤壺宮の姪《めい》、10）を見出した。北山から帰京した源氏は、三条宮に里下りをしていた藤壺（23）に会い夢のような契りを交わす。藤壺は源氏の子（後の冷《れい》泉《ぜい》帝）を宿し、二人は罪の深さにおののく。その年の秋、紫上の祖母が亡くなり、兵部卿宮《ひょうぶきょうのみや》（藤壺の兄）が紫上を引き取ろうとしていることを知り、急拠二条院に迎えた。 |
| ⑥末摘花《すえつむはな》 | 18～19 | 夕顔にかわる人を探していた源氏は、常陸《ひたち》宮の姫君末摘花《すえつむはな》を知る。源氏は、姫君の鼻が赤く長く垂れているのに驚くが、面倒を見ようと決心する。 |
| ⑦紅葉賀《もみじのが》 | 18～19 | 桐壺帝の朱雀《すざく》院の行幸に先だち試楽《しがく》が催され、源氏は頭中将を相手に青海波《せいがいは》を舞った。翌年、藤壺は皇子（後の冷泉帝）を産む。藤壺は中宮に、源氏は参議《さんぎ》になる。 |
| ⑧花宴《はなのえん》 | 20 | 翌年、南殿《なでん》で花の宴が催され、源氏は春鶯囀《しゅんおうでん》を舞った。その夜、弘徽殿《こきでん》の細殿で朧月夜《おぼろづきよ》君（弘徽殿女御の妹）に会う。彼女は春宮《とうぐう》（朱雀帝）に入内《じゅだい》することになっていた。 |
| ⑨葵《あおい》 | 22～23歳 | 賀茂《かも》の御禊《ごけい》の日、行列見物に来ていた葵上《あおいのうえ》（26）と六条御息所《みやすんどころ》（29～30）の車が、とめる場所のことで争い、御息所の車は葵上の下部《しもべ》からひどいはずかしめを受けた。葵上は御息所の生霊《いきりょう》に苦しめられ、男の子（夕霧）を産んで急死した。葵上の忌みが明けて源氏は紫上（14～15）と結婚した。 |

▲若紫⑤ 源氏、紫上をかいま見る

| 巻 | 年齢 | 内容 |
| --- | --- | --- |
| ⑩賢木《さかき》 | 23～25 | 六条御息所は、源氏への愛情を絶とうとして、娘の斎宮《さいぐう》とともに伊勢に下ることを決意する。一方、桐壺《きりつぼ》院が崩御され、権勢は右大臣方に移る。藤壺（28～30）は出家し、右大臣方は源氏を失脚させようと策略をめぐらす。<br> |
| ⑪花散里《はなちるさと》 | 25 | 夏、故桐壺院の麗景殿《れいけいでん》の女御《にょうご》を訪れた源氏は、その妹花散里《はなちるさと》と会った。この人は、温和な人であった。 |
| ⑫須磨《すま》 | 26～27 | 時勢が変わり、自分の側の情勢が不利であることを察して、源氏はわずかなお供をつれて須磨《すま》に下った。右大臣方をはばかって、須磨を訪れる人はなく、源氏にとっては、都の人々と便りを交わすことだけが慰みであった。 |
| ⑬明石《あかし》 | 27～28 | 大暴風雨に襲われた夜、亡き父帝が夢にあらわれ、そのお告げで源氏は明石《あかし》へ移った。その後、明石入道の娘明石上（18～19）を知り、結ばれる。一方、朱雀《すざく》帝の一族にも相次いで不幸が起こり、帝はこれを源氏を苦しめた報いと考え、源氏召還の宣旨《せんじ》を下された。源氏は懐妊中の明石上を残して帰京した。 |
| ⑭澪標《みおつくし》 | 28～29 | 源氏の帰京後、朱雀帝は譲位され、冷泉帝（源氏と藤壺との間の子、10～11）が即位された。源氏一門に再び春がめぐってきた。明石上は女の子（明石姫君）を産む。六条御息所《みやすんどころ》（35～36）は娘の前斎宮《さきのさいぐう》（秋好《あきこのむ》中宮）とともに伊勢から帰京したが、源氏に娘の将来を頼み世を去る。 |
| ⑮蓬生《よもぎう》 | 28～29 | 源氏が須磨・明石に退居していた間、末摘花《すえつむはな》は困窮の日々を送るが、やがて源氏に引き取られて、幸せを得る。 |
| ⑯関屋《せきや》 | 29 | 源氏は石山詣での途中、逢坂《おうさか》山で、かつて苦しい恋に悩んだ空蟬《うつせみ》が、任期満ちて上京する常陸介《ひたちのすけ》に伴われて上京するのに出会って、感無量となる。 |
| ⑰絵合《えあわせ》 | 31 | 六条御息所の娘（前斎宮、22）が源氏のはからいで入内、梅壺《うめつぼ》に入り、冷泉帝の女御となった。 |
| ⑱松風《まつかぜ》 | 31 | 二条院の東院が造営され、源氏は明石上（22）とその姫君に上京をすすめる。明石姫君を二条院に引き取りたいという源氏の意向を知った紫上（23）は、こころよく承知した。 |
| ⑲薄雲《うすぐも》 | 31～32 | 太政大臣《だいじょうだいじん》（葵上《あおいのうえ》の父）が死に、まもなく藤壺《ふじつぼ》（36～37）も亡くなった。源氏は深く悲しんだ。ある夜、冷泉《れいぜい》帝は夜居《よい》の僧から、実の父は源氏であるという出生の秘密を知らされ、非常に驚く。源氏に帝位を譲ろうとするが、源氏は固辞した。 |
| ⑳朝顔《あさがお》 | 32 | 紫上は源氏と朝顔の君との噂《うわさ》を聞いて煩悶《はんもん》した。ある雪の夜、源氏は藤壺宮とのことを紫上に打ち明けた。 |
| ㉑乙女《おとめ》 | 33～35 | 年が明けて、源氏は太政大臣となり、六条御息所の旧邸を修理して、六条院を造営する。六条院には四つの町があり、源氏と紫上は春、花散里《はなちるさと》は夏、秋好《あきこのむ》中宮は秋の景色を配したご殿に住み、少しおくれて、明石上が冬の景色のご殿に移り住んだ。 |

げ、口語訳は上段、本文は下段。多くの諸説からとられた厳密な語釈がある。底本は『源氏物語大成』の本文。

7　玉上琢彌『源氏物語評釈』一二冊　別巻二冊　角川書店　昭三九・一〇・三〇—四三・七・三〇。別巻　四四・八・一五

定家自筆本・明融本・大島本の優先順位をもつ本文（注六）（上段）に口語訳（下段）を配し、語釈・校異・鑑賞を付す。鑑賞が多角的で詳細。

8　阿部秋生
秋山虔『源氏物語』六冊　日本古典文学全集　小学館　昭四五・一一・一〇—昭五一・一二・二九
今井源衛

底本は大島本（飛鳥井雅康筆本）。上段に頭注・中段に本文・下段に口語訳を配す。頭注に新しい研究成果をもりこみ、解釈に新見が多く、各章段ごとに簡潔な鑑賞批評を施す。各帖のはじめには梗概を記す。

9　石田穣二
清水好子『源氏物語』八冊　新潮日本古典集成　新潮社　昭五一・六・一〇—六〇・四・五

底本は定家自筆本・明融本・大島本の順で採用。頭注と色刷りの傍注よりなり、利用しやすい。第一巻に解説を付す。

10　阿部秋生・秋山虔
今井源衛・鈴木日出男『源氏物語』一〇冊　完訳日本の古典　小学館　昭五八・一・三一—一九八九・四・一

底本は伝定家本・伝明融筆臨模本・大島本（平安博物館所蔵）。脚注、口語訳のほかに各冊に巻末評論がある。第一巻の解説は今井源衛。（注三）

第二部の輪読では、[4]対校源氏と[5]日本古典全書（朝日新聞社）を利用するほかはなかった。昭和四二年七月から始まった第三部の輪読会では、[7]玉上源氏を第十巻から使うことができた。第一部にたちかえってからは、[6]松尾源氏に大変お世話になった。[9]新潮古典集成も途中からであったが便利だった。[3]講話は、博学多岐で啓されることが多かった。

次の鑑賞も役立った。くわしい解説と本文鑑賞がある。

(1)玉上琢彌編『源氏物語』角川書店　日本古典鑑賞講座4　昭三二・一二・一〇
(2)玉上琢彌編『源氏物語』角川書店　鑑賞日本古典文学9　昭五〇・一二・一〇

(3)阿部秋生・小町谷照彦・野村精一・柳井　滋『源氏物語』尚学図書　鑑賞日本の古典6　昭五四・一二・一

(1)玉上解説は魅力的で楽しく、8・10秋山論考は懇切で丁寧、8・10今井論考は論舌鋭く、迫力があった。

語句の注釈はないが、村山源氏には、源氏物語の魅力を堪能させてもらい、鑑賞にも役立った。

・村山リウ『源氏物語』三巻　創元社　上昭三三・一〇・一五、中昭三五・一一・三〇、下昭三六・二・一〇

そのほか

『源氏物語ときがたり』（上）（下）　主婦の友社　昭四三・四・一〇

『私の源氏物語』　日本放送出版協会　昭五二・一・二〇

『ときがたり源氏物語』　読売新聞社　昭五七・五・一〇

『説き語り源氏物語』　講談社　昭五八・二→講談社文庫　昭六一・五・一五

『源氏物語のすすめ』　講談社現代新書97　昭四一・一一・一六

次の現代語訳も随時利用した。

(ア)与謝野晶子『源氏物語』

・『新訳源氏物語』金尾文淵堂　明治四五（一九一二）―大正二（一九一三）　縮訳

・『新々訳源氏物語』昭一三（一九三八）ほぼ逐語訳

・『全譯源氏物語』三笠書房二巻→上・下（一九五〇・一〇・一二、一九五〇・一〇・一〇）→三笠文庫・七巻

・『源氏物語』上・下　河出書房・日本文学全集・2、3（昭四二・一・五、昭四二・二・一八）

・『全訳源氏物語』上・中・下三巻　角川文庫　昭四六・八・一〇

(イ)吉沢義則監修『全譯源氏物語』六巻　文献書院　昭三・八・三一

「全訳王朝文学叢書」の一部として大正一三―昭二に

刊行。訳者一〇名による執筆分担・源氏研究者の日本初の原文に忠実な逐語訳。第五版（昭八・九・一〇）を入手、参照している。宇治十帖は五・六巻。

(ウ)山川愛川『新譯源氏物語』荻原星文館　昭一二・四・一〇

(エ)谷崎潤一郎『潤一郎訳源氏物語』二六冊　中央公論社　昭一四（一九三九）―一六（一九四一）

　山田孝雄校閲の丁寧な逐語訳　藤壺密通部分は省略。頭注がある。

・『潤一郎訳新源氏物語』十二巻
　昭二六・五―二九・一二　頭注あり
〃　愛蔵本　五巻　昭三〇・一〇
〃　普及版　六巻　昭三一・五―三一・一一　〃
・『潤一郎譯源氏物語』八巻　新書版
　昭三四・九・二〇―　〃
・『谷崎潤一郎新々訳源氏物語』
　十巻　昭三一・一一・二五
　別巻　昭四〇・一〇・二〇
　↓中公文庫

(オ)窪田空穂『現代語訳源氏物語』八冊
　改造文庫　昭一四―同一八

---

歌人としての訳者の的確な現代語訳。
　改造社　八冊　昭二三・五・二〇　←

(カ)佐成謙太郎『対訳源氏物語』七冊　別巻一　明治書院
　昭和二六・七・二〇―同二八・八・一〇
　上段に首書《かしらがき》源氏物語による原文、下段に口語訳。
・ダイジェスト版　一冊　春秋社　昭三一・三・二〇

(キ)円地文子『源氏物語』一〇冊　新潮社　昭四七・九・二五―四八・六・三〇→新潮文庫

　訳者の加筆もある全巻の口語訳。

　抄訳に『源氏物語抄』（学習研究社　昭五七・五・一）がある。

　口語訳のための解説書として、『源氏物語手鏡』（清水好子・森一郎・山本利達―新潮社　昭四八・六・一〇）がある。

(ク)今泉忠義『源氏物語』一三冊　桜楓社→講談社学術文庫

　現代語訳篇一〇冊（昭四九・一〇・二五―五〇・一〇・二五）

　底本『首書源氏物語』の本文編二冊と別巻（昭五〇・三・二五―五〇・九・二五）がある。

　各帖のはじめに梗概と、絵入源氏物語（江戸初期刊行）の絵を入れている。

別冊『源氏物語入門』野村精一・伊井春樹・小山利彦　昭五〇・五・二五がある。

(ケ)吉沢義則・加藤順三
宮田和一郎・島田退蔵訳『源氏物語』三冊　筑摩書房

古典日本文学4・5・6　昭五〇・一〇・一〇

山岸徳平氏による(イ)の改訂版。誤りを正し、図版や絵を入れ各巻に興味ある論考を数篇ずつのせている。

有精堂「源氏物語講座」(山岸徳平・岡一男監修・昭四六—同四八)九冊では、第五巻「思想と背景」(昭四六・九・二〇)の冒頭に、清水先生は、「源氏物語の男性論」など、一四頁を執筆しておられる。「中央を離れているとこんな課題《もの》しかまわってこない」と笑っておられたが、源氏物語の「ををし」「ををしかり」一二例を吟味して、論題に迫っておられる。独創的な論考である。

源氏物語においては、帚木〝雨夜の品定めに〟示された女性論に匹敵する男性論を述べる場面はない。具体的な男性像を分析して、作者の男性観をうかがい、男性論を推定していく以外にないであろう。

先生は、「ををし」の人物としての夕霧の男性像をとらえられ、蹴鞠の場における柏木に新しい男性像を見出され、作者の一つの男性論のよりどころとしておられる。鋭利な分析とあいまって、王朝文学への豊かな学殖に支えられた、興味深いみごとな文章である。

この「源氏物語講座」だけでなく、前記松尾聡『全釋源氏物語』も、さらに、松尾先生の『新版源氏物語入門』(古川書房　昭六一・一一・一五。筑摩書房　昭三三・六・二五のものの新版。〝源氏物語の魅力〟が付録としてつけ加えられている。講演が中心となっており、初心者にわかりやすい)も先生に購入の労をわずらわしている。後者『入門』は、昭六一・一二・二七(土)比治山女子短大で入手。

源氏物語の輪読で折にふれ先生から興味深い話をいくつかお聞きすることができた。

輪読に有益な書として、次の二著も推奨された。

○黒須重彦『夕顔という女』　笠間選書29　昭五一・四・三〇

「心あてにそれかとぞ見る」（夕顔）の「それ」を「源氏」でなく「頭中将」とする新説に立つ。松尾聰先生の序がある。

○寺田　透『源氏物語一面――平安文学覚書』　ＵＰ選書120　一九七三・七・二〇

著者には、『和泉式部』（筑摩書房　日本詩人選8　昭四六・四・二五）、『平安時代の物語』（福武書店　一九九〇・一〇・一五）、『平安時代の日記文学』（ベネッセ・一九九五・九・一一）などの著書がある。

フランス文学者、評論家の著者の平安文学の研究を清水先生は高く評価された。

源氏学者としては、山岸徳平氏、秋山虔氏とともに、今井源衛氏の研究を高くかっておられた。

伊東静雄第三詩集『春のいそぎ』を紹介してくださったのは、昭和五一年の新春、一月一八日であった。「いそぎ」は用意・準備・支度の意「いそいそ」（①心が進みいさむさま②嬉しさに心はずませて動作するさま）からのことばと説明された。大著『詩人、その生涯と運命、書簡と作品から見た伊東静雄』（小高根二郎（注七）昭四〇・五・一〇新潮社）は先生のおすすめで購入していた。著者は、毎朝五時に起床し、雑誌『果樹園』巻頭に、その原稿を書き続けたと先生は語っておられた。

先生宅の輪読会では、常に、先生がお読みになった書籍、雑誌、購入された新刊書が卓上に置かれてあった。（注八）

注一　清水先生の学位論文は川本信幹さんのご尽力で、安宗伸郎さんと清水明雄さん（清水先生四男）との三人の手によって上梓された。先生の学位取得は昭和三六・一一・一八。

清水文雄『和泉式部歌集の研究』笠間書院　笠間叢書342　二〇〇二・一一・三〇　七〇四頁

二 山田孝雄『源氏物語の音楽』宝文館出版 昭九・七・一 四五〇頁 索引一三頁 復刻版第一版 昭四四・一二・一〇 第二版昭五三・六・二〇

帯に「国語学の泰斗によるユニークな研究」とある。源氏物語中の音楽関係の全記事を摘出整理し、延喜天暦時代の音楽であると結論、源氏物語の時代が醍醐・村上帝の頃とする古来の準処説を音楽で実証した。

三 今井源衛「延喜・天暦准拠説をめぐって」（小学館完訳日本の古典14『源氏物語二』一九八三・一・三一所収）

四 安宗さんのご教示によると昭和四二・一〇・二三 46「椎本」より。記録者伊井春樹氏。（於比治山女子短大）

五 できるだけ原本にあたるとともに次のものを参照にした。

・池田亀鑑編『源氏物語事典』下巻 東京堂 昭三五・三・三一

注釈書解題 大津有一 十二版 昭四九・九・三〇

・三谷栄一編『源氏物語事典』 有精堂 昭四八・七・一〇

源氏物語講座（六巻）別巻 注釈書・研究書解題

・秋山虔編『源氏物語事典』学燈社 別冊国文学No.36 平元五・一〇

源氏物語注釈・研究書事典

・尚学図書 鑑賞日本の古典6『源氏物語』 前記No.8 (3)

参考文献解題（平井仁子）

六 読解のための文献7、9、10の底本、

a青表紙本の優先順位は次のようになる。

①定家本（一部は定家の自筆・大部分はその子女）四帖 11花散里、29行幸、36柏木、48早蕨《さわらび》

②明《みょう》《めい》融本（上冷泉為和《天文十八年没》の子明融が原本を忠実に写した）九帖 1桐壺、2帚木、8花宴、11花散里、34若菜上、35若菜下、36柏木、45橋姫、51浮舟

③大島本（飛鳥井雅康筆、大島雅太郎旧蔵本四十三帖 ①②の重複二帖（花散里・柏木）を除く十一帖

以外の巻

b河内《かわち》本　河内守源光行親行父子が二一部の写本によって作成した校訂本。文意が通じやすい説明的な文体となった。

c別本　青表紙本にも河内本にも帰属させ得ない本。池田亀鑑博士の呼名による。伝阿仏尼筆など（池田亀鑑諸本三分類説）

※大島本の桐壺、夢浮橋は別筆。浮舟の巻を欠く。

10『完訳日本の古典』以後に刊行された校注本の底本は次のようになっている。

11　岩波書店『新日本古典文学大系19　源氏物語』
柳井　滋・室伏信助・大朝雄二
鈴木日出男・藤井貞和・今西祐一郎　校注　五巻
一九九三・一・二〇

底本古代学協会蔵・飛鳥井雅康筆本五十三冊（通称大島本）・浮舟巻の底本　東海大図書館蔵明融本。

12　小学館『新編日本古典文学全集20源氏物語①』
一九九四・三・一
阿部秋生・秋山　虔
今井源衛・鈴木日出男　校注・訳　六巻

底本は伝定家筆本　伝明融筆臨模本・飛鳥井雅康筆本（通称「大島本」）

※「大島本を底本とはしつつも、定家本・明融本の存する巻は、それらを底本として用いるのが常道となった」（同書解説　秋山　虔）

七　小高根《おだかね》二郎——朔太郎に師事・静雄に兄事・次著が続く。『詩人伊東静雄』新潮選書　昭四六・五・二〇。

八　『続「河」三号——清水文雄先生追悼特集——』（「河」の会一九九八・一一・二〇）に〝清水文雄先生略年譜・著書論文等目録〟（清水明雄氏補筆）が収められている。

九　清水文雄先生に親しくご指導いただいたことについては次のものに二編を寄稿した。

・〝恩頼記にかえて〟河十七号　王朝文学の会　清水文雄先生傘寿記念特集　昭五八・六・二六

・〝ああ清水文雄先生——ご冥福を祈りつつ——〟続「河」三号　清水文雄先生追悼特集「河」の会　平一〇（一九九八）一一・二〇

# おわりに

大学を卒業した昭和三一（一九五六）年から、六三（一九八八）年一二月までの三二年の長きにわたって、途中で中断はあったものの、約三〇年間清水文雄先生のご指導によって、王朝文学の会の輪読会は行われたことになる。『和泉式部日記』、『伊勢物語』（六一段まで）・『源氏物語』（[34]若菜上――[41]幻――[42]匂宮――[54]夢浮橋・[1]桐壺――[21]乙女の四十一帖）の三つの古典を、終始楽しい雰囲気で読むことができた。清水文雄先生から、古典を読む楽しさを教えていただいたのである。

それだけではない。文学に志す醍醐味をも味あわせていただいた。旅行での一とき、忘年会などの宴《うたげ》では、先生は白秋・牧水の短歌を朗詠してくださったし、朔太郎の詩も吟じてくださった。牧水のうたは、〝白鳥は〟であったり、〝幾山河〟であったりした。白秋の歌は、『桐の花』〝春を待つ間〟一六首中の次の歌であった。

君かへす朝の舗石《しきいし》さくさくと雪よ林檎《りんご》の香のごとくふれ

隣人の人妻、松下俊子（大正二・四　結婚）とのことなのであろうか。

朔太郎の詩は、『氷島』の「晩秋」であった。（下記）朗吟にふさわしい詩で、親交のあった伊東静雄が、宴席の片隅で、独り静かに吟じていたと、先生は語っておられた。「晩秋」のリズムで「帰郷――昭和四年の冬、妻と離別し、二児を抱へて故郷に帰る」を吟じられることもあった。

汽車は高架を走り行き
思ひは陽《ひ》ざしの影をさまよふ。
静かに心を顧みて
満たさるなきに驚けり。
巷《ちまた》に秋の夕日散り
舗道に馬車は行き交《か》へども
わが人生は有りや無しや。
煤煙くもる裏街の
貧しき家の窓にさへ
斑黄葵《むらさきあふひ》の花は咲きたり。

――朗吟のために――

内容が内容だけに、悲痛な気持をこめて吟じられた。

王朝文学の会で、清水文雄先生の懇切なご指導をいただきながらも、学びとったことはあまりにも貧しい。和泉式部日記も伊勢物語も源氏物語もそのすばらしさを十分に学び得たとは言いがたい。それは学ぼうとする私自身の姿勢が受け身であったこと安易であったことに帰する。注釈書などによって一応の本文理解はしたものの、作品分析や鑑賞を深めることが十分でなかった。記録も本文への恣意的な書き込みにおわり粗末であった。将来の見通しをたててきちんとノートすることが必要であった。確実に本気で記録すべきであった。

先生のご著書もご推奨いただいた書物も、しかとは読んでいない。忙しさに追われたとは言え口惜しいことであった。その時点で読み深めておくことが必要であった。

王朝文学の会で、清水文雄先生に親しくご指導いただける幸せに恵まれながらそれを十分に生かし得なかった自分を残念に思う。先生のご高情にも何一つおこたえできなかったことをも申し訳なく思うのである。

清水文雄先生は山を愛し、旅を愛された。旅をされることと学問されることを同次元に置いておられた。旅は、先生にとって、学問の一環であったのかもしれない。王朝文学の会でも昭和四〇年五月の葵祭拝観以来、毎年のように、清水先生に導かれて、何物にもかえがたい、すばらしい旅をさせていただいている。その内容は、安宗さんの前記清著にくわしい。わたくしは、公私の事情で参加することがあまりにも少なかった。万難を排して参加すべきであったと思う。かえすがえす残念なことであった。

安宗さんの前記の清著によれば清水先生におつれいただいた王朝の文学の会県外の旅は、一二回に及んでいる。わたくしが、参加したのはわずか次の四回である。絶好のチャンスに逸している。

1・昭和四〇年五月一五日　葵祭拝観。大覚寺宿泊。知恩院の春夫墓　誓願寺の和泉式部墓、仁和寺・高山寺・落柿舎、去来の墓を訪ねた。

2．昭和四二年六月、一七・一八日　率川神社での山百合祭拝観。三輪山登山、山辺の道歩き、当麻寺、二上山登山（堀内民一先生のご案内であった）。

5．昭和四六年八月五〜七日　古代出雲文化を訪ねる旅。

常松始郎先生のご案内。須佐神社、立久恵峡、出雲大社、日御碕神社、（日御碕保養センター泊）、八雲旧居、佐太神社、三保神社、玉作湯神社（望湖荘泊）、神魂神社、熊野神社、八重垣神社を参詣。関の五本松も訪れている。

8．昭和四九年八月一八——二一日、宇治十帖の旅

宇治上神社、宇治十帖の碑めぐり、三室戸寺（静山荘泊）、平等院、橋姫神社、宇治陵墓群、平安博物館（角田文衛館長の話・源氏物語青表紙本拝見）、比叡山（延暦寺会館泊）、西塔見学、徒歩で横川へ（堀川会館泊）、惟喬親王墓、三千院、寂光院（魚山園で昼食）、解散。

いずれも、古典の世界に思いをはせることのできるすばらしい文学の旅であった。

本報告では、記録の不備、紛失もあって具体的に原文をどのように読み、どのように作品の本質に迫ったかを詳述することができなかった。読みの中味に入らないで、外がわから報告するにとどまった。機会があれば書きこみ、メモ等によって原文を克明にたどり、他日再報告することができればと思う。

清水文雄先生がおなくなりになったのは平成一〇（一九九八）年二月四日、春立つ日、立春の日であった。九四歳の高潔なご生涯であった。通夜は、翌五日、お近くの善徳寺でとり行われた。身も心も凍てつめたい夜であった。葬儀は六日の午前。時折日はさしたが、小雪もちらつく寒い日であった。

今、改めて先生のご生前のご高情に謝し、ご冥福をお祈りしつつ、擱筆する。

（二〇〇六・三・九、二〇〇七・七・六補記）

# あとがき

本書は、一人の高校国語教師のまずしい古典受容の軌跡である。記憶に頼ることが多く、資料の不足や記録の不備もあって、意に満たぬことが多いが、七十七歳の喜寿を迎ええた記念として刊行にふみきった。

このようなものを公にする価値が果してあるのか躊躇されたが、恩師野地潤家先生は、書名を学習個体史とするようご指示くださり、〝ユニークなものになります。全国に発信されることを願っています。〟と出版をおすすめくださった。

先生には、多くの個体史と、その研究がある。わたくしの大学時代には、つとに、『国語教育個体史研究――国語教育個体史主体編一』三冊を広島白鳥社より自費出版しておられた。松山城北女学校一年七ヶ月の実践に、年表・索引（人名・書名・事項）までつけられた、詳細をきわめたものであった。昭和三〇年二月五日夜半、深い感動をもって、先生宅（広島市基町北区五五〇）から出汐町の教育学部淳風寮へもち帰った。

わたくしが大学を卒業した年には、その原理篇にあたる『国語教育――個体史研究――』（光風出版株式会社・昭三一・三・二）を光風教育双書の一冊として上梓された。三月二三日、卒業の御礼に伺った時、〝のこされているのは勉強、君への期待はおおきい〟と扉の前ページに、一行にして認めてくださった。この四書は、明治図書『野地潤家著作選集』1～4巻、『国語教育個体史研究　原理編』・『国語教育個体史　実践編』Ⅰ、Ⅱ、Ⅲ（一九九八・三）に収められ、個体史研究に着手・上梓された経緯も記されている。

今回も序文執筆を快くお受けくださり、学位論文の出版というご多用のさなか、貴重な時間をさいて、身にあまるおことばをお寄せくださった。思うに、昭和二九年、大学の三年のとき、先生の〝言語教育〟と〝国語教育演習〟を受講することができた。〝国語教育演習〟は、一時間一時間、精魂を傾けて作成された、手づくりの貴重なプリントによって、授業がすすめられた。本書は、五十六年後の〝国語教育演習〟のレポートとも言える。先生のご指導が、わたくしの国語教室の実践の原点となった。

本書の素稿は、すべて二七会（広島大学教育学部国語科二七年入学の有志が昭和三一年五月にはじめ、野地潤家先生にご指導いただいている会）で報告し、多くは王朝文学の会『続河』（安宗伸郎さん主宰）に掲載したものである。

素稿の発表年時は、次のようになっている。

**古典学習個体史　発表目録**

| 章・題名 | 口頭報告（年月日・場所） | 発表誌 | 年・月・日 |
|---|---|---|---|
| 第一章　小・中・高校で学んだ古典 | 二七会　98・8・9　広島県立図書館 | 続河9 | 04・10・16 |
| 第二章　二つの古典学習個体史 | | | |
| Ⅰ　わたくしが学んだ古典　万葉集 | 二七会　94・3・29　広島市青少年センター | 続河4 | 99・10・20 |
| | 二七会　99・12・29　広島弥生会館 | 続河5 | 00・10・30 |
| 第三章　大学で学んだ古典 | | | |
| | 二七会　08・6・29　広島市竹屋公民館 | 続河13 | 08・10・25 |

| | | |
|---|---|---|
| | 二七会　08・10・26　広島市竹屋公民館 | |
| | 二七会　09・1・25　広島県立図書館 | |
| | 二七会　09・3・22　広島県立図書館 | 続河14　09・10・20 |
| 第四章　卒業論文　蜻蛉日記の基礎研究<br>——心情語を中心に—— | 二七会　09・8・30　広島県立図書館 | 続河11　06・10・20 |
| 第五章　王朝文学の会で学んだ古典 | 二七会　06・3・26　広島市竹屋公民館 | 続河12　07・10・20 |

本書は、野地潤家先生のお導きと、つたない発表をお聞きくださった二七会のみなさんのおかげでできあがった。感謝の気持で一ぱいである。

小・中・高校・大学で学んだ古典の学習を通して、多くの先生方に出会うことができた。そのほとんどの先生方は、今はこの世においでにならない。世の無常を切に思う。

清水文雄先生（平成一〇・一九九八・二・四　ご逝去）に続いて、読解の三段階法——素材読み・文法読み・表現読み——を親しくご指導下さり、生涯を通じてご高情をいただいた藤原与一先生は平成一九（二〇〇七）年一〇月二三日に、県北庄原の地から絶えずエールをお送りくださった国利義勇（詩人　島匠介）先生も平成二二（二〇一〇）

年二月三日におなくりなつになった。三先生に本書を手にしていただけないのが残念である。

本書をまとめるにあたって、改めて日本の古典文学の豊かさ、奥深さに思いをはせた。日本文学の古典を、世界文学の中でどのように位置づけたらよいのか、おくればせながらこれから考えてみたいと思う。

溪水社、本村逸司社長には、今まで以上にお世話になった。あつくお礼申し上げる。

伊東武雄

平成二二年四月二三日　喜寿を迎えた日

# 事項索引

## サ　行



## タ　行

## ナ　行



## ハ　行

## マ　行



## ラ　行

# 人名索引

●恩師　・友人

著　者　伊東　武雄（いとう　たけお）

1933（昭和８）年　島根県簸川郡大社町に生まれる。<br>
1940（昭和15）年　広島市立牛田小学校入学。<br>
1945（昭和20）年　母の郷里　島根県安濃郡大田町へ縁故疎開。<br>
1946（昭和21）年　大田町立大田小学校卒業。<br>
島根県立大田中学校入学。<br>
1949（昭和24）年　島根県立大田高等学校入学。<br>
1952（昭和27）年　島根県立大田高等学校卒業。<br>
広島大学教育学部高等学校国語科入学。<br>
1956（昭和31）年　同校卒業。<br>
広島私立比治山女子高校教諭。<br>
1961（昭和36）年　広島県立国泰寺高等学校（通信制）教諭。<br>
1964（昭和39）年　広島県立皆実高等学校教諭。<br>
1977（昭和52）年　広島県立高陽高等学校教諭。<br>
1983（昭和58）年　広島県立高陽東高等学校教諭。<br>
1988（昭和63）年　広島県立安古市高等学校教諭。<br>
1994（平成６）年　定年退職。ひきつづき２年間臨採として安古市高校に勤務。以後、非常勤講師として安古市高等学校・高陽高校・井口高校・城北高校に務めた。

著　書　『高校古典教育の探究』1983（昭和58）年３月　溪水社<br>
『高校古典教育の考究』1992（平成４）年12月　溪水社<br>
『高校古典教育の論究』2003（平成15）年10月　溪水社

現住所　広島市安佐北区落合4丁目8－1<br>
電話　082(842)4864

古典学習個体史――わたくしが学んだ古典――

2010年11月25日　発行

著　者　伊　東　武　雄

発行所　株式会社　溪　水　社<br>
広島市中区小町１－４（〒730－0041）<br>
電　話（０８２）２４６－７９０９<br>
FAX（０８２）２４６－７８７６<br>
E-mail:info@keisui.co.jp

ISBN4－86327－124－1　C3081

## 高校古典教育の探究

伊東武雄　著

実践記録と考察。素材読みとその深化の方法、徒然草学習指導の実際、更級日記学習指導の実際、源氏物語指導の実際、古典学習指導の読み、文法指導の実際、ほか。

Ａ５判・二八〇頁・上製／三六七五円　ISBN978-4-87440-049-4

## 高校古典教育の考究

伊東武雄　著

実践記録と考察。文法読みから表現読みへ、古典学習指導のいくつかの方法、公開授業での実践、古典学習指導における短作文学習の試み、比較読みの試み、ほか。

Ａ５判・三六二頁・並製／四七二五円　ISBN978-4-87440-267-2

## 高校古典教育の論究

伊東武雄　著

実践記録と考察。〝読解の三段階法〟の紹介、古典教材を生かすとりくみ、七例をあげての比較読みの試み、万葉歌五九首・伊勢物語〝梓弓〟・王朝日記の学習指導実践、ほか。

Ａ５判・四〇〇頁・上製／七八七五円　ISBN978-4-87440-777-6

※表示価格はすべて消費税（５％）込み。